Karl Brau

Bilder aus Ungarn

Karl Brau

Bilder aus Ungarn

ISBN/EAN: 9783743330665

Hergestellt in Europa, USA, Kanada, Australien, Japan

Cover: Foto ©Andreas Hilbeck / pixelio.de

Manufactured and distributed by brebook publishing software
(www.brebook.com)

Karl Brau

Bilder aus Ungarn

Tokaj und Jókai.

Bilder aus Ungarn

von

Karl Braun-Wiesbaden.

Wie der Kram so bunt gewesen,
Musterkarte, gieb's zu lesen.
Goethe.

Mit einer Illustration.

Berlin.

Verlag von Georg Stilke.

1873.

Herrn Jókai Mór,

Mitglied des ungarischen Reichstags
in Pest.

Berlin, 1872.

Wenn ich Ihnen, verehrter Herr, meine »Bilder aus Ungarn« widme, so bitte ich, halten Sie dies nicht für eine Ueberschätzung. des Werthes meiner anspruchslosen Aufzeichnungen, deren Fehler ich nur zu gut kenne. Die Zeit, die ich in Ihrem schönen Lande zubrachte, war zu kurz, um ein nach allen Seiten hin abschliessendes Urtheil zu gewinnen. Gleichwohl glaubte ich mit Dem, was ich gesehen, nicht hinter dem Berge halten zu müssen. Es hatte sich die Gefahr von Irrungen und Verwirrungen zwischen beiden Nationen gezeigt. Diese Gefahr hatte ihre Hauptursache im Mangel an gegenseitiger Kenntniss. Wir Deutsche erfahren leider zu wenig über Ungarn, und dies Wenige fliesst nicht immer aus lauteren Quellen. Ich bin mir bewusst, dass ich wenigstens unbefangen beobachtet habe; und dies giebt mir die Hoffnung, zur Verständigung beitragen zu können. Diese Hoffnung aber ist es, was mich ermuthigt, meine bescheidenen Skizzen zu veröffentlichen und sie dem Ersten der lebenden Dichter Ungarns zu widmen. Möge diese Dedication zugleich ein Zeichen des Dankes sein für die Gastfreundschaft, die ich kürzlich bei Ihnen genossen. Auf Wiedersehn!

Ihr ergebenster

K. Braun,

Mitglied des deutschen Reichstags.

Jókai Mór Urnak

a magyar országgyülés tagjának,

Pesten.

Berlin, 1872.

Midön »Vázlataimat Magyarországból« Önnek ajánlom, kérem azt nem ugy venni, mintha ezen igénytelen dolgozatom értékét tulbecsülném, annak hiánya ielöttcm igen is ismeretesek. Azon idö, melyet ön szép hazájában töltöttem, igen rövid volt arra, hogy képes volnék minden irányban határozott itéletet hozni. Mindazon által ugy hiszem, hogy azzal, mit láttam s tapasztaltam, hallgatnom nem kell. A két nemzet között a tévedések és félreértések szülte veszélyek jelentkeztek, mely veszélyek fö oka az volt, hogy egymást nem ertették. — Mi németek, sajnos! keveset tudunk meg Magyarországról s ezen kevés sem mindig tiszta forrásból ered. — En annak öntudatával birok, hogy legalább elfogulatlanul tettem észleleteimet; s ez reményt nyujt arra, hogy a megértést elömozdithatom. E remény bátorít arra, hogy igénytelen vázlataimat a nyilvánosság elé hozzam s azt, Magyarhon most élö költöi egyik legjelesbjének ajánljam.

Szolgáljon ezen ajánlat egyszersmind hálám jeléül azon szives vendégszeretetért, melyet közelebb önöknél élveztcm.

A viszontátásig

Önnek tisztelöje

K. Braun,

a német országgyülés tagja.

Inhalt.

Eine Entdeckungs-Reise

in das

Tokajer-Land.

„Extra Hungariam
Non est vita!
Et si est vita,
Non est ita." —

I.

Die Abreise.

— »Was ist Wahrheit?«

So seufzte schon der römische Landpfleger Pontius Pilatus.

Allerdings eine schwer zu lösende Frage. Ich war zu bescheiden, um mich an so schwierige Probleme zu wagen. Ich beschränkte mich für dieses Mal auf die Frage:

— »Was ist Tokajer?«

So lange ich an den Ufern des grünen Rhein lebte (man erlaube mir hier in Paranthese zu bemerken, dass die »schöne blaue Donau« zwar schön, aber nicht blau, sondern in der Regel gelb ist), also so lange ich am Rhein lebte und trank, war jene Frage nie an mich herangetreten. So lange man Steinberger, Marcobrunner, Rüdesheimer und Geisenheimer-Rodenberger hat, — was soll man sich da den Kopf über den Tokajer zerbrechen? Ich durfte mit Schiller's Tell sagen: »Ich lebte still und harmlos, und mein Durst war auf des Landes Weine nur gerichtet.«

Als ich später nach Berlin übersiedelte und die altpreussischen Provinzen genauer, als bisher, kennen lernte, war ich genöthigt, mich auch mit dem »Tokajer« zu beschäftigen. Aber Das, was ich unter diesem Namen kennen lernte, war so grundverschieden unter einander, dass eine jede, auch nur halbwegs gebildete Zunge, sich sagen musste: das kann unmöglich begrifflich identisch sein; das Eine

1 *

ist gut, das Andere schlecht; das Eine ist süss, das Andere sauer; das Eine schmeckt wie Wein und ist es auch; das Andere »schmeckt zwar wie Wein —: ist's aber nicht, — man kann dabei nicht singen, — dabei nicht fröhlich sein;« das Dritte sehmeckt wie Zucker; das Vierte wie Sprit; das Fünfte wie Zucker und Sprit u. s. w. Wer kann daraus klug werden? Wer löst mir die Frage: — »Was ist Tokajer?«

— »Nun,« sagte man mir, »das ist sehr einfach, darüber muss man Sachverständige fragen.« Ich that es. Aber anstatt dass mir die erste Frage gelöst wurde, befand ich mich, nach langer sorgfältiger Nachforschung und vielseitiger Anfrage, am Ende meiner Studien, nicht an der Lösung jener ersten Frage, sondern Angesichts einer zweiten, noch weit schwierigeren, noch weit unlösbareren Frage, — Angesichts einer wahrhaft desperaten Frage, Angesichts der Frage:

— »Was sind Sachverständige?«

Sind es die Producenten oder die Consumenten? Die Weinhändler oder die Weinkenner, die Männer des Westens, die an deutschem Rheinwein, oder die Männer des Ostens, die an französischem Rothspohn ihre Zungen geschult haben? Und kommen die blossen Verehrer vom Sekt und von Bier überhaupt in Betracht? Was ist endlich zu machen im Falle des Widerstreites der Meinungen?

Und daran fehlte es nicht. Der Eine sagte: »Sie dürfen den Tokajer nur im Fass beziehen und zwar in einem möglichst kleinen Gebinde.« Der Andere: »Beziehen Sie ihn auf Flaschen, aber Sie dürfen die Flaschen weder verkorken noch legen; sie müssen offen und aufrecht stehen bleiben, sonst kann sich der Wein nicht entwickeln.«

— »Unsinn! nur nicht auf Flaschen,« heisst es dann wieder; »der richtige Tokajer ist ja nur daran kenntlich, dass man den Wein nicht absticht, sondern Jahre lang auf den »Drusen,« auf der »Mutter« stehen lässt; man muss ihn also mit den Drusen beziehen, sonst hat man ja keine Garantie der Echtheit«.

— »Ja,« erwidert der Anhänger des Flaschensystems,

»das kann ein Weinhändler, welcher grosse Keller und ein tüchtiges Schröter- und Küfer- und Keller-Personal besitzt und auch die Drusen noch anderweitig vernutzen kann, aber ein Privatmann, der nur für den eigenen Consum kauft« — —

So ging es endlos durcheinander, und bei dem Allen ward mir so dumm, als ging mir ein Mühlrad im Kopfe herum. Denn ein Jeder schien mit sich selber nicht ganz im Reinen zu sein und trug seinerseits nur dazu bei, die Gesammtconfusion noch zu steigern, so dass ich zuletzt die Geschichte müde wurde und da gerade Parlaments- und Gerichtsferien waren, entschlossen sagte:

»Ich gehe selbst und sehe.«,

, Und ich ging und sah. Das »Siegen« wollen wir vorerst mit Stillschweigen übergehen.

Ich liess meinen kleinen Reisekoffer packen und schiffte mich auf dem Frankfurter Bahnhof für den Breslauer Nachtzug ein. Wir waren nur zu zwei in dem Wagen. Mein unbekannter Reisegefährte unterhielt sich, während der Zug noch hielt, sehr laut mit Jemand anf dem Perron.

— »Also Sie wollen auch fort,« schrie der draussen auf dem Perron.

—»Ja, nämlich nach Breslau,« der drinnen im Waggon.

— »Also nach Breslau?«

— »Ja, nämlich, weil da mein Bruder gestorben ist, wegen unseres Geschäfts. Und dann noch ein wenig nach Warmbrunn.«

— »Also auch nach Warmbrunn?«

— »Ja, nämlich, weil meine Frau dort ist.«

— »Also, Ihre Frau ist in Warmbrunn?«

— »Ja, nämlich sie fühlte sich so angegriffen« u. s. w.

So erscholl dieses Responsorium mit »Also« und »Nämlich« ohne Aufhören von Hüben und Drüben fort. Ich stellte philosophische Betrachtungen an über den geringen Bedarf an Sprachwendungen und Formen und über die unbedingte Oeffentlichkeit in den Verhandlungen über Familienangelegenheiten. Dann verglich ich meines Nachbarn Reise-Motive mit den meinigen. Endlich setzte sich der

Zug in Bewegung. Das gab meinem Gedankengange wieder seine ursprüngliche Richtung. Mir fiel ein schönes Lied von Viktor Scheffel ein. Ich pfiff mir die Melodie. Der Text beginnt mit den Worten:

»Ott' Heinrich, der Pfalzgraf am Rheine,
Der sprach eines Morgens: Remplemm!
Ich pfeif' auf die saueren Weine,
Ich fahr' nach Jerusalem,
Remplemm!«

Mein Reisegefährte schien sich zu wundern, dass ein Mann von meinem Alter und Umfang Studentenlieder pfiff. Er musterte mich mit Erstaunen. Ich liess ihm Zeit dazu und schlief ein.

II.

Die Ankunft.

Ich durchstreifte zunächst die hohe Tatra, den Centralgebirgsstock der Karpathen. Seine Ausdehnung ist geographisch nicht gross. Aber, mit Ausnahme der Gletscher, hat man hier die Alpen, und zwar Granitalpen. Und noch mehr. Denn hier ist Alles, was in den Alpen gestreckt auseinander liegt, scharf concentrirt, ich möchte sagen krampfhaft concentrirt. Ausserdem aber hat die Tatra den Vorzug des absoluten Mangels jeder Cultur. Ich glaube kaum, dass man irgendwo in Mitteleuropa wieder eine solche Wildniss findet. Man wirbt sich ein halbes Dutzend der dortigen Bergbewohner, Gurallen genannt, welche sonst, wenn und soweit sie überhaupt etwas arbeiten, Schafhirten oder Holzhacker sind und ausser einer Art Polnisch keiner europäischen Sprache Gehör schenken. Sie führen Dich wie die Vorsehung. Das heisst: Du siehst sie nicht, weil sie immer vorauslaufen und es Dir einfach überlassen, ihren

Spuren zu folgen. Sonst sind es gute Kerls. Beim nächtlichen Bivouak unter freiem Himmel — eine andere Unter-
kunft giebt es nicht im Innern der Tatra — bereiten sie
Dir Dein Nachtessen ganz so, wie es Homer den Achilles
thun lässt. Achilles nämlich »zerlegte geschickt das Fleisch
in abwechselnde Schichten, — erst von den Stücken des
Schafs, dann ein Stück des blühenden Fettes;« Patroklos,
des Menoitios Sohn, hilft ihm, er schüret das Feuer; Achilles
aber nahm die Fleisch- und Speckschichten

— »und bohrete Alles an Spiesse.
Mächtige Glut entflammte Menoitios göttlicher Sprössling,
Aber nachdem sich das Feuer verzehrt und die Flamme verlodert,
Breitete jener die Kohlen und hielt darüber die Spiesse,
Streuete heiliges Salz und drehte den Spiess am Gestelle.«

Während mir Jaschku so den »Zigeunerbraten« am
hölzernen Stabe briet, recitirte ich mir laut diese Verse aus
der Iliade; und Jaschku hatte die Freundlichkeit, das Griechisch für Deutsch zu halten. Oder vielmehr für »preus-
sisch« (prusky), wie er sagte. Und er fand es schön.

Um mich von den Strapazen der hohen Tatra zu er-
holen, ging ich nach dem oberungarischen Bade Schmeks,
das ich Jedem, der frische Luft, lebhafte Motion, gute Gesellschaft und rauschende Zigeunermusik liebt, auf das
Beste empfehle. Einen Tag noch verweilte ich bei den
»deutschen Brüdern« in der Zips, erreichte in Eperies die
Eisenbahn und rollte dann über über Miskolz dem lange
ersehnten Tokaj zu.

Von der Eisenbahnfahrt will ich schweigen. Denn ich
gehöre nicht zu jener Klasse von Reisenden, welche Yorik
bei seiner bekannten Eintheilung vergessen hat. Vielleicht
existirte sie damals noch nicht. Heut zu Tage ist sie zahllos wie Sand am Meere, und sie findet sich namentlich
unter den Vergnügungstouristen. Ich meine »die verdriesslichen Reisenden«, welche sich auf den Marsch begeben
in der Absicht, unterwegs Alles so schlecht wie möglich zu
finden, und in getreuer Ausführung dieses Vorsatzes stets
nach den Fleischtöpfen der Heimath zurückschmachten
mit dem Ausrufe; »Bei uns ist das Alles doch viel besser.«

Gleichwohl fühle ich mich verpflichtet zu bemerken, erstens, dass die Eisenbahn sehr langsam fuhr, und zweitens, dass die Strecke Eperies-Kaschau noch nicht recht fertig und daher nicht ganz sicher ist. Ohne Zweifel ist die Bezeichnung »Eisenbahn für Selbstmörder« hyperbolisch. Auch ist es gewiss nicht wahr, wenn man erzählt, in die neueren Lebensversicherungspolicen sei die Vorschrift aufgenommen, das Fahren mit dieser Bahn hebe den Assecuranzvertrag auf, und lasse jeden Anspruch auf die Versicherungssumme erlöschen. Wahr ist dagegen, dass das Terrain nicht ganz jene »alte, treue, feste Mutter Erde« ist, welche Göthe besingt; denn als wir an einer kleinen Kirche vorbeifuhren, erzählte mir ein liebenswürdiger Ungar, welcher die Honneurs seines Landes machte, diese Kirche sei bereits abgeschätzt, weil man erwarte, dass sie demnächst einstürze, oder gar von dem Abhange, worauf sie steht, auf die Bahn rutsche. Diesmal hatte sie noch die Freundlichkeit, stehen zu bleiben und ich nickte ihr vorüberfahrend dafür meinen herzlichen Gruss und Dank zu. Als ich mir eine Bemerkung darüber erlaubte, dass sich der Zug, obwohl Schnellzug, in der Geschwindigkeit gerade nicht überstürze, bemerkte mein Reisegenosse: »Ja, sehen Sie, in Oesterreich fährt Alles schnell, der Bauer wie der Edelmann, der Fiaker wie der Omnibus; ja sogar der Leichenwagen pflegt zuweilen zu galoppiren. Kurz Alles fährt schnell, mit Ausnahme der Post, der Eisenbahn und der Feuerwehr; die fahren langsam.«

Zufällig studirte ich unmittelbar darnach den »Pester Lloyd« und zwar die Inserate. Denn diese sind für den wissbegierigen Reisenden in fremden Landen stets das Interessanteste. Jedenfalls hinterlassen sie einen angenehmeren Eindruck, als die Nachrichten über die göttlichen Thaten der Herren Hohenwart, Jireczeck, Habietineck und Schäffle. Oder vielmehr Schäffleczeck; denn so soll er für den bevorstehenden Fall seiner Erhebung in den czechischen Freiherrnstand seinen Namen zu modificiren gewillt sein.

Also unter den Inseraten, oder richtiger gesagt: unter

dem »Eingesandt« oder »Zuschriften an die Redaction«,
welche ich studirte, fand ich ein Aktenstück; welches meine
ganze Aufmerksamkeit in Anspruch nahm und reichen Stoff
für Sprach- und Culturstudien bietet. Mit letzteren werde
ich Dich verschonen, aber das »Eingesandt« — es ist authentisch und steht im »Pester Lloyd« Nummer 178 vom 2.
August 1871, Beilage — muss vor dem Schicksal der Ver-
gessenheit gerettet. werden. Es lautet wie folgt:
— »Geehrte Redaction! Obwohl ich gestehen muss,
dass mich die unberechtigte Unzartheit tief verletzt hat,
womit die Gesellschaft der »*Entreprise des pompes funè-
bres*«, um einem verdienten Tadel vorzubeugen, das Ange-
denken meiner armen, seligen Frau auf den Markt trug —
nachdem ich jedoch die Schmähung des Herrn Josef Wesel
schon aus dem Grunde nicht dulden kann, weil dieser Alles
mit der grössten Aufmerksamkeit schön und zu meiner vollen Zufriedenheit anordnete, der Artikel der »Entreprise«
aber den Skandal, dass der Trauerwagen zum Begräbniss
gar nicht anlangte, quasi ihm zur Last legen will — so er-
achte ich es als meine Pflicht, die Sachlage competent
ans Licht zu bringen. Nachdem der Todesfall am Freitag
sich ereignete, so bestellte Herr Wesel in meinem Namen
noch am selben Tage einen Trauerwagen pro 30 Fl. bei
der »Entreprise«, welche, nachdem sie von der Stadt Pest
hierzu das ausschliessliche Recht besitzt, wohl auch die damit verbundene Verpflichtung zu tragen hat. Man erwidert
ihm, dass man ihm für die bezeichnete Zeit keinen Wagen
pro 30 Fl. geben könne, dass man jedoch mit einem alten
Wagen gern dienen oder auch den Prachtwagen hergeben
wolle, für welchen jedoch bei einmaliger Benutzung 120 Fl.
zu entrichten seien. Da Herr Wesel die Verpflichtung der
Gesellschaft kannte, liess er nach vollzogenem Auftrage
die Taxe dort.
Die »Entreprise«, in deren geschäftlichem Interesse es
gelegen ist, dass sie jedes von einer andern Unternehmung
übernommene Leichenbegängniss vertheure oder als übel
bestellt erscheinen lasse — trug das Geld zum Stadthaupt-
mannsamte, welches, anstatt sie auf ihre Verpflichtung auf-

merksam zu machen, das Geld annahm und dieser Art die Gesellschaft ihrer Pflicht entband. Die Stadthauptmannschaft sah später selbst ein, dass sie nicht recht gehandelt habe und wollte nun selber die »Entreprise« zur Erfüllung ihrer Pflicht verhalten, doch war nunmehr sie Herrin der Situation. — So war dann, nachdem das Leichenbegängniss auf 5 Uhr Nachmittags angesetzt war, nichts Anderes zu thun, als die Leiche zu Fuss nach dem Friedhofe zu transportiren, was wohl Vielen als skandalös erschien, jedoch ohne das Herr Wesel Schuld daran trüge. Ich bedanke mich jedenfalls bei der Stadthauptmannschaft für die »Aufmerksamkeit« und »Energie«, welche sie in dieser Angelegenheit entfaltete, und mit welcher sie gestattete, dass die »Entreprise« ihre geschäftlichen Interessen auf Unkosten der Pietät verwerthe — sollte mich jedoch noch einmal ein solcher Schlag treffen, da werde ich mich nur an die »Entreprise« wenden — nachdem ich die Gewissheit habe, dass ich, wenn auch etwas theuer, doch nicht ohne Wagen bleibe.

Pest, 1. August 1871.   L. H.«

Der Text selbst ist nicht überall gleich verständlich. Zuweilen scheint er eines Commentars zu bedürfen. Der Schluss dagegen ist klassisch. Dass Herr L. H. einige Tage nach dem Begräbnisse seiner »Seligen« bereits seine Entschliessung darüber gefasst hat, welchen Leichenfuhrwerks er sich das nächste Mal für seine »Zukünftige« (falls diese, wie er naiv voraussetzt, ihm demnächst den Gefallen erweisen wird, vor ihm zu sterben) bedienen will, zeigt, dass er eine bis jetzt noch nicht erklommene Stufe als *diligens pater familias* erreicht hat. Diese Rarität war allein schon der Mühe werth, von Berlin nach Eperies zu reisen. Ich tröstete mich mit ihr darüber, dass die Eisenbahn einen Anschlag von 22 Prozent auf die entwerthete papierene Landes-Valuta nahm, und ein directes Billet nicht nach der grossen Handelsstadt Tokaj gab, sondern nur bis Miskolz, wo ich, nicht sonder Beschwerde, ein neues erschnappen' musste.

Doch wozu noch solcher kleinen Leiden gedenken?

Wir sind ja in Tokaj, wo mich mein Freund erwartet, mit welchem ich in die Keller steigen werde, um allen unterirdischen Schätzen auf den Zahn zu fühlen. Drum: — »Weg mit den Grillen und Sorgen« — »Alle Schmerzen sind vergessen« — und wie sonst die schönen Trinklieder à la Mühler und Consorten lauten mögen. . . . . Aber welche Enttäuschung. Der Freund war nicht da. Später klärte sich der Grund seiner Abwesenheit auf. Er bekam meinen Brief erst einige Tage später. Als ich denselben in Bad Schmeks, auf Magyarisch Tatra-Füred geheissen, zur Post gab, wusste ich noch nicht, dass in Oesterreich Alles schnell fährt mit Ausnahme der Feuerwehr, der Eisenbahn und der Post. Ich musste für meine Unwissenheit büssen. Da sass ich nun auf der Station Tokaj, wie der Wallfisch auf dem Sande, und dachte, gleich ihm, nach über mein Schicksal. Ich beschloss vorerst zu recognosciren.

Einige Versuche, Leute, die auf dem Perron herumbummelten, in ein deutsches Gespräch zu verwickeln, misslangen. Sie verstanden nur magyarisch, oder stellten sich so. Mein magyarischer Sprachschatz aber war sehr arm. Er bestand damals aus einem einzigen Worte, dem Worte: »*Téssék*« (sprich: Teschek). Freilich ein Wort, das nicht zu verachten ist; denn es bedeutet sehr viel, wenn nicht Alles. Zunächst bedeutet es so viel, wie das englische »*Please*«, das französische »*Plait-il*« und das italienische »*Piace*«. Das Deutsche ist eine etwas unhöfliche Sprache und hat keinen allgemein recipirten Ausdruck dafür. In Thüringen sagt man »Bitte« (man vergleiche den Commerzienrath Schwofel aus Eisenach in Fritz Reuter's »Reise nach Konstantinopel«,) in Wien »Belieben«, und in Galizien »Belieben zur Güte«. Sitzest Du neben einem Magyaren zu Tisch, so versäume nicht, wenn Du ihm die Schüssel reichest zu sagen »*Téssék*«, d. i. Ist's gefällig? Hast Du seine Aeusserung nicht verstanden, so sage auch »*Téssék*«, aber in entschieden fragendem Tone. Dann heisst es »Was beliebt?« Billigst Du die Aeusserung, so sage ebenfalls »*Téssék*«, jedoch in bekräftigendem Tone. Es bedeu-

tet alsdann: »Es ist ganz so, wie Euer Gnaden belieben.«
Doch ich will einhalten mit meinen Exempeln und nur so
viel sagen: Ich war bisher mit diesem einen Worte
Magyarisch leidlich durchgekommen. Zwar merkten die
Herren Magyaren, dass ich ihre Sprache nicht verstand.
Allein sie waren Gentlemen und nahmen den guten Willen
für die That. Auch spricht jeder gebildete Magyare
Deutsch, und zwar ein besseres, als viele Wiener. Daneben
in der Regel auch Englisch und Französisch. Kurz, man
ist ihm gegenüber niemals in Sprachnöthen.

Etwas Anderes ist es mit den Magyaronen, welche
sich zu den Magyaren verhalten, wie die Fransquillons zu
den Franzosen. Die Magyaronen sind Deutsche, welche
sich für Magyaren ausgeben. Sie schaffen sich einen
ungarischen Tschibuk an, den sie stets im Munde führen,
wenn auch nur »kalt« rauchend. Dann requiriren sie ein
Paar hohe ungarische Reiterstiefel und stecken ihre Beinkleider in dieselben, was bei der schlechten Beschaffenheit
der Wege und der Unergründlichkeit und Zähigkeit des
Lehmbodens allerdings Vieles für sich hat. Weiter be-
mühen sie sich, möglichst krumme Beine zu machen, um
die Meinung zu nähren, sie stammten aus einem Geschlechte von Rossebändigern und ihre Vorfahren seien
schon vor schier tausend Jahren mit Arpád in das Land
geritten gekommen — wenn nicht gar schon mit Attila,
der Geisel Gottes.

Dann aber übersetzen sie ihren deutschen Namen in
das Magyarische oder geben ihm wenigstens eine magyarische Schreibart, wie z. B. »Schwarcz« statt Schwarz und
»Jacobyi« statt Jakobi. Fast jeden Tag kann man in der
Zeitung lesen, wie Jemand veröffentlicht, er habe seinen
deutschen Namen abgethan und statt dessen sich auf
Magyarisch so und so genannt. Ein deutscher »Burgmann«
wird sich hinführo (wörtlich übersetzt) Wárfy schreiben, ein
deutscher »Hendel« heisst von nun an »Federfy«. Die
schlechten Witze bleiben natürlich nicht aus.

— »Warum in aller Welt,« fragt Einer, »nennt sich
denn der Mann »War-Vieh?« Sollte sich eigentlich »Ist-

Vieh« nennen, weil er nicht aufgehört hat, ein Vieh zu sein, und also nicht das Präteritum, sondern das Präsens indicirt erscheint. Und der Andere, warum nennt er sich Federvieh? Da hätte er es doch beim Hähnd'l (Hendel) lassen können, denn a Hähnd'l (Hähnchen oder Hühnchen) ist doch auch a Federvieh. Kommt also auf eins heraus. Wozu also die Metamorphose?« Ja wozu? Thatsache ist, dass die Deutschen in Oesterreich überhaupt und in Ungarn insbesondere in stetem, wenn auch langsamem Abnehmen begriffen sind. Die officielle Statistik, welche noch in den Kinderschuhen liegt, beobachtet darüber ein weises Schweigen. Aber die Thatsache ist nicht zu bezweifeln. Es lohnte sich wohl der Mühe, die Facta festzustellen, und deren Ursachen nachzuforschen, — ein Kapitel, das ich ein anderes Mal *ex professo* behandeln möchte.

Hier, auf dem Bahnhofe in Tokaj, wo ich mich über die »Magyaronen« ein wenig echauffirte, war ich nicht abgeneigt, dem Namenswechsel gerade nicht die besten Motive unterzuschieben. Ich erinnerte mich, dass mir ein deutscher Grosshändler, welcher viel Geschäfte in Ungarn macht, schon vor Jahren die interessante Mittheilung gemacht hatte, die Selbsttaufe erfolge in der Regel nach dem Contrahiren einer grösseren Schuld und vor deren Bezahlung, wenigstens ihm sei dieser Fall bei seinen Kunden zuweilen begegnet. Ein Anderer meinte, die Annahme des magyarischen Namens ziehe ungarische Kundschaft heran, ohne deshalb die deutschen Kunden zu verscheuchen, sei also *profit tout clair;* zuweilen sei es sogar bequem oder erspriesslich, deutsch zu verstehen und sich doch so zu stellen, als verstehe man es nicht; ein neuer Name sei, wie eine neue Schlangenhaut u. s. w.

Mit dem wirklichen Magyaren kann man zur Noth auch Latein sprechen. Denn das Alte:

— »Nos Hungarici Husari
Possumus latine fari,«

hat seine Bedeutung zwar theilweise, aber doch nicht ganz

verloren. Dem richtigen »Magyaronen« dagegen ist die Sprache des Virgil und Horaz eine wildfremde Person.

In Ermangelung sonstiger Unterhaltung tröstete ich mich mit der Hoffnung, mit dem nächsten Zuge werde Freund Sch. aus B. kommen und mir den Ariadne-Faden durch das Labyrinth der ober- und unterirdischen Hegyallja in die Hand geben, und betrachtete mir einstweilen den sehr einfachen, mit dem hier zu Lande so beliebten strohgelben Anstrich versehenen Tokajer Bahnhof von auswendig und von inwendig. In der Restauration traf ich eine imposante alte Dame, welche mich interpellirte:

— »Belieben zur Güte, was geruhen Gnaden zu befehlen? Wo gefällt es dem gnädigen Herrn zu gehen hin?«

Das war also wieder Deutsch, und noch dazu klang es so heimisch an mein Ohr, denn es erinnerte lebhaft an jenen Dialekt, welcher in Frankfurt a. M. und nächster Umgebung gesprochen wird. Ich hatte schon daran gedacht, mich einfach auf den nächsten Zug zu setzen und nach Pest zu fahren, von wo ich demnächst immer wieder nach dem Tokajer Lande zurückkehren konnte. Aber die Ansprache der dicken schwarzen Madame fesselte mich. Fast hätte ich ihr mit Faust geantwortet:

»Erinnerung hält mich nun mit kindlichem Gefühle
Vom letzten Schritt nach Pest zurück.
O tönet fort, ihr süssen Himmelslieder,
Die Thräne quillt, — und Tokaj hat mich wieder!«

Ich begann mit ihr ein lustiges »Plauschen« (wie man diese etwas leichte Art der Conversation auf Oesterreichisch nennt), erwies dem Frühstück, das sie mir vorsetzte, alle erdenkliche Ehre, erfuhr von ihr Alles, was ich wissen wollte und noch einiges mehr, und steuerte nun, ein zweiter Numa Pompilius, mit aller Weisheit der »antiken« Nymphe Egeria versehen, voll Selbstvertrauen zur Stadt Tokaj hinein.

III.

Tokaj.

»*Tout comme chez nous!*« sagte ich, als ich mein Studium der Stadt Tokaj beendigt hatte. Am Rhein sagt man:

> »Zu Würzburg an dem Stein,
> Zu Hochheim an dem Main,
> Zu Bacharach am Rhein,
> Da wächst der beste Wein.«

Allen Respect vor dem Hochheimer Domdechant und vor dem Würzburger Stein- und Leistenwein. Aber die Bacharacher Weine sind gering und vermögen gegen den Marcobrunner, den Steinberger, den Rauenthaler, den Rüdesheimer und den Geisenheimer-Rodenberg nicht aufzukommen. Der Vers hat, was Bacharach anlangt, nur eine historische Bedeutung, Bacharach war nämlich früher Jahrhunderte lang der Hauptstapelplatz der Rheingauer Weine und gab denselben damals seinen Namen, während man heut zu Tage, wenigstens bei feinen Weinen, bemüht ist, mit Sorgfalt nicht nur die Gemarkung, sondern sogar den District, wo sie gewachsen, zu unterscheiden, wie z. B. Rüdesheimer »Berg« von Rüdesheimer »Hinterhaus« oder »Bischofsberg« u. s. w.

Es ging damals mit Bacharach (wohin sich der Handel warf, weil das »Binger Loch« noch nicht passirbar war) wie heut zu Tage mit den spanischen Quad-Alete-Weinen, welche man in England alle nach der Stadt Xeres (sprich: Cheres) »Sherry«, und mit den deutschen Rheinweinen, welche man dort alle nach der Stadt Hochheim »Hock« nennt. Aehnlich ist's auch mit dem »Tokajer«.

Tokaj hat eine treffliche Lage für einen Handelsplatz. Hier wälzt die »blonde« Theiss ihre mächtigen gelben Wogen von Osten nach Westen, um demnächst eine Wendung zu nehmen und parallel mit der Donau auf ungarischem Boden nach Süden zu fliessen. Bei Tokaj selbst

mündet der ebenfalls sehr wasserreiche »träge« Bodrog in
sie, und etwas weiter unten der Hernad. Zwischen Hernad
und Bodrog zieht sich, die Wasserscheide zwischen beiden
bildend und jedem derselben eine Anzahl von Bächen zu-
schickend, das Hegyallja-Gebirge (aber auch Tokajer-Ge-
birge genannt) hin: das ist ein hügelreicher südlicher
Ausläufer des östlichen karpathischen Waldgebirges, welches letztere im Nord-Nord-Osten Ungarns dessen Grenze
nach Galizien zu bildet. Je mehr die beiden Flüsse Hernad
und Bodrog in südlicher Richtung einander convergiren,
desto mehr läuft die Hegyalja in gleicher Richtung spitz
zu, und hier, an ihrem südlichen Ende, auf der westlichen
Abdachung, noch mehr aber auf der südwestlichen und
süd-südwestlichen, wachsen die grossen Weine. Denn die
Reben wollen vor Allem Sonne haben, namentlich aber
Abend- und Nachmittags-Sonne. Das beste soll in den
Gemarkungen von *Máda* und von *Tálya* wachsen, welche
beide Orte 3 bis 4 Meilen nordwestlich von Tokaj liegen.
Ihre Berge sind nach Südwesten zu abgedacht nach dem
Ond-Bache zu. Das ganze »Weingebirge« ist 14 Quadrat-
meilen gross. Hier ist es, wo Lenau's Mischka spielt
und wo

> — »Auf sonnenfrohen Höhen
> Die Tokajer-Traube lacht.«

Nimmt man hinzu, dass Tokaj nicht blos die beiden
Wasserstrassen der Theiss und des Bodrog, sondern auch
den Franzens-Canal hat, welcher die erstere mit der Donau
verbindet, und dass ihm ausser der grossen Bahn, welche
es in Mischkolcz erreicht, auch noch eine bereits vollendete
und eine ihrer Vollendung entgegensehende weitere Eisenbahn zur Verfügung stehen, so wird man seine Bedeutung
als Handelsplatz zu schätzen wissen.

Nur stelle man sich aber, um Gotteswillen, unter
Tokaj nicht etwa ein Ding vor, wie das zierliche Klein-
Paris: die »grosse Seestadt Leipzig«. Wie sich das feine
und gebildete Sachsenland, dieser Sitz einer alten, hin und
wieder etwas zu alten Kultur, zu dem naturwüchsigen,
halbwilden, aber jugendlich strebsamen Ungarlande ver-

hält, so Leipzig zu Tokaj. Ländlich, sittlich. Um es kurz zu sagen: Tokaj ist ein Schmutznest, welches mit jedem Konkurrenten in der Türkei oder in Süditalien dreist in die Schranken treten kann.

Zwar seine Hauptstrasse ist recht breit, allein sie hat den Rinnstein nicht auf beiden Seiten, sondern gerade in der Mitte. Auch ist dieser Rinnstein nicht von festen Ufern eingegrenzt, sondern verläuft sich in die eigentliche Strasse in sanften Uebergängen. Der Zustand des Ganzen erinnert sehr an jene Schöpfungsperiode, wo das Festland von dem Flüssigen noch nicht getrennt war. Das Flüssige hier chemisch zu analysiren, oder auch nur mittelst der gewöhnlichen, dem Menschen angeborenen Sinnesorgane genauer zu untersuchen, ist nicht rathsam. Was aber den festen Theil der Strassen der guten Stadt Tokaj anlangt, so zerfällt derselbe in Berg und Thal. Im Anfang fiel mir die eigenthümliche Beschaffenheit der Strassen von Pompeji ein, das ich vor 17 Jahren besuchte. Diese pompejanischen Strassen sind enge und liegen tief. Ohne Zweifel waren sie sehr schmutzig. Zur Bequemlichkeit der Fussgänger aber waren Uebergänge gemacht. Von Zeit zu Zeit nämlich wird die Strasse durchkreuzt von einer Reihe behauener Steine, welche von dem einen Trottoir zum andern führt. Ihre Zwischenräume sind auf die damalige Spurbreite der Wagen berechnet. Die Räder können bequem passiren, ohne die Steine zu berühren, und der Fussgänger kann über die Steine steigen, ohne sich die Füsse in der Tiefe des Fahrweges zu beschmutzen. Aber ich überzeugte mich bald, dass ich mich in einem bedauernswerthen Irrthume befand, als mir beim Anblick der Strasse von Tokaj classisch-pompejanische Reminiscenzen aufstiegen. In Tokaj nämlich ist es denn doch ganz anders, als in Pompeji.

Allerdings ist die Fahrstrasse in Tokaj auch reich an Steinen; aber diese Steine sind nicht behauen, sondern einfache Naturprodukte, welche auf menschliche Fussgestelle gar keine Rücksicht nehmen. Auch liegen sie so, dass sie weder für Wagen, noch für Fussgänger bequem, sondern für beide wirkliche »Steine des Anstosses« sind.

Den Fussgänger zwingen sie zum Springen, ohne die geringste Garantie, dass er nicht doch erst recht in die Pfütze tappt oder gar fällt. Den Kutscher zwingen sie zum Darüberfahren, wobei die Pferde stöhnen, Schiff und Geschirr brechen und reissen und der Insasse des Wagens in Gefahr ist, ein »Rückenmärker« zu werden, oder wenn er es schon ist, das Zeitliche zu segnen.

Das ist die Hauptstrasse. Die darauf anstossenden Seitenstrassen sind eng und winkelig und womöglich noch schmutziger. Hier darf sich auch der' eingefleischteste' Deutsehe nicht schämen, ungarische Reiterstiefel anzuziehen. Denn ohne diese ist nicht durchzukommen.

Dem Zustande der Strassen entspricht das Innere der Häuser nicht minder, als deren Aeusseres. Gleichwohl sieht ein kundiges Auge überall, durch all den Schmutz und all das Chaos, den Handelsplatz durchleuchten, welcher sich, bei dem gesunden Fortschritt, dessen sich gegenwärtig (nach Abschüttelung der Bach'schen Missregierung) das von der Natur so reich bedachte Ungarnland erfreut, vielleicht in funfzig Jahren schon nicht minder elegant und geschmackvoll präsentirt, als in Leipzig.

Ueberall zeigen sich grosse Magazine und Keller; und selbst diese indifferenten Institute des kosmopolitischen Handels bekennen hier nationale Farbe im eigentlichsten Sinne des Worts. Sie sind nämlich so schreiend wie möglich roth-weiss-grün angestrichen. Die Ungarn haben ein eigenthümliches Landes-Wappen. Es zeigt drei Berge, welche die Hauptgruppen der Karpathen darstellen, nämlich die Matra in der Mitte des Landes, welche die Wasserscheide zwischen der Donau und der Theiss bildet; die Fatra im Westen, welche in Gemeinschaft mit den Beskiden und den kleinen Karpathen die Grenze gegen Mähren und Oesterreich, also gegen die Deutschen bildet; und die Tatra im Norden, welche das magyarische Land von Galizien, d. h. von den Polaken und den Slovaken scheidet. Auf dem mittelsten der Berge erhebt sich das doppelte ungarische Kreuz. Die Berge sind in dem Wappen grün, — was bezüglich der Tatra offenbar eine optische

Täuschung bildet; denn die Tatra ist nicht grün, sondern, da sie aus vegetationslosem Granit besteht, in der Nähe grau, und in der Entfernung violett. Das Kreuz ist weiss. Die Luft ist roth, blutroth, vielleicht zur Erinnerung der unsäglichen Leiden, welche das Land theils in Folge innerer Zwistigkeiten und Unruhen, theils durch seine Nachbarn — die Tartaren, Mongolen, Türken und Oesterreicher (Haynau u. Co.) erduldet. Dieses Roth-Weiss-Grün nun hat sich auf allen Kellerthüren in Tokaj niedergelassen. Denn die »Magyaronen« treiben natürlich einen viel stärkeren Luxus damit, als die Magyaren. Alles ist in seltsamen kaleidoskopischen Figuren roth-weiss-grün angesprenkelt. Die Farben sehen recht lustig aus. Gleichwohl pflegt der Ungar, wenn es ihm melancholisch zu Muthe ist, zu sagen: »Das doppelte Kreuz und die drei Gebirge unseres Wappens liegen mir auf dem Herzen.«

In den Tokajer Magazinen und Kellern lagern aber nicht blos Weine, sondern auch alle übrigen Produkte des überreichen Landes, welche von hier mittels der Eisen- und Wasserstrassen (die Landstrassen sind noch mangelhaft) nach Süden und Westen transportirt werden. Da ist namentlich Salz aus der Marmarosch; ferner: Holz, Kohlen und Getreide. Alles wird bis hierher auf dem Bodrog und der Theiss auf Flössen befördert. Von hier (Tokaj) aus gehen auch Dampfschiffe und Schlepper. Bei hohem Wasserstande gehen sie auch auf der oberen Theiss, d. h. auf der Strecke von Námeny bis Tokaj; bei Námeny fällt nämlich der Czámos in die Theiss. Der erstere ist grösser als die letztere und macht diese erst zum wasserreichen Strom. Ich kann den Stromverkehr bei Tokaj nicht besser schildern, als mit den Worten des Dr. Erasmus Schwab in seinem 1865 (Leipzig, O. Wigand) erschienenen Buche »Land und Leute in Ungarn«. Magyaren und Deutsche stimmen in dem Lobe dieses Buches überein; und in der That muss ich sagen, dass mir von allem Andern, was denselben Stoff behandelt, nichts auch nur halbwegs so gut gefallen hat. Leider ist bis jetzt nur ein Band erschienen, betitelt »Natur-, Kultur- und Reise-

2 *

Bilder«. Das Uebrige lässt auf sich warten. Ich
schmeichle mir kaum mit der Hoffnung, den Herrn Verfasser durch diese anspruchslosen Bemerkungen eines
Flüchtig-Reisenden, welcher ihm, dem gründlichen Beobachter langer Jahre, für seine Belehrung den wärmsten
Dank schuldet, zu einer Fortsetzung seines verdienstvollen
Werkes provoziren zu können. Aber den Wunsch nach
derselben wollte ich doch, im allgemeinen Interesse, an
dieser Stelle niederlegen.

Herr Dr. E. Schwab kommt also am 1. August 1854
im leichten Dreispänner von der Höhe herunter — heut
zu Tage käme er mit der Eisenbahn — um sich auf dem
Theissdampfer einzuschiffen. Es ist Abend.

— »Die Sonne,« schreibt er, »ging in den Bergen
prachtvoll unter. Der Dampfer kam, da der Strom im
Augenblick nicht gerade wasserarm war, aus dem obern
Theissthale. Mancherlei Wasservögel umschwärmten den
Dampfer, während dieser majestätisch über die stille Fläche
glitt. Wir hatten eben noch Zeit, in der Dämmerung den
Unterlauf der Bodrog, welche als stattlicher Fluss in auf-
fallend breitem Bette oberhalb Tokaj in die Theiss fällt,
anzusehen und die Reihen von Flössen und Schiffen, die
an dem Ufer des Stromes befestigt waren, zu mustern. Das
Gewühl des Tages verstummte, die Flösse aus dem oberen
Theisslande hatten beigelegt, weil die mondlose Nacht die
Thalfahrt gefährdet hätte; die Lastschiffe (welche von
Tokaj aus die Rohprodukte der Ebene hinab gegen Szege-
din der Eisenbahn zuführen, oder gegen den Franzens-
kanal, der sie in die Donau trägt, worauf sie dann gegen
Pest oder weiter westwärts gelangen) hatten ihre Ladung
bereits eingenommen, darunter manches eine Last von
3—4000 Centnern Getreide, und erwarteten nun den Son-
nenaufgang; der Dampfer lag vor Anker und als die letzten verspäteten Kähne angebunden waren, erstarb allmälig
alles Leben am Strande. Nur um den Dampfer entstand
eine Zeit lang ein Drängen und ein Stossen, als sein Kiel-
raum Waaren und Gepäck nach Süden einlud. — Auch
auf dem Strome wurde es still; nur auf den Salzflössen

brannten hier und da kleine Feuer, um welche Ungarns rohe Hinterwäldler, ruthenische, darunter auch rumänische Schiffer aus der Marmarosch bei dem einfachen Abendbrode sassen und lagen; mächtige Burschen, sonnenverbrannt, nur in Bundschuhe, in Gatjen und in das kurze Hemd, welches kaum die Brust bedeckt, gekleidet, das langhaarige Haupt von einem breitkrämpigen Hute beschattet. Diese Männer sind gegen jegliches Wetter so gleichgiltig wie der magyarische Czikos (Rosshirt); sie rudern mit beneidenswerthem Gleichmuth den ganzen Tag ihr schwerfälliges Fahrzeug, übernachten, wo sie eben die Dunkelheit überrascht, führen ihren Mundvorrath — Schwarzbrod und Speck — auf mehrere Tage bei sich, trinken das Wasser ihres Stromes und kommen auf der Reise nur selten in Ortschaften, um Lebensmittel anzukaufen, oder an Sonn- und Feiertagen Vormittags die Messe, Nachmittags die Kneipe zu besuchen; das Anhören der Messe aber hört für diese griechischen Katholiken auf, sobald sie die Tiefebene, das »kalvinische Paradies« erreichen. Neben den Salzflössen liegen die Holz- und Kohlenflösse, und Tokaj besitzt eben so bedeutende Salz- als Holzniederlagen. Die Flösser alle scheinen stumpfe oder wenigstens phlegmatische Naturen, denn kein Lied und keine Musik tönt von den Wassern, und bald liegt Alles in tiefem Schlafe. Ringsum wird es so ruhig, dass man mit Staunen gewahrt, wie die Theiss ganz lautlos ihre lauen Fluthen hinabträgt.

Wir suchten die Kajüten auf, aber wir konnten in dem Dunste und der Hitze des gesperrten Raumes nicht ausdauern; wir gingen auf das Verdeck. Hier konnten wir wohl die milde, weiche Luft, eine Zeit lang aufathmend, trinken, aber bald fielen fabelhafte Schwärme von Gelfen (Muskitos) über uns her, hielten an uns ihr grausames Mahl (wobei sie sich gegen die Fremden förmlich verschworen zu haben schienen) und liessen sich in ihren blutigen Orgien weder durch unsere Kleidung beirren, durch die sie sich fanatisch einbohrten, noch durch die Wolken ungarischen und türkischen Tabaks, mit denen wir sie bekämpften, verscheuchen. Als alle Bemühungen und alle selbst beigebrachte Backenstreiche sich zwecklos erwiesen hatten, ergaben wir uns endlich und dachten zuletzt sogar an das Nachtlager. Wir eroberten in der Kajüte eine Anzahl Matrazen und Lederpolster, um den Boden des Verdecks zuerst mit ihnen und dann mit unsern natürlich vollständig bekleideten Gestalten zu veredeln. Als wir aber im »willigen Schlummer so lagen«, bewegte es sich neben uns, und wir gewahrten zu unserem lebhaften Staunen, dass junge, wohlgekleidete und, wie es schien, hübsche Mädchen, auf dem Verdeck sitzend, sehr ernsthaft damit beschäftigt waren, sich aus einigen Gewändern zu schälen und ihre Toilette auf ein möglichst bequemes Neglige zu reduziren. Einer von uns zog Erkundigungen ein und erfuhr, dass die muthigen, auf ihre Tugend oder der jungen Passagiere Ritterlichkeit so vertrauenden Kätzchen die Zofen einiger mit uns reisenden magyarischen Gräfinnen waren. Wir überliessen ihnen unsere durch historisches Recht ersessenen Lagerstellen und sassen und kampirten einzeln und zu zweien auf dem Verdeck herum, bis, da wir durch Lärm die Mitreisenden nicht stören durften, wir allgemach einschliefen.«

— Soweit Erasmus Schwab. Ich lasse nun ihn die Donau hinabfahren und bleibe meiner Seits in Tokaj, um die wilden Völkerschaften und den Wein zu studiren. Was die ersteren anlangt, so sammeln sich alle möglichen Sorten an diesem natürlichen Centralpunkte des Handels und des Verkehrs zu Wasser und zu Lande. Da sieht man deutsche Bauern mit den Zipfelmützen oder dem niedrigen Dreimaster und dem langen dunkeln Rocke, an welchem die Taille möglichst weit oben sitzt. Dann kommt der biedere Walache und Ruthene, den Schwab schon beschrieben. Ferner der Slovake, dessen Kostüm noch einfacher ist: eng anliegende wollene Beinkleider, von Haus aus vielleicht einmal weiss, aber unrettbar dem Schmutze verfallen, — oben festgehalten durch einen breiten Ledergürtel, in welchen dessen Träger Alles hineinsteckt, was er mitnehmen will. Für uns wäre diese Transportart vielleicht etwas unbequem. Für ihn ist sie leicht. Denn er hat an der Stelle unseres Bauches das reine körperliche Defizit. Von diesem Umstand, dass er an der Stelle der Erhöhung eine Vertiefung hat, weiss er Vortheil zu ziehen. Ich sah Einen, welcher unter Benutzung der auswendigen Bauchhöhle ein grosses Laib Brod vorne im Gürtel trug. Das dritte Kleidungsstück, welches noch übrig bleibt, nach Beinkleidern und Gürtel, ist aus Linnen oder Hanf. Es wird Hemd genannt, verdient aber nicht diesen Namen, weil es nicht bis zum Gürtel, sondern nur bis zur zweituntersten Rippe reicht und auf allen Seiten den blanken, braunen, mageren, aber sehr muskulösen Körper sehen lässt. Am wildesten sieht der magyarische Bauer aus. Ueber dem kurzen Hemd trägt er als Ueberwurf eine Art Mantel ohne Arme, der nicht, wie bei den Slovaken, aus Schaffell, die Wolle nach Innen, die Haut nach Aussen, besteht, sondern aus Bären- oder Wolfsfell oder einer aus Wollenstoff verfertigten Imitation, welche sich durch wilde und lange Zotteln auszeichnet. Der Pelz wird nach aussen getragen. Man macht keinen Unterschied zwischen Winter und Sommer, obgleich der letztere heiss 'genug ist, um Pelze nicht nur entbehrlich, sondern auch ausserordentlich lästig zu machen. Die Beinkleider sind weiss und weit, sie reichen nur bis unter die Knie, und da man, eben der ausserordentlichen Weite wegen, die Beine nicht unterscheiden kann, so glaubt man Anfangs, diese Männer laufen in den Unterröcken ihrer Weiber umher, was seltsam kontrastirt mit den Husarenstiefeln und Sporen, in welche ihr unterstes Piedestal ausläuft. Es wird mich zu weit führen, wenn ich nun auch noch den Czikosch (Rosshirt) und den Gulyasch (Rinderhirt) — von letzterm ist die bekannte, aus kleinen Würfeln und Paprikabrühe bestehende Fleischspeise benannt, die man in Deutschland, freilich nicht richtig, nachahmt — ausführlich schildern wollte. Ich will daher nur noch eine allgemeine Bemerkung zur ungarischen Kostümkunde machen: In Ungarn liebt man den Putz; nicht blos die Frauen, sondern auch die Männer thun dies. Jeder, auch der ganz schlecht gekleidete und arme Mann, der in allem Anderen den höchsten Grad von Gleichgiltigkeit zeigt, ist mit grosser Geflissenheit darauf aus, irgend einen bunten Zierrath an sich anzubringen. Da ihm aber Edelmetalle, Diamanten und Perlen nicht zu Gebote stehen, so wählt er eine Schnur, ein Band, eine Litze oder ein Paspoil von möglichst lebhafter Farbe. Er windet die Schnur um seinen Hut, näht das Paspoil an die äussere Seite seiner Beinkleider, das Band und die Litze in sinnreichen Windungen, wo er grade hinkommt — entweder vorn auf beide Seiten der oberen Hosen, oder hinten auf beide Schultern, oder auf die Schösse. Kurz, überall sieht man auf den sonst so unscheinbaren Gewändern bunte Schnüren, Schnörkel, Arabesken oder sonstige Figuren —, roth, blau, grün, weiss u. s. w.

Die Franzosen haben dies System übermässiger Decoration in ihrer Armee eingeführt, jedoch ohne dass in dem letzten Kriege irgendwo ein sonderlicher Nutzen davon zu Tage getreten wäre. Wir Deutsche kennen es nur bei den Husaren. Und der Husar ist ja magyarischen Ursprungs. Ein ungarischer Gelehrter erzählte mir, der Ausdruck »Husar« datire aus der Zeit des grossen Ungarn-Königs Mathias I. (1458—1490), welcher den Beinamen »Corvinus« hat von dem Raben, welchen die Huniady's, im Wappen führen. Zur Abwehr der drohenden Türken, vielleicht auch, um sich eine Leibgarde zu bilden, verordnete er einen berittenen Landsturm; von je zwanzig Mann musste ein Reiter gestellt werden; »husz« heisst zwanzig und »ár« der Preis; daher der »huszár«. Beiläufig bemerkt, ist heute noch dieser Mathias Corvinus in Jedermanns Munde; und selbst der gemeine Mann pflegt, wenn er glaubt, es sei ihm durch die Behörde ein Unrecht widerfahren, noch heute zu sagen: »Meg holt Máttyás — el múlt az igazság«, d. h. Matthias ist gestorben, — die Gerechtigkeit ist verdorben.

Was den Wein anlangt, so machte ich in Tokaj selbst keine erfreulichen Wahrnehmungen. Was ich hier im Gasthaus, im Kaffeehaus und im Weinschank zu trinken bekam (das Kaffeehaus heisst auf Magyarisch »caféház«; das Wort

»*híza*, sprich »Haas«, hat der Magyare, der als Nomade
nur ein Zelt und kein Haus hatte, dem deutschen »Haus«
nachgebildet), also was ich an Wein bekam, liess viel zu
wünschen übrig. Entweder war er ebenso echt als sauer
— oder ebenso süss als geschmiert. Ich liess mich aber
dadurch nicht beirren. Ich kannte aus meiner rheinischen
Heimath den Zusammenhang der Dinge. Es ist nämlich
Thatsache, dass der Fremdling an den Orten, wo der beste
Wein wächst, zuweilen den schlechtesten trinkt. Das lässt
sich nur psychologisch erklären, und zwar in Verbindung
mit der Wahrnehmung, dass an Aussichtspunkten oder
sonstigen Orten, welche die Natur mit allen ihren Reizen
verschwenderisch überschüttet hat, in der Regel Speis und
Trank herzlich schlecht sind. Mancher meiner Leser wird
dies leider schon selbst wahrgenommen haben; ich will
keine Namen nennen: *exempla sunt odiosa*.

Wie kommt das? Nun die Leute denken: »Wenn
alle die Fremden so weit herkommen, um dieses Land oder
dieses Fleckchen Erde zu sehen, so genügt ihnen ja wohl
dieser ästhetische Genuss und sie werden auf materielle
Genüsse wenig erpicht sein; mag dann die Flagge der
Naturschönheit die Kontrebande mangelhafter Ernährung
decken; der Fremdling wird's wohl nicht merken!«

So soll denn auch an berühmten Weinorten die grosse
Firma oft den kleinen Wein durchschmuggeln. Zudem
meint man: »Was versteht ein solcher Fremdling? er kann
sich ja noch nicht einmal richtig ausdrücken!« (d. h. er
kann nicht den Jargon der Weinbauern und Weinhändler
sprechen, die *termini technici*, die *verba solemnia*, das
Jänisch, das Jägerlatein). Geben wir ihm daher, was wir
grade übrig haben; was sollen wir unsere Perlen den
Schweinen vorsetzen?«

Aehnlich ging es mir auch in Tokaj. Wer Studien
machen will in einer berühmten Weingegend, der muss
»Adressen haben«, welche man nur von Freunden oder
von ganz zuverlässigen Männern beziehen kann. Ohne
solche »Adressen« steht man vor dem Berg; man weiss,
dieser Berg verschliesst alle die grossen Schätze flüssigen

Goldes; allein man kennt das Zauberwort nicht, das die
Wand aufschliesst; und man geht von dannen, indem man
die Ohren senkt, wie des Horazius »*iniquae mentis asellus*«.
Ich aber ging nicht von dannen, sondern wartete mit
philosophischem Gleichmuth, bis mein Freund Sch. von
Breslau kam, der das Zauberwort kannte. Seine Empfehlung wies uns nach Mád *(Máda)*, und wir säumten nicht
uns dahin einzuschiffen, und zwar in einem Korbwagen
ohne Federn, würdig den Zeiten der Pfahlbauten anzu-
gehören. Ich bin noch nie so gründlich geschüttelt und
gerüttelt worden, als während der drei Meilen von Tokaj
nach Mád. Da ich indessen in der Jugend von meinem
griechischen Lehrer gelernt hatte, dass »für den Tapfern
die Mühsal das wahre Gewürz an der Speise des Lebens
sei« und dass »die Götter den Schweiss vor die Tugend
gesetzt haben«, so trug ich Alles gelassenen Muthes im
Hinblick auf die kommenden Dinge. Wir fuhren an dem
rechten Ufer des Bodrog hinauf bis⁄Keresztur, einer
»Stadt«, welche aussah wie ein sehr grosses Dorf und auf
allen Seiten mit zahllosen hölzernen Buden umgeben war.
Hier werden grosse Märkte gehalten. Einstweilen aber
hatten halb herrenlose Schweine, welche in der Farbe ganz
unserm Wildschwein glichen, von den Baracken Besitz ergriffen. Der Bodrog wälzt, gleich der Theiss, mächtige
gelbe Fluthen; beide Flüsse richten oft verheerende Ueberschwemmungen an. Die Regierung thut das ihrige, durch
Strom-Regulirung und -Korrektion diesem Uebel zu steuern
und die Schifffahrt zu förden. Ein magyarischer Edelmann
von der alten Schule aber sagte:
— «Bah, dummes Zeug, — Stromregulirung! Ob sich
das die freie ungarische Theiss gefallen lassen wird, diese
schwäbischen Künste? Und wenn's auch gelingt, dann ist
es erst recht schlimm; dann verdirbt man uns unsere herrlichen Sümpfe und unsere prachtvolle Wasserjagd. Was
will dagegen Handel und Verkehr sagen? Wer treibt
Handel und Verkehr? Nur die Deutschen und die Juden!«
Von Keresztur wandten wir uns links, d. h. westlich,
und umfuhren nun den südlichen und südwestlichen Abhang

der Hegyalja. Es ging durch Land und durch Wasser, im Sumpfe und über Steine. Wir kreuzten eine neue Eisenbahn und fuhren, um die Weinberge zu inspizieren, einen schmalen und steilen Weinbergsweg hinauf. Ueberall die üppigste Vegetation, gereift von einer südlichen Sonne. Die Weinberge von Unkraut überwuchert. Mitten dazwischen Sonnenblumen auf hohen zweistöckigen Stengeln. Die Hecken wucherten so, dass sie sich zu einer Breite von 6 Fuss ausdehnten. Die Disteln traten längs des Wegs in geschlossenen Kolonnen auf, wie Aloe und Kaktus in Süditalien. Auffallend war, ich sah hier in dieser gesegneten Gegend, welche sich so sehr zum Obstbau eignet, und überhaupt in Ungarn (oder, um es genauer auszudrücken, in der von mir bereisten nördlichen Hälfte des 'Landes) nur sehr wenige Obstbäume. Das Holz, das man zur Zierde an die Wege und in die Dörfer pflanzte, bestand aus Weiden, Ebereschen, Ahorn und dergl. Die Weinberge liegen auf dem südlichen und westlichen Abhang zahlreicher langgestrekter und rund abgeplatteter Hügel, auf deren Gipfel Wald steht, gerade wie im Rheingau. Nur gehen die Weinberge jetzt nicht mehr ganz hinunter bis in das Thal und auf die Flächen, oder in den »Bottem« (Boden), wie es am Rhein heisst. Da unten hat man sie ausgerodet und Getreide gepflanzt, weil die Weinstöcke in der Tiefe oft unter dem Frost leiden. Am Abhang und auf den Höhen ist dies nicht der Fall, weil hier die Luft immer etwas bewegt ist, und dies dem Frost Einhalt thut, oder, wie man hier sagt, »ihn nicht zum Stehen kommen lässt«.

So ging es denn zu unserer Haupt-Weinstudien-Station Mád längs der

»Hochgesegneten Gebreiten,
Weingeschmückten Landesweiten,
Hügel, die den Strom begleiten.«

Ich weiss nicht ob das Citat richtig ist. Man kann nicht Göthe's sämmtliche Werke mit in die Hegyalja nehmen. Ich bitte um Nachsicht.

VI.

Sprach - Studien.

Das Dorf Mád ist gross und besteht meist aus massiven steinernen einstöckigen oder ebenerdigen Häusern, welche mit einer harten, strohgelben Farbe angestrichen sind. Unsere Empfehlung lautete an die Niederlassung eines Breslauer Handlungshauses, Gebrüder S., welches hier einen grossartigen Keller und ausgedehnte eigene Weinberge besitzt. An der Spitze der Niederlassung steht Herr F., ein ungarischer Deutscher, gebürtig aus Kesmark im Zipser Komitat und früher Jahre lang in dem Handlungshause zu Breslau beschäftigt. Er empfing uns mit der grössten Freundlichkeit, und da er auch mit dem deutschen Weinbau und Handel genau bekannt war, so konnten wir mit ihm besser, als mit irgend einem Andern studiren, philosophiren und diskutiren.

Auffallend war es uns, dass seine Gemahlin, eine Magyarin, von ihm auch nicht ein Wort Deutsch gelernt hatte und auch die Kinder nur magyarisch sprachen. Auf der Ost- und Nordseite der Tatra, in dem Slovakenlande, hatten wir schon mehrere gemischte Ehen gefunden, in welchen der Mann Slovake und die Frau Deutsche (aus der Zips) war. Auch hier hatte der Mann kein Deutsch gelernt und die Kinder sprachen nichts als slovakisch.

Ich fragte mich: Wie kommt das? Sonst erobert die Kultursprache, hier thut es die minder cultivirte. Man könnte sagen: das Magyarische ist dermalen die offizielle Landes-Sprache und wird von oben herunter in jeder Weise begünstigt. Ja, aber beim Slovakischen ist das doch nicht der Fall; und auch es gewinnt dem Deutschen Terrain ab. Wie der Prozess der Entgermanisirung sich in der Vergangenheit vollzogen, darüber findet sich eine kurze und klare Uebersicht in dem bereits genannten Buche von Erasmus Schwab, unter dem Kapitel: »Wie wurden die deutschen

Ansiedelungen in Ungarn slovakisirt und magyarisirt?«
(Seite 342 bis 369.) Ich will mich in diese historischen
Untersuchungen nicht vertiefen, sondern nur an folgende
Thatsachen erinnern. Obgleich man in Ungarn kein Komitat findet, worin das deutsche Element ganz fehlt — denn
jedenfalls finden sich überall Juden, und diese sprechen
überall vorzugsweise deutsch — so ist doch die deutsche
Bevölkerung Ungarns weder eine autochthone, noch eine
einheitliche. Dieser Umstand ist von grosser Wichtigkeit,
welche am besten bei einer Vergleichung mit Elsass und
Deutschlothringen zu Tage tritt. Diese beiden letztgenann-
ten Territorien waren Jahrhunderte lang französich, ohne
dass sie aufhörten, deutsch zu sein. Es ist den Franzosen
zwar gelungen, zu bewirken, dass manche ihrer Bewohner
sich politisch für Franzosen halten, aber ethnographisch
sind sie alle miteinander Deutsche geblieben. Sie haben
deutsche Denk- und Sprachformen, deutsche Lebensge-
wohnheiten, Sitten, Gebräuche und wirthschaftliche Einrichtungen. Auch die französische Sprache haben sie sich
nur in geringem Masse angeeignet. Die Mehrzahl spricht
gar nicht französisch. Die Minderzahl spricht es zwar, aber
schlecht; und sie spricht jedenfalls neben dem von Germa-
nismen strotzenden Französisch noch ihr altes gutes Deutsch.
Sie haben in der Sprache Doppel-Währung, oder richtiger
gesagt: Das Deutsche ist die wahre Währung und das
Französische nur eine importirte Abusivwährung.

Die Ursache der Zähigkeit und Unausrottbarkeit des
Germanenthums in diesen bis 1871 politisch zu Frankreich -
gehörigen Territorien hat ihren Grund darin, dass diese Bevölkerung von Alters her auf dieser Stelle sitzt und ebenso
von jeher eine in sich einheitliche homogene Masse bildet.
Sie gehört ohne Ausnahme nur e i n e m deutschen Stamme
an, nämlich dem fränkisch-alemannischen, und fühlt sich
als ein Ganzes. Sie war zwar geographisch abgesplittert
und getrennt von den Quellen nationaler Kultur, aber der
innere Kontakt unter ihnen selbst war nicht gestört und sie
sassen auf alter germanischer Erde.
Bei den Deutschen in Ungarn ist das Gegentheil der

Fall. Sie sind Ansiedler, Einwanderer, Kolonisten; und sie haben weder ein gemeinsames einheitliches Datum der Immigration, noch einen einheitlichen Ausgangspunkt der Emigration. Sie sind zu verschiedenen Zeiten, aus verschiedenen Gründen und aus verschiedenen Gegenden gekommen; sie gehören nicht dem nämlichen Stamme an. Ich habe im Verlaufe meiner Reise in Ungarn, die sich natürlich nicht auf das Tokajerland beschränkte, Gelegenheit gehabt, mit den verschiedenen Sorten ungarischer Deutscher zu verkehren. Da sind erstens die Deutsch-Böhmen, dann die Deutsch-Oesterreicher aus Inner-Oesterreich, ferner die katholischen Schwaben in Nieder-Ungarn, weiter die Zipser Sachsen und endlich die Siebenbürger Sachsen. Nur die letzteren bilden eine fest geschlossene Gruppe; die Leute von Hermanstadt und Kronstadt haben das Gefühl der Zusammengehörigkeit; sie haben Jahrhunderte lang gepflegte gemeinsame Institutionen. Dagegen die von Kesmark und Leutschau, die von Pest-Ofen, die von Oedenburg, die von Stuhlweissenburg, die von Zombor, die von Temesvár und die von Bistritz, wissen wenig von einander. Die Stürme, welche so lange in dem jetzt beruhigten und befestigten Deutschland tobten, haben sie hier an das Land geworfen, den Einen hier hin, den Andern dort hin. Sie waren zwar Planken von demselben Wrack, aber was kümmern sich die losgelösten Planken um einander und um das Wrack, von welchem sie kommen? Die Bewohner des Ufers, an welches sie die Fluth trieb, bemächtigten sich dieser Planken. Einer verwendete sie für ein magyarisches Haus, der andere für ein guralisches, der Dritte für ein slovakisches und der Vierte für ein slovenisches. Die Planken waren zufrieden, auf fremder Erde wenigstens irgend eine Verwendung zu finden; bei uns in Deutschland haben ja selbst die Gebildeten so lange gesungen: »Was liegt mir am Vaterland, wenn ich nur zu essen habe« (*Ubi bene, ibi patria*), was kann man dann den ausgewanderten Kleinbürgern und Bauern es übelnehmen, wenn sie eine ähnliche Melodie singen? Es sind eben »*disjecta membra nationis*«.

Auch die üblichen ethnographischen Bezeichnungen sind falsch. Weder die Siebenbürger, noch die Zipser (letztere hatten früher auch ihre Nationalgrafen, es waren die Herren von Donnersmark, einem Ort in der Zips, die Ahnen der jetzt preussisch-schlesischen Grafen Henkel von Donnersmark) sind das, als was man sie nennt — »Sachsen.« Die Zipser sprechen oberrheinisch-pfälzischen Dialekt und die Siebenbürger niederrheinisch-fränkischen. Jene erinnern an die Bauern in der bairischen Pfalz, diese an den Niederrhein und namentlich an Luxemburg. Sie fühlen sich unter einander nicht als Ganzes und sitzen nicht auf deutscher. Erde, und deshalb kann man zwar ihre theilweise Entgermanisirung bedauern, aber man wird sie ebenso begreiflich finden, wie die der deutschen Einwanderer in den Vereinigten Staaten, welche Einwanderer ebenfalls verschiedenen deutschen Stämmen und den verschiedensten Schichten und Zeiten der deutschen Kultur-Entwickelung angehören.

Dazu kommt, dass die österreichische Regierung in früheren Zeiten wohl das magyarische Element befehdet, aber nie das deutsche begünstigt hat; und mit Ausnahme von Siebenbürgen, hatten die Deutschen in Ungarn auch nicht das Zeug zum Herrschen. Sie waren als bescheidene Kleinbürger und Bauern (im Gegensatze zu den deutschen Rittern am baltischen Meere), mehr zum Amboss geboren, als zum Hammer. Als sie auswanderten, hatten sie ihre Laren und Penaten mitzunehmen vergessen. Sie traten ausser Verbindung mit deutscher Wissenschaft, Kunst und Bildung und fanden auch in ihrem neuen Vaterlande keine Anknüpfungspunkte. Denn der Fürst Metternich huldigte dem Quietismus und der Euthanasie, welches das »*Après moi le déluge*« zum Prinzip macht. Er selbst war ein fein gebildeter Mann, aber er erhob die Unkultur zur Regierungsmaxime. Für ihn war Deutsch so viel wie Revolutionär. Und es scheint, dass die Herren Hohenwart, Habietineck, Jireczek, und Schäffleczeck auf seine Schritte zurückkommen wollen.

Es war leicht, diese deutschen Emigranten von der deutschen Kultur zu trennen; und sobald sie davon getrennt waren, hatten sie kein Interesse mehr an der deutschen Sprache. Ich fragte eine Deutsche, die einen Slovaken geheirathet hatte und deren Kinder kein Deutsch mehr verstanden, wie sie dazu komme, ihre eigene Mutter-Sprache nicht auch auf ihre Descendenz zu verpflanzen.

— »Pan,« sagte sie zu mir, (denn sie mischte selbst schon überall slavische Worte ein, obgleich sie aus der Zips war), »Pan, was sollen meine Kinder mit dem Deutsch? Hier ist Alles slovakisch; und um die Pferde zu hüten und Schafkäse zu machen, haben wir kein Deutsch nöthig. Zudem ist deutsch eine sehr schwierige und umständliche Sprache. Die Leute hier zu Land können sie nicht begreifen.«

Die Meinung, dass »deutsch« sehr schwer und verwickelt sei, habe ich in Ungarn oft hören müssen. Den Grund habe ich nicht genau ermitteln können. Die gebildeten Magyaren, welche ausser ihrer Muttersprache auch Lateinisch, Deutsch, Englisch und Französisch verstehen, suchten mir die Sache durch eine Parallele zwischen Deutsch und Englisch klar zu machen.

— »Das Englische,« meinte Einer, »ist ja auch eine germanische Sprache und ist von den Magyarischen mindestens eben so weit entfernt, wie das uns geographisch weit näher gelegene Deutsche. Aber wir Magyaren lernen Englisch leichter und bedienen uns dessen bequemer, als des Deutschen. Ich spreche hier natürlich von dem richtigen und schriftmässigen Deutschen, wie es in Norddeutschland gesprochen wird, nicht von dem österreichischen Dialekt und auch nicht von den verschiedenen germanischen Idiomen, welche man in Ungarn findet. Das lernen wir beiläufig und ich möchte sagen von selbst. Auch lesen wir mit Leichtigkeit deutsche Bücher. Aber trotzdem, — ich hoffe, Sie nehmen es nicht übel, wenn ich dies sage — ist das Deutsche uns in seinen Feinheiten nicht geläufig und nicht mundgerecht, so dass wir es nicht richtig schreiben und sprechen können. Die langen und ineinander geschachtelten Sätze geniren uns. Fängt doch so ein deutscher Satz nicht mit dem Subjekt an, sondern mit irgend etwas Neben-

sächlichem; dann kommt Subject und Objekt an willkür-
lichen Stellen, ein jedes mit einem langen Einschiebsel von
Relativen oder sonstigen Zwischensätzen; dazwischen versteckt sich ein Hülfszeitwörtchen, und endlich wenn man
glaubt, Alles ist vorbei, und wenn man über der Länge
des Ganzen den Anfang fast schon wieder vergessen hat,
kommt das Zeitwort hinterdrein geschlottert, wie ein Maro-
deur. Das ist vielleicht gut für sehr gelehrte Bücher, aber
für den alltäglichen Gebrauch ist es zu schleppend und zu
umständlich. Sehen sie doch dagegen das Englische. Da
kennt der Geist der Sprache keine andere Aufgabe, als es
den Sprechenden und Schreibenden so leicht und bequem
zu machen, wie möglich. Er strebt nicht nach idealer
Schönheit und nicht nach gelehrter Schwerfälligkeit, sondern nach praktischer Brauchbarkeit. Er construirt die
Sprache nach dem Grundsatze, mittelst einer möglichst einfachen und dauerhaften Maschine ohne viel Zeit- und Kraftaufwand möglichst Vollkommenes und Korrektes zu leisten.
Die englische Sprache ist leicht geschürzt und kurz angebunden, natürlich und einfach, klar und präzis. Das Deutsche
ist, um es kurz zu sagen, zu gelehrt und zu umständlich.
Und deshalb dürfen Sie sich nicht wundern, wenn es der
gemeine Mann nicht lernt, und wenn die Kinder, obgleich
ihre Eltern, oder eines derselben, Deutsche sind, sogar dem
Slovakischen den Vorzug geben. Eine Sprache muss, um
sich zu behaupten und vorzudringen, nicht nur Kultursprache, sondern auch leicht sein. Die deutsche Sprache
ist ersteres, aber nicht letzteres.«
 — »Ja, aber im Elsass und in Deutsch-Lothringen«,
wandte ich ein, »hat sie sich dem Französischen, dieser
Weltsprache, gegenüber siegreich behauptet; und was das
Schwierige anlangt, so theilt sie darin das Schicksal des
Magyarischen. Ich glaube, Sie haben leichter Deutsch gelernt, als ich Magyarisch lernen würde.«
 — »Ich,« erwiderte er, »betrachte letzteres als ein
Kompliment, wofür ich Ihnen danke. Auch gebe ich zu,
die magyarische Sprache ist von den deutschen und slavi-
schen Idiomen weiter entfernt, als diese untereinander. Des-

halb verzichtet sie denn auch darauf, Eroberungen zu machen, natürlich mit Ausnahme von Ungarn, wo sie nun einmal die offizielle Sprache ist, seitdem das Latein aufgehört hat, dies zu sein. Irgend eine offizielle Sprache muss jedes Land haben; und sie werden uns doch nicht zumuthen, dass wir die Sprache der Gurallen, der Slovaken, der Kroaten, der Polacken, der Ruthenen, der Serben oder der Raitzen zur Landessprache erheben. Was das Deutsche im Elsass anlangt, so wurzelt es im deutschen Boden. Wenn auch die Franzosen hin und wieder die Zweige abgerissen haben, so konnte ihnen das auf die Dauer nichts helfen, weil die Wurzel, die sie nicht ausreissen konnten, im Boden stecken blieb und immer wieder neue Schösslinge trieb. In Ungarn dagegen hat die deutsche Sprache keine Wurzel. Es ist die Sprache der Kolonisten. Was aber das Elsass anbelangt, so hat das Deutsche dort einen Gegner, dem es nach Massgabe der dortigen Verhältnisse — so weit ich sie kenne — weit überlegen sein musste. Das Deutsch ist dort die Sprache der Bauern. Das Französich ist die Sprache des Salons. Da aber die Mehrzahl der dortigen Bevölkerung nicht im Salon, sondern im Dorf sitzt, so ist es natürlich, dass sie trotz aller französischen Mühwaltung dem Deutschen den Vorzug gab. Zudem hat — als Magyare spreche ich ganz unparteiisch — das Französische so, wie es sich unter dem Einflusse der Akademie als Umgangs- und Schriftsprache entwickelt und gestaltet hat, noch viel weniger als das Deutsche die Fähigkeit, sich als Volkssprache über fremde Gebiete auszudehnen. Wenn das Deutsche etwas zu schwer und zu schleppend, dann ist das Französische zu sehr erstarrt, zu konventionell, zu abgezirkelt und zu verschnörkelt. So viel davon zu lernen, als zur Nothdurft hinreicht, ist leicht. So weit es zu bringen, dass man es mit der regelrechten Eleganz der Eingeborenen spricht, ist unmöglich. Es legt der Individualität eine Zwangsjacke an. Das lässt sich wohl der Franzose gefallen, der ja überhaupt für Gleichheit, d. i. für Uniformität und Nivellirung, schwärmt. Die anderen Völker aber repudiiren jede Zwengsjake, und zumal eine fremde.«

— »Sie halten also die französische Sprache nicht für die Weltsprache?«

— »Ö, nichts weniger als das. Es gab vielleicht eine Zeit — jedenfalls gehört auch sie der Vergangenheit an, — wo Französisch die Sprache der vornehmen Welt in Europa war. Allein diese vornehme Welt ist im Verhältniss zu der ganzen übrigen Welt ein so verschwindend kleiner Bruchtheil, dass man ihn mit unbewaffnetem Auge gar nicht wahrnehmen kann. Es hat nur eine europäische Weltsprache gegeben — das Latein. Wir Ungarn wissen das am besten. Vielleicht kann man als solche auch die *lingua franca* bezeichnen, welche zur Zeit der Kreuzzüge entstand und als eine Misch- und Meng-Sprache überall am Mittelmeer gesprochen wurde und in Egypten z. B. noch heute im Gang ist. Aber abgesehen von Europa, die Sprache aller Welttheile, und zwar mit Recht, d. h. vermöge seiner Vorzüge, — das ist Englisch. Der Japanese und Chinese, der Ost- und Westindier, der Hottentotte und der Pescheräh weiss etwas nothdürftiges Englisch. Es ist die Sprache der See und folglich die Sprache der Welt. Französisch kann das nie werden. Eher noch das Deutsche. Denn es ist die Sprache der Wissenschaft, und ich, obgleich ein hartgesottener Magyare, nehme keinen Anstand, Ihnen zu bekennen: Meine wissenschaftlichen Kenntnisse entstammen deutschen Lehrern und deutschen Büchern; unsere Denkformen sind deutsche.«

— »Ich freue mich herzlich dieser Anerkennung,« entgegnete ich, »und wenn ich offenherzig sein soll, so muss ich gestehen, dass ich darauf nicht gefasst war. Zwar habe ich persönlich während der Paar Wochen, die ich gegenwärtig auf ungarischem Boden zubringe, irgend eine Spur von Gehässigkeit gegen Deutschland oder die Deutschen nicht wahrgenommen. Im Gegentheil, ich habe alle Ursache, die zuvorkommende Freundlichkeit der gebildeten Magyaren zu rühmen. Allein wenn unsere Berichte über die ungarische Stimmung während des Krieges richtig sind, dann war dieselbe sehr deutsch-feindlich und arg französisch. Man hat Geld- und gar Waffensammlungen für die

Franzosen gemacht; man hat in der Presse und in Versammlungen gegen Deutschland gewüthet, und die Kriegs-
berichte der magyarischen Zeitungen waren parteiisch und
ungerecht. Ja, dieser Tage sogar noch habe ich in einer
Pester Zeitung, freilich einer deutschgeschriebenen, einen
aus Anlass der Entrevue in Ischl verfassten Leitartikel gelesen, welcher von giftgeschwollener schwarzgelber Bosheit
gegen den deutschen Kaiser strotzte.«

—»Und folglich nicht magyarisch war,« lachte der
Ungar und drehte den Schnurrbart, »ja sehen Sie, so geht's,
das wird Alles auf unsere Rechnung gesetzt; wenn so ein
hergelaufener Böhme, oder ein verkommener Wiener, oder
ein böser Pfaff auf ungarischem Boden etwas recht Giftiges
wider Preussen schreibt, dann hat's gleich der Magyar gethan. Diese Bande benutzt unsere Gastfreundschaft und
dann dehnt sie den Missbrauch derselben auch noch so
weit aus, dass sie gegen uns geflissentlich einen falschen
Schein erzeugt und das Ausland gegen uns aufhetzt. Wir
können das nicht ändern, wir leben in einem freien Lande,
wo Jeder thut und treibt was ihm gefällt. Wir aber wollen
mit dem grossen und mächtigen Deutschland, das endlich
den Weg wiedergefunden, den ihm die Vorsehung vorge-
zeichnet, in Frieden und Freundschaft leben. Denn wir
vertrauen zu den hochgebildeten Deutschen von heute,
dass ihnen nichts ferner liegt, als das Streben nach Universalherrschaft, welches ehedem ihre minder gebildeten
Vorfahren in's Unglück gestürzt hat. Ich gebe zu, es haben
auf ungarischem Boden Feindseligkeiten gegen unsere deutschen Mitbürger stattgefunden. Aber sie reduciren sich nie
auf eine magyarische Quelle. Ich will Ihnen ein Beispiel
anführen. In Kronstadt wollten die Siebenbürger Sachsen
ein deutsches Sieges- und Friedensfest feiern. Da wurde
von anderer Seite auf denselben Tag und dieselbe Stunde
ein internationales »Verbrüderungsfest« angesagt. Die Einladung zu dem letzteren war unterzeichnet von den Walachen, den Magyaren und den Deutschen der Gegend, d. h.
von den infallibilist gesinnten Magyaren und von den
in gleicher Richtung strebenden Deutsch-Böhmen und

Deutschösterreichern, welche sich von den protestantischen
Siebenbürger-Sachsen, die vor Alters aus dem Westen
Deutschlands in unser ungarisches Land eingewandert
sind, strenge getrennt halten. An der Spitze der »Ver-
brüderung« und der Gegner des deutschen Siegesfestes
stand ein frommer Schulrath, ein Deutscher, ernannt von
der ungarischen Regierung. Dadurch kam letztere in
Verdacht. Ein ungarischer Deputirter, gewählt von den
Siebenbürger Sachsen und selber ein solcher, wandte sich
an .mich, was das bedeuten solle. Ich untersuchte die
Sache. Es ergab sich, dass der Schulrath ganz auf eigene
Faust handelte, in Verfolgung seiner höchst persönlichen
kirchlich-politischen Richtung. Der Herd der antideutschen
Bewegung war im katholischen Pfarrhaus. Es gelang diesen Herrn, nicht im magyarischen, sondern im klerikalen
Interesse — denn sie sind selber Deutsche — der nationalen Demonstration der Deutschen in Kronstadt die Spitze
abzubrechen. Ein Paar Wochen später wurde dem Pfarrer
die kirchliche Würde eines »Abt« verliehen. Ja, als um
dieselbe Zeit ein Ungar zum Informator des Kronprinzen
Rudolf ernannt wurde, äusserte Seine Hochwürden: »Wie
schade, dass ich das nicht wusste; bei den Verbindungen,
welche ich in Wien an höchster geistlicher und weltlicher
Stelle habe, hätte mir das nicht entgehen können.« Für
das, was das deutsche Pfarrhaus sündigt, werden dann wir
Magyaren angesehen. Und das ist Unrecht. Wir wollen
nicht nur mit dem deutschen Reich, sondern auch mit
unseren deutschen Mitbürgern in Ungarn, und namentlich
mit den wackeren Siebenbürger Sachsen, in Frieden und
Freundschaft leben. Wir Magyaren sehen recht wohl ein,
dass uns die Unterstützung unserer ungarischen Brüder
deutscher Abkunft sehr nützlich ist. Die letzteren repräsentiren Handel, Industrie und Gewerke. Sie sind voll
Intelligenz und lieben die Freiheit gleich uns. Warum sollen wir uns wohl mit ihnen entzweien? Vereinigt können
wir Vieles erreichen und Ungarn zu einem auf historischer
Basis ruhenden constitutionellen Musterstaate machen.«

— »Gewiss, meinte ich, ist das für Magyaren und

Deutsche in Ungarn die beste gemeinsame Grundlage, und das Festhalten daran wird ihnen gegenüber den vereinigten Bestrebungen der klerikalen, feudalen und sozialistischen Elemente, welche sich unter der Führung einiger Ehrgeizigen vereinigt haben, und in der Unwissenheit und Leidenschaft unkultivirter Völker ihre Stütze suchen, ohne allen Zweifel von Nutzen sein. Ich wäre Ihnen jedoch sehr dankbar, wenn sie mir gestatten wollten, zurückzukommen auf eine Frage, welche von mir bereits angeregt, oder von Ihnen — ich weiss nicht, ob mit Absicht — mit Stillschweigen übergangen worden ist. Ich meine das Verhalten eines Theils der Magyaren während des deutsch-französischen Krieges. Uns in Deutschland und namentlich in Preussen hat das, wenn nicht verletzt, dann doch höchlichst befremdet. Wir glaubten wenigstens auch der Gesinnung nach auf eine aufrichtige und wohlmeinende Neutralität Ungarns rechnen zu können. Wozu vor solchen Dingen die Augen verschliessen? Wir Beide lieben Jeder seine Nation und sind dabei unbefangen genug, auch anderen Nationen gerecht zu werden. Untersuchen wir daher diese Wunde, um sie zu heilen. Ich kann nicht sagen, dass unsere Verstimmung über jene auffallende Erscheinung schon ganz geschwunden wäre.«

— »Ei, das wäre Unrecht,« meinte der Magyar, »hören Sie mich nur. Ich will nicht in Rekriminationen verfallen, sonst würde ich sagen: Preussen hat 1866 Hoffnungen in uns geweckt, welchen es nicht gerecht ward. Sie schütteln den Kopf; gut lassen wir das! Ich will nur Folgendes andeuten: Schon Nicollo Machiavelli sagt: »Sei gut Freund mit Deinen Nachbarn, aber besser mit dem Nachbar Deines Nachbarn.« Hier war Frankreich der Nachbar des Nachbarn. Dann war für unseren Geschmack Preussen viel zu gut Freund mit Russland, und man gab sich in dieser Richtung übertriebenen Befürchtungen hin. Russland ist auch unser Nachbar, aber kein liebenswürdiger; denken Sie an Vilagos, in Verbindung mit Haynau und Bach. Haynau behandelte uns mit Galgen und Rad, Bach mit permanenten Nadelstichen, mit jenen endlosen büreaukratischen

Misshandlungen, welche ein an primitive Freiheit gewöhntes Volk zur Verzweiflung treiben, so dass es fast einen Haynau mit seinem Galgen wieder zurückwünscht. Haynau und Bach und alle Uebelthäter waren Deutsche. Die Masse verwechselt noch die Deutsch-Böhmen und die Deutsch-Oesterreicher, welche uns von Wien aus ihr Beglückungs-Kummet über den freien ungarischen Nacken werfen wollten, mit den Deutschen aus dem Reich. Das ist ein bedauerlicher Irrthum, aber er wird bald aufhören, nachdem sich das grosse Deutschland politisch und einheitlich rekonstruirt hat. Ausserdem dachten Viele auch an die Folgen der Siege, welche Deutschland und Russland 1813—1815 über Frankreich errungen. Diese Siege und die heilige Allianz von damals bekamen uns, den Ungarn, wie dem Hunde das Gras. Sie werden das wissen. Nun machte man es wie jener ungeschickte Student, welcher den Hieb parirt nach jener Seite, wo er ihn schon sitzen hat, aber nicht nach jener, von wo er nun kommen wird. Endlich, das will ich Ihnen auch nicht verhehlen, hat ja Frankreich öfters für die ungarische Freiheit gegen den Wiener Absolutismus Front gemacht. Wir sind eine dankbare Nation und kennen unsere Geschichte. Der Name Frankreich ist mit dem Namen Rakotzy nun einmal verwachsen; und bei den Klängen des Rakotzy tanzen wir Czardasch. Da haben Sie ein offenes Bekenntniss unserer kleinen Schwächen. Aber davon seien Sie überzeugt, unsere Politiker wissen nun, dass sie von dem alten Frankreich gar nichts und von dem verjüngten Deutschland Alles zu erwarten haben; und bei uns in Ungarn regieren glücklicher Weise denn doch immer die politischen Autoritäten. Deshalb lassen sie uns Freund sein! *Tèssèk?*«

— »*Tèssèk!*« erwiderte ich und wir schüttelten einander die Hände.

Doch ich halte ein. Ich bekenne mich eines schweren Verbrechens schuldig. Der Leser erwartet Wein und ich setze ihm Politik vor. Steine statt Brot! Politik, welche ich gar nicht in der Hegyalja, sondern erst später in Buda-Pest, Pressburg und Wissegrad gemacht habe. Also Täu-schung, Abschweifung, Vertrauensbruch. Doch ich will mich bessern. Ich kehre zurück in das Tokajerland. Ich werde von nun an den Lesern den reinen Wein, den ganzen Wein und nichts als den Wein vorsetzen. *Tisstk?*

V.

Wein-Studien.

Das beste und realistischste Weinlied hat den frommen, romantisch-idealistischen Dichter Novalis zum Urheber. Es erzählt uns einfach des edlen Weines Lebenslauf, und es erzählt ihn richtig:

> »Auf grünen Bergen ward geboren
> Der Gott, der uns den Himmel bringt;
> Die Sonne hat ihn sich erkoren,
> Dass sie mit Flammen ihn durchdringt.

> Er wird im Lenz mit Lust empfangen,
> Der zarte Schoss quillt still hervor;
> Und wenn des Herbstes Früchte prangen,
> Springt auch das goldne Kind hervor.«

In diesen Versen ist der Weinbau behandelt. Dann folgt die Darstellung der Keller-Behandlung und Wein-Pflege. Sie beginnt mit den Worten:

> »Sie legen ihn in enge Wiegen,
> In's unterirdische Geschoss;
> Er träumt von Festen und von Siegen
> Und baut sich manches luft'ge Schloss.«

und schildert in prachtvollen Bildern den Gährungsprozess, den mehrmaligen Abstich und die endliche Klar- und Reifstellung. Ist letztere erfolgt und der Wein flaschenreif geworden, dann bittet der »Priester« (d. i. der Weinhändler) den Wein, seine lichten Augen sehen zu lassen und seine Schwingen zu entfalten. Der Wein erhört das priesterliche Gebet. Er steigt aus Keller und Fass an das Licht des Tages.

> »Aus seiner Wiege dunkelm Schoosse
> Erscheint er im Krystallgewand.
> Verschwiegener Eintracht volle Rose
> Trägt er bedeutend in der Hand.«

Bekanntlich bedeutet bei den römisch-griechischen Trinkgelagen die Rose, welche man auf den Trinktisch setzte, das, was da gesprochen wird, dürfe nicht weitergetragen werden. Hoffentlich hat Novalis bei seiner Andeutung über das »*Sub rosa*« nicht an die Geheimnisse gewisser Weinhändler (als da sind: Wasser, Sprit, Blaubeeren und Traubenzucker) gedacht. Dann weiht der Dichter seine Strophen dem Wein-Konsum:

> — »Und überall um ihn versammeln
> Sich seine Jünger hocherfreut;
> Und tausend frohe Zungen stammeln
> Ihm ihre Lieb' und Dankbarkeit.
>
> Er schickt in ungezählten Strahlen
> Sein inn'res Leben in die Welt,
> Die Liebe nippt aus seinen Schalen,
> Und bleibt ihm ewig zugesellt.«

Wenn ein Dichter, und noch dazu ein hochromantischer, so systematisch und chronologisch zu Werke geht, dass er zuerst den Weinbau, dann die Pflege im Keller, dann den Weinhandel und endlich den Verbrauch behandelt, so darf ein prosaischer und didaktischer Schriftsteller — ein bescheidener Reporter, der nicht singen und sagen, sondern nur aufschreiben will, was er gesehen — am Ende wohl denselben Weg einschlagen, ohne sich dem Vorwurf der Pedanterie auszusetzen.

Also fangen wir mit dem Weinberg und dem Weinbau an und gewinnen wir Vergleichungs-Objekte und Massstäbe dadurch, dass wir zunächst einen Blick auf den deutschen Weinberg auf der einen und den italienischen auf der anderen Seite werfen. Denn der ungarische steht in der Mitte. Dieser Weg ist vielleicht etwas umständlich, aber jedenfalls sicher.

Ich habe oft erlebt, dass Nordländer, namentlich auch Norddeutsche, wenn sie zum ersten Mal an den Rhein kamen, sich bei dem Anblick unserer Weinberge sehr enttäuscht fühlten. Sie fanden die letzteren nüchtern, kahl, langweilig, prosaisch.

Von einem Rübenacker oder einem Kartoffelfeld verlangt kein Mensch, dass sie hochromantisch aussehen. Von einem Weinberg verlangt es Jeder; und doch ist der rheinische Weinbau ein weit anstrengenderes, mühe- und sorgenvolleres, pedantischeres Geschäft, als der Bau der Knollengewächse. Wene das kondensirte Sonnenlicht, das man Rheinwein nennt, über unsere Zungen gleitet, dann ahnen wir nicht, oder wir denken wenigstens nicht daran, welch' ein Aufwand von Arbeit erforderlich war, es zu Wege zu bringen.

Man denkt nicht daran, dass unser rheinischer Weinbauer ganz andere Dinge zu thun hat, als den Thyrsus zu schwingen, oder mit Gott Bacchus auf dem Panther im Lande herumzureiten, oder mit Silenos aus dem Schlauche zu trinken, oder mit den Satyrn die Syrinx zu blasen. Der junge Weinberg muss 2, 3, ja manchmal 4 rheinische Fuss tief gerottet, unter Umständen ein Untergrund aus Lette hergestellt und eine künstliche Mischung verschiedener Erdarten bewerkstelligt werden.*) Die Reben werden in ganz regelmässigen, gradelinigen Zeilen gesetzt, die von oben nach unten laufen und $3^1/_2$—$4^1/_2$ Fuss von einander

*) In Betreff der weiteren Details, die uns zu tief in technische Fragen verwickeln würden, vergleiche die treffliche Schrift von Otto Sartorius (Regierungsrath in Wiesbaden): »Der Weinbau in Nassau,« Berlin, 1871.

entfernt sind. Die einzelnen Rebstöcke werden 2¹/₂—3 Fuss von einander gepflanzt. Jeder Satz erhält seinen Pfahl, und zwischen je zwei Sätzen steht ein zweiter Pfahl, an welchem die Bog-Reben (d. h. die in Bogen gezogenen Schösslinge) befestigt werden. Es dauert 3—4 Jahre sorgfältiger Behandlung, bis der so gepflanzte junge Weinberg zum Ertrag kommt. Während der Getreidebauer sich einen geraumen Theil des Jahres faul auf der Ofenbank hinstreckt, hat der Weinbauer das ganze Jahr zu thun. Im Januar und Februar muss der junge Weinberg gerottet werden; dann wird der Dünger angefahren, die Dungkauten werden geschlagen, der Dung wird getheilt und gedeckt und eingetragen. Es ist fürwahr keine Kleinigkeit, mit einer Dung-Kietze auf dem Rücken bei 12 Grad Kälte auf dem steilen »Wingerts-Pood« (Weinbergspfad) zwischen Schnee und Eis herum zu klettern. Im März wird das Begründen und das Aufräumen der Weinberge vorgenommen; dann werden die Weinstöcke geschnitten. Dies wird fortgesetzt bis in den April. Gleichzeitig sind die Spaliere auszubessern, die Einlage zu machen, die abgängigen Pfähle sind durch neue zu ersetzen; die Pfähle werden gesetzt, die alten werden ab-, die neuen zugefahren. Dann folgt das Stücken und Gerten der Weinstöcke, das erste Graben und das sorgfältige Ausjäten des Unkrauts. Dieses höchst mühsame Geschäft setzt sich bis in den Mai hinein fort. Im Juni werden diejenigen Rebenschösslinge oder »Ausschüsse«, welche nichts zu tragen versprechen, ausgebrochen und die Loden aufgebunden. Im Juli muss zum zweiten Male gegraben, aufgebunden und gejätet werden. Im August wird zum dritten Male aufgebunden und gegipfelt; im September folgt das dritte Ausgraben und Jäten. sowie das Heben und Binden der bereits erwähnten Bog-Reben. Dann beginnt das Bewachen der reifenden Trauben, das Schneiden der Gurtweiden, das Theeren der Weinbergspfähle, die Vorbereitungen zur Weinlese. Im November ist die Weinlese, an welche sich dann die mannigfachen und mühsamen Keller- und Kelterarbeiten anreihen. Dann folgt wieder im Dezember Dunganfuhr; Ein-

bringen, Austheilen und Untergraben von Dung; Abräumen
des Wüstfeldes und Rotten der Weinberge. Es giebt keine
Zeit, wo nicht Arbeit im Weinberge ist, mit alleiniger Ausnahme der Periode unmittelbar vor der Lese. In dieser
Periode ist der Weinberg »geschlossen«, d. h. es darf Niemand hinein, auch nicht der Eigenthümer. Die Trauben
werden dann reif und sind den Näschern und Dieben ausgesetzt. Kommt ein Mensch mit einem gesunden Appetit
in einen Riessling-Weinberg (Riessling ist die beste Rebe
dort, die autochthone Rebe des Rheingaues) und lässt
seinem Appetit die Zügel schiessen, so vertilgt er 8—
10 Thaler an Werth; und jedenfalls ist es doch jammer-
schade um den verlorenen Wein. Denn die zur Weinproduktion ungeeigneten Spalier- und Tafeltrauben schmecken auch gut, ja am Ende noch besser. Deshalb ist die
strenge Sperre; und da die einzelnen Parzellen klein sind
und sehr im Gemenge liegen, also Gefahr vorhanden ist, dass
der Eigenthümer der einen Parzelle auf der des andern
nascht, so wird das Ganze geschlossen für Alle. Nur die
»Staarschützen« dürfen hinein. Es sind dies vereidigte
Männer, welche die Trauben bewachen und schützen gegen
menschliche und thierische Feinde. Die schlimmsten unter
den letzteren sind die Staare, Wein- und Krammetsvögel,
welche Nachts in dem Gebüsch und auf den Bäumen an
dem Strande und auf den Inseln des Rheines hausen, und
sobald der Tag graut, in die Weinberge einfallen. Dort
werden sie von den Hütern verscheucht und geschossen.
Auch wagt es der biedere »Staarschütz« zuweilen, dem
Jagdberechtigten in das Handwerk zu pfuschen und einen
Fuchs zu erlegen. Der Reinecke ist nämlich ein Naschmaul
und thut in den Weinbergen grimmigen Schaden. Die Weinlese wird im Rheingau als ein wichtiges Geschäft mit Ernst
und Sorgfalt behandelt. Von den geräuschvollen Festlich-
keiten, welche im Süden damit verbunden sind, weiss man
hier nichts. Ja man erzählt, ein Grossgrundbesitzer in
Rüdesheim lasse die Leute während der Lese beständig
pfeifen. Damit controlirt er sie, dass sie keine Trauben
essen. So gastfrei der Mann mit seinem Wein ist, so penible

geizig ist er mit den Trauben. Aber das ist eigentlich
nicht Geiz, sondern ambitiöse Sorgfalt.

So ist es im Rheingau.

Werfen wir nun einen Blick auf einen Weinberg in
Südtyrol oder in Italien. Der wälsche Weinberg ist ebenso
romantisch, als der deutsche nüchtern. In Deutschland
stehen die Reben wohl geschnitten und geheftet, niedrig
an niedrigen hölzernen Stöcken, gleich Soldaten in Reih
und Glied. Dort im Süden wuchert und wächst Alles
nach freiem Belieben. Sogar der Weg wird nicht respektirt.
Ueber denselben hinaus wachsen die Reben von Baum zu
Baum oder sonst wie in freien Gewinden. Liegt der Weinberg auf ebener Erde, dann sind Spaliere in Form von
Bogen und Laubengängen errichtet, immer je zwei Stäbe
senkrecht und einer wagerecht darüber gelegt; und diese
einzelnen Joche sind oben durch horizontale Stäbe mit
einander verbunden. Ein solcher Gang ist oft drei Man-
nes-Längen hoch. Die Reben klettern lustig die ganze
Höhe hinauf, und die Stämme der Stöcke werden so dick
wie Bäume. Liegt der Weinberg am Abhang, so hat man
nur zwei Stangen nöthig zur Laube. Die eine wird senkrecht eingebohrt, die andere um die Grösse der ersteren
weiter oben hinauf wagerecht. Die Spitzen beider Stangen
vereinigen sich im rechten Winkel, und beide Stangen und
die schiefe Ebene des Bodens bilden zusammen ein Drei-
eck. Gewiss sind diese üppigen Lauben weit pittoresker,
als unsere einfachen Zeilen. Denn es thut ihnen Niemand
einen Zwang an. Die Reben wachsen ganz nach eigener
Laune. Und sie sind es nicht allein, welche wachsen.
Unter ihnen steht Türkisch-Korn (Kukurutz) oder irgend
ein Futterkraut. Ueber sie hinaus wachsen die Bäume —
Oliven — oder Maulbeeren — oder irgend ein Nutzholz.
Von Graben, Düngen, Rotten, Schneiden und Heften und
all diesen mühsamen und langweiligen Dingen ist keine
Rede. Was nicht von selbst wachsen will, mag es bleiben
lassen. Verschiedene Traubensorten wachsen im Gemenge
durcheinander und werden auch beim Lesen und Keltern
nicht gesondert. Die Masse Trauben, welche da erzielt

wird, ist kolossal; aber sie wachsen in der Luft und nicht an der Erde, und sie sind daher (die ganz feinen Sorten ausgenommen, welche aber auch eine grössere Sorgfalt erfordern) in der Regel mehr luftig und wässerig, als feurig und kräftig. Und weil ein enormes Quantum da ist, so fällt es auch Niemandem ein, sie zu bewachen, und die Vögel, die Füchse und die Menschen haben die stillschweigende Erlaubniss zu naschen. Ist ja doch das Ganze nicht gesalbt mit dem Oele menschlichen Fleisses. Leicht gewonnen, leicht zerronnen. Die Trauben schmecken gut, der Wein auch; aber man kann ihn nicht conserviren und nicht versenden. Von Jahrgängen weiss man nichts. Ich glaube, man findet in ganz Italien keinen Elfer und keinen Zweiundzwanziger mehr. Und in Südtyrol trinkt man nur »Heurigen«, also in 1871 den Siebziger und so weiter rückwärts. In dem »Mondschein« in Bozen, einem vortrefflichen Gasthaus, das auf seinem Schild den deutschen »Mondschein« auf Italienisch mit »Mezza luna« (Halbmond) verdollmetscht, giebt es gar keine Weinkarte. Es giebt nur »Weissen« und »Rothen«, beides »Heuriger« und einheimisches Gewächs, gut und billig; das ist wenigstens ehrlich.

Soviel über Deutschland und Wälschland. Gehen wir nun in das Ungarland und zwar in die Hegyalja. Man pflegt dort die Weinberge mehr als in Wälschland, und weniger als in Deutschland. Gedüngt wird fast nie. Die Arbeit beschränkt sich auf das Schneiden der Weinstöcke und den Kampf wider das Unkraut. Letzteres wuchert hier so üppig, dass man den Weinberg im Sommer nicht weniger als viermal vollständig umgraben muss. Es giebt kein anderes Mittel, Herr zu werden über das Unkraut. Ich habe schon erwähnt, dass die Weinhügel in der Hegyalja einige Aehnlichkeit mit den unsrigen im Rheingau haben, nur geht hier der Weinberg weder bis ganz hinauf an den Wald, noch bis ganz hinunter in die Ebene. In den besten Lagen findet man hin und wieder eine bescheidene Villa in dem Weinberge, welche treffliche Kellerräume unter sich hat. Viele Weinberge sind auch gleich

den unseren terrassenförmig bis hinauf geschichtet, und
jede Terrasse wird von der unteren durch eine Mauer ge-
schieden und so getragen. Ueber die Frage, wer diese
Sturzmauer zu unterhalten habe, herrscht am Rheine viel
Streit. Das Herkommen verpflichtet den Obenliegenden
dazu. Es geschieht aber nicht immer, und wenn dann eine
starke Fluth hervorbricht aus den höher gelegenen Wald-
gründen, so ereignet es sich wohl, dass die Sturzmauer
bricht und der ganze obere Weinberg auf den unteren
herabrutscht. Das ergiebt dann eitel Feindschaft und
Prozess. Letzteres kommt in der Hegyalja nicht vor. Der
ungarische Weinberg unterscheidet sich von dem deutschen,
wie das englische Haus von dem deutschen. Er ist nämlich nicht horizontal den Berg entlang, sondern vertikal
oder den Berg herunter abgetheilt. Auch sind in Ungarn
die Parzellen viel grösser. Oft gehört der ganze Abhang
einem Mann, und er nennt ihn dann mit Stolz sein »Weingebirge«, mit mehr Recht, als jener Berliner, welcher von
dem im Süden seiner Vaterstadt emporragenden »Kreuz-
Gebirge« sprach.

Der Boden der Weinberge ist sehr verschieden von dem
unsern. Wir im Rheingau haben Thonschiefer. In der Hegyalja hat man schwarzen Humus, Kalk, Thon oder Letten.
Den Lettenboden hält man für den besten. Der Weinbau
liegt, wie gesagt, in der Mitte zwischen der italienischen Sorg-
losigkeit, welche Alles wild wachsen lässt und den Wein
oft nur als Nebenprodukt betrachtet, und der deutschen
Sorgfalt, welche diesen Theil der Landwirthschaft fast bis
zur Kunstgärtnerei emporgehoben hat. Die Zwischenräume
zwischen den Zeilen und Stöcken sind weit kleiner als bei
uns, aber es giebt doch Zeilen und Stöcke. Es wächst
nicht Alles wild durcheinander. Ja, die sorgfältigsten
Bauern haben schon ungefähr unsere Rheingauer Distanzen
adoptirt. Sie haben die überzähligen Stöcke herausgenom-
men, so dass jetzt det Stock $2^1/_2$ Fuss vom Stocke und die
Zeile 4 Fuss von der Zeile entfernt ist. In den meisten
jedoch sind die Zwischenräume nur halb so gross, man
scheint da mehr auf Quantität als auf Qualität zu speculiren.

Bei uns am Rhein wird der Weinberg alle 30 bis
40 Jahre verjüngt, spätestens alle sechzig Jahre. Man haut
dann die alten Stöcke aus und gönnt dem Lande einige
(3 bis 4) Jahre Ruhe und Erholung. Entweder liegt es
ganz brach, oder es wird nur mit Luzerne, Klee oder
anderen Futterkräutern bestellt. Dann wird es neu ange-
rodnet und bepflanzt und braucht, abgesehen von der Zeit
der Brache, 4—5 Jahre, um wieder Trauben zu liefern.
In Ungarn muthet man dem Weinstock schon mehr zu.
Man haut ihn nicht aus, sondern man »verjüngt« ihn, indem
man den alten Stock im Boden versenkt und aus dem Ab-
senker einen neuen Stock zieht. Diese Operation macht
man höchstens alle hundert Jahre einmal; und es ist nur
bei dieser Gelegenheit, dass man düngt. Im Rheingau dagegen düngt man alle drei Jahre, und zwar gründlich. Die
königliche Domäne hat ein bedeutendes im Rheingau ge-
legenes Landgut verpachtet nicht für Geld, sondern gegen
Lieferung von Rindvieh-Dünger, welcher alle für die berühmten Distrikte Marcobrunn und Steinberg verwandt
wird. Der Rheingauer hat eine Redensart: »Mischtus —
Chrischtus« (Mist-Christ). Er bezweckt damit keineswegs
eine Blasphemie, denn er ist sehr fromm und wählt in
neuerer Zeit der Majorität nach klerikal und nur der Minorität nach radikal. Er will mit diesem Wortspiel nur sagen, so
wenig der Mensch das Christenthum, so wenig könne der
Weinberg den Mist entbehren. Dieser Gedanke ist also
nicht frivol, sondern naiv fromm.*)
Ein fürstlicher Gutsbesitzer, der auch in der Politik
viel genannt wird und vor dem Kriege in Paris unter dem
nom de guerre: »Tête-de-veau« in einem nicht sehr erbau-
lichen Schauspiel eine nicht sehr erbauliche Rolle spielte,

---

*) Man schreibt mir aus Sondersleben: »Vielleicht interessirt
Sie eine hier (Anhalt) öfter gehörte, der nassauischen »Mistus-
Christus« parallele Redensart der Landwirthe: »Mist, Mist, Mist —
Ist der heele Christ«, (heilige Christ, der zu Weihnachten bescheert), die wohl auch zu einer ungezwungeneren Erklärung der
ersten leiten dürfte, nämlich dahin, dass der Dünger uns die Ernte
bescheert.«

baut seine berühmten Weinberge im Rheingau anders, als die Eingeborenen. Die letzteren sagen ihm nach, er treibe Raub-Bau, namentlich wende er zu wenig »Mischt« (Mist) an, in Folge dessen seien seine Weine »spitz«, und ohne die fürstliche Firma würden sie nicht solche Preise erzielen. Seine Verwaltung verbot eines Tages die sonst dort landesüblichen Weinproben und zwar »wegen Missbrauchs«. Das verletzte den Rheingauer tief. Er sagte murrend: »Nicht wegen Missbrauchs, sondern wegen Nicht-Mist-Brauchs; man soll nicht merken, dass der Weinberg ohne Dung und der Wein spitz ist.«

Vielleicht aber hat der Fürst Recht. Er richtet sich nach der Methode von Ungarn, wo der Wein solcher Reizmittel nicht bedarf und doch gut wird.

Ich setze voraus, dass der geehrte Leser weiss, dass es verschiedene Traubensorten giebt. Wenigstens hat sich die Kunde davon auch schon im äussersten Norden verbreitet. Ich werde also weiter als bekannt voraussetzen, dass man am Rhein in den kultivirten Weinbaudistrikten (es giebt auch unkultivirte und wir wollen mit schonendem Schweigen darüber hinausgehen) nicht nur zwischen Rothem und Weissem, nicht nur zwischen Tafel-Trauben (die zum Essen), und Weintrauben (die zum Keltern bestimmt sind), unterscheidet, sondern auch zwischen Riessling, Orleans, Burgunder, Traminer, Oestreicher, Klebroth, Frühburgunder, Ruland, Kleinberger, Clävener (von Chiavenna) u. s. w. und jede Rebensorte apart liest. Alle übrigen Sorten sind importirt. Der Riessling dagegen ist durch Veredelung aus der einheimischen wilden Rebe gezogen. Deshalb ist er der beste und lässt sich nur schwer in ausserrheinischen Landen akklimatisiren.

Was nun der Riessling am Rhein, in Franken und Schwaben, das ist die Furmind-Rebe in der Hegyalja. Sie liefert die hochfeinen Kabinetsweine und man vindizirt auch ihr einen autochthonen Charakter. Neben ihr am beliebtesten ist eine Rebe, welche man hier in der Hegyalja die »weisse Traube«, in Inner-Oesterreich aber »Mehlweiss« nennt. Man mischt auch »Furmind« mit »Mehlweiss«, wie man Rheingauer Wein mit Pfälzer und Riessling mit Orleans oder Traminer »versticht«. Eine solche Mischung erzeugt oft ein vortreffliches Produkt und ist mit Gallisiren und Chaptalisiren und sonstigen Teufelskünsten aus der Hexenküche nicht zu verwechseln. Nur muss man das Richtige treffen.

Die Traube »Furmind« existirt in Deutschland nicht. Auch weiss ich keine unserer rheinischen Rebensorten, die ganz übereinstimmte mit dem »Mehlweiss«, das sehr langgestreckte Trauben mit kugelrunden und ziemlich kleinen Beeren hat. Man gestatte mir hier den wohlgemeinten Stossseufzer eines botanischen Laien auszustossen. Ob die Botanik ihre wissenschaftliche Nomenklatur ganz in Ordnung hat, darüber erlaube ich mir natürlich nicht ein Urtheil, und wär's auch das allerbescheidenste. Aber einen Gefallen könnten die gelehrten und geehrten Herren der Wissenschaft doch auch uns armen Ignoranten erweisen. Sie könnten nämlich den wissenschaftlichen Namen auch diejenigen beifügen, welche in den verschiedenen Ländern, Territorien, Provinzen und Kreisen thatsächlich im Gebrauche sind. Es würde dann viel Verwirrung beseitigt, welche daraus entsteht, dass die Wissenschaft den einen Namen gebraucht und das Volk den anderen, und dass die populäre Bezeichnung wechselt je nach den verschiedenen Provinzen des nämlichen Landes. Dasselbe gilt, wenn auch nicht in so hohem Grade, in der Zoologie. Derselbe Fisch z. B. hat einen ganz anderen Namen, je nachdem er in dem Rhein, der Elbe, der Weichsel oder der Donau gefangen, und je nachdem er frisch oder geräuchert ist. Doch zurück zur Hegyalja und der Furmind-Traube.

Der Weinstock der letzteren wird auf eine eigenthümliche Weise geschnitten. Bei uns am Rhein lässt man die alte Rebe vom vorigen Jahre mit mehreren Augen am Stock stehen. Auf diesem Schenkel steht die Bog-Rebe, deren nicht mehr als · zwei an einem Stock sein dürfen; der Schenkel, worauf die Bog-Rebe steht, bekommt einen Knoten geschnitten. So vereinigt sich altes und neues Wachsthum — Stock, Schenkel, Bogen, Knoten.

In Ungarn aber schneidet man alljährlich alle Triebe
des vorigen Jahres an dem Furmind-Weinstock ab, so dass
nichts übrig bleibt, als der alte Stock. Der letztere sieht
aus, wie ein knorriger, kurzer, alter Baum-Strunk. Er ist
oft mehr als armsdick (denn er bleibt hundert Jahre
stehen) und ragt kaum vier Zoll über die Erde. Aus diesem Strunk kommen dann jedes Jahr die neuen Schösslinge
in Menge. Diese Schösslinge sind nur unten, wo sie aus
dem Strunk kommen, stark genug zum Tragen und so
sitzen denn die Trauben, gleich einem Bienenschwarm,
alle bei einander in einem dicken Haufen unmittelbar auf
dem alten Stocke ganz tief an der Erde; in Bogen ge-
zogene Reben giebt es nicht.

Man nennt diesen in der Hegyalja üblichen Schnitt
den »Bockschnitt«, und ich rühme mich der Entdeckung,
dass dieser Ausdruck eine klassische Erinnerung aus dem
griechischen Alterthum ist. Ich knüpfe an die *Anthologia
graeca (Pal.)* an, worin sich (IX. 75) folgendes Epigramm
vorfindet:

„Κῆν με φάγῃς ἐπὶ ῥίζαν ὅμως ἔτι καρποφορήσω,
·Ὅσσον ἐπισπείσαί σοι, τράγε, θυομένω‟.

Auf Deutsch: Der Weinstock an den Bock: »Frisst
Du mich, Bock, auch ab bis zur Wurzel, so werde ich doch
wieder ausschlagen und so viel Trauben tragen, dass der
Wein hinreicht, um damit Dich, Bock, dem Opfertode zu
weihen.« Man erinnert sich aus seiner Gymnasiasten-Zeit
und aus Jakobs (Blumenlese, 3. Aufl. »Epigramm. Gedichte« Nr. 36 Seite 26), dass Böcke vorzugsweise dem
Gotte Bakchos zum Opfer geschlachtet wurden, und dass
man dem Opferthiere, nachdem man ihm die Stirne von
Haaren entblösst und es vor den Altar gestellt hatte, Wein
auf die Stirne goss, um es dem Gotte zu weihen. Es
scheint nun, dass die Hellenen, um sich, oder richtiger,
um ihren Sklaven Zeit und Arbeit zu sparen, statt die
Weinstöcke zurückzuschneiden, die Ziegenheerde hinein-
trieben, und dass daraus würde sich dann der heute zu Tage
noch gebräuchliche Ausdruck »Bockschnitt« erklären.
Uebrigens bedarf es kaum der Versicherung, dass dies nur

eine Hypothese ist, die ich anfstelle mit der ganzen Schüchternheit eines seiner Schwäche bewussten philologischen Bönhasen.

Im übrigen Ungarn findet die Weinlese schon im September statt. Hier in der Hegyalja dagegen liest man erst Ende Oktober oder gar im November. Denn die Tokajer-Rebe Furmind hat es mit dem rheinischen Riessling gemein, dass sie längere Zeit braucht zum Reifen. Aber was lange währt, wird auch gut.

Im Rheingau wartet man die »Edelfäule« der Trauben ab; in der Hegyalja die rosinenartigen Trockenbeeren.

Die guten Weinjahre sind hier ganz andere, als am Rhein und in Deutschland. Das Jahr 1865 war am Rhein ausgezeichnet, hier mittelmässig. Das Jahr 1866 war am Rhein schlecht, in Ungarn vortrefflich.

»Wie Sechsundsechzig haben wir in den letzten hundert Jahren nichts gehabt,« sagte uns ein alter Weinkenner, und wenn man ihm dabei in sein ehrliches lieblich geröthetes Gesicht und in die selig leuchtenden Aeuglein sah, war man im Stande, ihm zu glauben, dass er das Alter seines Ahnherrn Noah erreicht und die hundert Jahre alle glücklich durchgetrunken habe.

Zum Schluss werde ich noch von der Weinlese, der Weinpflege und dem Weinhandel in der Hegyalja sprechen.

VI.

Keller-Studien.

Wer Ungarn nur *par distance*, namentlich aus den Zeitungen kennt, der glaubt, das ganze Land sei liberal. Das ist jedoch keineswegs der Fall. Es giebt wenig Länder, wo es hin und wieder noch so altes knorriges und knotiges konservatives Wesen giebt wie dort; nicht blos in der Politik, sondern auf allen Gebieten des sozialen Lebens. Auch in Weinsachen. Der Zufall wollte, dass die erste Weinautorität, welche mir auf Magyaren-Boden aufstiess, ein Konservativer war. Konservativ nicht nur in der Politik, sondern auch in dem Weinbau. Es war in der guten deutschen Stadt Kesmark in der Zips. Ich war an diesem Tage in einem elenden offenen Slovaken-Fuhrwerk von Javorina aus an dem Javorinka-Bach hinauf, über den Zsjar-Pass, an dem Bel-Bache hinunter und wieder an dem Poprad, welcher der Weichsel zuströmt, hinauf, volle neun Stunden lang in einem wahren Tatra-Unwetter gefahren, hatte unterwegs »*eatables and drinkables*« (mein sächsischer Freund L. übersetzt das mit »Essens- und Trinkens-Speisen«) unessbar und untrinkbar gefunden, und mit meinem slovakischen Kutscher keinen anderen Gedankenaustausch gehabt, als dass ich ihm zuweilen zurief »*Dalli*« (fort) und »*Precz*« (vorwärts), worauf er stets maschinenmässig antwortete: »*Jest, Pan, jest*« (Ja, Herr, ja), »*furt, furt*« (fort).

Nach so vielen Leiden war es ein ausserordentlich behagliches und behäbiges Gefühl, in Kesmark in ein hübsches solides deutsches Gasthaus zu kommen, wo Speis und Trank so vortrefflich waren, wie nur irgendwo in germanischen Landen. Nach geziemender Würdigung dieser Vortrefflichkeiten streckte ich mich und sagte zum Wirthe:

— Von Javorina bis hierher bin ich wahrhaft gerädert worden; ich· hoffe, von hier bis Bad Schmeks (»*Tatra-Füred*« auf magyarisch) geht's besser.

Da erhob sich hinter dem Tische ein würdiger alter Herr (wie ich später hörte, ein oberungarischer Edelmann und Gutsbesitzer, mit einem durch das Jahr neunundvierzig berühmt gewordenen Namen) und sprach die geflügelten Worte:

— »Lieber Herr, wenn Sie von Javorina bis hierher blos gerädert worden sind, dann werden Sie von hier bis Bad Schmeks sicherlich vollständig geviertheilt.«

Diese Ankündigung war zwar an sich nicht gerade

erfreulich, aber die Tonart, in welcher sie ausgesprochen
wurde, war für mich eine so sympathische, dass ich sofort
zwischen mir und dem alten Herrn das Vorhandensein
jenes geheimnissvollen magischen Bandes verspürte, welches die »klugen alten Zecher« aller Nationen vereinigt,
ohne Rücksicht auf das politische oder religiöse Bekenntniss. Wir verwickelten uns alsbald in ein interessantes,
natürlich deutsch geführtes Gespräch, durch welches sich
u. A. herausstellte, dass der alte Herr, dessen grosses Gut fünf
Meilen von Kesmark lag, daneben auch ein ansehnliches
»Weingebirge« in der Hegyalja besass. Von dem Wachsthum dieses Weingutes — in Ungarn verwandelt man den
deutschen Ausdruck »Wachsthum« beharrlich in das etwas
unbegreifliche Wort »Fexung« oder »Vechsung«, das weder
Deutsch noch Magyarisch ist, aber von Allen, von Deutschen wie von Magyaren, übereinstimmend gebraucht
wird — also von der Fexung dieses Gutes hatte der alte
Herr einige Kufen an den Wirth in Kesmark verkauft.
Kaum erfuhr ich davon, so bestellte ich mir sofort eine
Flasche, und hatte nun zum ersten Mal das Vergnügen,
auf ungarischem Boden eine wirkliche, echte, über jeden
Zweifel erhabene Flasche Takajer edelster Art zu geniessen,
und zugleich von dem alten konservativen Edelmann
einige Aufschlüsse zu erhalten.

— »Es wird jeden Tag schlechter,« sagte er, »die
richtige alte Art der Kellerbehandlung droht zu verschwinden, und ausserdem werden wir Weingutsbesitzer, um
deren Weine man sich ehedem wahrhaft riss, immer mehr
abhängig von den Kaufleuten, den Agenten und Commis-
sionären. Hier in Kesmark, wo früher ein solider Weinhandel war, ist jetzt das reine Jerusalem. Man feilscht im
Vorhofe des Tempels. In Tokaj ist es noch schlimmer.
Wenn man sich nicht den Weinmaklern ganz in die Arme
wirft, um sich von ihnen gehörig schröpfen zu lassen,
bleibt selbst das Beste unverkauft. Ich habe, mit Ausnahme des geringen Quantums, das ich an unsern Wirth
Humenski verkauft habe, damit ich selbst hier was Gutes
zu trinken vorfinde, noch alle Jahrgänge im Keller, von

Sechsundfünfzig bis Siebzig. Aber lieber, als dass ich mir
diese Haifische von Agenten in das Haus kommen lasse,
lieber lasse ich den Wein noch hundert Jahre im Keller
liegen. Die Handelskonjunkturen werden überhaupt immer
schlechter.«

— Wie kommt denn Das, während doch die Weinkultur immer mehr sich entwickelt und der Wein immer
besser wird?. Bei uns in Deutschland ist es umgekehrt.
Je mehr wir in freihändlerischer Richtung vorschreiten,
desto höher werden die Preise des Weines. Desto besser
der Markt. Wir sind beinahe schon so weit, uns nicht
darüber zu beschweren, dass das Ausland unsere Weine
nicht will, sondern vielmehr darüber, dass es zu Viel und
zu Gut davon bezieht, und für uns arme Einheimische nur
wenig zurücklässt, und auch das nur zu fast unerschwing-
lichen Preisen.

— »Ich bin auch Freihändler, so gut wie Sie. Der
Landedelmann ist ja der geborene Freihändler. Aber es .
ist ja gerade der Zoll in Russland und in Amerika, der
unseren Absatz beeinträchtigt. Und dann: Unsere Haupt-
konsumenten waren früher die Polen, — charmante lustige
Leute, denen es auf das Geld gar nicht ankam. Sie kauf-
ten das Beste. Aber seit längeren Jahren hat das aufgehört. Einige sagen, sie hätten das Geld, — Andere, sie
hätten den Durst verloren. Ich glaube Beides. Denn die
Art, wie die Polen, und namentlich die polnischen Edelleute, von Russland behandelt werden, ist nur zu sehr geeignet, Beides einzubüssen.«

— Nun, aber die Polen in Galizien und Preussen? .
— »In Galizien? Ah, die schwimmen auch nicht im
Ueberfluss! Und in Preussen? Die könnten wohl kaufen;
es geht ihnen gut, wie ich höre. Allein, sie haben sich,
ganz im Gegensatze zu ihren ritterlichen, leichtlebigen und
ewig durstigen Vorfahren, schon ganz auf dem knappen
preussischen Fuss eingerichtet. Sie sind das geworden,
was Ihr »rationelle Landwirthe« nennt. Sie ökonomisiren
und knausern. Kurz, ich kann die Sache in zwei Worten
zusammenfassen: Die, welche noch Durst haben, besitzen

kein Geld mehr, — und die, welche noch Geld haben, besitzen bereits keinen Durst mehr.«.

— Aber Deutschland?

— »Deutschland? Versteht nichts! Hat gar keinen Geschmack für unsere Weine; etwa die Provinz Schlesien ausgenommen, und namentlich ein grosses Weinhaus in Breslau, welches selbst in der Hegyalja begütert ist und direkt von uns einkauft. Die Deutschen — aber ich weiss wirklich nicht, ob Sie mir nicht übelnehmen, was ich sagen will; — denn es zieht den Geschmack Ihrer Nation in Zweifel.«

— Fahren Sie fort, Téssek! Wir Deutsche sind uns in diesem Augenblicke unserer Vorzüge in den Hauptsachen so sehr bewusst, dass wir einen Tadel in Nebendingen schon gerne ertragen. Und was den Wein anlangt, so sagen wir: »Das Hemd ist mir näher, als der Rock« — und verwenden daher unsere Hauptsorgfalt auf unsern eigenen Rheinwein.

— »Ja, aber das ist gerade der Grund, warum Sie von dem Ungarwein nichts verstehen. Die Systeme sind zu verschieden. Uebrigens will auch ich von Ihnen lernen. Sagen Sie mir zuerst, wie Sie den Wein behandeln; dann sage ich Ihnen, wie wir es machen.«

— Mit Vergnügen, antwortete ich. Also bei uns am Rheine geht's so zu: Wir sehen sehr sorgfältig darauf, dass immer nur Trauben von derselben Art und von derselben Lage zusammenkommen, damit die Gährung stets gleichmässig ist. Ist der Gährungsprozess im Wesentlichen beendigt, so erfolgt der Abstich. Der erste in der Regel in dem auf die Weinlese folgenden Monat März; der zweite etwa 5 Wochen später. Der Wein bleibt dann auf dem Fass, bis er ganz rein, ruhig und flaschenreif ist. Oft dauert das Jahre lang. Während dieser Zeit wird er in bestimmten kürzeren Zwischenräumen aufgefüllt; denn er zehrt, d. h. das Quantum der Flüssigkeit vermindert sich stark, bis sie sich aus gährendem Most in reinem Wein verwandelt. Dann hält aber der Wein desto länger. Die ganze Prozedur erfordert viel Aufmerksamkeit, denn — — —

— »Denn sie ist, mit Ihrer Erlaubniss gesagt, das Verzwickteste, Künstlichste und Unnatürlichste, was man sich denken kann. Wir in Ungarn, — Einige ausgenommen — ich spreche immer nur von den ächten und alten Ungarn, welche den avitischen Sitten treugeblieben und noch nicht von dem Oesterreicherthum angesteckt sind — wir machen es umgekehrt. Wir trennen den Wein nicht von dem Niederschlag, von den Drusen. Wir nennen diese die »Mutter des Weines«, und dieser Ausdruck ist richtig, denn der Wein entnimmt ihnen die erste Kraft und die Nahrung, wie der Säugling der Mutter. Er bedarf dann auch nicht der ewigen Auffüllung. Wohl zehrt und schwindet er etwas; allein er verdirbt nicht, wenn man die Auffüllung unterlässt; er bleibt Jahre lang unberührt liegen. Und das ist ein grosser Gewinn. Sie werden zugeben, dass es von dem ewigen Gährwein, Zehrwein, Füllwein u. s. w. nicht mehr und nicht besser im Fass wird. Sehen Sie mit diesem meinem Siegel« — der alte Herr wies einen Siegelring vor mit einem sehr verwickelten Wappen — »habe ich vor fünfzehn Jahren meinen Sechsundfünfziger versiegelt; das Siegel ist noch unverletzt. Der Wein ist rein und intakt gleich einer Jungfrau. Von Gallisiren, Chaptalisiren und den sonstigen Schwarzkünsteleien weiss der wahre Magyare nichts, weil er seine Weine nicht anrührt. Wenn heute ein Käufer zu mir kommt und nimmt den Wein, nachdem er ihn gekostet, so wird lediglich das Siegel des bisherigen Eigenthümers, des Verkäufers, durch das des Käufers ersetzt; und der Wein bleibt in meinem Keller liegen, so lange bis er ihn abholt. Versteht der Käufer sein wahres Interesse, dann lässt er sich den Wein in sein fernes Land ohne vorherigen Abstich und mit der Druse schicken. Es ist wahr, der Transport rüttelt und schüttelt Alles durcheinander; in Folge dessen kommt der Wein dort vollständig trüb an; man muss ihm wenigstens ein halbes Jahr ruhig im Fasse liegen lassen, bis er wieder klar wird. Aber der Zeitverlust lohnt sich. In den Drusen liegt die Garantie der Reinheit und Unverfälschtheit. Der Wein saugt aus ihnen immer wieder von Neuem seine eigenthümliche jugendliche Frische. Nimmt man endlich den Abstich vor, so kann man die Drusen immer noch zur Aufbesserung kleiner Weine verwenden, wie sie ja in Deutschland so vielfach noch wachsen. Das ist unser Verfahren. Ich halte es für das Rationellste, weil es das Einfachte und Natürlichste ist. Aber in Deutschland hat man keinen Sinn dafür. Wenn dort unser Wein trühe ankommt, dann schreit man Zeter und Mordio, weil man die einfachsten Griffe der Küferei nicht versteht und sich nicht zu helfen weiss. Man hält den Wein für schlecht, weil er vorübergehend trüb ist, während doch darin gerade die Gewähr seiner Nationalität liegt. Man verlangt »hellen Wein« und fällt damit in die Hände der Oesterreicher, die uns Ungarn nicht nur mittelst der Valutastörung, sondern auch mittelst ihrer Weinmanscherei zur Ader lassen, obgleich wir uns im Uebrigen durch unseren Ausgleich politisch so ziemlich aus ihrem chaotischen Wirrsal gerettet haben. Diesen schwarzgelben Weinkünstlern liegt natürlich die Renommée unserer ungarischen Weine sehr wenig am Herzen. Sie fügen sich dem schlechten Geschmacke des Auslandes und schwindeln ihm was vor. Sie stellen die Weine hell und geben ihnen Façon. Freilich nehmen sie das schlechteste Zeug dazu. Dafür sind aber die Etiketten desto feiner, alle natürlich rasend magyarisch, wie »»*Tokaj Aszu kor*«« , oder gar lateinisch, wie »»*Vinum Tokajense est decus et gloria mensae*«« und dergleichen. Der Teufel soll die Kerle holen mit sammt ihren Etiketten. Sie verderben uns das ganze Geschäft. Für den Nicht-Sachkundigen, welcher den Wein nur mit der Zungenspitze, aber nicht mit der hinteren Zunge und dem Gaumen schmeckt, — denn da ist ja doch der wahre Sitz des Geschmackes, nicht wahr? — (ich nickte), — also für den unkundigen und ungebildeten Trinker — sie bilden leider die Mehrzahl, Gott besser's! — schmeckt der grobe, gemeine, süsse und scharfe, façonirte, gallisirte, chaptalisirte, diabolisirte Wein natürlich besser als unser feiner, edler, natürlicher Kabinetswein. Der letztere wärmt den Magen und lässt das Gehirn frei; er fährt Einem manchmal ein wenig in die

Beine, aber nie in das Kapitolium, und am andern Tage
ist man frisch und gesund, wie ein Fisch in dem Wasser.
Aber von dem façonirten Wein mit seinen bösen Substan-
zen, welche unser Herrgott nicht natürlich wachsen lässt,
sondern die böse, schwarzgelbe Seelen künstlich präpariren,
bekommen die unglücklichen Opfer einen Katzenjammer
von Zwanzig-Pferdekraft. Dann schreien sie ihr: »Wehe
über die Ungarweine!« Aber sie sollten Wehe schreien
über sich und ihre eigene Dummheit. Freilich, sie wollen
betrogen sein. Unsere polnischen Nachbarn, die Schlag-
zizs so gut wie die Wojwoden —, wenn der Wein gut ist,
kommt's ihnen gar nicht auf's Geld an. Aber die Deutschen
verlangen viel und bezahlen gerne wenig. Lässt sich dann
für das bischen Geld, was sie bieten, das gewünschte Ideal
nicht natürlich herstellen, nun, dann wird's künstlich zu-
sammengemanscht. Mir dreht sich das Herz im Leibe
herum, wenn ich die Flaschen-Etiketten sehe, welche Wein-
gattungen zu vier Gulden anbieten, die in der Hegyalja
selbst nicht unter zehn Gulden per Flasche zu haben sind.
Da möchte man geradezu des Teufels, — doch was hilft's?
— Gott besser's! Ich bin alt genug, um darauf zu ver-
zichten, es zu erleben, dass die Welt vernünftig wird!«

An diese Auseinandersetzung des alten Edelmanns
knüpfte sich ein langer und ernsthafter Disput über die
ungarische und die deutsche Kellerbehandlung. Er vertheidigte die erstere; ich die letztere. Wir wurden natürlich nicht einig. Das Privatissimum war mir von grossem
Nutzen für meine Studien in der Hegyalja. Allein ich
fand, dass es ein wenig unvollständig und einseitig war.
Es vertrat nur die hyperkonservative Seite der ungarischen
Weinpolitik. Ich werde daher in Nachfolgendem versuchen,
es durch meine eigenen Wahrnehmungen im Tokajer-Land
zu ergänzen.

Das Dichten uud Trachten des Weinproduzenten in
der Hegyalja ist auf die Trockenbeeren, die Rosinen gerichtet, welche nur in guten Jahren sich vollständig ausbil-
den. Ist die Witterung ungünstig gewesen und hat man
keine Rosinen, dann fällt die Auslese weg. Man liest Alles

zusammen und bringt es unter die nämliche Kelter. Das
nennt man »Samaroschna« oder Szamorodni, d. i. Alles-
Zusammen. Ich kostete solchen Samaroschna von 1870,
einem schlechten Jahrgang. Er hatte viel Weingehalt, aber
er war ohne Blume und sehr sauer, wenngleich nicht so
sauer, wie unser »Fahnen-Wein«, welcher auf den Schützen-
festen getrunken wird, und von welchem man sagt: »Schüttet
man einen Tropfen davon auf die Fahne, dann zieht sich
das ganze Regiment zusammen.«

In einem guten Jahrgange giebt es Rosinen die Menge.
Man bricht sie dann mit grosser Sorgfalt aus und trennt
sie von der übrigen Traube. Die Rosinen werden durch
eine mit zwei Walzen versehene Kelter gequetscht und
dann in Butten gefüllt, wo sich die Brühe von den Häuten
u. s. w. sondert.

Alle übrigen Trauben, mit Ausnahme der ausgebroche-
nen Trockenbeeren, werden zusammengelesen, jedoch nach
Lagen und Sorten getrennt. Man keltert sie auf einer altmo-
dischen Kelter. Sie gleicht unserer »Baum-Kelter«, welche im
Rheingau nur noch durch wenige ehrwürdige Exemplare
vertreten, im Uebrigen aber durch die Spindelpresse ersetzt ist; man hatte im Rheingau auch hydraulische Pressen
eingeführt, hat sie jedoch wieder abgeschafft; sie haben
sich nicht bewährt.

Die ungarische Baumkelter drückt auf eine Kufe,
welche aus Latten zusammengesetzt ist und überall Zwischenräume zwischen den Latten hat, durch welche der
Wein aus den gepressten Trauben der Kufe abfliesst auf
die Plattform, oder das nur flach vertiefte »Bied«, (so nennt
man's bei uns), von wo er dann in die Leitung oder das
Fass mündet. Am Rhein bleibt die Auslese und der übrige
Wein getrennt. Im Tokajerland verwendet man die erstere
zur Verbesserung des letzteren. Den aus den Trockenbeeren, den Rosinen-Trauben, durch Ausgelese gewonnenen
Extrakt, diese Quintessenz alles Grossen, Schönen und
Guten, nennt man nämlich die Essenz. Ich habe auch diesen Essenz-Saft pur gekostet. Er bildet eine geradezu fabelhafte Substanz, welche zugleich den feinsten Zucker- und

-den feinsten Weingeschmack in höchster Potenz in sich
vereinigt. Er befand sich in einem grossen durchsichtigen
Glasgefässe, worin sich bereits zwei Drittel der Masse kry-
stalisirt hatten. Da aber nun einmal Nektar und Ambrosia für die
Götter reservirt und den sterblichen Menschen entzogen
sind, welch' letzteren sie auf die Dauer übel bekamen, so
trinkt man nicht die Essenz, sondern verwendet sie, um den
übrigen Wein zu veredeln und hierdurch erzielt man den·
Kabinets-Wein ersten Ranges. Man bezeichnet ihn nach
der Zahl der Butten Essenz, welche auf die Kufe regulären
Wein verwandt werden. So hat man einbuttige bis fünfbut-
tige Weine. Fünfbuttig ist Maximum, d. h. fünf Butten
Essenz auf eine Kufe Wein. Das ist die Blüthe der Schöpfung. Die Essenz muss schon frühe dem Moste zugesetzt
werden. Auch müssen Essenz und Most jedenfalls demselben Jahrgange angehören, womöglich auch derselben
Lage und derselben Rebe. Denn wenn dies nicht der Fall
ist, giebt es ein Durcheinander der verschiedenen hetero-
genen Gährungen, welches leicht »die Milch der frommen
Denkungsart in Drachenblut verwandelt«, d. h. in Prosa
ausgedrückt: Den Most in Essig.

Neben diesem Kabinetswein ersten Ranges giebt es
auch noch einen solchen zweiter Klasse. Wenn nämlich
die Essenz aus den Rosinen-Beeren gepresst ist, so mischt
man die Beere noch einmal mit regulärem gutem Moste
und erzielt aus dieser Vereinigung, vermittelst nochmaliger
Anwendung der Kelter, einen feinen und starken Wein,
der sich freilich an Süsse mit dem »Buttigen« nicht messen
kann.

Was uns bei den Ungarweinen, mit Ausnahme des aus
schlechten Jahren datirenden »Samaroschna«, von dem ich
oben gesprochen, am meisten auffällt, ist, dass sie absolut
keine Säure haben und daher auch für schwache Magen
passen, die sich in ihrer Jugend nur mit Milchspeisen und
nicht mit Spirituosen befasst haben. Dagegen fehlt ihnen
die »Blume«. Ich sage die »Blume«, und nicht der Geruch,
der Duft, oder das Bouquet. Denn letzteres haben sie ja

in hoch entwickeltem Grade. Namentlich die hochfeinen Weine haben einen ausserordentlich feinen und süssen Geruch. Aber das ist nicht jene ideale, ätherische »Blume« des rheinischen Riessling, welche Niemand vergisst, der sie einmal gekostet, und nach der ich mich jedesmal auch in den besten südeuropäischen Weinländern zurücksehnte. Diese »Blume« ist eben so unbeschreiblich, wie unvergesslich. Ich will daher keine weiteren vergeblichen Worte über sie machen.

Im Uebrigen muss man, was den Tokajer anlangt, unterscheiden zwischen den gewöhnlichen Weinen ohne Trockenbeeren-Essenz und den Rosinen-Essenz-Weinen, welche, wie gesagt, von Einbuttigen bis zu Fünfbuttigen hinaufsteigen.

Die ersteren sind gut, süss und schmackhaft, aber nicht reduzirbar auf Rheinwein. Die Tokajer sind schwarze oder hochbrünette Schönheiten, die Rheinweine blonde. Wenn Paris den Apfel, statt zwischen drei Göttinnen aus dem nämlichen Lande, zwischen einer deutschen Blondine und einer magyarischen Brünette, jede in ihrer Art eine Schönheit ersten Ranges, auszugeben die Wahl gehabt hätte, so wäre ihm die Wahl ohne Zweifel unendlich qualvoll geworden. Die Rheinweine haben mehr Seele, die Tokajer mehr Körper. Die Tokajer erobern die Zungen und Gaumen im Sturm; die Rheinweine attaquiren etwas vorsichtiger, aber sie gewinnen desto mehr im täglichen Verkehre und häuslichen Umgang. Vom Tokajer schmeckt das erste Glas am besten, vom Rheinwein das letzte.

Ich weiss nicht, ob es daher rührt, dass der Tokajer, ein sehr fetter und kräftiger Wein, schneller sättigt als Rheinwein, gewiss ist: die Ungarn sind im Weingenuss mässiger, als wir Deutsche. Entweder setzen sie Wasser zu, oder sie naschen nur, statt zu trinken. Unser gutes deutsches Wort »Trinken« ist in die meisten europäischen Sprachen recipirt. Aber dort bedeutet es »Saufen«. So das »*Trinquer*« des Franzosen und das »*Trincarc*« des Italieners. Der letztere nennt sogar einen Saufbold einen »*Trincavino tedesco.*« Mir steht immer noch in lebhaftem Gedächtniss eine Scene, die ich vor langen Jahren in Pisa im »*Albergo all' usaro*« (Gasthof zum Husaren) erlebte. Wir kamen, drei Deutsche, nach einem scharfen Marsch in glühender Sonne, dort an und bestellten Essen und Wein. Die Flasche Wein kam sofort. Dann ging der Wirth, um in der Küche zum Rechten zu sehen. Nach fünf Minuten kam er wieder, um uns eine Aenderung des Menü zu proponiren. Inzwischen hatten wir Drei die Flasche ausgetrunken. Ich reichte ihm das leere Gefäss und sagte, allerdings nicht ganz korekt: »*piace, un' altra*« (Ich bitte um eine andere). Der gute Wirth, der trefflichen Wein führte, gerieth darüber in Aufregung. »*Ma, che è questo, Signori, non Vi piace il vino? etc.*« (Aber was soll das bedeuten, Herrschaften, schmeckt Ihnen der Wein nicht? etc.) Er glaubte, wir wollten seinen Wein als unserer nicht würdig repudiiren. An die Möglichkeit eines Austrinkens seiner »Bottiglia« in der kurzen Spanne Zeit von fünf Minuten dachte er gar nicht. Ein solcher Gedanke hatte keinen Raum in einem italienischen Kopfe. Ich klärte ihn auf, indem ich die leere Flasche gegen das Licht hielt. Er kreuzte die Arme über der Brust, machte eine tiefe Verbeugung und sprach respectvoll: «*Excusa, signori, adesso capisco; signori sono Tedeschi*« (Ich bitte um Entschuldigung, Herrschaften, jetzt begreife ich, Herrschaften sind Deutsche).

So findet unser Durst volle Anerkennung im Ausland. Zugleich aber ist alle Welt darüber einig, dass in dem letzten Krieg die Deutschen (höchstens etwa einige wenige Hellblaue ausgenommen) sich durch Nüchternheit auszeichneten vor den Franzosen. Der Durst ruht also auf der solidesten Basis — auf wirklicher Konsumtionskraft.

Kehren wir, nach dieser kleinen Abschweifung auf französische und italienische Gefilde, in die Hegyalja zurück, und zwar zu den hochfeinen »buttigen« Weinen. Sie sind sehr süss und doch dabei sehr »weinig,« fast wie unser Steinberger. In der That hatte der alte Edelmann, dessen ich Eingangs gedachte, ganz Recht, es ist etwas ganz Anderes, etwas weit Grösseres, ich möchte sagen »Erhabeneres«, als das Meiste, was man ausserhalb Ungarn als

»Tokajer« trinkt. Hier ist wirklicher Wein, der uns an unsere heimischen, rheinischen Grössen lebhaft erinnert. In Deutschland und Oesterreich aber bekommt man unter dem Namen Tokajer oft eine Art Liquer zum Naschen für Süssmaüler. Es wäre wirklich eine dankenswerthe Preisaufgabe, die Lösung der Frage: »Wie soll sich der reelle Produzent und der reelle Handel vertheidigen wider den Schwindel?« Ich will hier den Gegenstand nicht weiter verfolgen, sondern nur andeuten: die Rettung liegt auf dem Wege der Selbsthülfe mittels Genossenschaften einerseits und der Aufklärung und Belehrung der Konsumenten andererseits, Von der Gesetzgebung, oder gar von der Polizei, darf man sich gar nichts versprechen. Was sollen sie helfen, so lange das Publikum eine Zunge von Filzleder hat? Man sagt: »Der Poet wird geboren, er bedarf keines Studiums-» Nun, der Weinkenner wird nicht geboren; auf diesem Gebiete will Alles gelernt sein.

Was aber die Behandlung des Weines in Fass und Keller anlangt, so hatte der alte Edelmann nicht ganz Recht. Für die, welche die Weine nur für den eigenen Verbrauch ziehen, und sie ruhig im Keller liegen lassen, mag seine Methode, »den Wein nicht von der Mutter zu trennen«, recht gut sein. Etwas Anderes ist es mit dem Handel. Für den Handel ist es unzweckmässig, den Wein unabgestochen auf den Drusen liegen zu lassen und niemals aufzufüllen. Er hat daher auch in der Hegyalja allmälig begonnen unser rheinisches System des Abstiches und des Ausfüllens zu adoptiren; denn er hat ein Interesse daran, möglichst schnell einen hellen und flaschenreifen Wein zu liefern. Er gewinnt damit Zeit; und Zeit ist Geld. Auch entspricht er besser den Wünschen der Konsumenten. Für letztere will ich hier nur bemerken: Wenn sie trüben oder gährigen Tokajer bekommen, und wenn der Wein wirklich ächt ist, so hat dies nichts auf sich. Sie müssten dann die Flaschen aufrecht stellen und den Pfropfen nur lose aufsetzen. Dann macht sich Alles von selber.

Nun noch etwas vom Keller. Der schönste, den ich sah, war der der Gebrüder Selbstherr in Mád. Er ist grösser als irgend einer im Rheingau, aber kleiner als die kolossalen Keller in Lübek, der solidesten Stätte des Weinhandels in Deutschland. Der Keller erinnerte mich, vermöge seiner regelmässigen Bauart, an den Escorial in Spanien, mit welchem es sich so verhält:

Als Philipp der Zweite von Spanien 1557 sich mit den Franzosen bei Sanct-Quentin schlug, standen die Aktien Anfangs schlecht für ihn. Allein er wusste sich zu helfen. Es war gerade Sanct-Laurentius-Tag. Er wandte sich daher an den genannten Heiligen und gelobte ihm ein stattliches Denkmal, wenn er ihm helfe, den Feind besiegen. Sanct-Laurentius half und Philipp baute den Escorial, — das Kloster für die Mönche, den Palast für sich selber. Da aber der heilige Laurentius auf einem Roste vom Leben zum Tode gebraten worden war, so gab König Philipp dem Gebäude die Figur eines Rostes und baute es aus schwärzlichem Granit, um an die Farbe des eisernen Rostes zu erinnern. Es ist ein ungeheures Viereck mit vier Haupt-Pavillons auf den Ecken, welche die Füsse des Rostes vorstellen sollen. Quer durchlaufende Gebäude bilden die Stangen des Rostes und formiren unzählige Höfe.

So ist auch in Mád der Keller: Vier Hauptgänge im Qudrat, dazwischen eine grosse Anzahl Quergänge von geringerer Höhe und Breite, — ein Escorial unter der Erde. Auf beiden Seiten der Haupt- und der Quergänge befinden sich die Weinlager. Sie imponiren weniger, als die Stückfässer im Rheingau, oder gar jene kolossalen Gebinde in Lübeck, welche der Handelsherr, um zu zeigen, dass er alle Zweige seines Geschäfts gleich gut verstehe und gleich solide traktire, in Ausübung des Küfer-Gewerbes mit eigenen Händen gezimmert.

Die Fässer hier haben durchschnittlich nur dieGrösse einer rheinischen Ohm (= 70 Mass oder 140 Litres). Man nennt das eine Kufe oder Kuffe, gleich 2¹/₂ Eimer österreichisch. Sie liegen doppelt aufeinander geschichtet. Die halbe Kuffe heisst »Antél«, ein magyarisches Wort, das aus dem deutschen »Antheil« entstanden. In Deutschland ist die Meinung verbreitet, »Antél« sei eine besonders feine

Weinsorte. Dies ist ein Irrthum. Es ist nur eine Bezeichnung für das Hohlmass, weiter nichts. Eine Kuriosität dieses Kellers ist ein sehr grosses steinernes Fass, mehr als mannshoch, oben rund, unten platt, auf beiden Seiten durch schwere steinerne Strebepfeiler gestützt. Es ist ein heut zu Tage nicht mehr in Gebrauch befindliches Erbstück, herrührend von der früheren Keller-Dynastie, — einem magyarischen Adelsgeschlecht, das sich durch phantastische, seltsame, ja närrische Einfälle hervorthat, etwa in der Art, wie Janczi Kárpathi in Moriż Jókai's berühmtem Roman: »Der ungarische Nabob«.

Schade ist, dass die oberungarischen Magnaten und sonstigen Edelleute, welche alle in der Hegyalja begütert sind, nicht auch hier wohnen, sondern auf ihren anderweitigen Gütern. Sie haben hier nur ein nothdürftiges Unterkommen, welches sie alljährlich nur für eine kurze Zeit beziehen. Viele »fechsen« (bauen) nur für den eigenen Gebrauch. Alle überlassen den Weinbau ihren Verwaltern oder Beamten. Das geht nicht; der Weinbau ist ein so diffiziles Geschäft, dass man es weder durch Verwalter noch durch Pächter betreiben kann. Selbst ist der Mann. Zum Schlusse nur dieses:

Montaigne sagt in seinen »Essais« (*Liv. I, ch.* 30): »*Je vouldray, que chasqun escrivist ce qu'il sçait, et autant qu'il en sçait.*« Dieser Aufforderung bin ich mit meinem bescheidenen Notizen nachgekommen. Ich schrieb, was ich sah und was ich schmekte.

Sehr ernsthafte Menschen (ich will nicht sagen: »Pedanten«, dazu bin ich zu höflich) wundern sich, dass ich so viel über Wein und Keller geschrieben. Nun, Brillat-Savarin und Graf Münster haben ebenfalls über solche Stoffe geschrieben, und ich habe noch nie gehört, dass dies bei irgend einem vernünftigen Menschen die richterliche Autorität des Ersteren, oder das politische Ansehen des Letzteren geschädigt.

VII.

„Curae posteriores.‟

Ich habe das Erbauliche und Beschauliche über das Tokajer-Land vorausgeschickt, namentlich das, was auf eigener Anschauung und Wahrnehmnng beruht. Und dabei würde ich es, wenn ich lediglich meine eigene Liebhaberei zu Rathe zöge, von Herzen gern bewenden lassen. Allein da es nun einmal geschrieben steht, dass selbst die kleinen und bescheidenen Bücher vom Schicksal heimgesucht werden (*«Habent sua fata libelli»*), so muss ich daran denken, was möglicher Weise meinem Schriftchen bevorsteht; und da möchte ich beinahe fürchten, dass dieses leichte Fahrzeug den Wellen und Winden der Kritik nicht zu widerstehen vermag, wenn ich nicht wenigstens etwas gelehrten Ballast einlade. Ausserdem habe ich das Interesse des Lesers im Auge, wenn ich ihm u. A. auch einen kurzen Auszug gebe aus dem Besten, was sachkundige ungarische Schriftsteller über Tokaj und die Hegyalja geschrieben haben. Bei dieser Abwechslung, bei diesem internationalen Austausch, kann der verehrte Leser nichts, als gewinnen.

Zunächst gebe ich die Quelle an, aus welcher ich schöpfe. Sie heisst:

«Tokaj-Hegyaljai Album. Kiadja a Tokaj-hegyaljai bőrmivelö egyesület és elnöke Báró Vay Miklós. Szerkesztök: Dr. Szabó Jozsef (Academiai Tag) & Török István (Földbirtokos). Pest, Emich Gusztáv, Magyar Akad. Nyomdász, 1867»;

d. h. auf Deutsch:

»Tokaj-Hegyaljaer Album. Herausgegeben durch

5*

die Tokaj-Hegyaljaer Weinkultur-Gesellschaft
und deren Vorstand Nicolaus Baron Vay
(sprich Wooi).
Redigirt durch: Dr. Joseph Szabó (Mitglied der Akademie) u. Stephan von Török
(Gutsbesitzer).
Pest, Gustav Emich, Buchdrucker der Ungarischen
Akademie 1867.«
Diese, in der That prachtvoll ausgestattete Sámmlung
enthält: Erstens eine vortreffliche geologische und önologische Karte des Tokajer und Hegyaljaer Landes von
dem Universitäts-Professor Dr. Szabó in Pest, der in der
Wissenschaft eine hervorragende Stellung einnimmt, wenn
ich nicht irre, selbst Weingutsbesitzer (in Talya und Golop)
ist, und sich seit Jahren auf das Sorgfältigste mit den dortigen geologischen Verhältnissen und Bodenarten beschäftigt hat. Zweitens 22 Landschaften, von Gustav Kelety nach der Natur gezeichnet, und zwar mit origineller
Auffassung und eben so kräftiger, als verständnissvoller
Charakteristik, wobei ich jedoch, um dem malerischen Charakter des Gebirges keinen Eintrag zu thun, bemerken
muss, dass in der Auswahl der Aufnahmen weniger die
landwirthschaftliche Schönheit der Gegend, als das Interesse an der fraglichen Stadt (oder sonstigen Localität)
und vor Allem die Güte der Weinlage massgebend war.
Drittens enthält die Sammlung eine Reihe wissenschaftlicher Abhandlungen, namentlich:

I. Die Tokaj-Hegyaljaer Weinbau-Gesellschaft
(v. Török).
II. Tokaj-Hegyalja in geographischer Hinsicht
(v. Szabó).
III. Die Bewohner, Ortschaften und einzelnen Gegenden der Tokaj-Hegyalja (v. Szabó).
IV. Tokaj-Hegyalja's Weinbau (Mezössy und
(Török).
V. Die Weinlese und Ausbruchbereitung (Török).
VI. Quantität der Weinproduktion (Szabó,
Török). ·

VII. Handel und Communicationsmittel (Török).
VIII. Geologie der Tokaj-Hegyafja (Szabó).
IX. Bodenarten (Molnár, Szabó).
X. Der Tokajer Wein vom chemischen Standpunkte (v. Preysz.)
Das Album verfolgt den Zweck, die Welt — wenigstens die europäische Welt — mit der Tokaj-Hegyalja
bekannt zu machen. Es ist deshalb in vier Sprachen
abgefasst: erstens magyarisch, zweitens deutsch, drittens französisch und viertens englisch. Ueber das Magyarische erlaube ich mir kein Urtheil. Der englische Text
ist tadellos; der französische gut; der deutsche lässt Manches zu wünschen übrig. Glüklicher Weise haben wir in
Deutschland keine »Akademie«, welche sich anmasst, die
Sprache zu reglementiren und an die Stelle ihrer freien
Entwickelung und Fortbildung eine verzopfte Versteinerung
zu setzen. Allein auch ohne ein solches Institut hat sich
im deutschen Reiche eine übereinstimmende Uebung gebildet, deren Verletzung unangenehm auffällt; und dieser
letztere Fall tritt bei dieser Uebersetzung (sowie überhaupt
bei manchen literarischen Produkten Oesterreichs) zuweilen
ein.*)
Im Uebrigen hat das Album die Aufgabe, die es sich
gesetzt hat, vortrefflich gelöst. Es hat sich nicht auf eine
Darstellung der Geschichte und des gegenwärtigen Zustandes
des Weinbaues, auf eine Uebersicht der Wein-Produktion,
der Weinbehandlung und der Absatzverhältnisse, sowie
auf die Untersuchung der einschlagenden chemischen und
physikalischen Fragen beschränkt, sondern es macht uns
überhaupt mit dem ganzen Hegyalja-Lande bekannt, mit
seinen einzelnen vortrefflichen Weingegenden, mit seinen
interessanten Städten, mit den schönen Bergketten, Bergen
und Hügeln, mit allen geographischen, orographischen,
hydrographischen, geologischen, chemischen, önologischen

---

*) Eine österreichische Zeitung moquirte sich kürzlich über
meinen Stil. Sie hat ganz Recht. Entweder ist mein Stil schlecht,
oder der ihre. Beide können nicht gut sein.

und botanischen Verhältnissen, und mit den Boden-Eigenthümlichkeiten des Landes.

Und das thut Noth. Denn es ist wahr: Europa kennt den Tokajer und — muss ich hinzufügen — die übrigen ungarischen Weine noch heute so gut, wie gar nicht, obgleich das Land, das ihn hervorbringt, mitten in Europa liegt und nach allen Seiten die trefflichsten Verbindungen durch Eisenbahnen und Wasserstrassen hat.

Noch in der 1857 in Paris erschienenen zweiten Auflage der »*Ampélögraphie française*«, von Victor Rendu, heisst es wörtlich:

— »*Le Tokaj du Gard, malgré excellence, ne saurait être comparé au vin impérial de Tokaj, ce roi des vins de liqueur, si rare, qu'il n'est bu, pour ainsi dire qu'à la table des rois. On sait qu'il n'entre pas dans le commerce.*«

Auf Deutsch:

— »So gut der Tokajer von Gard auch sein mag, so kann man ihn doch nicht mit dem kaiserlichen Tokajer in eine Linie setzen. Letzterer ist der König aller Liqueur-Weine und dabei so selten, dass er nur an den Tafeln der Könige getrunken wird. Bekanntlich kommt er gar nicht in den Handel.«

So viel Worte, so viel Irrthümer! Denn auch abgesehen von der seltsamen Eintheilung in Gard-Tokajer und Kaiser-Tokajer, ist alles Uebrige theils schief, theils unrichtig. Aechter Tokajer mag allerdings bei der Unsolidität, durch welche sich der französische Handel hinsichtlich der ausländischen Weine auszeichnet, in Frankreich wohl rar sein. In Tokaj ist er es nicht. Nach den Ermittelungen des Professor Dr. Szabó und des Herrn v. Török produzirt die Hegyalja in einem guten Jahre 150,000 Eimer, und die feinen Weine bilden hiervon in der Regel den zehnten Theil, also 15,000 Eimer; in solchen Jahren, welche viel Trockenbeeren liefern, aber sogar den sechsten. Es giebt also keinen Weindistrikt in Europa, welcher sich so durch Massen-Produktion überhaupt, und durch die grosse Quantität an eigentlichen Cabinets-Weinen auszeichnet. Dem gegenüber ist das Wachsthum (auf ungarisch «Fechsung«) von Mosel und Rhein zusammengenommen verschwindend klein. Wollte man aber im Tokajer Lande unseren Rebenschnitt einführen und etwas früher lesen, so könnte man, — allerdings hin und wieder vielleicht auf Kosten der Qualität — das doppelte Quantum erzielen. Dazu kommt aber, dass in der Hegyalja Missernten weit seltener sind, als im übrigen Europa. Nehmen wir nur den Zeitraum von 1840 bis 1865. Während dieser Periode waren ausgezeichnet an Qualität und Quantität die Weine von 1841, 1846, 1848, 1852, 1855, 1856, 1858, 1862, 1863. Mittel waren sie in 1843, 1844, 1845, 1849, 1850, 1853, 1857 und 1859. Schlecht, aber doch viel, ergaben die Jahre 1840, 1842, 1847 und 1851.

Vergleichen wir damit die Weinernten in Deutschland mittels folgender synoptischen Tabelle:

Jahrgänge.	˙Hegyalja.	Deutschland.
	Qualifikation der Güte der Wein-Ernten.	
1840	Schlecht.	Schlecht.
1841	Gut.	Mittel.
1842	Schlecht.	Gut.
1843	Mittel.	Schlecht.
1844	Mittel.	Mittel.
1845	Mittel.	Schlecht.
1846	Gut.	Gut.
1847	Schlecht.	Mittel.
1848	Gut.	Mittel.
1849	Mittel.	Mittel.
1850	Mittel.	Schlecht.
1851	Schlecht.	Schlecht.
1852	Gut.	Schlecht.
1853	Mittel.	Mittel.
1854	Mittel.	Schlecht.
1855	Gut.	Mittel.
1856	Gut.	Schlecht.

Jahrgänge.	Hegyalja.	Deutschland.
	Qualifikation der Güte der Wein-Ernten.	
1857	Mittel.	Mittel.
1858	Gut.	Gut.
1859	Mittel.	Gut.
1860	Mittel.	Mittel.
1861	Gut.	Gut.
1862	Gut.	Gut.
1863	Gut.	Schlecht,
1864	Mittel.	Schlecht.

Von diesen 25 Weinjahren waren also:
1. In der Hegyalja: Gut 10 — Mittel 11 — Schlecht
aber viel 4.
2. In Deutschland: Gut 6 — Mittel 9 — Schlecht
und in der Regel wenig 10.

Man sieht: Die mittleren Jahre stehen sich an Zahl gleich; sie bilden hier wie dort etwa zwei Fünftel des Zeitraums. Aber die guten und schlechten stehen im umgekehrten Verhältniss. Die Guten in Ungarn verhalten sich zu den Guten in Deutschland wie 5 zu 3; die Schlechten in Ungarn zu den Schlechten in Deutschland wie 2 zu 5. Wenn uns der französische Ampeloge versichert, nur die Könige könnten den grossen Tokajer trinken, so hätten in der That unsere Könige eine etwas schwierige Aufgabe. Wir haben dermalen 14 Könige und Kaiser in Europa, nämlich Preussen (Deutschland), Bayern, Belgien, Dänemark, Griechenland, Italien, Niederlande, Oesterreich, Portugal, Russland, Sachsen, Schweden, Spanien, Würtemberg. Da nun aber in der Hegyalja, selbst in einem nicht günstigen Jahre, wenigstens 13,000 Eimer feine Essenzweine wachsen, so hätte ein Jeder der genannten Könige alljährlich 1,000 Eimer zu trinken, was er sicherlich auch »unter Verbeistandung« seines ganzen Hofstaates (wie man im Kanzlei-Stil sagt), zu leisten nicht in dem Sande ist.

Man kann, wenn man jenen Satz in der »*Ampélogie Française*« liest uud dabei bedenkt, welche arge Protektio-

nisten die Franzosen sind, sich fast des Verdachtes nicht
entschlagen, als liege jenen Tollheiten eine raffinirte Absicht zu Grunde, nämlich die, Jedermann vor dem Tokajer
freundschaftlich zu verwarnen, weil derselbe so rar und so
theuer und gleichsam, wie die Pandekten-Juristen sagen,
ganz »*extra commercium*« sei, dass er die Kräfte eines
jeden Privatmanns weit übersteige.
Glücklicher Weise ist dies Alles nicht wahr.
Ich selbst gehöre nicht zu der »am besten situirten allerkleinsten Minorität« der menschlichen Gesellschaft. Gleichwohl befindet sich auch in meinem Keller
jener »König der Weine« und »Wein der Könige«,
und er verträgt sich dort recht gut mit dem Rüdesheimer,
Marcobrunner, Steinberger und Geisenheimer-Rodenberg;
ja seitdem ich durch Herrn Victor Rendu erfahren, dass
ohne meine und der Andern Mitwirkung jeder europäische
König genöthigt sein würde, alljährlich tausend Eimer zu
trinken, rechne ich mir es gleichsam zum Verdienst an,
durch meine bescheidene Betheiligung an der Konsumtion,
nach Kräften die Lasten der hohen Häupter zu vermin-
dern und zur Verlängerung des, ansonst bedrohten Lebens
unserer verehrten Monarchen beizutragen.
Auch der allerfeinste Tokajer kommt in den Handel,
und obgleich ich sonst auf Grund schlimmer Erfahrungen,
die ich gemacht, sehr vorsichtig bin in Empfehlung von
Wein-Firmen, so kann ich doch wenigstens zwei nennen,
an welche man sich vertrauensvoll wenden kann wegen
Bezugs von Tokajer. Die eine ist »Jalics & Co.« in Pest
(Königs-Gasse), die andere ist »Gebrüder Selbstherr«
in Mád in der Hegyalja, deren Etablissement in dem To-
kaj-Hegyalja-Album abgebildet ist. Das letztgenannte
Haus ist auch in Breslau domizilirt, was den Bezug der
Weine für Nord- und Mitteldeutschland erleichtert. *)
Während die grossen »Chateau«-Weine in Frankreich

---

*) Freilich erleiden Weintransporte auf den Eisenbahnen manch-
mal seltsame Schicksale; ich behalte mir vor, dieses »Riff-Piraten-
thum« bei Gelegenheit einmal zu beleuchten.

selbst 20 bis 25 Francs per Flasche kosten, bekommt man eine Flasche feinen Tokajer schon für 10 Francs. Endlich ist es unrichtig, den Tokajer unter die »Liqueur-«Weine zu zählen. Von dem geschmierten Wein, der im Auslande unter dem Namen »Tokajer« fälschlich verkauft wird, mag das richtig sein. Bei dem echten Tokajer, den die Hegyalja hervorbringt, aber nicht. Trotz seiner Süsse hat er ausserordentlich viel Weingehalt und reizt dadurch immer von Neuem zum Trinken. Er macht wohl die Beine etwas schwer; aber er ist weit entfernt, jenen gemeinen Bauernrausch hervorzurufen, der eine Wirkung der unkultivirten und der hyperkultivirten (d. i. gefälschten) Weine ist. Und endlich: er stärkt und conservirt den Magen; uud selbst nach einem nächtlichen Diätfehler erwacht man am andern Morgen frisch und gesund, mit einer lieblichen Reminiscenz im Gaumen und auf der Zunge.

Ich habe diese Probe französischer Unwissenheit nicht ohne wohl erwogene protreptisch-pädagogisch-paränetische Absicht angeführt. Sie beweist, wie nothwendig es ist, die Wahrheit zu predigen über die Hegyalja und den Tokajer, von welchem Viele sprechen und Wenige etwas wissen. Schon die Alten pflegten zu sagen: »Es führen Viele den Thyrsus, aber nur Wenige sind wahrhafte Bacchanten.« Dies möge denn auch zur Rechtfertigung dienen gegenüber Denjenigen, welche mir sagen, ich verwende zu viel Zeit auf den Tokajer. —

Jedenfalls haben sich die Veranstalter, Herausgeber und Mitarbeiter des prachtvollen »Tokaj-Hegyaljaer-Album« ein sehr grosses Verdienst erworben. Ich habe an dem Werke nichts auszusetzen, als dass es zu wenig verbreitet ist. Erstens: ist es etwas theuer, und zweitens: ist es in unglückliche Hände gerathen, so dass die Welt wenig davon weiss. Der ursprüngliche Drucker ist nämlich gestorben, dessen Erbe hat das Geschäft verkauft, und das Werk soll irgendwo, in einer unerreichbaren Vorrathskammer versteckt liegen; so sagte man mir. Was daran ist, weiss ich nicht. Nur so viel weiss ich gewiss: Ich konnte es auf dem Wege des Buchhandels nicht erlangen, und verdanke es der Güte Seiner Exzellenz des Kanzlers von Ungarn, des Baron Vay (sprich: Wooi), bei welchem Prof. Dr. Szabó sich für mich verwandte.

Der Baron Vay ist der Präsident der Tokaj-Hegyaljaer Weinbau-Gesellschaft. Ueber die Gründung der letzteren giebt uns das Album folgende Auskunft:

— »Tokaj-Hegyalja hatte einmal eine Glanzperiode, in welcher sein Weinhandel in höchster Blüthe stand; dies war die Zeit vor 1770, wo das staatliche Leben der benachbarten polnischen Nation jene Veränderungen noch nicht erlitten hatte, die ihre Selbständigkeit vernichteten. Damals verkaufte der Produzent zu Hause seinen Wein; die Zeit der Weinlese war zugleich ein grossartiger Markt; unter ihrem Freudenjubel trennte er sich von seinen Weinen und wurde von allen Sorgen, welche gewöhnlich Keller und Verkauf bereiten, befreit.

Jene günstige Zeit ging jedoch vorüber, und der Weinhandel der Hegyalja wurde durch den Fall Polens erschüttert; sowohl durch dieses Ereigniss, als auch durch die ausländischen und durch die zwischen Ungarn und den österreichischen Erbländern bis 1848 bestandenen, drückenden Zölle; endlich, in neuester Zeit, durch den Druck der in Folge der 1848er Katastrophe eingetretenen allgemeinen Lasten, verschlimmerte es sich immer mehr und mehr, und der Absatz der ausgezeichneten Hegyaljaer Weine sank in wahrhaft erschreckender Weise.

Unter solchen Umständen traten die ernsten Sorgen der Produzenten in den Vordergrund, und sie begannen, über die ungünstigen Verhältnisse, welche den Weinhandel hemmten, nachzudenken, und suchten Mittel, um dieselben zu beseitigen; sie begannen über Einrichtungen nachzusinnen, durch welche sich der Hegyaljaer Weinbau und Weinhandel wieder heben könnten, so wie auch darüber, auf welche Weise sie dem Tokajer Weine im Westen Absatz verschaffen könnten; statt der im Norden verlorenen Märkte. Die Wichtigkeit dieser Aufgabe musste um so einleuchtender sein, da auf den Märkten des Westens die

französischen und spanischen Weine schon damals die
Herren des Platzes waren; und die Weine der Hegyalja
mussten daher nicht nur mit der natürlichen Vorzüglich-
keit der erwähnten Weine, sondern zugleich mit der Voll-
kommenheit der dortigen Manipulation den Kampf aufnehmen. Durchdrungen von dem Gefühle dieser Nothwendigkeit traten die Weingutsbesitzer der Hegyalja, einer Aufforderung des Fürsten Ferdinand Breczenheim Folge
leistend, zur Hebung der Hegyaljaer Interessen, in einen
Verein zusammen und beschlossen in einer am 30. Oktober
1853 zu Mád abgehaltenen Versammlung aus merkantilen
Gesichtspunkten eine »Hegyaljaer Aktiengesellschaft« zu
gründen. Mit der Ausarbeitung der Statuten wurde ein
Ausschuss betraut, doch tauchten in Bezug auf die pro-
jektirte »Aktiengesellschaft« von mehreren Seiten Hindernisse und Schwierigkeiten auf, auf deren Beseitigung man
bei ernster Erwägung der Umstände mit Zuversicht kaum
rechnen konnte; daher wurde im Jahre 1855 in der, unter
dem Vorsitz des Grafen Georg Andrássy (der beim Tode
des Fürsten zum Präsidenten gewählt worden war) zu S.-A.
Ujhely abgehaltenen Vereinssitzung beschlossen, mit Beseitigung der projectirten Actiogesesellschaft blos für die
Interessen des Weinbaues eine Gesellschaft zu gründen.

So entstand die auch jetzt noch wirkende »Tokaj-
Hegyaljaer Weinbau-Gesellschaft«, deren Statuten am
26. Oktober 1857 in der zu Tolcsva abgehaltenen öffent-
lichen Sitzung publizirt wurden; zugleich erklärte sich der
Verein bei dieser Gelegenheit für konstituirt, und wählte in
Folge des Zurücktretens des Grafen Georg Andrássy den
Baron Nikolaus Vay zum Präsidenten.

Doch war der Verein auch vor der Bestätigung der
Statuten nicht unthätig, es wurden im Jahre 1854 zu Tálya,
1855 zu Ujhely und Mád, — 1856 zu Tokaj, — 1857
wieder zu Mád Besprechungen gehalten, in denen mehrere
lebensfähige Ideen und Vorschläge discutirt wurden; auch
richtete man jährliche Trauben- und Weinausstellungen
ein, die einer strengen kritischen Beurtheilung unterzogen

werden sollten, — Vorschläge, welche zwar die Trauben-
kultur und Weinbehandlung im Grossen nicht förderten,
jedenfalls aber einen bedeutenden Aufschwung derselben
vorbereiteten.

Als endlich das organische Leben des Vereines im
Jahre 1858 thatsächlich begann, ging er von blossen Vorbereitungen zu Thaten über, — er gab den Trauben- und
Weinausstellungen einen bestimmteren Charakter; er klassi-
ficirte und bestimmte die Hegyaljaer Traubensorten; er
wirkte für vorzüglichere Werkzeuge der Trauben- und
Weinkultur durch Preisausschreiben; er untersuchte die
Ursachen des matten Absatzes der Hegyaljaer Weine; er
erforschte die Mittel, durch welche nicht nur die Nachfrage
nach den Weinen befördert, sondern dieselben zugleich
im In- und Auslande einen solchen Aufschwung erhalten
würden, dass sie auf den Schwingen des Kredits zu einem
lebenskräftigen Verkehr erstarken könnten.

Der Verein richtete nun seine Thätigkeit auf Errichtung einer Sparkasse und einer Rebenschule, welche letztere
nicht nur die Hegyalja, sondern mit der Zeit auch andere
Gegenden des Landes, ja, wenn es ihre Entwickelung gestattet, auch das Ausland mit jenen edlen Traubensorten
versehen könnte, deren Früchte den »ruhmgekrönten To-
kajer-Wein« liefern.

Der Verein zählt gegenwärtig 232 Mitglieder. —

Die Hegyalja (mit Ausschluss von Golop und Klein-
Toronya) ist fünf (geographische) Quadratmeilen gross.
Sie ist der südliche Ausläufer des vulkanischen Gebirges,
welches sich bei Eperies von der Karpathen-Kette ab-
zweigt. Das Gebirge besteht im Wesentlichen aus Trachyt
und Rhyolith. Das Hegyalja-Gebirge hat die Form eines
Dreiecks, das, wenn man sich es auf der Karte ansieht,
auf dem Kopfe steht. Die Basis ist oben im Norden, die
südliche Spitze bildet der Berg, an welchen rechts die
Stadt Tokaj gebaut ist.

Wenn man von Süden, von der Ebene her, sich der

Hegyalja nähert, so taucht zuerst dieser Tokajer Berg am Horizont auf. Er bildet einen sanft aufsteigenden Kegel, liegt isolirt und ist höher als die andern (1617 Wiener Fuss über dem Meer). Er ist gleichsam die Nase der Hegyalja. Kommt man näher, so erscheinen dann plötzlich die Gebirge der übrigen Kette, und zwar beinahe alle auf einmal. Ich sage: beinahe, denn Anfangs verdeckt der Tokajer Berg einen Theil des nordwestlichen Flügels. Ist man endlich bis Tárczál vorgedrungen, dann kommt auch dieser Flügel zum Vorschein, und man hat dann das ganze Gebirge vor Augen. Diesen prachtvollen Anblick stellt unser Titelbild dar. Der im Sonnenschein liegende vordere Berg ist der von Tokaj. Dahinter liegt im Schatten die übrige Hegyalja. Die höchste Spitze des Tokajer Berges trägt ein trigonometrisches Signal. Im Hintergrunde des Bildes treten rechts der Bodrog und die Theiss hervor, letztere Anfangs in zwei Armen. Dann vereinigen sich die Gewässer, um durch die grosse Ebene nach Süden zu eilen, nachdem sie die Brücke hinter sich haben. Tokaj liegt auf der Ost-, Tárczál auf der Westseite an den Fuss des Berges geschmiegt, jenes rechts und dieses links vom Beschauer.

Tokaj ist ein uraltes Nest. Die Magyaren fanden es schon vor, als sie vor tausend Jahren unter Arpád in das Land kamen. Der Platz, wo es liegt, ist auch wie geschaffen zu einem Handelsplatz. Als Mittelpunkt zwischen Gebirge und Ebene ist er berufen, die Produkte beider gegeneinander auszutauschen. Dazu kommen die grossen schiffbaren Flüsse. Uebrigens ist die Schifffahrt auf der Theiss im Rückgang. Der Fluss macht nämlich zahllose und starke Krümmungen und mäandrische Windungen. Man zieht daher die gerade Eisenbahn vor, so lange der Strom noch nicht ganz regulirt ist.

Vor tausend Jahren schenkte Arpád die eroberte Hegyalja seinem Feldherrn Turzoll, welcher oberhalb Tokaj zwischen dem Bodrog und der Theiss eine Burg anlegte. Sie ist heute verschwunden. Ihr Gedächtniss ist jedoch erhalten in den dort gelegenen »Burg-Häusern«.

Der Theissarm, der ehedem die Burg umgab, heisst jetzt die »todte« Theiss. Um ein Bild von den wechselnden Schicksalen des Ungarlandes zu geben, verzeichne ich folgende Daten aus der tausendjährigen Geschichte des Marktfleckens und der Burg Tokaj:

1241 zerstörten die in das Land eingebrochenen Tartaren die Burg.

1440 bauten sie die zur Hülfe gerufenen Böhmen wieder auf.

1526 versah Zapolya die Burg mit neuen Wällen, auch hielt er hier den Landtag ab. Es war eine unglückliche Zeit. Die Türken erfochten einen grossen Sieg bei Mohatsch über die Ungarn. Die letzteren lagen im Bürgerkrieg unter einander. Die Einen proklamirten Zapolya als König; die Andern stellten Ferdinand von Oesterreich, den Bruder Kaisers Karl V., als Gegenkönig auf. Protestanten und Katholiken kämpften wider einander; und die Jesuiten schlichen sich ein.

1535 nahm Ferdinand Stadt und Burg Tokaj in Besitz. Von nun an war Ungarn gehalten, seine Könige aus der Zahl der habsburgischen Prinzen zu wählen. Das Land wurde immer mehr eine Beute der Türken und der inneren Unruhen.

1593 gelangte die Stadt in den Besitz Sigmund Báthori's, und

1604 wurde sie total durch Basta zerstört.

1605 wurde sie Georg Rákóczy's Eigenthum. Er liess sie durch venetianische und vlämische Baumeister wieder aufrichten, verschönern und befestigen. Von all dieser Pracht ist natürlich nichts mehr zu sehen.

1663 dagegen erhielt sie österreichische Besatzung. Das Haus Oesterreich beginnt nun Herr über die Türken zu werden und sich in Folge dessen auf dem ungarischen Thron zu befestigen. Allein gerade Tokaj blieb immer noch ein halbes Jahrhundert lang der Kampfplatz und der Kampfpreis zwischen den Türken, den Habsburgern und den verschiedenen Parteiführern. 1678 wurde die Stadt von türkischen und tartarischen Schaaren geplündert und verwüstet. 1683 nahm sie Emmerich Tököly ein. 1703 ging sie an Franz Rákóczy II. über, welcher 1705 die Burg rasirte und die Theiss und den Bodrog darüber leitete, so dass ausser den erwähnten »Burghäusern« keine Erinnernng daran übrig blieb. 1715 besiegten die Habsburger den Franz Rákóczy. Auch Tokaj musste sich ihnen ergeben. Es erhielt nicht die Rechte einer freien kaiserlichen Stadt, sondern wurde »ärarisch«, was es dermalen noch ist.

Der Kaiser Leopold hatte schon 1682 den Ungarn das Recht der freien Königswahl unter den habsburgischen Prinzen genommen, so dass von nun an jedesmal der Erstgeborene des Kaiserhauses *eo ipso* auch König von Ungarn wurde, vorbehaltlich jedoch der Verpflichtung, sich in Pressburg (jetzt in Pest) auf dem Königshügel krönen zu lassen und die Verfassung, die Rechte und Freiheiten des Ungarlandes zu beschwören. Dies blieb so bis zu der pragmatischen Sanction Kaiser Karl des Sechsten, durch welche derselbe alle Länder der österreichisch-ungarischen Monarchie, jedoch unbeschadet der eigenthümlichen Verfassung eines jeden, für untrennbar unter einander und mit der Krone verbunden erklärte und die (fernerhin gemeinsame) Thronfolge für die Zukunft regulirte. Der ungarische Reichstag gab 1722 dieser pragmatischen Sanction seine Zustimmung und berief das einzige Kind Kaisers Karl VI., dis Kaiserin Maria Theresia, auf den ungarischen Königsthron, auf welchem später ihre Descendenz aus der Ehe mit dem Lothringer Franz succedirte.

Die Ungarn haben in der That damals die Kaiserin Maria Theresia und die österreichische Monarchie überhaupt von dem Untergange gerettet. Das »*Moriamur pro rege nostro Maria Theresia!*« ist bekannt.

Es wurde ihnen schlecht gedankt. Dess' sind Zeugen jene Unterdrückungs-Versuche, welche Joseph II. (»er will immer den zweiten Schritt vor dem ersten thun«, sagte Friedrich der Grosse von ihm), der Fürst Metternich und der Baron Bach an den Magyaren gemacht haben, — Versuche, welche man fälschlich für »Germanisirungs-Experimente auszugeben gewagt hat.

Der »Marktflecken« Tokaj, welcher ehedem grösser gewesen sein muss, zählt dermalen nur 4000 bis 5000 Einwohner. Er hat eine Gemarkung von beinahe 5000 Morgen oder Joch, wovon ein Fünftel Weinberg ist.

Die Hauptbevölkerung besteht in der ganzen Hegyalja aus Magyaren. In Tokay selbst findet man ziemlich viele Deutsche und Juden. Landeinwärts im Gebirge sind deren weniger, dagegen etwa gleich viel Slaven, — Reste der ursprünglichen Bevölkerung. Die Slaven vermehren sich weit schneller, als die Magyaren; und wenn letztere klug sind, werden sie erkennen, dass ihnen vielleicht von den Slaven, aber nicht von den Deutschen Gefahren drohen. In konfessioneller Beziehung ist die Bevölkerung aus Römisch-katholischen, Griechisch-katholischen und zwar sowohl unirten, als nichtunirten, aus Lutheranern und aus Reformirten, oder wie man hier sagt »Calvinern« und aus Israeliten zusammengesetzt.

Der Total-Eindruck, den die Hegyalja in wirthschaftlicher Beziehung macht, ist ein gemischter. Man sieht nämlich deutlich, dass ehedem eine Zeit war, wo es diesem Lande besser ging, als jetzt. Man sieht manches »Kastell«, wie man hier die Schlösser nennt, und manches Herrschaftshaus (*urihåz*), an das sich irgend ein berühmter ungarischer Name knüpft, halb oder ganz in Trümmern liegen, und auch manches Bauernhaus gleicht jener Schenke, von welcher der grosse ungarische Dichter Pötefi singt, dass sie ebenfalls trunken zu sein scheint, weil ihre eine Wand dahin wankt und die andere dorthin, und weil sie ihr Dach »auf Krakehl« aufsitzen hat, wie der deutsche Student seine Mütze. Auf der andern Seite aber sieht man eben so deutlich, dass die Zeit des tiefsten Verfalls bereits wieder überstanden, und dass die wirthschaftlichen Verhältnisse wieder mehr in »ascendente« als in »cadente domo« sind.

Die zweite Stelle als Weinort nimmt Mád ein. Mád ist ebenfalls ein »Marktflecken«, an Einwohner-Zahl und Gemarkungsgrösse ein wenig geringer, als Tokaj. Mád liegt an dem Ausgange eines ausserordentlich lieblichen kleinen Thales, das von einem Bache gleichen Namens durchflossen wird und sich von Norden nach Süden öffnet. Unten im Thale ist wunderschöner Weizenboden mit . schwarzer Erde; der Berg besteht meist aus plastischem Thon und ist auf beiden Seiten mit Reben besetzt. Weiter hinten sieht man eine in die Augen fallende Trachyt-Spitze. Das ist der Várhegy, auf deutsch »Schlossberg«. Er liegt zwischen Mád und Tállya, jedoch etwas abseits nach rechts, und ist einer der dominirenden Punkte der ganzen Gegend. Es soll der Mühe lohnen, ihn zu besteigen. Ich hatte die Absicht, dies zu thun. Allein das Schicksal wollte es anders. Das Studium jener unterirdischen Bibliothek, welche man »Keller« nennt, — die Mönche setzten über die Kellerthüre die Inschrift »Bibliotheca subterranea« — hatte mich zu sehr gefesselt.

Ausser Tokaj, Tarczal, Mád und Tállya sind als Hauptweinorte noch zu erwähnen: Szántó, Ratka, Zambor, Kisfalud, Tolcsva, Zsadány, Sáros-Patak u. s. w. In Wälsch-Tyrol, z. B. auf dem *Castello Toblino* westlich von Trient*), bekommt man öfters einen Wein vorgesetzt, den man dort *»vino santo«*, d. h. auf italienisch »heiliger Wein«, nennt. Dieses *»santo«* (heilig) ist nichts als eine Entstellung des Namens des Distriktes Szántó in der Hegyalja. Es sollte heissen und hiess ursprünglich: *»Vino di Szántó.«*

*) Siehe Bädecker.

Fast jeder dieser verschiedenen Weinorte bewahrt irgend eine grosse Wein-Tradition, in der die Geistlichen als Kenner auftreten. Ich will hier nur den Mythus von Tallya mittheilen. Im Jahre 1562 waren die heiligen Väter auf dem Tridentiner Konzile versammelt. Natürlich vergass man über dem Berathen und Beten nicht das Essen und Trinken, und man war damals auch noch nicht scheinheilig genug, um ein Hehl aus solch nützlicher Beschäftigung zu machen. Eines Tages, da man unter dem Vorsitze des Pabstes dinirte, tischte jeder Bischof an Wein das Beste auf, das er hatte. Man schwankte lange, welchem Wein man die »*corona*« ertheilen sollte (heute zu Tage würde man entweder sagen: »Die Tugend-Rose«, oder die »goldene Preis-Medaille«). Endlich rückte Georg Draskovits, Bischof von Fünfkirchen und Vertreter Ungarns, mit seinem Tallya-Wein auf. Kaum aber hatte der heilige Vater diesen Wein gekostet, so brach er in die Worte aus »*Summum pontificem talia vina decent*«, d. h. »Solche Weine · sind das Richtige für den Papst!« Auf Deutsch lässt sich das Wortspiel freilich nicht wieder geben. Bei der magyarischen Aussprache der lateinischen Worte lautet nämlich »*talia vina*« auch wie »*Tállya-vina*«; es bedeutet also nicht blos »solche Weine«, sondern auch »Tállya-Weine«. Natürlich wurde auf Grund dieses unfehlbaren Ausspruches der Wein gekrönt und seitdem heisst er der »Papstwein.«

In Betreff der Bodenarten, will ich, der Autorität des Universitätsprofessors Dr. Szabó folgend, hier Nachstehendes einschalten:

Wenn auch die Mannigfaltigkeit der Bodenarten in diesem berühmten Weindistrikte *prima facie* ausserordentlich gross zu sein scheint, so lassen sich dieselben doch streng genommen, und namentlich nach ihrer geologischen Entstehung auf einige Hauptarten reduziren, welche dann

entweder durch mechanische Vermengung ineinander übergehen, oder sie sind nur Varietäten einer und derselben
Bodenart, hervorgebracht durch das Auftreten eines der
Gemengtheile (Humus, Eisenoxyd u. a.) in grösserer oder
geringerer Quantität.

Es lassen sich in der Tokaj-Hegyalja· drei Haupt-
Bodenarten unterscheiden: erstens Thonboden, dort Nyirok genannt, zweitens ein Lehmboden, (Lösz) Sárgoföld
genannt, endlich drittens ein Bimssteintuffboden, Köpor
genannt.

a) Der Thonboden ,(Nyirok). Das Volk begreift
unter dem Namen Nyirok in der Tokaj-Hegyalja und in
der Mátra einen aus gebundenem plastischen Thon bestehenden Boden, dessen Farbe in der Regel roth ist, und
welcher die Eigenschaft, Wasser zu binden, in ausge-
zeichnetem Grade besitzt. Ausgetrocknet wird er so hart,
dass der Spaten nicht hineindringt, ist er dagegen zu feucht,
so hängt er fest an den Werkzeugen; er lässt sich nur bei
einem bestimmten Grad von Feuchtigkeit gut bearbeiten.
Um diesem Uebelstande abzuhelfen, wird derselbe mit
Bimssteintuff, der ebenfalls als Bodenart aufgefunden wird,
gemengt. Das Wasser nimmt er sehr langsam an, er lässt
dasselbe kaum durch; ausgetrocknet bildet er Schollen,
welche sich durch mechanische Kraft nicht zu Pulver umwandeln lassen.

Dieser Thon bildet in der Hegyalja die beste Bodenart, giebt die stärksten, haltbarsten, und bouquet-reichsten
Weinsorten; derselbe ist zugleich die vorherrschende
Bodenart. Angefangen am westlichen Punkt der Hegyalja
zu Szántó hält er bis Ujhely, dem östlichsten Punkt, un-
unterbrochen an, und hier wird er nicht nur in den Weingärten, sondern auch in dem darüber vorkommenden Wald-
saume fast ausschliesslich angetroffen.

Er entsteht durch Verwittern der beiden Trachytarten,
Amphibol-Trachyt und Andesyt-Trachyt, und andere als
Gesteineinschlüsse kommen darin gar nicht vor. Mit Säuren braust er nicht. Vorherrschend kommt der Thonboden vor zu Tállya, Mád, Zsadány, Tlocsva, Ujhely; er

geht über in Lözboden (Szántó, Tarczal) Bimssteintuffboden, indem er sich mechanisch mit Löz oder Bimssteintuff mischt, was an der Grenze der verschiedenen Bodenarten vorzukommen pflegt. Es entstehen Varietäten auch durch die Verschiedenheit der Farbe: durch Eisenoxydhydrat wird eine rothe, durch Humus eine schwarze Varietät, beide in vielen Nüancen hervorgebracht; auch eingemengte Gesteine bringen Varietäten hervor, wie das hauptsächlich gegen die Gebirgsspitze in der Regel der Fall ist. Das Vorhandensein solcher Gesteinbruchstücke wird durchaus nicht als Nachtheil betrachtet, weil in Folge dessen der Thonboden sich leichter bearbeiten lässt.

b) Der Löszboden. Der Lösz bildet einen mergeligen lockeren Thonboden, dessen Farbe im Vergleich mit der des Nyirok gelblich ist. Derselbe kommt vor in den verschiedensten Weingegenden Ungarns, ja auch am Rhein, von wo auch der Name herstammen soll (?). Er lässt das Wasser ziemlich durch, daher werden in demselben oft Brunnen gegraben. Ausgetrocknet bekommt er keine Risse, aber so hart wird er nicht, dass man mit der Haue nicht eindringen könnte. Durch mechanische Einwirkung wird er zu lockerem Staub, dessen feinste Theilchen reichlich in der Atmosphäre schweben. Seine Bearbeitung ist leichter, als die des Nyirok.

An Güte steht der Lösz dem Nyriokboden nach. Er kommt vor zu Szántó auf der Nord-, West- und Südseite des Sátor-Berges, namentlich am Fusse desselben; von da zieht er sich hinüber nach Tarczal, wo er am Tokajer Berge, mit wenigen Ausnahmen, den Boden der Weinpflanzungen bildet. Er setzt noch etwa eine Meile fort nach Bodrog-Keresztur, wo er mit dem Hügel (Dereszle), worauf dieser Ort gebaut ist, endet, und zwar so, dass er auf den Theil der Hegyalja, den man die Tállya-Ujhelyer-Linie nennen kann, nicht hinüber geht.

Seiner Entstehung nach ist der Lösz ein mechanisches Gemenge von Thon und Kalk, welche einst, als feine Schlammtheile im Wasser schwebend, an ihren jetzigen Ort hinkamen und sich ruhig absetzten. Mit Säuren braust

er immer. Als Einschlüsse kommen darin vor: Mergel-
knollen, so wie weisse Schnecken und Knochenreste von
ausgestorbenen grossen Säugethieren, namentlich von
Elefas, Bos, Urus, Cervus, welche man am Tokajer Berge
selbst in bedeutender Höhe noch antrifft.
Er geht über, wo er durch Wasser entfernt wurde, in
den unter demselben entstehenden Nyirok, wie das in
Tarczal auf der Westseite des Tokajer Berges beobachtet
werden kann.

c) Der Bimssteintuff. — Derselbe ist nichts weiter als der feine Detritus vom weissen Rhyolith, namentlich
aber vom Perlstein und Bimsstein, worauf auch der Name
schon hinweist. Die Einschlüsse sind gewöhnlich grössere
und kleinere Bruchstücke von den eben erwähnten Gestei-
nen. Er bildet einen lockeren, sandigen Boden, der nicht
den geringsten Zusammenhang, daher auch keine Plastici-
tät besitzt; auch hält er das Wasser nicht zurück, daher
geht der Weinstock sowohl in grosser Dürre, als auch in
grossem Frost in demselben zu Grunde. Mit Säuren braust
er nicht.

Er kommt häufiger als die Unterlage vom Nyirok vor.
Unter den drei Bodenarten wird er in önologischer Beziehung als der geringste betrachtet.

Wenn wir die drei Hauptbodenarten ihrer Entstehung
nach würdigen, stellt sich der Nyirok als ein directes che-
misches Zersetzungsprodukt eines vulkanischen Gesteins,
— der Lösz als ein mechanisches durch Schlämmung
hervorgegangenes Gemenge; — der Bimssteintuff endlich
als ein mechanisches Zersetzungsprodukt eines von dem
ersteren verschiedenen vulkanischen Gesteines heraus.

Ausser diessen Bodenarten finden sich in der Tokaj-
Hegyalja stellenweise auch noch andere vor, welche nur
kurz erwähnt werden sollen:

Trassboden. Er ist das chemische Zersetzungsprodukt der Rhyolithgesteine, bildet einen schmutzig-
weissen, sandig-kalkigen Thonboden, der mit Säuren braust.
Am besten zu beobachten zu Erdöbénye und Liszka.

Gebrannte Erde (*égevényföld*) nennt das ungarische

Landvolk zu Erdöbénye auf der oberen Lehne der Zsákos-
Berge einen zu feinem Pulver zerfallenen Perlit, der zuweilen, als aus lauter runden sich fein anfühlenden Körnern
bestehender Sand, allein den Boden bildet.
Obsidianboden kommt auch vor; derselbe ist ein
zerfallener obsidianhaltiger Perlit, woraus die Obsidiane
unverändert herausfallen, und in solcher Menge vorhanden
sind, dass der Boden grösstentheils aus ihnen besteht
(Tolesva Berg Gyapáros). Im Sommer nimmt diese
Bodenart eine auffallend hohe Temperatur an.

— »Der gute Wein ist ein geborener Freihändler,
wenn auch die Männer, welche ihn hervorbringen, dies
häufig nicht wissen, sondern ihrerseits hirnverbrannte
Schutzzöllner sind.« — —
Diesen Satz habe ich schon vor zehn Jahren nieder-
geschrieben; — und ich muss hinzufügen, zum grossen
Zorne vieler meiner damaligen Rheingauer Konstituenten,
sogar drucken lassen. Ich halte ihn wissenschaftlich für
richtig, und ich kann daneben noch zwei schlagende Beispiele dafür anführen aus der Erfahrung, — nämlich die
Wein-Distrikte am Rhein und die Hegyalja in
Ungarn. Mit meinen wissenschaftlichen Gründen will ich
hier den verehrten Leser nicht langweilen. Ich beschränke
mich darauf, die zwei Beispiele historisch-pragmatisch
vorzuführen.
Wir können die Geschichte des Handels und Verkehrs
auf und an dem Rhein rückwärts bis in jene entlegene
Zeit verfolgen, wo an dieser grossen Völkerstrasse die
Abendröthe der römischen Kultur und die Morgendäm-
merung der germanischen einander ablösten. Der Franken-
kaiser Karl der Grosse war es, der zuerst dort die staatliche Ordnung wieder herstellte und hierfür von der
Schifffahrt mässige Taxen erhob. Allein unter den schwa-
chen Nachfolgern des starken Kaisers ging diese Ordnung
wieder zu Grunde. Von jener Zeit an, wo die Kaiserkrone
auf die Herzoge von Sachsen übergegangen, sehen wir am

Rhein den Kampf zwischen der Centrifugal- und der Centripetal-Kraft. Auf der einen Seite steht der Kaiser, welcher für die Einheit der Staatsgewalt und für die Freiheit des wirthschaftlichen Verkehrs kämpft; auf der andern stehen die kleinen Territorialherren, die Kurfürsten, weltliche und geistliche Würdenträger, grosse und kleine Dynasten, Ritter und Städte, welche den Fluss sperren und den Verkehr mit Passage-Zöllen, Stapelrechten und sonstigen Erschwerungen belasten. Je mehr die Gewalt des Kaisers ab-, und die der kleinen Herren zunahm, desto schlimmer wurde das Abschliessungs- und Raubsystem auf dem Flusse; und es war schliesslich noch als ein Glück anzusehen, dass unter der grossen Anzahl von Territorialherren vier besonders zu Ansehen und Macht gelangten. Dies waren die vier rheinischen Kurfürsten, nämlich die Erzbischöfe von Mainz, Köln und Trier und der Pfalzgraf bei Rhein. Sie vindizirten sich allein das Recht, Passage-Zölle am Rhein zu errichten und legten den unzähligen Andern das Handwerk. Die vier rheinischen Kurfürsten belasteten zwar die Schifffahrt, den Handel und Verkehr auf das Aeusserste, allein sie suchten doch wenigstens einigermassen Einheit, Ordnung, Gleichmässigkeit und Sicherheit im Stromverkehr durch gemeinsame und planmässige Anordnungen wieder herzustellen. Die Früheren waren selber Piraten. Diese da aber gewährten Schutz wider die anderen Piraten. Aber die Abgaben, welche sie sich dafür bezahlen liessen, hatten durch ihre Höhe und Häufigkeit ebenfalls einen Anflug von Piraterie und entschieden sich von der letzteren nur durch die Regelmässigkeit und Unentrinnbarkeit der Erhebung und die gleichmässige Regelung der Taxen.

Zu Ende des vorigen Jahrhunderts klopfte Frankreich an die morschen Wände des altersschwachen römischen Reichs deutscher Nation an und brach sie nieder, um einzelne Staaten des linken Rheinufers an sich zu reissen. Die weltlichen und geistlichen Herren widersetzten sich auch dann noch der Beseitigung der Zölle und Stapelrechte und riskirten es lieber, ihre linksrheinischen Besitzungen ganz einzubüssen, als auf Kosten ihres Fiskus eine grosse und gemeinnützige Reform durchzuführen. Als endlich das ganze linke Rheinufer französisch ward, kam ein Vertrag zwischen dem Kaiser von Frankreich und dem römischen Kaiser von Deutschland zu Stande, welcher eine wesentliche Vereinfachung und Ermässigung der Zölle herbeiführte. Allein auf diese Zölle wurden die Entschädigungsrenten der auf dem linken Rheinufer depossedirten kleinen Dynasten angewiesen und hierdurch deren successive Ermässigung und demnächstige gänzliche Beseitigung wesentlich erschwert, sodass selbst nach Abschüttelung des Jochs der Fremdherrschaft und seit Beginn der nationalen Wiedergeburt der Strom noch ein halbes Jahrhundert lang schwer belastet blieb, und es erst Preussen, und auch diesem erst nur sehr allmälig, durch die äusserste Anstrengung gelang, den Widerstand der Particularität und Fiskalität zu überwinden und die Last wenigstens etwas zu mildern. Erst im Jahre 1866 vermochte das siegreiche Preussen in dem Augenblick, wo es den Bann des Dualismus brach und den gordischen Knoten des Bundestags-Wirrwarr mit seinem scharfen Schwerte durchhieb, auch auf dem Rhein-Strom dem Kampf zwischen Einheit und Isolirung ein Ende zu machen und durch Verträge, welche es mit den bis dahin widerstrebenden Territorien abschloss, dem herrlichsten Strom unseres Reiches seine wirthschaftliche Freiheit wiederzugeben, wodurch die von ihm im Laufe von mehr als tausend Jahren gewonnene Kultur-Entwickelung ihren naturgemässen Abschluss fand. Noch während der französischen Fremdherrschaft sang der patriotische Dichter, Max von Schenkendorf, vom Rhein:

> — »Sie haben ihm geraubt
> Der alten Würde Glanz
> Von seinem Königshaupt
> Den grünen Rebenkranz.
> In Fesseln liegt der Held geschlagen;
> Sein Zürnen und sein stolzes Klagen,
> Wir haben's manche Nacht belauscht
> Von Geistesschauern hehr umrauscht.« —

Vierzig Jahre später sang Nikolaus Becker sein Lied vom »freien deutschen Rhein«, aber erst 25 Jahre darnach

ist dieses hoffnungsreiche Dichterwort, wenigstens in wirthschaftlicher Beziehung, zu einer Wahrheit geworden, und
zwar musste den partikularen Gewalten die Verwirklichung
dieser Forderung des Fortschritts, durch einen »Bürgerkrieg« abgerungen werden. Ohne diesen vielgeschmähten
»Bürgerkrieg« von 1866 wäre Deutschland noch heute behaftet mit jener Krankheit, welche das Mittelalter in seinem
barbarischen Latein: »*Thelonea pro transitu*«, d. i. Passage-Zölle, genannt hat.

Zu dieser ersten Krankheit kam eine zweite, noch
schrecklichere, welche der Territorialstaat erzeugt hat,
nämlich die Zoll-Linien an den inneren Grenzen
zwischen den einzelnen deutschen Ländern und
Ländchen. Die deutschen Dynasten waren ursprünglich
Beamte des Kaisers und des Reichs. Dieselben waren in
der Regel von Haus aus schon angesehene Grundherren;
ausserdem wurden sie von dem Kaiser mit Lehn, Gütern
und Gnaden überschüttet; der Kaiser gedachte, sie dadurch an seine Person und an sein Interesse zu fesseln.
Die Wirkung war die entgegengesetzte. Diese weltlichen
und geistlichen Herren verloren, im Vollbewusstsein ihrer
grösseren Macht und ihrés steigenden Reichthums, den
Geschmack an der Vasallenschaft und sangen mit Lepo-
rello in »Don Juan«:

> — »Ich will selbst den Herren machen,
> Nicht mehr länger Diener sein,
> — Nein, Nein, —
> Nicht mehr länger Diener sein.« —

So trat denn die Eigenschaft des Reichsbeamten
immer mehr hinter der des Grundherrn zurück, und aus
der Grundherrlichkeit entwickelte sich allmälig die
Landeshoheit. Der Inhaber des geistlichen oder weltlichen Beneficii geberdete sich als Souverain und die Gesammtheit dieser Souveraine, deren Zahl sich auf viele
Hunderte belief, beschränkte (namentlich auch mittels der
Wahl-Kapitulationen) immer mehr die Rechte des Kaisers,
so lange, bis sie sich auf einige dürftige Reservate beschränkten. Gefördert wurde diese Entwickelung auf fal-

schen Bahnen dadurch, dass die Habsburgische Dynastie, welche damals vorübergehend die Krone des »Römischen Reichs Deutscher Nation« trug, diesem Reiche immer mehr entfremdet wurde, — statt sich um dasselbe zu kümmern, in den Donau-Ländern, in Italien, in Spanien, in den Niederlanden, ja sogar in Afrika ihre Sonder-Interessen verfolgte, — kurzum überall, nur nicht in Deutschland zu finden war.

Der westphälische Friede von 1648 brachte die centrifugale Bewegung zum definitiven Durchbruch und Siege. Er gab Brief und Siegel dafür, dass der Kaiser, abgesehen von einigen äusserlichen Ehrenrechten, abgesetzt, und das Reich zu Gunsten der Landesherren mediatisirt sei. Dieses Friedensinstrument ist der Geburtsschein der Deutschen Viel- und Kleinstaaterei und zugleich auch der interterritorialen Zölle und Verkehrsschranken. Es besiegelte nicht nur den politischen, sondern auch den wirthschaftlichen Untergang Deutschlands. Jeder sogenannte »Staat« suchte sein Heil darin, dass er sich als Selbstzweck proklamirte, seine Sonder-Interessen auf Kosten der Gemeinschaft pflegte und die kleine Partikel über das Ganze setzte.

Man wüthete nicht mehr gegen Kaiser und Reich; denn sie waren zum Schattenbilde herabgesunken. Man wüthete gegen seine eigenen Nachbarn, d. h. gegen die nächtgelegenen Staaten, auf deren Kosten man sich zu vergrössern oder wenigstens zu bereichern suchte. Statt zu sagen: »Was der Gemeinschaft nützt, das nützt auch mir, dem Einzelnen«, zog man es vor, zu sagen: »Was der Gemeinschaft und meinen Nachbarn nützt, das schadet mir; und was Jenen schadet, das nützt mir.« Es war eben der irrationelle Egoismus, der nach allen Seiten hin Schaden stiftet, während der rationelle heilsam wirkt, weil er einsieht, dass ihn die Gesammtheit nur dann belohnt, wenn er ihr nützliche Dienste leistet.

Jene kranke unvernünftige Selbstsucht war es, welche die deutschen Dynasten vom 17. Jahrhundert an trieb, ihre Grenzen zu stabilisiren, während die Grenzen des Deutschen Reiches zurückwichen und immer unsicherer

wurden. Jedes kleine und kleinste Ländchen errichtete an
seinen Grenzen Schlagbäume, Ausfuhr-Verbote, Einfuhr-
Verbote, Einfuhr-Zölle, Ausfuhr-Prämien und wie alle jene
Institute heissen mögen, von welchen man sich einbildete,
sie würden den »inländischen Gewerbfleiss« heben, den
Nachbarn schaden und »Geld in das Land bringen«.
Jeder kleine Herr, jedes kleine Land hoffte dadurch wohl-
habend zu werden. Man merkte gar nicht, wie sehr man
sich täuschte. Denn die Wahrheit ist, dass dadurch All-
miteinander und jeder Einzelne immer ärmer wurden.

Die grossen Erschütterungen am Ende des vorigen
und am Anfange des jetzigen Jahrhunderts lockerten zwar
ein wenig die Fesseln der wirthschaftlichen Absperrung.
Aber der Rückschlag blieb nicht aus.

Als nun 1813 und 1814 das Joch der Fremdherrschaft abgeschüttelt wurde, da durfte man wohl erwarten,
Deutschland werde die Fesseln der politischen und wirthschaftlichen Unfreiheit abschütteln. Aber das Gegentheil
trat ein. Man darf diesen Misserfolg nicht allein auf Rechnung des Fürsten Metternich und der von ihm inspirirten
Höfe setzen. Die Nation selber war schuld daran. Sie
hatte sich noch nicht wieder gefunden. Die Geister waren
noch nicht reif; und noch ein Vierteljahrhundert später
fand Friedrich List, der Schutzzollapostel, gläubige Seelen.

Jeder einzelne deutsche Staat, — und man zählte
deren damals noch beinahe vierzig, wusste nichts Besseres
zu thun, als sich hermetisch abzuschliessen. Ein Glück
war es noch, dass sie zu arm waren, sonst hätte jeder an
seiner Grenze eine chinesische Mauer errichtet. Die Grösse
dieses Unglücks kann man sich nur dann dem ganzen Um-
fange nach vorstellen, wenn man erwägt, dass die Mehrzahl dieser Staaten aus lauter Grenzen bestand.

Nur Preussen machte eine Ausnahme. Es beseitigte
1818 alle Binnenzölle zwischen seinen verschiedenen Provinzen und führte einen generellen Tarif ein, welchem man
gegenüber der Zollgesetzgebung, an welcher die übrigen
europäischen Staaten damals noch festhielten, den Charakter
eines relativ freihändlerischen nicht abzusprechen ver-

mochte. Preussen bewies damit auf's Neue seinen Beruf,
die Führerrolle in Deutschland zu übernehmen. Aber vor-
läufig fehlte ihm noch das klare Bewusstsein des Berufs
und die entschlossene Thatkraft. Es war jene Zeit, wo ein
deutscher Staatsmann sagte: .

— »Preussen kann sich zu Nichts erheben, als zu
halben Massregeln!« —
und wo ein preussischer Staatsmann antwortete:

— »Ja, was wollen Sie denn? Preussen ist ja selber
nur eine halbe Massregel!« — — — — —

Den Kleinstaaten bekam die Absperrung sehr übel.
In Folge einer Missernte entstand eine förmliche Hungersnoth, wie man sie sonst nur zur Zeit des sinkenden Mittel-
alters kannte.

Dann kam eine Reihe von guten Ernten. Aber was
half Das? Jedes Ländchen hatte sich abgeschlossen, um
in seinem eigenen Fette zu ersticken. Die Güterpreise sanken, weil die Getreidepreise sanken. Und die Getreidepreise
sanken, weil man keinen grossen freiheitlichen und einheitlichen Markt hatte.

Endlich sah man ein, so geht es nicht weiter!
Die Idee der wirthschaftlichen Einigung begann auf-
zudämmern. Sie war im Anfange unklar. Man gedachte
sie durchführen zu können auf der Basis des Schutzzolls.
Glücklicherweise hatten Die, welchen diese »Idee« vor-
schwebte, weder Macht noch Initiative.

Man hat darüber gestritten, wer zuerst den Gedanken
des Dentschen Zollvereins gehabt hat?

Eitler Streit! Was hilft in solcher Frage .der Gedanke? Das entscheidende ist — die That!

In den Kleinstaaten wurde viel über die wirthschaftliche Einheit geschwatzt und geschrieben. In Preussen
wurde sie gemacht. Dort fühlte man die Missstände, aber
Alles lag zu sehr im Argen, als dass man sich mit eigener
Kraft hätte helfen können. Nur der, durch seine Lügen
berühmt gewordene, Baron Münchhausen vermochte, sich
an seinem eigenen Zopf aus dem Sumpf zu ziehen. Die
Kleinstaaten bedurften der rettenden Hand, und Preussen

reichte sie ihnen, indem es die Reform, welche es 1818 bei sich in seinem eigenen Hause gemacht hatte, auch auf alle diejenigen deutschen Länder ausdehnte, welche sich seiner Zoll- und Handelsgemeinschaft anschlossen. So entstand und wuchs der Zollverein, indem er sich immer mehr dem Freihandelsprincip näherte, Finanzzölle an die Stelle der Schutzzölle und den Generaltarif an die Stelle der Differenzialtarife setzte. Auch der Eingangszoll auf Wein wurde immer mehr reduzirt. Die letzte Herabsetzung fand im Jahre 1868 statt, aus Anlass des Handelsvertrages mit der österreichisch-ungarischen Monarchie. Die wirthschaftliche Einheit führte immer mehr auch die politische herbei. Die letztere gelangte durch die Ereignisse von 1866 bis 1870 zum definitiven formellen Abschluss. Der Zollverein hatte seine Aufgabe gelöst. Sie bestand darin, sich selbst überflüssig zu machen. Im Jahre 1871 hörte er auf zu existiren, um durch das, alle Zweige des nationalen und wirthschaftlichen Lebens umfassende, Deutsche Reich ersetzt zu werden.

Ich habe mit einigen groben aber deutlichen Strichen die Wirthschaftsgeschichte Deutschlands, und namentlich auch der Rhein-Gegend, wie sich diese Geschichte im Laufe der letzten tausend Jahre entwickelt hat, zu skizziren versucht. Ich werde nun zeigen, welchen Einfluss der Wechsel der Institutionen auf die Schicksale der Deutschen Weine und des Handels mit denselben gehabt hat.

So lange auf dem Strome alle zwei Stunden ein Passage-Zoll zu überwinden, und auch zu Land der Verkehr unterbunden und durch Stapelrechte gehemmt war, konnte natürlich der Weinhandel nicht gedeihen. Der Wein war hinsichtlich des Konsums zunächst nur auf seine eigene Produktionsstätte angewiesen. In Folge dessen blieb natürlich auch der Weinbau und die Kellerbehandlung, welche dermalen bei uns auf einer so hohen Stufe der Vervollkommnung stehen, in der ersten Kindheit zurück. Wer Wein trinken wollte, der musste selbst Reben pflanzen, weil er nicht das Produkt derselben kaufen konnte; und man pflanzte die Reben auf das Land, das man gerade hatte,

nicht auf das, welches das geeignetste dafür war. Damals
zog sich Jeder selbst seinen Wein, wie er sich jetzt seine
Kartoffeln zieht. Dies ist der Grund, warum wir heutzutage
so oft noch in den Flurkarten den Namen »Weinberg« finden oder beim Graben und Tiefackern auf uralte Reben-
Wurzeln und Stöcke stossen, an Orten und unter Verhältnissen, wo in der Gegenwart Wein zu ziehen als Tollheit
angesehen würde; — und zwar mit Recht, denn heute
würde Niemand diesen Säuerling kaufen oder auch nur
trinken. Unsere Vorfahren tranken ihn, denn sie hatten
nichts Besseres. Nur von diesem Standpunkte aus lässt
sich die Sitte unserer Ahnen begreifen, welche den Wein
stets versüssten und würzten, gerade wie auch heut zu
Tage die schlechtesten Weine zur »Bowle« verwandt werden. Solche Weine haben Das nöthig zur Maskirung ihrer
Schlechtigkeit. Freilich lässt sich durch diese Maske nur
die Zunge täuschen (und fügen wir hinzu: nur eine ganz
ungebildete Zunge). Der Magen lässt sich nie täuschen;
vielmehr muss dieser biedere Hauseigenthümer allemal
schwer darunter leiden, wenn der Portier, genannt »Zunge«,
seine Pflicht versäumt und dem Gesindel den Eintritt gewährt hat.

Im zwölften und dreizehnten Jahrhundert fällt der
erste befruchtende und erwärmende Strahl der Kultur auf
den Weinbau und den Weinhandel im Rheinland. Es sind
Mönche, die ihn bringen. Die Klöster waren damals ungefähr das Gegentheil von Dem, was sie jetzt sind. Sie
waren die localen Centra, von welchen aus sich das Licht
der Kultur über die, damals noch etwas rohen deutschen
Lande verbreitete. Der Mönch beschränkte sich nicht auf
das *labiis orare*, sondern ging auch an das *laborare*.
Neben dem *orare* trieb er das *arare* und das *laborare*.
Er überlieferte uns die literarischen Schätze des klassischen
Alterthums und verbreitete die Lehren der Wissenschaft;
aber er lehrte gleichzeitig auch die Bevölkerung die Obst-
zucht, den Garten- und Weinbau und andere Künste der
kultivirten Länder und Völker; und wenn er Gaben heischte,
so hatte er schon die Gegenleistung im Voraus gegeben.

Ausserdem trieben die Klöster auch Handel und Gewerbe; und endlich durchbrachen sie — und das ist nicht ihr geringstes Verdienst — das System der wirthschaftlichen Absperrung und Unfreiheit, das ich oben geschildert. Sie stellten den weltlichen und geistlichen Dynasten, welche den Strom und das Land mit Passage-Zöllen überzogen hatten, in beweglicher Weise vor, wie sie, die Mönche, dem »schnöden Mammon« nicht zu profanen Zwecken, sondern nur zur grössten Ehre Gottes und der heiligen Kirche nachtrachteten; und so gelang es ihnen, Zollfreiheit gewährt zu erhalten. Auf Grund dieser Vergünstigung trieben schon , im zwölften Jahrhundert einzelne Abteien und Klöster einen ausgedehnten Weinhandel. Die Abtei Eberbach im Rheingau, deren Mönche jene Weinberge angerodet haben, welche noch heute unter dem Namen »Steinberg« in allen fünf Welttheilen berühmt sind, hatten ihre Haupt-Handelsniederlassung, verbunden mit einem grossen Weinlager, in Köln. Zweigniederlassungen besassen sie in allen grösseren Städten am Rhein und in den Niederlanden. Da aber ein Eber dem »Gründer« die Stelle gezeigt hatte, an welcher er die Abtei errichten sollte, so führte diesem Mythus zu Ehren das grösste Weinschiff des Klosters den Namen »die wilde Sau.« Nach den Aufzeichnungen der Chronisten war diese Sau hochgeehrt in rheinischen Landen und glücklich pries sich die Stadt, vor welcher sie Anker geworfen. Oft wanderten in einem Jahre über 200 Stück Wein nach den Docks des Klosters in Köln, — ein Beweis, wie sehr man den Weinhandel schon im Grossen betrieb, indem man auch von den übrigen Produzenten aufkaufte. Denn das eigene Wachsthum des Klosters war bei Weitem nicht so gross. Kraft kaiserlichen Privilegiums war die Abtei befreit von allen Zöllen.

Mit dem Verfall der Klöster, mit dem dreissigjährigen Krieg, und mit den schändlichen Verwüstungen, welche Ludwig XIV. von Frankreich genannt »le grand monarque«, später am Rheinstrom verübte, trat ein allgemeiner wirthschaftlicher Ruin ein, welcher natürlich vorzugsweise am Weinbau und Weinhandel zu Tage trat. Denn der Luxus und der kapitalbedürftige Produktionszweig leidet immer zuerst und am meisten. Nun kam der dummpfiffige, bevormundungssüchtige Kleinstaat und suchte durch fiskalischpolizeiliche Kunststücke und Spiegelfechtereien wieder aufzuhelfen. Natürlich wurde es davon immer nur schlimmer. Man machte obrigkeitliche »Weintaxen«; man führte Märkte und Marktzwang ein; man erfand das verrückte System der Weingabelungen, d. h. man hielt Verlosungen, bei welchen immer ein gutes und ein schlechtes Fass zusammengekoppelt wurden und ein Loos bildeten, man gedachte so auch den schlechten Wein zwangsweise an den Mann zu bringen. Ein Territorium, eine Gegend, ein Bezirk, ja eine Stadt und ein Dorf schloss sich gegen das andere ab, und man stellte so einen Zustand her, welcher schlimmer war, als das Schlimmste, was in vergangenen Zeiten die Raubritter verübten. Bei diesen war ein Entrinnen immerhin doch noch möglich, bei dem buraukratisch-fiskalischen Kleinstaat aber nicht mehr. Statt vieler will ich nur ein Beispiel anführen. Es ist eine Verordnung aus dem neunzehnten Jahrhundert, erlassen von einem Rheinbundsstaat, von einer Regierung, die sich öffentlich mit ihrem »Freisinn« brüstete, und das Ländchen, welche sie regierte, — das Herzogthum Nassau — den »kleinen Musterstaat« genannt zu hören liebte. Die Verordnung lautet, wie folgt:

»Verordnung das Einfuhrverbot fremder Weine im Rheingau betreffend.«

Wir Friedrich August, von Gottes Gnaden (müsste statt dessen eigentlich heissen: »von Napoleons und Rheinbunds Gnaden«), souveräner Herzog zu Nassau —

Erwägend, dass der Vortheil Unserer Unterthanen im Rheingau und Hochheim erfordert, den vorzüglich vortheilhaften Ruf der daselbst erzogenen Weine zu erhalten; sodann —.

Erwägend, dass das Einfuhrverbot für fremde, an jenen Orten nicht gewachsene, Weine das Vertrauen des Publikums, den Wein aus den Händen der Produzenten unverfälscht zu kaufen, vermehrt und dadurch den Absatz vergrössert: endlich —

Erwägend, dass aus diesen Rücksichten ein solches Einfuhrverhot in Unserem L a n d e , Rheingau und zu Hochheim, schon seit langer Zeit bestanden; —

haben beschlossen, dasselbe gegenwärtig zu erneuern und genauer zu bestimmen — wollen und verordnen demnach wie nachfolgt:

— § 1. Es darf unter keinem Vorwand, weder in grossen noch kleinen Quantitäten, fremder, ausserhalb den Grenzen der beiden Aemter des Rheingaus, einschliesslich der zu Unserem Oberamt Wiesbaden gehörigen Gemarkung der Gemeinde Schierstein, erzogener weisser Wein in irgend eine Gemeinde dieses bezeichneten Landstrichs, oder in die dazu gehörigen Höfe, Mühlen u. s. w. eingebracht werden.

— § 2. In die O r t e Hochheim und Rüdesheim ist die Einfuhr von allen und jeden auswärts erzogenen weissen Weinen, namentlich auch von Rheingauer Weinen aus anderen Gemarkungen, verboten, und darf nur der resp. in Hochheimer Gemarkung, einschliesslich der gleichgeachteten, von Unserer Regierung zu Wiesbaden, nach eingezogenem Bericht, näher zu bezeichnenden Lagen der Kostheimer Gemarkung, oder in der Rüdesheimer Gemarkung, einschliesslich der dazu eingesteinten Distrikte, aus anstossenden Lagen, selbsterzogene Wein, eingeführt werden.

— § 3. In der Gemeinde Assmannshausen soll jeder, andere rothe Wein, ausser Assmannshäuser Wachsthum, verboten sein.

— § 4. Der gegen diese Verordnung eingebrachte Wein soll confiscirt und der Eigenthümer noch überdies mit 10 Rthlr. für eine jede Ohm bestraft, und dem Denuncianten eine Kontravention gegen diese Verordnung, die Hälfte der Strafe zuerkannt werden.

§ 5. Die Durchfuhr der zum Einthun verbotenen Weine soll zwar ferner gestattet sein, aber es wird der Wein schon für eingebracht gehalten, sobald er entweder aus einem Schiff an das Land ausgeladen oder von dem

Wagen abgeladen worden und eine halbe Stunde verflossen ist, ohne dass dem einschlagenden Schultheissen die Anzeige davon gemacht worden wäre.

— § 6. Von dieser Strafe befreit nur der Beweis, dass der Wein zum Transito bestimmt, und die Anzeige aus einer Unachtsamkeit des Fuhrmanns oder Schiffers unterblieben war, in welchem Fall aber Letztere in die Hälfte der Geldstrafe verfallen.

— § 7. Gleiche Strafe trifft den Schröter oder Fassbinder, wenn sie wissentlich verbotenen Wein einschroten, oder mit Stützen und Bütten in den Keller bringen; sowie die Kranenmeister und Kranenknechte, wenn sie wissentlich verbotenen Wein an das Land setzen, ohne versichert zu sein, dass dem Ortsschultheissen gehörige Anzeige ist gemacht worden.

— § 8. Werden Schiffer genöthigt, mit verbotenen Weinen an einem Orte des Rheingaues zu überwintern, so haben sie dem einschlagenden Schultheissen die Anzeige davon zu machen, damit solcher genau die Weine aufzeichne und unter Siegel lege; welche, bei der in § 4 verordneten Strafe, alsdann nicht früher weiter gebracht werden dürfen, als bis von dem Schultheissen und Gericht die Quantität und Siegel nachgesehen und richtig befunden worden sind.

— § 9. Wer verbotenen Wein auch nur zum Uebernachten in seinen Hof oder in seine Scheune aufnimmt, verfällt in die § 4 bestimmte Geldstrafe. Es sollen vielmehr solche Weine auf offener Strasse halten, oder in die Gemeinde-Rathshäuser gebracht werden.

— § 10. Da in allen Gemarkungen des Rheingaus, Rüdesheim ausgenommen, Weine von ziemlich gleicher Qualität wachsen; so hat eine weitere Beschränkung der Einfuhr des Weinwachsthums aus einer Gemeinde des des Rheingaus in eine andere darin gelegene keinen hinreichenden Grund, und heben Wir daher alle bisher weiter noch bestandene Einfuhrverbote, in so fern solche nicht in gegenwärtiger Verordnung enthalten sind, ausdrücklich hierdurch auf.

§ 11. Bei solchen Weinsorten, die mit dem Rheingauer und Hochheimer Wein niemals vermischt werden, fällt das Einfuhrverbot hinweg, und können nach wie vor in den Rheingau eingebracht werden.

§ 12. Die Ortsschultheissen sind für die genaueste Aufrechterhaltung gegenwärtiger Verordnung verantwortlich.

— § 13. Schliesslich befehlen Wir, dass dieselbe zu Jedermanns Wissenschaft in das Verordnungsblatt eingerückt, und an dem Tag eines jedén Jahres, an welchen die Weinlese angesagt wird, den Gemeinden wiederholt verkündet werde.

Urkundlich Unserer eigenhändigen Unterschrift und des beigedruckten Staats-Insiegels.

So gegeben Biebrich, den 16. October 1811.

(S. L.)　　Friedrich August, Herzog zu Nassau.«

Kann man sich etwas Tolleres denken, als diese Verordnung? Und dennoch war sie in gutem Glauben gegeben und wurde in gutem Glauben genommen; ja selbst heut zu Tage, sechzig Jahre später, giebt es im Rheingau immer noch Leute, welche unvernünftig genug sind, das Wiederaufleben dieser Antiquität zu wünschen, und die, wenn man ihnen früher sagte:

— »Das verbietet die Zollvereins-Verfassung,« oder wenn man ihnen jetzt sagt:

— »Das verbietet die Deutsche Reichverfassung,« darauf antworten:

— »Ei, dann zum Teufel mit der Zollvereins-Verfassung und mit der Reichsverfassung.«

Und doch haben die Leute den Wohlstand, dessen sie sich erfreuen, ganz allein dem Zollverein und der Annäherung an den Freihandel zu verdanken; und je stärker die Reichsgewalt war, desto besser gedieh von jeher Handel und Verkehr amRheinstrom, und in Folge dessen auch der Weinbau.

Es lohnt der Mühe, die nassauische Verordnung vom 6. Oktober 1811 einer näheren Charakteristik und Kritik

zu unterziehen. Denn sie vereinigt alle Gebrechen klein-
staatlicher Unfreiheit und gesetzgeberischer Unfähigkeit.
Sie erinnert mich an jenes grosse Bild, welches man bei
Thierärzten und in den Veterinärschulen findet; es stellt
ein Ross dar, an welchem alle Hauptmängel, sowie alle
sonstigen Gebrechen, Fehler und Krankheiten, mit welchen
denkbarerweise ein Pferd behaftet sein kann, versinnlicht
sind.

Die Verordnung beginnt mit einer groben Unwahr-
heit, indem sie hehauptet, jene Ausschliessung habe von
Alters her gesetzlich bestanden. Erst in den Zeiten des
tiefsten wirthschaftlichen Verfalls, in welchen Neid und
Bosheit die Menschen mit Blindheit schlägt, so dass sie
glauben, in der Schädigung der nächsten Nachbarn liege
ihr Vortheil, hatten es einige Gemeinden versucht, sich
gegen Import abzuschliessen. Es gelang ihnen nicht, weil
die Macht fehlte. Aufgabe des Staates wäre es gewesen,
solche gemeinschädliche Thorheiten Einzelner zu unterdrücken, anstatt sie gesetzlich zu sanktioniren.

Im Jahre 1811 beherrschte der Herzog von Nassau
ein Gebiet von etwa 40 Quadratmeilen und etwa 150,000
Einwohnern. In ungetheiltem Zustand war es ihm zu gross.
Er zerlegte es daher in önologischer, vinicoler und vini-
poler Beziehung in mehrere Zonen, als da sind:

1) der Flecken Hochheim, mit 2200 Einwohnern,
2) der Flecken Rüdesheim, mit 2000 Einwohnern,
3) das Dorf Assmannshausen, mit 500 Einwohnern,
4) das Amt Hochheim mit etwa 2 Quadratmeilen und
   9000 Einwohnern, abzüglich der Einwohner des
   unter 1 benannten Fleckens Hochheim,
5) das Amt Rüdesheim mit ebenfalls etwa 2 Quadratmeilen und 10,000 Einwohnern, abzüglich der Einwohner des unter 2 benannten Fleckens Rüdesheim,
6) das übrige Herzogthum, abzüglich obiger Quadratmeilen und Einwohner,

und verordnete weiter, wie folgt:

a) In die Orte 1), 2) und 3) darf überhaupt gar kein

Wein importirt werden, auch keiner aus dem Herzogthum, auch keiner aus den beiden unter 4) und 5) benannten Aemtern, worin diese Orte liegen, ja selbst in Rüdesheim darf kein Hochheimer, in Hochheim kein Rüdesheimer eingebracht werden u. s. w., und wenn einer der genannten drei Orte eine totale Missernte hat, dann mögen sich die Leute den Mund abwischen oder sich zum Wassertrinken bequemen.

b) In den Aemtern unter 4) und 5) darf nur solcher Wein von Ort zu Ort gebracht werden, welcher in den Amtsbezirken selbst gewachsen ist. Ausgenommen sind jedoch die unter 1), 2) und 3) genannten Orte, wo ein absolutes Wein-Einfuhr-Verbot besteht. Jene zwei Aemter haben daher Wein-Zugfreiheit nur untereinander. Nach Aussen dürfen sie nur exportiren. Ausseramtlicher Wein darf nicht importirt werden.

c) Im übrigen Herzogthum darf, vorbehaltlich der Entrichtung des Eingangszolles, Wein importirt werden. Sollte man es für möglich halten, in einem ohnedies schon so winzig kleinen Ländchen auch noch solche Schlagbäume im Innern zu errichten? Und offenbar ist es dem »souveränen« Herzog bitterer Ernst damit. Er hat einen gründlichen Hass auf »fremde«, d. h. auf deutsche, Weine geworfen. Nicht einmal über Nacht aufnehmen darf man ihn, das kostet 10 Thaler Strafe. Er soll nur unter freiem Himmel nächtigen dürfen, und das ist im Rheingau, zumal beim Wein, nicht ohne Gefahren. Nicht nur die herzoglichen Beamten und Ortsschultheissen werden auf dies drakonische Gesetz eingeschworen, sondern auch die Weinschröter, Küfer, Fassbinder, Krahnenmeister, Krahnenknechte, Schiffer, Schiffsknechte u. s. w. Und schliesslich wird noch Jedermanns Appetit durch einen hohen Denunzianten-Lohn gereizt.

Die Unterscheidung zwischen den Weinen, die sich mit Rheingauer mischen lassen, und denen, welche dies nicht thun, war ein Schlag gegen die Weinhändler, welche zum Theil vom »Mischen« leben. Ich spreche hier von dem erlaubten Mischen, nicht vom Weinfälschen durch Gall'sche und Chaptal'sche Künste. Missräth nämlich der Wein in dem Rheingau, dann ist er herzlich sauer, gleichwohl hat er viel Weingehalt, Kraft und Stärke, und es wäre in der That schade, wenn letztere umkäme. Nun zieht man auf dem linken Rheinufer mehr frühreife Reben, welche auch in schlechten Jahren einen trinkbaren, d. h. einen süsseren Wein liefern. Jene schweren und sauern Rheingauer und diese leichten oder süssen Pfälzer-Weine pflegt man zu mischen, oder wie man es dort nennt, »zu verstechen«, und wenn die Weine beiderseits rein sind und es gut gemacht wird — wozu freilich eine kluge Zunge und eine geschickte Hand gehört — dann gewinnen sie Beide, d. h. das Produkt der Mischung ist besser, als jede der einzelnen Sorten.

Gewiss ist es ein Unsinn, eine Manipulation, bei welcher Niemand verliert, sondern Alle gewinnen, welche das Produkt auf legalem Wege verbessert und den Markt erweitert, verbieten zu wollen. Gleichwohl verbietet es die Verordnung. Freilich hätte sich der Gesetzgeber selber sagen können, wie erfolglos sein Verbot bleiben musste. Wenn anch der »souveräne« Herzog von Nassau auf seinen 3—4 Quadratmeilen die »Mischung« verhindern konnte, so brauchte man sich nur nach der überall nahe gelegenen Grenze zu begeben, um sie ungestört zu vollziehen. Der »souveräne« Herzog hatte befohlen: »Es darf kein Binger-Wein nach Rüdesheim.« Gut, wenn der Berg nicht zu Muhamed kommen will, dann geht Muhamed zu dem Berge. Bingen liegt Rüdesheim schief gegenüber, und ein Paar geübte Ruderer durchschneiden dort in einer Viertelstunde den Rheinstrom. Man lud also das Fass Rüdesheimer in den Kahn und fuhr es nach Bingen, um es dort mit einem Fasse Binger zu »verstechen«.

Ich habe oft darüber nachgedacht, wie der gute alte Herzog von Nassau dazu kam, noch im neunzehnten Jahrhundert solche barbarische und geschmacklose Gesetze zu geben.

Vor langen Jahren fragte ich einmal einen alten Rheingauer, der sich jener Zeit noch erinnerte, als wär' es von gestern, nach der Veranlassung hierzu.

— »Ja, sehen Sie, junges Herrchen,« sagte er, »das kam daher, dass damals ein verflucht scharfer Wind von dem Schloss Johannisberg rheinaufwärts wehte, nach dem Schloss Bieberich, wo der Herzog von Nassau residirte.« Um das zu verstehn, muss man die Geschichte des Schlosses Johannisberg kennen, das seines guten Weines wegen nicht minder berühmt ist, als Tokaj.

Ich gebe daher eine kurze Chronik von Johannisberg, wie ich oben eine solche von Tokaj gegeben. Möge man beide mit einander vergleichen.

1106 gründete der Erzbischof Ruthart von Mainz auf dem Johannisberg, der bis dahin »der Bischofsberg« geheissen, ein Benediktiner-Kloster.

1152 rodeten die Mönche den südlichen Abhang des Johannisberg, der bis dahin eine mit Wachholderstöcken bewachsene Wildniss war, an und bepflanzten ihn mit Reben. Von nun an wetteifert Johannisberg mit der oben erwähnten Zisterzienser Abtey Eberbach (Steinberg), gegründet 1131, im Weinbau. Um das Jahr

1550 geräth das Kloster und der Weinbau in Verfall durch die Zucht- und Sittenlosigkeit der Mönche.

1600, der Verfall nimmt zu.

1622 ernennt der Pabst den Kölner Benediktiner Stephan Spuling zum Abt von Johannisberg; er soll die Klosterzucht und den Weinbau reformiren.

Der Mainzer Erzbischof und Kurfürst Johann Schweikardt (*Suicartu*s) von Kronberg aber hält es mit den Jesuiten (welche, beiläufig bemerkt, von Weinbau nie was verstanden haben), und vereitelt, weil er diesen den Johannisberg zuwenden will, die edele Mission des Pater Stephanus.

Das Kloster entgeht den *Patres ex Societate Jesu* nur dadurch, dass es während des dreissigjährigen Krieges von den Schweden total zerstört wird.

1716, der Fürst-Abt Konstantin von Fulda löst das

Kloster und die dazu gehörigen Ländereien ein von den Gläubigern, welche es als nutzbares Pfand in Besitz hatten. Sein Nachfolger, der Abt Adalbert von Walderdorff, baut an Stelle der Abtei ein Lustschloss, bringt auch den Weinbau, welchem die Benediktiner mit Eifer obliegen, wieder in Aufschwung.

1801 verlor der Prinz von Oranien-Nassau die erbliche Statthalterei der Niederlande. Er wurde in Deutschland entschädigt und erhielt das säcularisirte Hochstift Fulda nebst der Besitzung Johannisberg, dessen Weinvorräthe jedoch der hochwürdigste Herr Fürst und Abt, der zeitig Lunte gerochen, vorher versilbert hatte.

1803 stiess der Reichsdeputations-Hauptschluss den Frieden von Lüneburg (1801) zum Theil wieder um. Der Prinz von Oranien behielt zwar den Johannisberg, letzterer kam aber unter die Landeshoheit des Fürsten von Nassau-Usingen.

1806 wurde der Fürst von Nassau-Usingen, der dem Rheinbund beitrat, von Napoleon I. zum Herzog ernannt und sein Land durch Mediatisirung der Länder seiner deutschen Mitfürsten vergrössert. Der Prinz Oranien dagegen, welcher den Beitritt zum Rheinbund weigerte, wurde von Napoleon seiner deutschen Besitzungen beraubt. So verlor er den Johannisberg.

1806, am 16. November, ergriff der Herzog von Nausau-Usingen Besitz vom Johannisberg, weil derselbe keinen Herrn habe und innerhalb seines »souveränen« Herzogthumes liege. Nassau nahm über die Besitzung ein Inventar auf und legte Siegel an. Weiter wagte es vorerst nicht zu gehen, aus Furcht vor Napoleon, dem Rheinbunds-Protektor.

1807, am 20. August, erliess Napoleon in den Tuilerien eine Cabinets-Ordre, durch welche er dem Marschall Kellermann; Herzog von Valmy, »die

Domaine Johannisberg« in Anerkennung der von demselben während des Krieges geleisteten Dienste schenkte und seinen Kriegsminister und seinen General-Intendanten mit dem Vollzuge der Schenkung beauftragte.

1807, am 8. September, übergab der Herzog von Nassau, gehorchend Napoleons Befehlen, »die Domaine Johannisberg« dem Herzog von Valmy.

1813, October 18, wird Napoleon bei Leipzig geschlagen und in Folge dessen verschwindet die Kellermann'sche Verwaltung von dem Johannisberg, nicht ohne das Beispiel, welches zwölf Jahre früher der hochwürdigste und durchlauchtige Fürst-Abt von Fulda gegeben, zu befolgen, nämlich vorher die Weinvorräthe und Alles, was sonst nicht wand-, band-, niet- und nagelfest war, zu versilbern.

1814 ergriff eine österreichische Compagnie Besitz von dem Johannisberg.

1815, am 19. Juli nahm daselbst der K. K. österreichische Geheime Hofrath Handel ein Protokoll auf, kraft dessen er von der »Domäne« Johannisberg für Seine Majestät den Kaiser von Oesterreich Besitz ergreift und den Kellermeister Arndt bezüglich des Restes der Weinvorräthe anweist, »die dessfällige Beruhigung zu nehmen«(?).

1816, am 1. Juli, schenkt der Kaiser Franz die Domäne Johannisberg dem Fürsten Metternich, um, wie er schreibt,

»um Ihnen für die in der letzten Periode der gänzlichen Beendigung der europäischen Angelegenheiten Mir und dem Staate geleisteten Dienste ein bleibendes Denkmal Meiner Zufriedenheit zu geben«.

Desgleichen bürdet der Kaiserliche Schenker dem geschenkten Gut — wohl ebenfalls als »Denkmal« — die Last eines Weinzehntens auf.

1817 verweigert der Fürst Metternich dem Staat Nassau und der Gemeinde Johannisberg die Zahlung der gesetzlichen Grundsteuer und beharrt in dieser Steuerverweigerung bis 1848, wo das souveräne Volk den Johannisberg mit Beschlag belegt.

1866 verliert Nassau seine »Souveränetät« an Preussen. Der Johannisberg kommt unter preussische Staatshoheit und zahlt von da an preussische Steuern. Dessen zum Gedächtniss wächst im selbigen Jahre ein vortrefflicher Wein.

Aus dieser Chronik ersehen wir, dass zur Zeit, als der besprochene nassauische Ukas gegen den Wein-Import erlassen wurde, der Marschall Kellermann auf Johannisberg residirte. Ich habe an einer anderen Stelle erzählt, was sich nicht alles ein nassauischer Rheinbundfürst von einem napoleonischen Marschall bieten liess. (Siehe »Schloss Johannisberg, eine Wein-, Rhein- und Revolutions-Geschichte« in meinen Bildern aus der deutschen Kleinstaaterei. Erste Folge. Band I. Seite 282 bis 323.)

Darnach ist die oben erwähnte Andeutung des alten Rheingauers zu erklären. Es ist nämlich durchaus nicht unwahrscheinlich, dass die von dem Marschall Kellermann auf·Schloss Johannisberg eingesetzte Verwaltung im vermeintlichen Interesse ihres Weinbaues jene Verbote erwirkte. Ist es so, dann erweisen sich damit der Marschall und seine Verwalter als schlechte Kaufleute und Volkswirthe. Denn je mehr man den Verkehr hemmte und je mehr sich die kleinen Territorien am Rhein gegeneinander abschlossen, desto mehr sanken die Preise der Weine und der Weingüter.

Während der Rheinbundszeit, 1806 bis 1813, erlebten wir die schlagendste Widerlegung der Schutzzolltheorie. Damals zahlten die französischen Weine in dem Rheinbunds-Gebiet keinerlei Eingangszoll oder sonstige Abgaben. Dagegen durften die Weine, welche in den zum Rheinbund gehörigen deutschen Staaten produzirt wurden, nicht nach Frankreich. Sie waren prohibirt. Aber wenigstens in den

Rheinbundsstaaten konnten sie frei zirkuliren; und das Gebiet des Rheinbundes war, im Verhältnisse zu den einzelnen Zwergstaaten, schon ein unendlich grosses. Die Wirkung dieses zollfreien Verkehrs auf einem ausgedehnteren Absatzfelde war überraschend. Abgesehen von der Neuzeit, welche von der territorialen Abrundung des Deutschen Zollvereines an datirt, haben die Rheingauer Weine niemals so hohe Preise erzielt, als in der Periode von 1806 bis 1811, obgleich damals die französischen Weine zollfrei mit ihnen konkurrirten. (Siehe Dilthey und Ewald, Delegirte des Centralvorstandes sämmtlicher Gewerbe-Vereine des Herzogthums Nassau zum zweiten deutschen Handelstage in München, — Oktober 1862 — »Bericht über die Verhandlungen des Handelstages in Betreff der Zolleinigung mit Oesterreich und des Handelsvertrages mit Frankreich.« Wiesbaden, Limbarth, 1862, Seite 11.)

Die nassauische Verordnung von 1811 markirte den Anfang der partikularistisch rückschreitenden Metamorphose. Den Bemühungen Oesterreichs gelang es, den kleinen Rheinbundsstaaten, welche man seit der Proklamation von Kalisch als dem Untergange geweiht zu betrachten gewohnt war, das Dasein zu fristen, und ein Jedes dieser minimalen Territorien beeilte sich, rings um seine Grenzen Zollschranken zu ziehen. Da kam eine einzige Missernte und das gesegnete, getreidereiche Deutschland wurde die Beute einer furchtbaren Hungersnoth, deren sich die Aeltesten unter uns noch mit Schrecken erinnern. Dann folgte eine Reihe vortrefflicher Getreide-Ernten; und was war die Folge: Da das Getreide an die Scholle gefesselt war und in Folge der kleinstaatlichen Hemmungen nicht frei verkehren konnte, sanken die Korn- und die Güterpreise derart, dass der Landwirth verarmte. War die Ernte schlecht, dann gingen die Konsumenten, war sie gut, dann gingen die Produzenten zu Grunde. Das waren die Wirkungen des vielgepriesenen Schutzzoll-Systems und der Binnenzölle. Ich habe das oben bereits erwähnt.

Die Bundesakte von 1815 versprach zwar in Artikel 9
eine gemeinschaftliche deutsche Handelspolitik und Freiheit
des Handels, des Verkehrs und der Schifffahrt zwischen den
verschiedenen Bundesstaaten. Allein die Zusagen, welche die
Bundesakte gab, wurden überhaupt nicht gehalten. Dieser
alte Bund war eifrig bei der Hand mit Polizeimassregeln
wider den deutschen Geist, und den gehässigsten Verfolgungen gegen Alle, welche an eine deutsche Zukunft
glaubten, aber zu allem Guten war und blieb er unfähig.
Preussen musste die Aufgabe der wirthschaftlichen
Befreiuung und Einigung in die Hand nehmen. Es that
dies, wie bereits erwähnt, durch die am 1. Januar 1819 in
Kraft getretene Zollgesetzgebung. In der Zeit von da bis
1826 trat eine Reihe kleinerer thüringischer und sächsischer Staaten diesem System bei. Am 14. Februar 1828
schloss sich auch das Grossherzogthum Hessen an.
Dieses Land produzirt in seiner Rheinprovinz, welche
man gewöhnlich die »hessische Pfalz« zu nennen pflegt,
eine beträchtliche Quantität von Wein, welchem durch
seinen Anschluss der nord- und mitteldeutsche Markt geöffnet wurde, während die übrigen weinproduzirenden südwestdeutschen Staaten, nämlich Baden, Württemberg,
Baiern, Nassau und die freie Stadt Frankfurt, von demselben ausgeschlossen, und ein Jeder auf sein eigenes kleines
Territorium beschränkt blieb. Weit entfernt, das Unhalt-
bare dieser Stellung sofort zu erkennen, suchte man dieselbe noch durch allerlei widersinnige fiskalische und politische Massregeln zu verschlechtern.
Ja, die deutsche Kleinstaaterei gründete handels-
politische Sonderbünde, um sich der wirthschaftlichen Einheit und Freiheit ganz Deutschlands zu wehren. So schloss
eine Anzahl deutscher Kleinstaaten am 24. September 1828
in Kassel den mitteldeutschen Zollverein, nachdem
sich am 18. Januar 1828 bereits Württemberg und
Baiern, sonst voll Antipathie gegen einander, zu einem
gemeinsamen Handels- und Zoll-Systeme vereinigt hatten.
Geraume Zeit später, in der Zeit von 1834 bis 1836, that
sich der Nordwesten Deutschlands, — Hannover, Braun-

schweig und Oldenburg — zu einem »Steuer-Verein«
zusammen, der schon durch seinen Namen anzeigte, dass
er nicht protektionistische, sondern rein finanzielle Zwecke
verfolgte.

Preussen jedoch, mit seinem Zollverein und seinem
Tarif von 1818, saugte glücklicherweise nach und nach
einen dieser Sonderbünde nach dem anderen auf. Zuerst,
im Jahre 1831, trat der mitteldeutsche Verband bei;
dann 1833 Württemberg, Baiern und das industriell
so hoch entwickelte Sachsen, und endlich 1853 auch
Hannover mit seinem Steuer-Verein. Renitent
blieben nur:

1. Die Dänen, bezüglich Schleswig-Holstein und
Lauenburg, aus antideutschem,
2. Mecklenburg und die Hansastädte, aus freihändlerischem Interesse.

Ihren Beitritt über Gebühr verzögert haben:
a. Baden, das erst am 12. Mai 1835,
b. Nassau, das erst am 10. Dezember 1835,
c. die freie Stadt Frankfurt a. M., die erst am
25. Januar 1836 kam.

Baden liess sich beeinflussen von seinem »Liberalismus«, welcher unter der Wohlthat des Zollvereins eine abso-
lutistisch-fiskalische Kralle Preussens versteckt glaubte.

Frankfurt und Nassau, die Zopf-Republik und
der Zwerg-Sultanismus, zögerten aus particularisti-
schem Souveränetätsdünkel. Jenes schloss einen Handels-
Vertrag mit England und dieses einen desgleichen mit
Frankreich, lediglich um den zollvereinlichen Liebes-
werbungen Preussens zu entrinnen. Der Erfolg war kläg-
lich. Beide mussten diese *liaisons dangereuses* mit dem
Auslande lösen, — wobei sich England gegen Frankfurt
sehr anständig, und Frankreich gegen Nassau sehr unan-
ständig benahm —; beide mussten nunmehr, in Folge der
unentrinnbaren Macht der Thatsachen, bei Preussen betteln um »allergnädigste Hineinthuung« in den Zollverein,
während sie ein Paar Jahre früher die Aufnahme zu weit
günstigeren Bedingungen hätten haben können.

Doch genug von der deutschen Handelspolitik. Ich habe mich beschränkt auf eine kurze Skizze ihrer historischen Entwickelung, welche erstens eine neue Illustration linfert zu dem alten Satze, dass das Geschick den Willigen führt und den Widerwilligen an den Haaren schleift, (»*Volentem jata ducunt, nolentem trahunt*«), und zweitens mir den Rückweg eröffnet zu meiner Geschichte des Deutschen Weinhandels, welche ich mit der des Ungarischen in Parallele zu setzen versuche, um zwischen Deutschland und Ungarn zu vermitteln und beide (wenn das noch nöthig) für die Freiheit an zu werben.

Aus den Zoll-Gruppen, welche ich im Obigen aufführte und die sich nun, seit 1870, alle miteinander in dem alleinseligmachenden Schosse des neu aufgerichteten Deutschen Reiches wieder vereinigt haben, ergeben sich zugleich die deutschen Wein-Gruppen, oder, um es genauer zu unterscheiden: die Wein-Konsumtions-Gruppen. (Von dem Lande, wo man nur Bier trinkt, spreche ich nicht.)

Hier müssen wir unterscheiden:

Erstens die weinproduzirenden fränkisch-allemannischen Staaten im südwestlichen Dautschland, welche ihren eigenen Wein trinken, und wenig oder gar keinen fremden. Zweitens den niedersächsischen Nordwesten, welchem auch noch die Hansa-Städte und Mecklenburg beizuzählen sind; sie trinken mehr fremden, als deutschen Wein, und zwar vorzugsweise französischen Rothwein. Drittens Preussen nebst Zubehör, also auch das Königreich Sachsen und das Kurfürstenthum Hessen, nach ihrem Beitritt zum Zollverein. Dieses Terrain produzirt selbst Wein und consumirt Wein aus aller Herren Länder. Es ist in Deutschland das kosmopolitische Wein-Terrain, während der Südwesten das partikularistische und der Nordwesten das französische ist. Preussen, wie es bis 1866 war, produzirt Wein in der Provinz Schlesien (der »Grüneberger« ist besser als sein Ruf und eignet sich trefflich zur Sektfabrikation), in der Provinz Sachsen (der »Naumburger« ist durchaus nicht zu verachten) und in der

Rheinprovinz, sowohl am Rhein, als auch an der Saar und der Mosel. Kurhessen hat seinen »Witzenhäusner«, der freilich mehr zu schlechten Witzen, als zum Trinken reizt, und Sachsen hat sein Meissen und Pillnitz. Existirten keine Hemmnisse des Verkehrs, des Austausches und der Arbeitstheilung, so würde die verhältnissmässig billigste und beste Waare auch die begehrteste sein. Allein jene Hemmnisse lassen dieses Gesetz oft nicht zum Durchbruch und zur Anwendung kommen und erzeugen Wirkungen, welche zuweilen noch längere Zeit hindurch fortdauern, wenn jene Hemmnisse bereits aufgehört haben, zu existiren. So ging es mit dem Verbrauche deutscher Weine in Deutschland. Auch hier war das erste Erforderniss zum Gedeihen die Gewährung der Bitte:

> »Gebet Raum dem Flügelschlag
> Einer freien Seele.«

Der erste deutsche Wein, dem dieser Raum gewährt wurde, war der, welcher auf preussischem Boden, am linken Rhein-Ufer, an der Saar und an der Mosel wächst. Er war es, dem zuerst die ganze preussische Monarchie offen stand, vermöge der handelspolitischen Unification von 1818. Die Folge davon ist, dass der Moselwein selbst heute noch, nach mehr als einem halben Jahrhundert, unter allen deutschen Weinen in Preussen die dominirende · Stellung einnimmt. Die Mosel-Wein-Häuser Trarbach und Hausmann sind die populärsten in Berlin. Ob der Moselwein diesen Rang verdient, das ist eine ganz andere Frage. Gewiss ist, er verdankt ihn vor Allem dem Umstande, dass er der erste auf dem Platze war. Und der »Erste auf dem Platze« ist im Weinhandel etwa eben so viel werth, wie der »Letzte im Felde« im Bergbau.

Der Zweite auf dem Platze war der hessische Pfälzer. Ihm war, wie gesagt, der preussische (und in der Folge der norddeutsche) Markt seit 1828 eröffnet. Dann kam der baierische Pfälzer, nämlich 1833; und da Nassau, in dessen Gebiet das Rheingau liegt, erst im Jahre 1836 eintrat, also acht Jahre später, als Rhein-Hessen, und drei ·

Jahre später als Rhein-Baiern, so theilten seine-grossen
Weine das Schicksal des Poeten in Schiller's »Theilung der
Erde«. Als sie kamen, waren die Plätze alle besetzt und die
Märkte alle vergeben. Nassau hatte, in protektionistisch-
particularistischen Träumereien befangen, den Anschluss
an den Schnellzug des Freihandels versäumt und leidet
auch heute, trotz der Vortrefflichkeit seiner Weine, noch
immer an den Folgen seiner Verspätung.

Darin liegt auch der Grund, warum noch heute in
Norddeutschland der Niersteiner mehr bekannt ist, als der
Schiersteiner; — der Oppenheimer mehr als der Geisen-
heimer; — der Rupperts-Berg mehr als der Rüdesheimer
Berg; — der Scharlachberg mehr als der Steinberg; —
die Wormser Liebfrauenmilch mehr als der Hochheimer
Dandechant. Die Volkswirthschaft ist gar ein gestrenger
Schulmeister; sie straft unbarmherzig, wenn man ihre Gesetze verkennt oder missachtet. Ja, sie rächt die Sünden
der Väter bis in das siebente Glied, namentlich dann, wenn
die Nachkommen die Fehler der Vorfahren nicht einsehen
und abthun.

Die Herren Dilthey und Ewald (letzterer ist Inhaber des Champagner-Hauses »Dietrich und Ewald« in
Rüdesheim) sagen in ihrem bereits oben erwähnten Gutachten von 1862, aus Anlass der damaligen Zollvereins-
Krisis:

— »Nassau trat erst ganz zuletzt in den Zollverein.
Die Folge dieser, durch nichts entschuldbaren, Verzögerung
war, dass man in Preussen, Kurhessen, Sachsen und Thüringen die billigeren und leichteren rheinhessischen und
rheinbaierischen Weine kennen und lieben lernte und sich
an sie gewöhnte. Der Grundbesitz im Rheingau sank im
Preise, und die Hypotheken-Schulden stiegen. Die Wein-
bergsfläche blieb stabil, während sie sich in Hessen und
Baiern vergrösserte. Diese Verspätung des Anschlusses an
den Zollverein, der die Preussen, Sachsen, Hessen, Thüringer der kleinen und mittleren Rheingauer Weine ent-
wöhnte, ist heute noch deutlich zu spüren. Trotz einer
Reihe guter Ernten haben wir den Vorsprung, den uns die

Andern abgewonnen, noch nicht eingeholt. Die Weinberge haben ihre höchsten Preise noch nicht wieder eingeholt. Und die Lehre, welche wir daraus zu ziehen haben, ist, erstens, dass wir die grössten Anstrengungen machen müssen, um wieder beizukommen, und zweitens, dass wir uns hüten sollen, denselben Fehler zum zweiten Mal zu begehen, d. h. aus partikularistischer und schutzzöllnerischer Bornirtheit den Anschluss zu versäumen, — welcher Fall ohne Zweifel eintreten würde, wenn wir, aus Angst vor der Herabsetzung des Weinzolls im Vereins-Tarife, zu dem deutsch-französischen Handelsvertrage »Nein« sagten und uns dadurch den preussisch-norddeutschen Markt zum zweiten Male verschlössen.«

Glücklicher Weise siegte die Stimme der Vernunft, welche die Macht der Thatsachen hinter sich hatte. Als es hiess: »Entweder — Oder«, »Herein!« — oder »Hinaus!« kroch einer nach dem andern zu Kreuze, indem er dem so oft für absolut unannehmbar erklärten französischen Handelsvertrag seine Zustimmung *sans phrase* ertheilte, so dass der Zollverein am 12. Oktober 1864 erneuert wurde. Zugleich verstand sich Preussen dazu, die Uebergangsabgabe, welche es bis dahin zum Zwecke der Ausgleichung der Verschiedenheit in der Besteuerung, von den aus Baden, Württemberg, Baiern, Hessen, Nassau und Frankfurt a. M. nach Norddeutschland importirten Weinen der südwestlichen partikularistischen Gruppe erhob, gänzlich aufzuheben, so dass nunmehr der in Deutschland produzirte Wein sich der vollständigsten Zugfreiheit in ganz Deutschland erfreut, wenngleich noch in einzelnen Territorien, wie in Württemberg, höchst lästige lokale Abgaben darauf lasten, — worin vielleicht auch ein Grund zu finden, warum sich die württembergischen Weine bisher ausserhalb ihres »engeren und engsten« Vaterlandes nicht diejenige Geltung verschafft haben, welche einzelne unter ihnen unzweifelhaft verdienen. Ich nenne namentlich den »Elfinger«, welcher in den Weinbergen des ehemaligen Klosters Maulbronn wächst und seinen Namen angeblich davon ableitet, dass, um seiner Güte willen, die Mönche

»elf Finger« darnach leckten, d. h. einen mehr, als sie hatten.

Ein gesetzliches Hinderniss steht also dem südwestlichen Wein auf dem norddeutschen Markte nicht mehr entgegen, wohl aber die Macht der Gewohnheit; und diese entscheidet; denn, sagt der Dichter —

*Denn aus Gemeinem ist der Mensch gemacht
Und die Gewohnheit nennt er seine Amme.«

Nun, in der Gewohnheit, in dem Gedächtniss, auf der Zunge und in dem Gaumen der Deutschen haftet leider auch heute noch die Erinnerung an jene drei Gruppen, die ich oben beschrieben. Die erste Gruppe, das südwestliche Deutschland, hat den Vorzug, Wein zu produziren, und zwar guten Wein zu produziren. Allein neben dieser Lichtseite steht die Schattenseite: Es hat sich zu lange in den Irrgängen partikularistisch-schutzzöllnerischer Thorheiten umhergetrieben und ist vielleicht noch ein wenig des Lichts und der Luft entwöhnt, obgleich es von Haus aus mit einer vortrefflichen Konstitution begabt und deshalb wohl schon was zu ertragen im Stande ist.

Die erste Gruppe wird also Mühe haben, sich die beiden anderen zu erobern. In der zweiten Gruppe, in Preussen, Hessen, Sachsen, Thüringen, — also in jener, welche ich oben als die rationell-kosmopolitische Weingruppe bezeichnete, welche das Gute nimmt, wo sie es findet, — macht der südwestdeutsche Wein, und namentlich auch der Rheingauer, seitdem die Produktionsstätte dem Zollverein ganz einverleibt ist, unzweifelhaft Fortschritte, und zwar auf Kosten der französischen Weine, oder derjenigen, welche man für französische Weine ausgiebt, während es Säuerlinge deutscher Missernten sind, die man mittels Traubenzuckers und Blaubeeren in Pseudo-Bordeaux verwandelt hat.

Schwieriger ist die Eroberung in der dritten Gruppe, in der niedersächsischen und hanseatischen, in der klassischen Gruppe des französischen Rothweins. Sie hat sich seit lange freihändlerischer Praxis erfreut und, ausserhalb des Zollvereines lebend, — und zwar

8*

Hannover, Oldenburg und Braunschweig bis 1853, die andern bis 1867, wo sie direct oder *per aversa* eingetreten —, mit den südwestdeutschen, partikularistisch-protektionistischen Territorien nur in geringem Verkehre gestanden. Sie konnte fremde Weine vermöge ihrer Handelsfreiheit und des Transportes zur See ächt und billig beziehen; und die Pest der Fälschung französischer Rothweine hat dort weniger um sich gegriffen. In neuerer Zeit hat in Folge der Stellung, welche Hamburg zum Zollverein einnimmt, sich vorzugsweise die Hansa-Stadt Lübeck des Weinhandels in Schleswig-Holstein, Lauenburg, den beiden Mecklenburg und den sonstigen Ostseeländern bemächtigt; und da der Lübecker Weinhandel sehr solide und der Bordeaux und Burgunder seine Spezialität ist, so wird es den deutschen Weinen schwer werden, dort Fuss zu fassen. Schliesslich aber wird es doch wohl der Intelligenz und Ausdauer, niemals aber der Schutzzöllnerei, gelingen, das Versäumte nachzuholen.

Ich habe diese Gelegenheit benutzt, um obige geschichtliche Wahrnehmungen, welche zum Theil auf Autopsie beruhen, zu Papier zu bringen. Es lohnt der Mühe, derartige Beobachtungen zu verzeichnen, ehe es zu spät ist. Denn überwundene Zustände werden gar zu leicht vergessen; sobald man aber die Details der Vergangenheit vergessen hat, stösst man bei jedem Schritte auf Thatsachen, welche man nicht begreift, weil man in der Gegenwart den Schlüssel zu denselben nicht findet. Dies ist der Grund, warum uns die Lehren der Geschichte zuweilen verloren gehn.

Selbst auf die Gefahr hin, der Abschweifung beschuldigt zu werden, kann ich hier eine Bemerkung nicht unterdrücken, die ich schon lange auf der Zunge, oder, wenn man lieber will: in der Feder habe. Unsere Kulturhistoriker beschäftigen sich e n t w e d e r nur mit hohen himmlischen Dingen, wie mit der »Entwickelung der Gottesidee« bei den verschiedenen Nationen, o d e r mit »Sitten und Gebräuchen«, d. h. mit der Frage, wie es bei Hochzeiten, Begräbnissen und andern derartigen Dingen zugeht, welche dem Menschen in der Regel nur einmal passiren, oder endlich mit sogenannten »*Facetiis*«, wie z. B. mit den »Frauenhäusern« im Mittelalter, der »Knabenliebe« bei den alten Griechen und anderen, in anständiger Gesellschaft nicht näher zu qualifizirenden Dingen.

Warum spricht man nicht statt dessen von Speis und Trank, von Kleidung und Wohnung, von Werkzeugen und Waffen? -

G. G. Gervinus hat in seinen »posthumen Schriften« eine seltsame Monographie über mich hinterlassen, über die ich im Uebrigen aus Schonung schweigen will. Der Mann hatte seine Verdienste, und deshalb wollen wir den Schleier der Nachsicht werfen über die tolle Verbissenheit und den rechthaberischen, ketzerrichterischen und unfehlbaren Grössenwahnsinn, der ihn, offenbar in Folge des Götzendienstes, den seine nächste Umgebung mit ihm getrieben, und in Folge der rückschreitenden Metamorphose des Greisenalters, in der letzten Zeit seines Lebens ergriffen.

Aus diesen Gründen beschränke ich mich hier darauf, zu constatiren, dass Gervinus in jener, meiner Wenigkeit gewidmeten Abhandlung »*de Doctore Carolo Braun advocato diaboli*« mich mit den heftigsten Vorwürfen heimsucht, weil ich einen Versuch gemacht habe, eine »Geschichte der deutschen Kochkunst« zu schreiben, oder wenigstens einige Materialien dazu zusammenzutragen.

Der arme alte Mann! Er hatte wohl ganz vergessen, dass er selbst in seiner Jugend eine »Geschichte der deutschen Zechkunst« geschrieben, die eine seiner besten schriftstellerischen Leistungen ist und weit voransteht vor all seinen späteren zopfigen, prätentiösen und launenhaften Werken.

Doch betrachten wir diese eigenthümliche Verirrung des deutschen Gelehrtenthums als mit dieser »*mention honorable*« erledigt.

Ich frage: Warum hat noch kein kulturgeschichtlicher Schriftsteller Fragen behandelt, wie die folgenden:

1) Wie kommt es, dass bei gewissen Völkern, wie bei

den Europäern, vorzugsweise die rechte Seite des Körpers, namentlich die rechte Hand und der rechte Arm, ausgebildet ist, bei anderen aber, namentlich bei einzelnen aussereuropäischen, theils der linke Arm, theils beide Arme gleichmässig, und welches sind die Ursachen und die Wirkungen dieser verschiedenen Erscheinung?

2) Oder, was ist die Ursache, dass die Europäer auf dem Hintertheil sitzen, dagegen die Westasiaten auf ihren eigenen Beinen, und die Japanesen auf den Knieen, dass jene auf erhöhten Sitzen und diese auf flacher Erde thronen, und welches sind die Wirkungen dieser Verschiedenheit in physischer, moralischer und geistiger, in häuslicher, wirthschaftlicher und gesellschaftlicher Beziehung?

Ich könnte die Aufzählung solcher Fragen um einige Dutzend vermehren. Allein ich fürchte die Antwort: »Ein Narr kann mehr fragen, als ein Dutzend Kluge beantworten.« Und deshalb habe ich in Folge der Bescheidenheit, durch welche ich mich z. B. von Herrn G. G. Gervinus unterscheide (sonstige Differenzen natürlich vorbehalten), es vorgezogen, lieber selber einmal in Obigem einen kleinen Versuch der Art in Betreff der Verhältnisse der Produktion, des Handels und der Konsumtion der deutschen Weine in Deutschland, selbst auf die, bei der Neuheit des Gegenstandes nahe liegende Gefahr, dass er gänzlich missrathe, zu machen. Jedenfalls passt er als Beilage zu dieser »Abhandlung eines Rheinländers über Tokajer-Weine.«

Es bleibt mir nur noch übrig, von unserm handelspolitischen Verhältniss zum Ausland zu sprechen.

Der Eingangszoll auf Wein ist in Deutschland allmälig immer mehr herabgesetzt worden, Ursprünglich betrug er acht Thaler per Centner. Durch den deutsch-französischen Vertrag wurde er auf 4 Thlr. und durch unseren neuesten Vertrag mit der österreichisch-ungarischen Monarchie auf 2 Thlr. 20 Sgr. heruntergesetzt.

Jede neue Herabsetzung des Zolls wurde, so lange sie bevorstand, mit den unheilvollsten Prophezeiungen begrüsst; sobald sie eingetreten war, von einer neuen Er-

weiterung des Marktes, von erhöhten Weinpreisen und
steigendem Werthe der Weinberge begleitet.

Ich erinnere mich noch lebhaft der tollen Agitation,
welche die sogenannten »Grossdeutschen« in den Jahren 1862 bis 1864 gegen den deutsch-französischen Handelsvertrag verübten. Die materiellen Interessen waren
ihnen natürlich Vorwand. Für sie handelte es sich nur
um politische Zwecke. Erreichten sie ihr Ziel, brachten
sie den Vertrag zú Falle, dann war zweierlei möglich:
Entweder liess Preussen den Handelsvertrag fallen, um
die Zollgemeinschaft mit Süddeutschland fortzusetzen,
dann hatte man ihm ein zweites Olmütz bereitet und seine
Hegemonie in handelspolitischen Dingen gebrochen.
Oder Preussen gab nicht nach, es hielt an dem Prinzip
der westeuropäischen Handelsverträge fest, dann war der
Zollverein gesprengt, und die süddeutschen Staaten waren
genöthigt, sich unter die Vormundschaft Oesterreichs zu
begeben, obgleich dort nicht gerade finanzielle Vortheile
winkten.

Dann glaubte man an dem Beginn jener schönen
Aufgabe zu stehen, welche unsere deutschen Grossdeutschen mit den (freilich nicht sehr deutschen, aber
gerade deshalb um so »grossdeutscheren«) Worten bezeichneten:

— »Preussen muss »»isolirt««, »»avilirt«« und
dann »»demolirt««, — Preussen muss auf den Standpunkt der Markgrafschaft Brandenburg reduzirt,
— die »»Episode der Hohenzollern««, die »»Episode Friedrichs des Grossen««, die »»Episode
Voltaire««« muss aus der deutschen Geschichte gestrichen
werden.«

Das war das Feldgeschrei im Jahre 1863 bei Gelegenheit der Zollvereins-Krisis, und es war wieder das
Feldgeschrei im Jahre 1866 bei Gelegenheit der Bundes-
Tags-Krisis. Dasselbe Geschrei, wenngleich schon weit
gedämpfter, kehrte 1870 zurück, und es wird vielleicht
auch in Zukunft noch einmal aufgespielt werden von jenen
Männern, welche in Deutschland sich selbst »Gross-

deutsche«, oder »Verfassungstreue«, oder »Bun-
destreue«, oder »Föderalisten«, oder »Centrums-
Partei« nennen (obgleich der Föderalismus und der
Centralismus sich gerade nicht gut auf einander rei-
men!), und von ihren Gegnern »Schwarzgelbe«, »Ultramontane«, »Klerikale«, »Welfen« und »Partiku-
laristen« genannt werden. Vielleicht werden sie es
wieder erschallen lassen, dieses Geschrei, in jenem Augenblicke, wo sie verlangen, dass Deutschland seine Haut zu
Markte trage, um den Italienern das »Patrimonium Petri«
und allen Völkern der Erde die Unfehlbarkeit des Pabstes
zu octroyiren. »Wer weiss?« *(Quien sabe)*, sagt der Spanier.
Aber so viel ist sicher:
  So oft ich dies Feldgeschrei höre, erinnere ich mich
an das Jahr 1863 und 1864 in Nassau, wo man die edele
Substanz des goldenen Weines benutzte, um in »gross-
deutschem« Interesse das Vaterland in Gefahr zu erklären.
Man brachte den Weinzoll nicht nur in die Wahl- und die
sonstigen öffentlichen oder politischen Versammlungen,
sondern sogar auf die Kanzel. Man predigte: »Sobald der
Weinzoll nur um zwei Thaler per Centner ermässigt wird,
fällt der Werth der deutschen Weinberge um mehr als
1000 Million Gulden; der Absatz nach Norden hört auf;
der Preis der Weine sinkt um die Hälfte!« (Siehe die
Prophezeihungen und deren Widerlegung in dem Bericht
von Dilthey und Ewald.)
  Trotzdem wurde der Weinzoll ermässigt, und der Erfolg war, dass sofort der Werth der Weinberge und der
Preis der Weine um ein Drittel stiegen.
  Preussen und der Wein, Deutschland und der Freihandel hatten gesiegt. Die »Grossdeutschen« zogen sich
aus der Handels-Politik zurück und warfen sich auf andere
Münchhausiaden. Denn bei gewissen Leuten finden sie
immer selbst für das Dummste noch Glauben. Da heisst
es: »*Credo quia absurdum.*«
  Wir aber stimmen in Freuden den Chor an:
    »Es lebe die Freiheit — es lebe der Wein!«

Auch der ungarische Wein hat ein langes Klagelied
zu singen über die »Zöllner und Sünder«. Obgleich sie in
allem Andern zu centralisiren versuchte, theilte die Habsburgische Politik grade in handelspolitischer und wirthschaftlicher Beziehung das Land durch eine Zolllinie,
welche sie zwischen Ungarn und den österreichischen Erbländern zog. In Folge dessen mussten die Ungarn, wenn
ihr Land von jenen periodischen Ueberschwemmungen
und Missernten, auf welche ich im Verlaufe meiner
Reisebilder noch näher zurückkommen werde, heimgesucht
wurde, Hunger leiden; und waren die Ernten gut, dann
mochten sie in ihrem eigenen Fette ersticken. Man kann
in der That darüber streiten, ob die »Länder der Krone
des heiligen Stephan« mehr unter den Türken und den
Tartaren, oder unter der vormaligen verblendeten Zoll-
politik Oesterreichs zu leiden hatten, welches letztere selbst
den Export nach Deutschland geflissentlich zu verhindern
suchte. Erst seit 1848 sind die Zollschranken zwischen
Oesterreich und Ungarn gefallen; und erst seit Kurzem
hat Oesterreich durch Beitritt zu dem System der westeuropäischen Handelsverträge mit dem Princip der Schutz-
und Differentialzölle gebrochen.

Was insbesondere den Wein anlangt, so entnehme ich
der »Geschichte der Industrie und des Handels
in Ungarn« von Michael Horváth (Ofen 1840) folgende Notizen über Oesterreichs Unterdrückungsmassregeln:

Schon seit dem vierzehnten Jahrhundert war der Import ungarischer Weine nach der Hauptstadt Wien
schlechtweg verboten. Heut zu Tage würden sich die
streitbaren Wiener so Etwas nicht gefallen lassen, so wenig,
wie sie sich Schäffle's »stiftlerische« Geschmacklosigkeiten
gefallen liessen. Damals aber scheint der Geschmack noch
nicht genügend entwickelt gewesen zu sein.

Nach den österreichischen Erblanden (Wien ausgenommen) durfte zwar der Ungar-Wein importirt werden,
aber nur gegen einen Eingangszoll von dreissig Prozent *ad*
Valorem. Daneben bestand aber noch eine solche Un-

masse von Plackereien, Scheererereien und Chikanen — man vergleiche namentlich auch die noch in neuerer Zeit ergangenen Verordnungen, wie den »Pönalcodex« und die »Zoll- und Staatsmonopol-Ordnung« vom 14. Juni 1835 und die »Vorschrift zur Vollziehung der Zoll- und Monopols-Ordnung« vom 31. Januar 1836 —, dass die Einfuhr-Erschwerung einer Prohibition sehr nahe kam. Was an letzterer noch fehlte, das besorgten die Zollbehörden zwischen Oesterreich und Ungarn, welche man nach dem Zollsatz von 30 Prozent die »Dreissigst-Aemter« nannte. Auf dieser Zollgrenze, die nur 200 Meilen lang war, bestanden 300 solcher Zollämter, welche zusammen über eine Armee von 25,000 Mann Zollbeamte und Grenzjäger verfügten; und die Grenzjäger waren dem Weine besonders gefährlich.

Allein auch mit diesem Eingangszoll hatte man nicht genug. Man unterwarf den Tokajer auch noch einer besonderen Exportsteuer, von welcher namentlich auch diejenigen Weine betroffen wurden, welche nach Russland, Polen und Deutschland gingen. Man verbot endlich sogar den Transport der Ungar-Weine auf der Donau; und wenn man ihn ausnahmsweise gestattete, so geschah es nur unter der Bedingung, dass eine gleiche Quantität österreichischer cisleithanischer Weine mit transportirt werde, und zwar letztere gratis.

Mit allen diesen Künsten hat man zwar Ungarn schwer geschädigt, aber Oesterreich gar nichts genützt. Man hat den österreichischen Wein nicht besser und den ungarischen Wein nicht schlechter machen können, als er war.

Ich lasse nun die bereits erwähnte handelsgeschichtliche Darstellung des Herrn von Török aus dem »Hegyalja-Album« folgen. Nachdem er die österreichischen Unterdrückungsmassregeln geschildert, fährt Herr von Török fort, wie folgt:

»Wenn sich dessenungeachtet der ungarische Weinhändler entschloss, in die österreichischen Erbländer Wein zu exportiren, so musste er vorher bei den österreichischen

Ständen um einen freien Geleitschein petitioniren, — und im Falle er so glücklich war, denselben gegen Erlegung einer hohen Taxe für einige Eimer zu erhalten, so betrugen für Zölle und verschiedene Erpressungen die Ausgaben nur bis Wien 3 Fl. per Eimer.

Der ungarische Weinhandel wurde noch im Jahre 1827 unterdrückt und gefesselt gehalten, was aus dem Berichte der im selben Jahre vom Landtag abgeschickten Handelskommission ersichtlich ist.

Ja, auch in neuerer Zeit, im Jahre 1842, musste für ungarische Weine ein Exportzoll von 2 Fl. C.-M. erlegt werden, zu einer Zeit, als der Importzoll aus den Erbländern nach Ungarn zwei Kreuzer betrug.

Nichtsdestoweniger wurde bis zum Jahre 1746, d. h. bis zur Errichtung des Wiener Handelsrathes, Schlesien, Polen, Preussen und Russland zum grössten Theile mit ungarischen Weinen versehen. Bedeutende Weinausfuhren gingen über Barthfeld, Késmárk, Altendorf und theilweise auf den Flüssen Dunajez, Poprad und Weichsel.

Nachdem jedoch, zu Gunsten der österreichischen Fabriken, der Import von preussischen Fabrikaten und Manufakturen in Oesterreich verboten wurde: machte Preussen von einer Repressivmassregel Gebrauch und untersagte seinerseits den Import ungarischer Weine.

Aber auch der bereits erwähnte Wiener Handelsrath suchte nach 1746, und zwar zu Gunsten der geringeren österreichischen Weine, die ungarischen auch aus den habsburgischen Ländern zu verdrängen, indem er den Export derselben auf jede mögliche Weise hemmte, den österreichischen Weinen aber gänzliche Zollfreiheit erwirkte; hierzu trat denn noch später der politische, und mit ihm der ökonomische Verfall Polens.

Daher kam es, dass die Ausfuhr der Hegyaljaer Weine auch nach Polen sehr abnahm, und dass die Holländerdukaten, welche der Pole für sein Getreide bekam und für unsere Weine bezahlte, und welche bis 1772 ohne Zweifel die gangbarste Goldmünze in Ungarn waren, nach und nach gänzlich aus dem Verkehr verschwanden. Auch Russland verbot im Jahre 1776 den Import ungarischer Weine, und zwar dadurch, dass es den Eimer mit einem Zoll von 60 Rubeln belegte.

Es ist demnach eine Thatsache, dass man in der Monarchie eine solche Handelspolitik befolgte, derzufolge das mit allen Schätzen der Natur überhäufte Ungarn schlimmer als eine Kolonie behandelt wurde. Denn eine Kolonie beutet man wenigstens durch Bezug ihrer Rohprodukte aus. Und während man dies that, warf man uns von Wien aus vor, dass wir auf dem Gebiete des Handels und der Weinkultur mit den Adlern von Frankreich zu wetteifern nicht verständen. Freilich konnten wir's nicht. Unsere Flügel waren gebunden.

In neuester Zeit jedoch hat die Regierung eingesehen, dass das bisher befolgte staatsökonomische Princip: die Interessen der Erbländer derart zu fördern, dass die andere Hälfte der Monarchie dabei ganz entkräftet werde, — auf falschen Anschauungen beruht und die Gesammtmonarchie zu Grunde richtet; sie sah ein, ihr Streben müsse vielmehr dahin gerichtet sein, dass in beiden Hälften der Monarchie allen jenen Kräften freie Bewegung gestattet werde, auf dass sie einander als Stufen dienen und zwar zu dem Zwecke, damit sich mit ihrer Hilfe die Gesammtmonarchie zu jener Höhe emporschwingen könne, welche ihr, nach ihrer Ausdehnung und nach dem Reichthum innerer Schätze — in der Reihe der blühenden und grossen Völker zukommt.

Diese Ansicht mag es gewesen sein, welche die Regierung nach den Ereignissen des Jahres 1848 zur Aufhebung der zwischen Ungarn und den Erbländern seit Jahrhunderten bestandenen Zollschranken bewog.

Diese Bilder der Vergangenheit und Gegenwart zeigen deutlich, wie viel Berechnung, Charakterfestigkeit, Sachverständniss und Ausdauer dazu nöthig ist, dass Ungarn mit dem bereits kräftigen Handel des Auslandes konkurriren und auf den bereits okkupirten Handelsmärkten für seine Weine einen Platz erobern könne.

Die riesige Schwierigkeit dieser Aufgabe ist erst

dann recht klar zu erkennen, wenn man bedenkt, dass die
deutschen und russischen Zölle, neben der Kostspieligkeit
des Transportes zu Lande, sehr hoch sind. (Die deutschen
sind inzwischen ermässigt.)

Doch ist das ungarische Land so reich an Weinen,
und diese sind wieder so reich an edlen Eigenschaften und
an Mannigfaltigkeit der Sorten, dass sie jeder Anforderung
genügen können; dass demnach der Weinproduzent in den
noch bestehenden Hindernissen nur einen Sporn sehen
kann, den Geschmack der einzelnen Nationen zu erfor-
schen, die jeder einzelnen entsprechenden Sorten auszu-
wählen und die Kellerbehandlung derart zu vervollkomm-
nen, dass die ungarischen Weine auf diese Weise einen
grossen Theil der ausländischen übertreffen und im
Triumphe über jene Hindernisse, die Fahne ihres schweren,
aber nur desto ruhmvolleren Sieges erheben können.

In dieser Beziehung könnte man den Umstand benutzen, dass neuerdings — besonders durch die Londoner
und Hamburger Ausstellungen — auf unsere Weine die
Aufmerksamkeit der fremden Weinhändler bereits hinge-
lenkt worden ist. Man muss dafür sorgen, dass sie die
ungarischen Weine im Vergleich bequem und billig ein-
kaufen und je nach Anforderung mit Leichtigkeit auswäh-
len können. Die fremden Weinhändler sollten eigentlich
Gelegenheit finden, in Pest, im Herzen des Landes, die
Erzeugnisse der einzelnen Weingegenden kennen zu lernen, damit sie, nach geschehener Wahl und bequemer
Orientirung, mit Hilfe der überallhin verzweigten Eisenbahnen, sich nach Belieben auch unmittelbar an die Produzenten wenden können.

Es wurde bereits erwähnt, dass eine mittelmässige
Jahresfechsung genügt, um den Tokajer zum regelmässigen
Handelsartikel zu machen.

Es beruht daher bloss auf Täuschung oder Eifersüch-
telei, wenn man das Ausland glauben macht, der Tokajer
Wein werde nur in so geringer Qualität produzirt, dass er
gar nicht in den Handel kommen kann, oder dass Das,
was in den Handel kommt, Alles gefälscht sei.

Ueberdies sind die natürlichen Eigenschaften des To-
kajers, die bezaubernde Annehmlichkeit des Duftes und
Aromas, wirklich unnachahmlich; auch vereinigen sich in
demselben einige andere aussergewöhnliche Eigenschaften,
denen zu Folge er eine hundertjährige Lebensfähigkeit besitzt, ohne dass er, wie andere Weine, durch öfteres Auf-
füllen erneuert und bewahrt werden müsste; es ist im
Gegentheil nothwendig, dass die Fässer niemals bis zum
Rande gefüllt und nicht zu stark verstöpselt werden, da
sonst die aus der Gährung des Zuckerstoffes sich entwickelnde, überflüssige Kohlensäure nicht entweichen
kann; auch könnte der sich in gleicher Weise entwickelnde
Alkohol vor einer unmittelbaren Berührung mit dem Oxy-
gen der Luft nicht bewahrt werden, wodurch der Wein in
Essig übergehen würde. Wird dagegen das Fass nicht
gänzlich gefüllt, so nimmt die Kohlensäure den leeren
Raum oberhalb des Weines ein; und da diese schwerer
ist als die atmosphärische Luft, und daher fortwährend
über der Oberfläche des Weines schwebt, so gestattet sie
nur sehr geringen Oxygentheilchen der Luft den Zugang
zum Weine. Durch diese Umstände ist der Tokajer Wein
ausser aller Gefahr, während andere Weine bei derselben
Behandlung dem sicheren Verderben entgegengeführt
würden. Es ist dies ein wichtiger Vortheil für den Weinhändler, da er nicht genöthigt ist, den Tokajer unter allen
Umständen und um jeden Preis loszuschlagen; er kann
vielmehr warten, bis sich sichere Aussicht auf Gewinn zeigt,
welcher Gewinn beim Zurückhalten des Weines immer
wächst, da derselbe mit der Zeit immer vollkommner,
immer edler wird.

Dazu kommt, dass beim feinen Tokajer Wein Volumen
und Gewicht im Verhältniss zum Werthe gering sind, daher. auch seine Zoll- und Frachtausgaben im Vergleich mit
anderen Weinen verhältnissmässig niedriger stehen.

Endlich besteht vom kommerziellen Standpunkte ein
Vorzug des Tokajer Weines auch darin, dass derselbe, von
den wohlhabenden Klassen einmal liebgewonnen, leicht
zum Lebensbedürfniss werden kann, besonders wenn man

es einmal weiss und erfahren hat, dass man in diesem Weine
nicht nur einen Genuss für den Gaumen, sondern auch
ein Heilmittel für seine Leiden besitzt.

Da wir uns jedoch nicht nach Dingen sehnen, die wir
nicht kennen, so darf man sich nicht wundern, dass der
Tokajer vom Publikum nicht gesucht wird; wenn man jedoch neben den vaterländischen Bestrebungen auch dem
Unternehmungsgeist ausländischer Händler Gelegenheit
dazu bietet, dass ihnen dies Meisterwerk der Natur gebüh-
rend bekannt werde, — so wird dieser Bekanntschaft die
Eroberung des Geschmackes, und dieser auch der gewünschte Erfolg gesichert sein; es kann daher nicht fehlen,
dass der in Aussicht stehende Gewinn den Unternehmungsgeist zu regerem Eifer anspornt, und dass eine vielleicht
nicht mehr ferne Zukunft unsere Bestrebungen mit Erfolg
lohnt.«

Soweit Herr von Török über den Tokajer. Ich
glaube seine Schilderung nicht besser completiren zu' können, als indem ich einen Auszug beifüge in Betreff der gewöhnlichen ungarischen Rothweine, — jener Weine, welche
dort dieselbe Stellung einnehmen, wie der *»vin de pays«* in
Frankreich und der *»vino di paese«* in Italien.

Der Auszug ist entnommen einer Abhandlung des-
jenigen Schriftstellers, welcher seit einem Menschenalter
mit bewundernswerther Ausdauer in Deutschland sowohl
für die ungarischen Dichter, als für die ungarischen Weine
Propaganda zu machen bestrebt ist. Dies vorausgeschickt,
ist es kaum noch nöthig hinzuzufügen, dass ich Herrn
Kertbeny meine.

— »Ich habe mir,« schreibt Herr Kertbeny in der
Nationalzeitung, »die Aufgabe gestellt, dem Norddeutschen
begreiflich zu machen, dass es nur von ihm abhängt, durch
alle Stände bis hinab in die untersten Schichten, die Wein-
konsumtion völlig der des Biers an Preis gleichzustellen,
an Qualität aber ein Paroli all den zweifelhaften französischen Weinen zu bieten, die man in Norddeutschland so
theuer zu bezahlen pflegt.«

Dieser evidente Nachweis, dass es ein bisher noch

unentdecktes Kalifornien besten Weines, und zwar in
nächster Nähe Deutschlands, giebt, ist sehr leicht zu führen;
aber nicht so leicht wird es sein, dass er Glauben findet.
Denn es ist von der Weinproduktion Ungarns die Rede,
und dieser Frage geht es so, wie gar vielen anderen, bevor
sie noch reif sind. Es existiren bereits seit vielen Jahren
schwer auszurottende Vorurtheile gegen ein Produkt, das
man noch gar nicht kennt oder das man stets mit etwas
anderem verwechselt. Es würde zu weit führen, den Ursachen dieses Missverständnisses nachzuforschen. Thatsache aber ist, dass einestheils die Mehrzahl des deutschen
Publikums beim Worte »Ungarwein« ausschliesslich nur an
Tokajer, Ménescher, Ruster u. s. w. denkt, bei welcher
Vorstellung oder Erinnerung einige lüstern lächeln »Ach,
wie das schön schmeckt!«, Andere dagegen sich graulen,
»äh, welch' süsser Quark;« anderntheils aber, dass auch
Solche, welche den sogenannten »herben Ungar« bereits
kennen, um so eifriger gegen ihn protestiren, als zwar sehr
edel, aber als zu stark, als Blutandrang und Kopfschmerz
erregend. Das sind die Folgen eines durch tausend Hindernisse Jahrhunderte lang gehemmten Exportes. Da die
Weinausfuhr in grossen Massen bisher nicht möglich war,
so hat sich gleichsam nur ein kleiner »Geheimer Kabinets-
handel« entwickelt, der blos die schwersten und hochfeinen
Sorten, hauptsächlich nach Russland, Polen, Schlesien und
Norddeutschland als Dessertweine einschmuggelt, um
theuerste Preise zu erzielen, da sich sonst dieser beschränkte Handel ja nicht lohnte. Und derart irregeführt,
hat das gelehrte deutsche Publikum, das doch in Geo-
graphie und Statistik in Betreff der allerentferntesten Länder und Welttheile besser unterrichtet ist, als der Franzose
über seinen nächsten Nachbar, noch gar keine rechte Vorstellung von dem eigentlichen ungarischen Wein, von dem
in riesigem Masse primitiv produzirten leichten, mundrun-
den und beispiellos wohlfeilen ungarischen Rothwein,
der bis jetzt beim Mangel aller Ausfuhr, daheim mit ver-
schwenderischer Gleichgiltigkeit, wie Wasser consumirt, in
überreichen Jahren aber tonnenweis weggeschüttet wurde,

um Fässer für den »Heurigen« zu bekommen. Das scheint
Märchen oder Uebertreibung? Nehmen wir daher rasch
die nächstbeste Statistik zur Hand, z. B. die eben erschie-
nene jüngste Auflage von Kolb. Und wir finden vielleicht
zu nicht geringem Erstaunen Mancher, folgende evidente
Ausweise über Europas jährliche Weinproduktion:

Frankreich jährlich	70,000,000 Preuss. Eimer.	
Oesterreich-Ungarn ·	40,000,000	„ „
Spanien	8,000,000	„ „
Italien	8,000,000	„ „
Portugal	5,500,000	„ „
Der ganze deutsche Zollverein	3,000,000	„ „
Die Schweiz	1,600,000	„ „
Griechenland	500,000	„ „
Russland	200,000	„ „
Summa:	136,800,000 Preuss. Eimer.	

Sind diese Zahlen nicht sprechend?

Frankreich, Italien, Spanien, Portugal, Griechenland,
Länder, die selbst Weine produziren, werden schwerlich
jemals Absatz-Märkte für die österreichisch-ungarischen
Weine; Russland und Polen beziehen schon seit Jahrhunderten ihren Bedarf, der sich nicht steigern lässt, da in
jenen Ländern nur gewisse Klassen Wein geniessen können,
diese aber nur schwere und theure, während das alkohol-
bedürftige Volk keine Befriedigung an den leichten Ungarweinen findet. Beinahe ebenso ist es mit England, wo
gegen die Spritweine kaum die französischen aufzukommen vermögen, und die deutschen nur mühsam.
Endlich, was den Orient betrifft, so könnte höchstens auf
die Uebertreter des Korans und auf die Europäer dort gerechnet werden. Freilich sind diese beiden Kategorien im
Wachsen.

Also dem Ungarwein bleibt kein Terrain weiterer Aus-
breitung als Export nach Amerika, Californien und Australien — und auch dahin sind nur die schweren und theuer-
sten Sorten zu führen, sonst lohnt sich der Weg nicht —
und in allernächster Nähe Deutschland mit seinen

40,000,000 durstiger Kehlen, die wohl nicht böse werden, wenn wir ihnen die Entdeckung zuflüstern, dass sie neben dem köstlichen, aber theuern Rheinwein auch einen guten, gesunden und billigen Rothwein haben können, der ihnen über Schnaps und falschen Bordeaux hinaushilft. Moralpredigen nützt bekanntlich nicht viel, kann man nicht zugleich etwas Besseres für das getadelte Schlechte bieten. Wie lange und fürchterlich hat man uns erfolglos durch das Gespenst der Branntweinpest geschreckt! Seitdem das gute und wohlfeile Bier so allgemein existirt, giebt es kaum mehr Branntweintrinker.

Aber freilich, man darf den Reformversuch nicht beginnen mit gewissen Hotelisten, Restaurants und Weinhändlern, die bekanntlich die frechen Spässe der Androhung von Koncurenz meist übel vermerken. Sie werden es bald herausgeklügelt haben, dass so wohlfeiler Ungarwein offenbar gefälscht, künstlich bereitet oder etwas korrigirt sein muss, da sie ja aus eigner Erfahrung wissen, welcher Mühe es bedarf, bis ein Bordeaux, von dem die Flasche im Einkaufspreis auf 5 Sgr. zu stehen kommt, um 25 Sgr. dem gläubigen Kunden zu verkaufen ist! Und zwar mit Recht. Denn einentheils hat jeder Tropfen Bordeaux schon seinen sicheren Abnehmer in fünf Welttheilen, er ist schon längst der Tyrann, der seine Sclaven der Gewohnheit unumschränkt beherrscht, es lohnt sich also der Mühe, solch einen sicher absetzbaren Stoff durch Kunst noch etwas ertragfähiger zu machen: und dann hat der französische Wein den allerdings für den Handel ungemein grossen Vorzug, dass auch seine miserabelste Sorte durch blosses Liegenlassen sich veredelt, also das Kapital sich mit der Zeit aus sich selber verdoppelt.

Der kleine ungarische Rothwein besitzt nun allerdings diesen Vorzug nicht — er ist gut, wird aber kaum besser, muss daher in 3 bis 4 Jahren weggetrunken werden — er entgeht aber auch der Gefahr und dem Verdachte der Fälschung, da er schon als Urprodukt gegenüber den französischen und deutschen Weinen so fabelhaft wohlfeil ist, und zugleich bis jetzt so wenig Absatz hat, dass es sich

wahrlich nicht lohnt, ihn auch nur durch zweimaliges Um-
füllen zu fälschen. Daher hat denn der kleine ungarische
Rothwein noch die ganze Naturwahrheit, das vorschlagend
Vegetabilische, und dabei schmeckt er runder und freund-
licher, als die deutschen Rothweine, ist gehaltvoller, als die
französischen kleinen Sorten von Bordeaux, und dabei um
vieles leichter und trinkbarer, als die kleinen Burgunder.
Es ist hier zumeist von den kleinen Rothweinen Ungarns
die Rede, welche die romantische Gegend von Ofen, Erlau,
Villány u. s. w. alljährlich in solcher Fülle hervorbringt,
dass sie, wie gesagt, in reichen Weinjahren im Lande ihres
Ursprungs gar nicht bewältigt werden können. Der österreichische Eimer (75 Champagnerflaschen füllend) kostet
im Original-Einkaufe 12 Gulden (7 Thaler), der Eingangszoll beträgt für den Eimer 3 Thlr. 15 Sgr. und der Transport kostet etwa 2 Thaler. Nun möge sich Jeder selbst
ausrechnen, ob man in Berlin nicht ungarischen Rothwein
die Flasche (Champagnerbouteille) zu 7 $^1/_2$ Sgr. prätendiren
kann, vorausgesetzt, dass dabei massenhafter
Absatz in Aussicht steht, denn sonst lohnte es
sich in der That nicht, Kapital und Mühe zu riskiren.

Grossartigster Import ungarischer Rothweine ist aber
in sichere Aussicht gestellt, sobald die unabhängige
deutsche Tagespresse sich aufklärend und Diskussion an-
regend der Frage annimmt; und die Journalistik erfüllt
wohl eine ihrer segensreichsten Aufgaben, wenn sie sich
unermüdlich bestrebt, dem Volke durch richtige Finger-
zeige zu ermöglichen, dass es sich materiell besser, behag-
licher und gesunder befinde und stets wohlfeilere und zugleich stets bessere Nährstoffe aus allen Weltgegenden
heranzuziehen im Stande ist.

Der ungarische Rothwein hat in Deutschland seine
hauptsächlichste Zukunft im Privatleben, in Familienkreisen,
in den Kellern und auf den Tischen des Mittelstandes.
Die Reichen und die Besucher ausgewählter öffentlicher
Lokale mögen einstweilen fortfahren ihre gewohnten Sorten
theuer zu bezahlen. Aber auch dem Volke sollte endlich

einmal Wein geboten werden, und das Volk wird sich in seinem Urtheil über die Güte nicht irre machen lassen dadurch, dass der Preis des Weines seine Kaufkraft nicht überschreitet.

Allerdings dürfte, bei zunehmendem Export, diese beispiellose Wohlfeilheit des ungarischen Rothweins abnehmen, aber ist einmal Bedarf danach in der Welt, so wird die Produktion zunehmen, und während sie jetzt Geschenk der lieben Natur ist, besser kultivirt werden. Da der Flächenraum des Königreichs Ungarn um hundert Q.-Meilen grösser ist, als Gesammtpreussen seit 1866, auf diesem mächtigen Raum aber überall guter Wein wächst, so kann eine grossartige Ausfuhr in Ungarn in wenigen Jahren dasselbe Wunder bewirken, das sie in Frankreich so überraschend vollbracht hat. Im Jahre 1789 betrug Frankreichs gesammte Weinproduktion blos 17 Millionen Hektoliter, 1815 bereits 35 Millionen, 1848 schon 45 Millionen, und gegenwärtig 85 Millionen Hektoliter oder 70 Millionen preussische Eimer, so dass für Frankreich einzig der Artikel Wein schon 500 Millionen Franken jährlich abwirft, also gerade soviel, als die Gesammteinnahme der örterreichisch-ungarischen Monarchie beträgt, nämlich jährlish 250 Millionen Gulden«. — —

Soweit Kertbeny. Nun wohlan, wir wollen mit Ungarn eine Koalition schliessen, wir Deutsche.

Eine solche Koalition ist natürlich nicht anders möglich, als auf freihändlerischer Grundlage.

Es wird aber weder den Ungarn, noch den Deutschen schwer werden, sich auf diese Basis gemeinsam zu stellen. Denn beide Wirthschaftsgebiete ergänzen einander in der glücklichsten Weise. Beide haben unter dem Schutzzoll gelitten.

Wie wäre es nun, wenn wir zunächst unter einander und dann mit England auf folgender Basis unterhandelten?

Erstens: Die österreichisch-ungarische Monarchie setzt ihre Zölle herunter für deutsches Eisen und für die Produkte der deutschen Textil-Industrie. Deutschland ermässigt dagegen den Weinzoll für österreichisch-ungarische Weine.

Zweitens: Beide Länder-Komplexe, sowohl die österreichisch-ungarische Monarchie, als auch das Deutsche Reich, schaffen die Soda-Zölle ab, — ein Gegenstand, der *prima vista* klein erscheint, aber erheblich ist in seinen Folgen.

Auf dieser Grundlage schliessen wir einen Zusatz-Artikel zum bestehenden Handels-Vertrag ab. Dann werden wir

Drittens gemeinsam unser Glück bei England wider Frankreich versuchen.

Das Deutsche Reich und die österreichisch-ungarische Monarchie nähern sich mit jedem Tage mehr dem Systeme des Freihandels und der Finanzzölle, und damit nähern sie sich zugleich natürlich auch England. Dieses System, vor 1871 im Begriff, das herrschende in Europa zu werden, ist gegenwärtig schwer bedroht durch den Fanatismus und den volkswirthschaftlichen Unverstand der französischen Kriegspartei. Warum sollten sich nicht England, Deutschland und Oesterreich-Ungarn vereinigen, um, gegenüber den exclusiven französischen Velleitäten, dem Freihandel die Zukunft in Europa zu sichern?

Die Vortheile für England liegen auf der Hand. Aber auch wir würden nicht zu kurz kommen. Wenn Frankreich sich durch eine chinesische Mauer wirthschaftlich von aller Welt abschliesst, dann würden hauptsächlich seine Weine darunter leiden. Das hat schon vor dreissig Jahren sein grosser Volkswirth Friedrich Bastiat, selbst ein Kind des Bordeaux-Landes, überzeugend nachgewiesen. (Man sehe: *Oeuvres complètes de Frédéric Bastiat. Paris. Guillaumin et Cie., Rue Richelieu 14, 1862. tom. I. pag. 261 —283. »Mémoire sur la question vinicole.«*) Wenn aber gleichwohl die französische Regierung und Volksvertretung auf ihren Ideen beharrt, warum sollen wir nicht Nutzen ziehen aus dieser Verblendung? Warum sollen wir nicht dem deutschen und dem ungarischen Wein den englischen Markt zu erschliessen versuchen? Warum sollen wir uns nicht, nachdem wir den schutzzöllnerischen Franzmann verdrängt haben, auch in den continentalen Wein-Markt theilen als ehrliche Brüder, die einander ergänzen? Denn Raum für Alle hat die Erde!

Ich habe — das ist wohl kaum nöthig zu sagen — von Niemandem Auftrag, ein solches Anerbieten zu machen. Es ist nichts als ein eigener Gedanke. Und das ist vielleicht nicht viel. Aber wir haben es oft schon in der Geschichte der wirthschaftlichen Kultur erlebt, dass aus einem solchen Einfalle eines Einzelnen gute und manchmal auch grosse und dauerhafte Dinge erwuchsen.

Wir Deutschen haben alle Ursache, zu glauben, dass man auf ungarischer Seite auf solche Intentionen eingehen würde. Graf Andrássy, der an der Spitze des auswärtigen Amtes des Gesammtstaates steht, Graf Lonyay, der ungarische Ministerpräsident, und Herr von Karkápoly, der die ungarischen Finanzen leitet, sind aufgeklärte Volkswirthe....

— »Lass' uns denken, Egmont!« — sagt Wilhelm von Oranien zu seinem Freunde.

Jókai Mór.

Ein magyarischer Dichter.

„Mein Pegasus, das ist kein englisch Ross —
Mit stolzenhaften Beinen, schmalem Buge;
Noch auch ein Mecklenburger, plump und gross, —
Breit, tappig, wie ein Bär, und schwer im Zuge.

Ein ungrisch Fohlen ist mein Pegasus,
  Magyarisch Blut, stets flink, und schmuck gestriegelt,
Dass sich der Strahl der Sonne mit Genuss
  In seinem glatten Felle glänzend spiegelt.

Am Liebsten trägt es in die Pussta mich.
  Denn es ist dort geboren auf der Haide.
Wenn ich dahin es lenke, freut es sich;
  Es stampft nnd wiehert, riecht's die grüne Weide.

Greif' aus, mein Ross; greif' aus, mein süsses Ross.
  Wir wollen über Fels und Graben springen.
Und tritt entgegen uns der Feinde Tross,
  Wir überreiten sie mit Sturmes-Schwingen."

Alexander Petöfy, 1845.

I.

Nationale Wahlverwandtschaften.

Herr Maurus Jokai oder Moriz Jókai, oder — wie es auf Magyarisch heisst — Jókai Mór (sprich: Jokoi Mohr) ist eine der interessantesten Persönlichheiten Ungarns. ' Er ist ungarischer Edelmann, kalvinischer Konfession und steht als Abgeordneter an der Spitze der »Linken« im ungarischen Reichstage. Diese Partei verhält sich zur Deakpartei ungefähr ebenso, wie in Preussen die Fortschrittspartei zu der nationalliberalen. Ich sage »ungefähr«; denn es giebt auch beträchtliche Unterschiede in der wechselseitigen Relation. Allein es würde mich weit über die Grenzen, welche die Vorsehung dem anspruchslos plaudernden Touristen gezogen, hinausführen, wollte ich hier das Alles erörtern. Eine weitere Aehnlichkeit mit Preussen ist ferner auch darin zu finden, dass das ungarische Ministerium nicht ganz aus Deakisten besteht, und sich nicht auf die letztern allein stützt, sondern auch des Beistandes einer weiter nach rechts liegenden Partei bedarf; in Folge dessen wird es von der Linken der Konspiration mit den Magnaten und den katholischen Bischöfen beschuldigt, aber nur mit den Bischöfen in Ungarn, die sich wieder von den cisleithanischen unterscheiden.

Jókai ist nun nicht blos parlamentarischer Kämpfer,

sondern auch Journalist und Dichter und zwar beides in ausgedehntestem Masse.

In Ungarn hat jede politische Partei zwei Pressorgane, — ein ernsthaftes und ein spasshaftes. Das Erstere ist gewöhnlich ein grosses Tageblatt nach dem Zuschnitt der Pariser, Londoner und Wiener Zeitungen; das letztere ist ein Wochenblatt in der Art des »Kladderadatsch«, der »Wespen« oder auch der »Fliegenden Blätter. Die Zeitung der »Linken« heisst »*Hon*«, auf Deutsch: Heimath. In Betreff des Witzblattes kann ich nur sagen, dass es ebenfalls existirt und dass es auch recht gute Illustrationen hat. Ich glaube mich zu erinnern, dass es den Titel führt »Der Schuster Janko«, bin aber dessen nicht sicher. Denn ich führe kein Tagebuch. Vielleicht heisst es auch »Bolond Miska«, und jener »Schuster« ist Jókai's Gegner. Doch darauf kommt ja nichts an.

Sicher ist, dass Jókai nicht blos den »*Hon*«, sondern auch das Witzblatt redigirt; nicht bloss nominell, sondern in der That und der Wahrheit. Es vergeht keine Woche, in der er nicht mehrere Leitartikel für das erstere, und kein Donnerstag, an dem er nicht eine 'ganze Reihe origineller und brillanter Witze für das letztere liefert. Das ist viel. Aber noch mehr:

. Er ist auch Dichter uud zwar ein Dichter von Gottes Gnaden im vollsten Sinne des Wortes. Es vergeht kein Jahr, in welchem nicht ein mehrbändiger Romon von ihm erscheint. Die Feuilletons der ungarischen Zeitungen leben hauptsächlich von ihm, sowohl die der deutsch, als die der magyarisch geschriebenen. In jedem wohlgeregelten ungarischen Hause stehen seine Bücher auf dem Wandbrette, und man findet stets den neusten Roman in dem Boudoir einer jeglichen Dame. Man nennt Jókai den »ungarischen Alexander Dumas« oder den »ungarischen Eugen Sue«; und man thut ihm damit höchlichst Unrecht. Denn er ist besser als beide zusammen. Sue und Dumas repräsentiren die Schattenseite ihrer Nation, Jókai giebt uns die Glanzseite der seinigen.

Es ist wahr, wenn seine Romane in Paris spielen —

und das ist bei einigen zuweilen der Fall — dann spürt man deutlich den Einfluss der französischen Schule. So führt man uns z. B. in Paris ein Geschöpf, genannt »Chataquela« vor, die Tochter eines »afghanischen Häuptlings«, welche in der That direct den »*Mystères de Paris*« oder dem »*Juif errant*« entsprungen sein könnte, so närrisch ist sie in Allem. Aber ich möchte sagen: diese Narrheit ist nur eitel Verstellung. Sie findet sich auch nur in seinen älteren Werken und es scheint mir beinahe, als sei so etwas vormals zuweilen Mode gewesen in Ungarn. Es ist in der That auch ziemlich leicht zu erklären, und »Alles begreifen« sagt Madame de Stael-Holstein, »heisst Alles entschuldigen«.

Die Ungarn sind von Wien aus nicht immer allzu liebevoll behandelt worden. Das hat sie erbittert. Denn sie wollten sich selbst behandeln. Richtiger: Sie wollten überhaupt nicht von Fremden »behandelt« sein, und am allerwenigsten schlecht. Nun waren aber die Herren von Bach und von Schmerling leider so zu sagen: »Deutsche«. Der General Haynau war auch ein Deutscher und sogar der natürliche Sohn eines vormals regierenden deutschen Fürsten. Daraus ergab sich im Lande der Magyaren eine gewisse Abneigung gegen die Deutschen und gegen das Deutsche. Sie verstanden eigentlich ursprünglich unter deutsch Das, was ihnen von Wien und aus Böhmen kam. Der Mensch ist nun einmal abgeneigt, zu unterscheiden, und geneigt, seine Eindrücke zu generalisiren. Ich will ein Beispiel dafür anführen, dass es uns Deutschen zuweilen auch so geht.

Ich sah einmal einen deutschen »Professor der würtembergischen Staatswissenschaften« im Jahre 1862 zwischen Dover und Calais im Zustande der Seekrankheit. Ich sah ihn dann im Jahre 1868 wieder im deutschen Zollparlament. Als ich sein bleiches und missvergnügliches Gesicht sich zum ersten Mal über dem Rednerpulte der Tribüne erheben sah, war der erste Gedanke, welcher mich ergriff und beherrschte: »O weh, schon wieder die Seekrankheit!« Als ich später den Mann als österreichischen

cisleithanischen Handelsminister erblickte, und seine eigenthümlichen Evolutionen beobachtete, da konnte ich mir
wieder nicht helfen; ich dachte an die Seekrankheit. Er
und die Seekrankheit waren in meinem Kopfe untrennbar!
So ist es auch den Ungarn in ihren schlechten Zeiten
mit den Deutschen gegangen, und wir selber sind nicht
ohne Verschulden; denn wir liessen es uns ja damals gefallen, dass man den deutschen Bund von Wien aus be-
herrschte, und dass wir Deutschen die Heloten des Bundestages waren. Zwischenzeitig haben sich die Dinge geklärt.
Das deutsche Reich regiert sich selbst und lässt sich nicht
von auswärts beherrschen. Der leibliche fürstliche Vetter
des Generals Haynau sitzt jetzt selber als Verbannter in
Oesterreich und nicht mehr auf einem deutschen Thron;
und die Ungarn schenken uns Deutschen jetzt Glauben,
wenn wir ihnen versichern: »Wir Deutsche sind keine
Haynau's.«

Als Beleg dafür, wie die Dinge früher auch von hoch-
begabten Männern in Ungarn angesehen wurden, will ich
eine Stelle aus einem der älteren Romane Jokai's hierher
setzen. Der Roman ist, wenn ich nicht irre, zu Ende der
fünfziger Jahre geschrieben und die fragliche Stelle lautet so:

»Jede Nation hat eine heilige Stadt, die einen Gegenstand ihrer Pietät, ihres Stolzes, bildet. Die Söhne des
grossen Deutschland sagen mit Genugthuung, dass es nur
ein Wien in der Welt giebt; der Engländer rühmt sich
seines London, der Franzose betrachtet Paris als den
Mittelpunkt der Welt und der Russe küsst die Erde, wenn
er Moskau betritt; möge es deshalb auch dem Ungar gegönnt sein, eine süsse Freude zu empfinden, wenn er an
Pest denkt. Wir werden also nach Pest gehen! Wir werden Pest sehen! das schöne, jugendliche Pest, die jung-
fräuliche Braut Ofens, des ergrauten Veteranen, — Pest
mit den grossartigen Häuserzeilen, den weitgepriesenen
öffentlichen Instituten und so vielem Schönen und Guten,
dass dem Neulinge, wenn er das Alles geniessen will, alle
fünf Sinne ermüden.

»Noch vor einem Jahrhundert war Pest eine kleine Stadt, ohne Vorstädte. Es zählte kaum 800 Häuser mit 9000 Einwohnern, und siehe, hundert Jahre später erheben sich schon 4000 Häuser, ganze Reihen von Palästen auf dem ebenen Plan seines Weichbildes, vier Vorstädte sind um die innere Stadt entstanden; Wohlstand, Reichthum hat sich entwickelt an dem so lange vernachlässigten Donaustrande; und — der Segen des Himmels trägt hundertfältiges Korn.

»Hierher trug die Pietät der Nation Alles zusammen, was ihr theuer war: die Denkmäler ihrer Vergangenheit, die Hoffnungskeime der Zukunft, die Pracht und den Luxus des Reichthums, den Fleiss der Gewerbe, den Geist der Wissenschaft, die Hallen der Kunst, die Asyle der Wohlthätigkeit. Alle Lebensregungen des Gemeingeistes im ganzen Lande, in den obern so gut, wie in den untern Schichten, in der geistigen wie in der materiellen Sphäre, erhalten von hier aus ihren Impuls und regeln sich gleichsam nach dem schwächeren oder stärkeren Herzschlag der neuen, der aufblühenden Hauptstadt; des schönen Pest, das an Allem Ueberfluss hat, das jeder Ungar wenigstens Ein Mal im Leben sehen muss, um sich zu überzeugen, dass es die schönste Stadt der Welt ist; und was es in Pest nicht giebt, das giebt es dann schon nirgends.

»Mit kindlicher Pietät blickten die Kleinen, mit väterlicher Liebe die Grossen, die Weisen des Landes auf die junge Hauptstadt; und während die in Dunkelheit und Afmuth geborenen Jünglinge den Beginn einer neuen Lebensbahn vor sich sahen, wenn sie durch die Linien Pest's hereinfuhren, wo das Talent, der Fleiss sich Ruf, Selbstständigkeit und Vermögen erwirbt; sahen die Reichen, die Hochgestellten hier eine glänzende Arena für wetteifernde Thatkraft und Volksbeglückung sich öffnen.

»Pest war das gemeinschaftliche Herz, das in jeder Brust schlug, dessen Kummer Jeden schmerzte, dessen Freude Jeder mitempfand, und in diesem Gefühle begegnete sich Klein und Gross.« — — —

Seitdem ist die Entwickelung von Ofen-Pest, welche

hier Jokai mit so glänzenden und doch so richtigen Farben schildert, mächtig vorwärts geschritten.

Damals waren die Romane Jókai's in Deutschland noch nicht bekannt. Wir »draussen im Reich« — so nennt man uns in Inner-Oesterreich — würden sonst herzlichst darüber gelacht haben, dass uns ein magyarischer Romantiker Wien als unsere »heilige Stadt«, als unser London oder Paris, octroyiren wollte. Alle Achtung vor dem schönen Wien, aber unser Mittelpunkt war es niemals. Eine Zeit lang hatten wir Deutsche einen solchen gar nicht und seit 1813 ist es Berlin, wo wir ihn gefunden.

Allein warum lachen über den Irrthum des magyarischen Dichters?

Um dieselbe Zeit beinahe, wo Jókai seinen Roman schrieb, im Herbst 1859, wurde ich auf einer Fusswanderung im deutschen Taunusgebirge durch ein Unwetter gezwungen, in einer Dorfschenke Zuflucht zu suchen. Es war Niemand zu Hause als »Grossmutter, Mutter und Kind«, wie Gustav Schwab singt. Nachdem ich alle mir bekannten Märsche auf den blinden Fensterscheiben der Kneipe getrommelt und vergeblich Bier zu trinken versucht hatte, unterhielt ich mich mit der »Happy Family« über Politik, und zwar über die »Hauptstadt Deutschlands« Die Grossmutter war der Meinung Jókai's. »Das ist Wien«, sagte sie, »denn da wohnt der Kaiser«. Die Mutter meinte: »Nein, es kommt nicht darauf an, wo er wohnt, sondern wo er gesalbt wird, und das geschieht in Frankfurt, und da sind auch all die deutschen und fremden Gesandten, und deshalb ist Frankfurt Deutschlands Hauptstadt.« Im weiteren Verlaufe unserer Unterhaltung erfuhr ich beiläufig, dass diese Frau vortreffliche Handkäse machte und diese nach Frankfurt an den bairischen Gesandten verkaufte; sie war wohl zu bescheiden, um auch dieses Argument für die Hauptstadt geltend zu machen. Das Kind aber sagte kurz und resolut: »Berlin ist die Hauptstadt von Deutschland!«

»Ganz recht, mein Schatz«, sagte ich ihm, »aber sage mir doch auch, warum.«

»Das weiss ich nicht«, antwortete das Kind, »ich weiss nur, dass es so ist. Die Gründe werden Sie besser wissen, als ich.«

Ich führe diese Gutachten dreier Generationen in Deutschland zur Entschuldigung für den ungarischen Dichter an und werde später noch darthun, wie sehr er von warmen Sympathien für das »neu aufgerichtete deutsche Reich« und für Preussen durchdrungen ist.

Nachdem ich dies zur vorläufigen Orientirung vorausgeschickt, verspreche ich, in meinem zweiten Artikel dem Gegenstande direct zu Leibe zu gehen und beschränke mich zum Schlusse des ersten darauf, zwei Fragen zu beantworten, die sich vielleicht der Leser schon selber gestellt hat, nämlich Erstens: Was führt dich nach Ungarn? Zweitens: Warum knüpfest du deine »ungarischen Plaudereien« an die Person des Herrn Jókai Mór?

Der letztere erscheint mir als ein sehr guter Vermittler zwischen uns und Ungarn, insofern als wir aus seinen Romanen, ohne sonderliche Anstrengung unsererseits, ein ziemlich getreues und vollständiges Bild der Kulturzustände in Ungarn erhalten; denn er ist ein Schilderer ersten Ranges. Und dann hat es für uns Deutsche ein gewisses Interesse, diese Zustände kennen zu lernen.

Ich sehe zunächst von allen ästhetischen Gesichtspunkten ab; ich sage: Ungarn hat vor Kurzem seine Stellung als ein selbständiges Land in der Reihe der europäischen Staaten wieder erobert, zuerst mit dem Ausgleich und zuletzt mit einem Anlehen. Auf Grund des ersteren ist es von den Regierungen, auf Grund des letzteren von den Börsen anerkannt worden. Das geflügelte Wort des Fürsten Bismarck, welches einmal dem Kaiser von Oesterreich den Rath ertheilte, den Schwerpunkt seines Völker-Komplexes nach Ofen-Pest zu verlegen, ist bereits halbwegs eine Wahrheit geworden. In der letzten jener periodischen Staats-Krisen, von welchen Oesterreich von Zeit zu Zeit heimgesucht wird, hat Ungarn den Ausschlag gegeben. »*Afflavit Hungaria, et dissipati sunt!*« schrieb mir vom äussersten Ende der Karpathen aus ein Freund, der, wie alle Ungarn, ein sattelfester Lateiner ist. Er wollte damit sagen: »Ungarn blies, und sie verschwanden, die Hohenwart, die Jireczeck, Habietineck, Schäffleczeck und Genossen«. Und noch ehe jene Krisis zum Austrag kam, exponirte mir in einer ungarischen Dorfschenke — man nennt sie »Csarda«; und von ihr hat der schöne National-tanz Csardas, (sprich Tschardasch) seinen Namen; es ist eben der · »Bauerntanz«, welcher in der Schenke getanzt wird; trotzdem tanzt ihn auch die höchste Aristokratie mit eben so viel Leidenschaft, als Geschmack und Grazie, ohne sich an dem vulgären Namen zu stossen — also, in einer Csarda exponirte mir ein ungarischer Edelmann die politische Lage von Oesterreich, wie folgt:

— »Wir Ungarn«, versicherte er mir, »sind jetzt die getreuesten und besten Unterthanen des Kaisers von Oesterreich«.

— »Also erst jetzt?« fragte ich; denn er selbst hatte auf das Wort »jetzt« einen starken Accent gelegt.

— »Ja, erst jetzt, das heisst, nachdem man unsere Rechte wieder anerkannt hat, — Rechte, die viele Jahr-hunderte alt sind, und die wohl einmal durch eine vorüber-ziehende Wolke verdunkelt werden können, aber deren unauslöschlicher Glanz immer wieder von neuem hervor-bricht. Aehnlich wie Euer Uhland sagt.«

— »Kennen Sie Uhland?«

— »O freilich, wir kennen alle deutschen Dichter, wir Ungarn. Das ist der Unterschied zwischen uns Ungarn und unseren Nachbarn, den Polen. Diese und wir, wir sind Beide aus Asien gekommen und mussten daher in Europa was lernen. Jeder suchte sich seinen Lehrmeister aus. Der Pole nahm sich dazu den Franzosen. Wir Ungarn nahmen uns den Deutschen. Wir, glaube ich, haben das bessere Geschäft gemacht. Denn wir sind wei-ter gekommen. Aus Dankbarkeit haben wir nicht nur Eure Lehr- und Handbücher studirt, sondern auch Eure Dichter gelesen. Soll ich Ihnen den Vers aus Uhland her-sagen, den ich meine? Téssék? Er heisst:

»Drum harret muthig und bedenket,
Der Freiheit Tag steigt doch herauf;
Ein Gott ist's der die Sonne lenket,
Und unaufhaltsam ist ihr Lauf!«

Das war denn doch mehr, als ich hier erwartet von diesem ungarischen »Konservativen« (so stellte er sich mir vor), der hohe Reiterstiefel trug und in dem einen Stiefelrohr die Pfeife und in dem andern den Tabaksbeutel stecken hatte. Ich bat ihn daher um eine nähere Auseinandersetzung, warum die Ungarn die besten Oesterreicher seien.

— »Nun gerade deshalb, weil unsere Rechte anerkannt und festgestellt sind. Wir haben jetzt unseren Schwerpunkt in uns selbst; wir haben an dem übrigen Oesterreich einen trefflichen Rückhalt, und deshalb wollen wir Ungarn erstens selber bleiben, was wir sind, und zweitens das übrige Oesterreich nach Kräften zusammenhalten. Wir also, wir wollen drin bleiben. Die Andern aber wollen Alle hinaus, und zwar ein Jeder zu einem anderen Loche.«

— »Wie so denn?« fragte ich.

— »Nun nehmen Sie mir es nicht übel, dafür, dass Sie schon so lange in der österreichisch-ungarischen Monarchie herumkutschiren, scheinen Sie mir gerade nicht über die Massen gut unterrichtet zu sein; aber ich gebe Ihnen zu, Sie verdienen Entschuldigung; denn es ist schwer, sich zu unterrichten da, wo Jeder das Gegentheil von dem sagt, was er denkt und glaubt. Sehen Sie, da sind z. B. die Tschechen, — die platzen jetzt vor schwarzgelbem Patriotismus. (Es war im Juli 1871, zur Zeit, als Schäffleczeck's Weizen noch blühte.) Vor kurzem schickten sie noch ihre Apostel nach St. Petersburg und nach Moskau, um uns an die Russen zu verkaufen. Jetzt aber sind sie die »wahren Oesterreicher«, und wir sind die falschen. Wir aber wehren uns. Wir machen unseren Frieden mit den Deutschen, weil sie jetzt nicht mehr darauf ausgehen, uns zu unterjochen. Wir wissen also, woran wir sind in Ungarn. Denn wenn der Magyar und der Deutsche einig sind, kann Niemand gegen uns aufkommen. Dann sind wir Herren in Ungarn. Wie aber ist es in den anderen Ländern? In Galizien ist Zwiespalt. Da sind die Polen und die Ruthenen. Mit den Polen wollten wir gerne Frieden machen. Allein es sind seltsame Herren. Wenn man ihnen den kleinen Finger reicht, wollen sie die ganze Hand. Deshalb wird vorerst nichts daraus. So lange aber nichts daraus wird, wollen die Polen die Wiederherstellung ihres alten Reiches mit den Grenzen von 1772; die Ruthenen aber wollen zu Russland. Wie's in Böhmen aussieht, wissen Sie selber am Besten, Sie kommen ja daher. Der »Wenzel« ist ein komischer Heiliger. Sobald ihn der Habsburger einmal aus der Hand lässt, schwingt er sich auf den Schimmel seiner Königin Libussa, — und »Ross und Reiter sieht man niemals wieder.« Sie sehen, ich citire schon wieder einen deutschen Dichter! Zu den Polen, den Ruthenen und den Tschechen kommen noch die Südslaven, die Slovenen, die Kroaten, die Dalmatiner, die Wendischen in Steiermark, und noch mehr in Kärnthen und Krain, und in der Grafschaft Gradiska. Diese Südslaven wollen aber wieder etwas ganz Apartes. Sie wollen weder zu Russland, noch auch zu dem Polen von 1772, sondern sie beabsichtigen im Verein mit Anderen, was auf Oesterreichisch »viribus unitis« heisst, auf unsere Kosten ein grosses »Königreich Illyrien« aufzurichten. Auch unter diesem Zukunftsreich kann man sich vorerst nichts Positives denken; es ist vielmehr in Wirklichkeit auch nur ein Loch, durch welches etwas aus Oesterreich hinausfliessen möchte, ohne, dass man weiss, wohin. Die Italiener im Trentino und im sonstigen Süd-Tirol, sowie im Littorale wollen natürlich zum Regno d'Italia; und so geht es weiter durch das ganze Gebiet. Es ist wie im Theater, wenn man ruft: Es brennt. Dann will Jeder hinaus. Es giebt ein furchtbares Gedrängel; und wer bleibt, der bleibt. Dazu kommt dann noch, dass jedes einzelne Land mit Eurem Faust sagen kann: »Zwei Seelen wohnen, ach, in meiner Brust.« In Böhmen liegen sich die Deutschen und die Czechen in den Haaren; in Galizien die Polen und die Ruthenen; in

Kärnthen und Krain die Wenden und die Deutschen; in
dem Litterole und Dalmatien die Italiener und die Slovenen; in Tirol die Wälschen und die Deutschen. Dazu
dann noch die Unterschiede zwischen Konservativ und
Liberal, zwischen Klerikal und Freigeistig, zwischen Katholisch und Protestantisch. Endlich aber wird jede Berührung mit dem Auslande für die inneren Parteizwecke aus-
gebeutet und missbraucht. Lesen Sie doch nur im
Augenblick unsere Zeitungen. Der deutsche Kaiser ist in
Gastein, und Jeder, der was von Politik versteht, und nicht
in Partei-Interesse aufschneidet, weiss, was seine etwaige
Zusammenkunft mit unserem König von Ungarn, dem
Kaiser von Oesterreich, zu bedeuten haben wird. Beide
hohe Herren wollen sich wegen Aufrechterhaltung des
europäischen Friedens verständigen. Oesterreich will den
Frieden, weil es seiner bedarf, um seine Ziele zu erreichen.
Preussen will ihn, weil es seine Ziele schon erreicht hat.
Das ist so einfach und unzweifelhaft, wie das Einmaleins.
Aber was macht nun die Presse, was machen die Parteien
daraus? Die Italianissimi schreien: »Man will den Papst
wieder einsetzen.« Die Czechen behaupten, es gehe auf
Kosten der »Wenzel-Krone«; unsere Hyper-Magyaren —
ich meine die von der rationellen und von der irrationellen
Linken — behaupten: Das giebt wieder eine heilige
Allianz: »Russland mit Preussen und Habsburg wider
Ungarn.« Die Deutschen aber behaupten, es handele sich
bei der Zusammenkunft der beiden Kaiser nur um die
blosse Höflichkeit und ein treffliches Frühstück. Und am
Ende glaubt keiner, was er selbst sagt. Mitten in diesem
unendlichen Wirrwarr steht, wie ein Fels im tosenden
Meere: Alt-Ungarn, »*mediis tranquillus in undis!*« wie es
in meinem altmagyarischen Familien-Wappen heisst. Ungarn
hat sein Recht wiedergefunden und damit seine Kraft und
seinen natürlichen Schwerpunkt, den es in sich selbst
trägt. Inmitten der Gährung und der Unruhe, welche sich
der Donau-Gebiete bemächtigt hat, so dass man manchmal nicht weiss, ob Oesterreich oder die Türkei der
»kranke Mann« ist, sind wir Ungarn die Einzigen, welche

mit ihrer Stellung zufrieden sind und dieselbe behaupten
wollen. Dazu aber bedürfen wir der anderen Reichshülfe.
Ohne Oesterreich wären wir vielleicht militärisch, und gewiss finanziell zu schwach, um uns gegen einen gierigen
Nachbar zu vertheidigen. Wir Beide, Cis- und Transleithanien zusammen sind aber genug, um uns im Innern zu
wärmen und uns nach aussen zu wehren. Oesterreich ist
stark genug, um uns zu helfen, aber nicht stark genug, um
uns zu bevormunden oder zu unterjochen; und die
Dynastie hat endlich einsehen lernen, was sie an Ungarn
besitzt. Wenn die deutsch-österreichische Gesammtmonar-
che zerfiele, wenn an die Stelle des Dualismus die bunte
Polykratie träte und dieser die Auflösung folgte, dann würden wir Ungarn vielleicht das deutsche Reich zum Nachbar erhalten. Das wollen wir nicht. Alle Achtung vor
Euch Deutschen, aber Euer Reich ist uns zu mächtig und
zu gross, als dass wir mit ihm auf einer Bank sitzen möchten. Es würde auf das eine Ende so stark drücken, dass
es uns mit dem andern in die Luft schnellte. Ich sage
Ihnen das Alles nicht ohne Absicht. Denn manchmal
kommt mir's so vor, als speculirte man in dem deutschen
Reiche auf Vergrösserung auch nach Südosten. Schon
1866 hättet Ihr wohl gerne Böhmen und Mähren behalten?«
— Ich weiss, antwortete ich dem Magyaren, dass bei
Euch hin und wieder ein krankhafter Argwohn der Art
herrscht. Aber ich bin eben so sicher, dass kein Mensch
in Deutschland Euch dazu Anlass giebt. Ich gestehe
Ihnen, dass ich von jeher ein entschiedener Gegner der
Fremdherrschaft war, welche Oesterreich mittelst des alten
Frankfurter Bundestages in Deutschland geübt hat. Ich
habe mich von Herzen gefreut, als 1866 dieser Bann gebrochen wurde. Das war nöthig, damit wir unsere politische Einheit erreichten und mit Oesterreich selbst auf
einen vernünftigen Fuss kamen. Beides ist gelungen. Jetzt
ist ein Oesterreich, das seine wirklichen Interessen begreift,
uns nur nützlich. Gäbe es keins, wir müssten ein solches
erfinden. Und nach Eroberung steht uns der Sinn nicht.

Elsass-Lothringen liegt uns schon schwer im Magen. Um das »Bruder czechisches« beneiden wir Euch gar nicht. Ein deutscher Staatsmann, den Sie eben so hoch halten, wie ich, soll kürzlich eine, der Ihrigen ähnliche Misstrauens-Aeusserung zurückgewiesen haben mit den Worten: »Nein, das geht nicht; wir haben schon seltsame Heilige und Käuze genug in dem deutschen Reichstag; und nun auch noch solche, wie Herbst oder Giskra? Nein, ich danke!«

— »*Bene, optime. Eljen!*« rief der alte Magyar, und schüttelte sich vor Lachen. Dann wurde er plötzlich wieder sehr ernsthaft und sagte: »Ja, aber der Schäffle, der jetzt Handelsminister in Wien ist, das ist ja doch auch so ein deutscher Professor aus dem Reich? Den habt Ihr uns doch geschickt, um all diese höllischen Sachen zu machen? Ist's nicht so?«

Jetzt war die Reihe zu lachen an mir. Ich erzählte kurz Schäffle's Leben, Meinungen und Thaten. Wie er von jeher ein eingefleischter Partikularist und Feind der deutschen Einheit war; wie er dem Anschluss des Südens widerstrebte und mit allen Feinden Deutschlands conspirirte, mit den Schwarzen, mit den Rothen, mit den Schwarzrothen und den Schwarzgelben; wie er 1868 das Wahlmanifest gegen uns erlassen, dessen finstere Prophezeihungen jetzt den breitesten und heitersten Stempel der Lächerlichkeit an sich tragen; wie er im Zollparlament den von ihm so bitter getäuschten preussischen Konservativen den schönen Abschiedsbrief hinterlassen, wie er von den »Bürgerministern« nach Wien berufen, denselben ein Bein gestellt und wie er noch 1869 und 1870 im Schwabenlande gegen uns gewühlt hat.

— »Ah, jetzt geht mir ein Licht auf,« meinte der Ungar, »es geht nichts darüber, einander das Herz auszuschütten. Dadurch lernt man und verständigt sich, weil man gemeinsame Interessen, gemeinsame Feinde und gemeinsame Freunde entdeckt. Versprechen wir einander: Studirt Ihr unser Land und wir studiren das Eure.«

Ich versprach es und habe nach Kräften Wort gehalten.

II.

Des Dichters Villa.

Ich hatte im August 1871 die Ehre, Herrn Jókai Mór in seinem eigenen Daheim persönlich kennen zu lernen. Man sagt, die Begegnung mit berühmten Leuten, und namentlich mit solchen, die man bisher nur aus ihren Schriften gekannt, sei gewöhnlich mit einer unangenehmen Enttäuschung verbunden. Es mag sein. In den Schriften sieht man das Ewige, das Bleibende, an dem Mann das Vergängliche. In den Schriften kann man ein Kapitel, das nicht viel verspricht, überschlagen; von dem Manne werden wir manches Mal selbst überschlagen. Wenn wir lesen, glauben wir uns dem Autor gleich oder gar überlegen; wenn wir ihm begegnen, ist der Grobian im Stande uns zu sagen: »Du gleichst dem Geist, den Du begreifst, nicht mir!« Und von Stund an halten wir dann natürlich gar nichts mehr von ihm. »Willst Du uns«, so rufen wir voll tiefster sittlicher Entrüstung, »zum geistigen Lakaien herunterdrücken, so sagen wir Dir: Vor dem Kammerdiener giebt es keine grossen Männer — und folglich bist auch Du keiner! Wie Du mir, so ich Dir!«

Meine Zusammenkunft mit Jókai Mór fand ohne solche Störungen statt, und zwar auf einer Stelle des ungarischen Bodens, wie sie sich der Dichter selbst nicht schöner hätte ausdenken können. Ich meine nämlich Jókai's Villa und Weingut auf dem »Schwabenberge«, Pest gegenüber. Die Fahrt von dem Pester Hotel »Königin von England«, wo ich wohnte, nach der Dichter-Villa auf dem Schwabenberge war ein kleiner historischer Kursus, wenngleich nur ein sehr kursorischer Kursus. Ich bitte den Leser mitzufahren.

Ich will von Pest nicht viel sagen. Es ist nicht eine streng nationale Hauptstadt, wie Moskau, Neapel und Madrid, sondern mehr ein kosmopolitischer Sammelplatz

wie Rom, St. Petersburg oder Wien. Soweit Pest Handels-
und Industrie-Stadt ist, dominiren die Deutschen und die
Juden, welche letztere grossen Theils aus dem deutschen
Reiche hierhergekommen sind und ohne Ausnahme Deutsch
sprechen, und zwar nicht etwa das Wienerische Deutsch,
sondern ich möchte sagen: »deutsches Deutsch«, jedoch
mit dem Accent der rheinischen Franken, oder um es noch
genauer zu sagen: des Ureinwohners von Frankfurt a. M.
Von den Deutschen giebt es nun aber auch wieder sehr
verschiedene Arten hier, nämlich 1. Zipser, d. i. die Bewohner der in Oberungarn am südöstlichen Rande der
»Hohen Tatra« gelegenen Grafschaft Zips, welche Zipser
mich in ihrer Mundart und ihren Sitten an die Pfälzer am
Mittelrhein erinnern; 2. Siebenbürger Sachsen, von welchen
ich nicht weiss, wie sie zu dem Namen »Sachsen« gekommen sind, denn ihre Mundart ist die niederrheinisch-
luxemburgische; 3. Schwaben, welche in alter Zeit aus dem
wirklichen Schwabenlande schaarenweise nach Mittel- und
Nieder-Ungarn gezogen sind; 4. Oesterreicher, d. i. Deutsche,
welche aus Inner-Oesterreich stammen; 5. Deutsche Böhmen; 6. Deutsche aus dem Reich. Ich besuchte in Pest
eine Versicherungsbank. Auf dem Bureau sassen ein und
dreissig Beamte. Alle, mit Ausnahme von Einem, gehörten
dem deutschen Reich an. Sie waren Unterthanen des
Kaisers Wilhelm und der deutschen Wehrpflicht unterworfen. Sie hielten sich nur ihrer Geschäfte wegen in Pest
auf und dachten nicht daran, ihre deutsche Nationalität
aufzugeben.

Ich hebe diese Verschiedenartigkeit der Deutschen
absichtlich hervor. Sie erklärt, warum die Gesammtheit
derselben nicht so viel Gewicht hat, als man ihr der Zahl
und der grösseren Intelligenz nach zutrauen sollte. Es
sind eben heterogene Schichten, welche sich zu verschiedenen Zeiten und an verschiedenen Orten auf ungarischem
Boden abgelagert haben, und welchen unter einander der
Zusammenhang und die Gleichartigkeit fehlen. Das erläu-
tert Vieles. In der amerikanischen Union war es ja bis
vor Kurzem noch ähnlich. Erst das Jahr acht und vierzig

hat dort den Deutschen die Führer geliefert. Seitdem ist es anders.

Ausser den Juden und den Deutschen treten natürlich vor Allem die Ungarn in den Vordergrund. Sie spielen die erste Rolle. Es steckt aber oft unter dem magyarischen Anstrich eine ehrliche deutsche Haut; es giebt Kollegien, in welchen man in der That ein deutsches Protokoll führt, dasselbe aber nachgehends in das Magyarische überträgt, um es »offiziell« zu machen. So ist es in der Handelskammer.

Dies sind die Hauptfactoren. Ausserdem aber finden wir Rumänen, Serben, Raizen, Griechen, Armenier, Ruthenen, Polen, Slovaken, Slovenen, Kroaten und vor Allem Zigeuner.

Die Zigeuner spielen unter den dienenden Klassen eine ebenso hervorragende Rolle, wie die Magyaren unter den herrschenden Klassen. Vor Allem machen sie Musik; auch setzen sie die Kegel auf. Dann aber erzählt man ihnen alle Anekdoten auf den Leib, welche kein anderer Mensch auf sich will sitzen lassen. Ich will nur einige Proben davon anführen: Ein Zigeuner hatte eine Mütze gestohlen, eine wunderschöne Mütze, eine rothe Mütze mit goldener Quaste. Er hätte sie gerne getragen; denn er war eitel, wie alle Zigeuner. Aber er fürchtete, man werde sie erkennen und ihn strafen. Eines Nachts hört die Frau Zigeunerin Geräusch. Sie passt auf: Ihr Mann hat die gemeinschaftliche Streu verlassen und spaziert auf und ab in der Hütte, soweit es der enge Raum gestattet. Er will damit gar nicht aufhören. Da ruft die Frau: Alter Narr, was machst Du denn? »Still, Weib dummes, still,« sagt er, »ich trage die gestohlene Mütze; ich kann sie ja doch bei Tage nicht tragen.«

Ein junger Mann, der ein eben so eifriger als schlechter Schütze und Jäger war, tödtete statt des Fuchses ein Zigeunerknäblein, das als Treiber diente, Er gab im Stillen dem alten Zigeuner einen »Hundert-Gulden-Schein«, und die Geschichte wurde weiter nicht ruchbar. Eines Tages nun erschien der alte Zigeuner bei dem jungen

Herrn mit den Worten: »Téssék, ur, belieben der gnädige Herr wieder zu gehen auf Treibjagd? Ich habe noch sechs weitere Söhnlein.«

Doch genug der Anekdoten. Ich will zu deren Rechtfertigung nur sagen, dass ich diese beiden einem Buche von Jókai entlehnt habe, das in den dreissiger Jahren spielt. Heut zu Tage ist wohl auch der Zigeuner schon etwas civilisirter.

Wir lassen Pest mit seinem Völkergemisch hinter uns und gelangen über die Kettenbrücke, welche Pest und Ofen verbindet, von dem östlichen nach dem westlichen Ufer der Donau, vom magyarischen auf's deutsche. Diese Kettenbrücke ist auch ein Markstein in der wirthschaftlichen und politischen Kultur-Entwickelung von Ungarn. Man hat ein ganzes Jahrzehnt, von 1840 bis 1850, daran gebaut. Denn der Strom ist tief und reissend; und doch wollte man mit Recht so bauen, dass der grösste Bogen hoch genug ist, um jedes Dampfschiff passiren zu lassen. Allein die natürlichen Schwierigkeiten waren nicht die einzigen, welche man zu überwinden hatte. Der Brückenzoll stiess bei dem »freien ungarischen Edelmann« auf scheinbar unbesiegbaren Widerstand. Man erzählte mir, dass noch Jahre lang, als die Brücke schon stand, ein Magnat, der auf dem rechten Ufer begütert war, nicht anders, als per Kahn nach Pest übersetzte. »Denn«, sagte er, »ein freier Ungar zahlt keine Steuer.« Der grosse Széchenyi (sprich: Seh-tschen-ji) aber, dessen Wappen die Brücke mit Recht trägt, sagte: »Das ist es ja gerade, und darin sehe ich die wichtigste Mission dieser Brücke; mittels dieses Brückenkreuzes soll der ungarische Edelmann die erste Lektion im Steuerzahlen erhalten.« Er hat sie erhalten und auch vortrefflich begriffen.

Wir kommen nun nach Ofen. Hier legt sich parallel der Donau ein ansehnlicher Berg vor. Er ragt etwa zweihundert Fuss über den Flussspiegel und hat die Gestalt eines langschenkligen Dreiecks, das seine Spitze nach Süden richtet. Auf diesem Berge liegt die »Festung«, mit inbegriffen das Zeughaus, das einzige Gebäude, das hier

noch die Inschrift »K. K.« führt, (denn alles Uebrige ist
Königlich Ungarisch) und das Schloss, in welchem gegenwärtig das ungarische Ministerium seinen Sitz hat. Der
Berg hat nach allen drei Seiten hin steile Abhänge und ist
ringsum befestigt. Auf dem Plateau, das von den Festungs-
mauern eingeschlossen wird, liegt die eigentliche Stadt
Ofen, die in ihrer Bauart einen vollständig deutschen Eindruck macht. Sie sieht aus wie eine kleine freie Reichs-
stadt aus dem mittleren oder dem südwestlichen Deutschland. Und in der That ist sie fast rein deutsch und war es
schon im 13. Jahrhundert. Schon zur Zeit der Mongolen-
Einfälle nennt sie der Chronist Regerius eine »reiche
deutsche Stadt«. Seitdem ist sie öfters von den Türken
und durch Brand heimgesucht worden und hat ihren ursprünglichen monumentalen Charakter ziemlich verloren.
Auch die alte Königsburg, auf welcher der grosse Matthias
Corvinus, abwechselnd zwischen hier und dem etwas weiter donauaufwärts gelegenen Schlosse Wissegrad residirt
hat, haben die Türken zerstört. Ueberhaupt haben die
Osmanen keine anderen Spuren ihrer Anwesenheit in diesem Lande zurückgelassen, als die Verwüstung. Ausnahmen hiervon sind nur drei, nämlich erstens eine kleine
Moschee nördlich von dem Vergnügungsorte Au-Winkel*),
zweitens die öffentlichen Bäder und drittens das Nonnen-
Kloster auf der Margarethen-Insel. Letzteres liess Soliman
stehen, verwandelte es aber in einem Harem, Die Gelehrten streiten, was besser war.

Ein Pester Freund meinte, etwas Türkisches sei doch
hier sitzen geblieben, nur neige sich die Polygamie jetzt
mehr nach der Seite der Vielmännerei, als nach der der
Vielweiberei hin. Derselbe Witzbold bemerkte mir, als ich
im zoologischen Garten keine Thiere sah: »Ja, schaun's,
hier bringt sich Jeder sein Vich (Vieh) selbst mit.« Doch
zurück nach Ofen.

An der Stelle der »Corvinus-Burg« hat die Kaiserin

---

*) Dies ist ein Euphemism; in Wirklichkeit heisst es »Sau-
Winkel«.

Maria Theresia das jetzige Schloss errichtet, ein grosses aber sehr langweiliges Gebäude im hölzernsten Komoden-Styl — in der That zu schlecht für diese prachtvolle Stelle. In diesem Schlosse wird jetzt wieder die einige Zeit lang, wie man im preussischen Kanzleistyl sagt »latitirt habende« Krone des heiligen Stephan bewahrt, ein anscheinend byzantinisches Kunstwerk, das von jedem richtigen Magyaren aufs tiefste verehrt wird. Denn es repräsentirt drei wirklich heilige Dinge: den König, die Nationalität und den Glauben. Auf dem Markt, gerade vor dem Palast des Grafen Andrássy, finden wir einen seltsamen Gegensatz zu der Krone des heiligen Stephan, nämlich ein kolossales Monument zu Ehren des hier gefallenen österreichischen Generals Hentzi, der bei den Ungarn durchaus nicht in gutem Andenken steht. Denn er hat vom 4. Mai 1849 ab die wehrlose und unbefestigte Stadt Pest mehr als vierzehn Tage lang mit Bomben und Granaten überschüttet und viele öffentliche und Privatgebäude zerstört oder wenigstens stark beschädigt. Wenn man indess Grausamkeit durch Tapferkeit sühnen kann, so hat es Hentzi gethan; denn er fiel am 21. Mai, als die Ungarn die Festung stürmten, auf der Bresche. Jedenfalls ist es noch ein Beweis mehr für die ritterliche Gesinnung der Ungarn, dass sie dieses Denkmal ruhig stehen lassen und dabei mehr des tapfern Soldaten, als des »Städteverwüsters« gedenken. Der Platz, wo es steht, hat eine blutige Geschichte. Hier liess der böhmische Sigmund, der mit der Hand der Tochter Ludwigs des Grossen die Krone Ungarn gewann, den Patrioten Stephan Kont von Hédervár'und seine dreissig Genossen ohne Urtheil und Recht enthaupten.

Der »Schwabenberg« liegt nordwestlich von dem Festungsberg. Um zu dem ersteren zu gelangen, muss man den letzteren passiren. Dies kann man auf dreierlei verschiedene Arten bewerkstelligen. Erstens auf der gewöhnlichen Strasse, zum Franz-Joseph-Thore im Osten hinein und zum Stuhlweissenburger Thore im Westen hinaus. Zweitens auf einer Rutschbahn, auf welcher die Personenwagen, wie in einem Bergwerk, hinaufgewunden und herabgelassen werden. Drittens mittels des Tunnels, welcher durch den Berg durchführt, ähnlich jenem Salzburger Tunnel, welcher durch den Mönchsberg führt und die geschmacklose Inschrift trägt: »*Te saxa loquuntnr*«; der Ofener Tunnel ist jedoch mehr als noch einmal so lang als der Salzburger. Er führt uns in die Christinen-Stadt und dann geht es die Hügel und Berge hinan. Wir fuhren in einem zweispännigen Stadtwagen über Wege, welche man bei uns als kaum zum Reiten geeignet betrachten würde. Ich muss hier eine Bemerkung über das Fuhrwerk einschalten, welche sich nicht blos auf Pest-Ofen, sondern auf ganz Ungarn bezieht. In Ungarn befindet sich der Strassenbau, selbst vor den Thoren der Hauptstadt, noch in einem sehr primitiven Zustand. In frühern Zeiten war der Edelmann frei von jeder Wegebaulast. Sie haftete nur auf den Bauern, und man kann sich daher nicht wundern, dass auch die letztern sich nach Möglichkeit daran vorbei zu drücken suchten. Dies wurde ihnen dadurch erleichtert, dass jedes Komitat einen quasisouveränen Bezirk für sich bildete, und dass die Komitatsregierungen ihrerseits wieder ein etwas verbummeltes Institut waren und wenig Gewalt über die Bauern-Gemeinden hatten. So liess man denn Gottes Wasser über Gottes Land laufen. Dann folgte 1849 die Niederwerfung des Landes durch die Russen und die Oesterreicher, und die Bach'sche Regierung. Letztere erwies sich äusserst eifrig im Wegebau. Sie wollte dem Lande die Wohlthaten des »aufgeklärten Absolutismus« annehmbar machen. Allein dies gelang ihr durchaus nicht. Schon deshalb nicht, weil sie kein Geld hatte und daher, um die Kosten des Wegebaues zu decken, überall die »Strassenmauth« einführen, das heisst auf den kürzesten Strecken Wegegeld erheben musste. Man kann sich denken, welche Qual das für den »freien Magyaren« ist, welcher gewohnt war, mit Pferd und Geschirr über das Land hinzusausen und vor keinem Schlagbaum Halt zu machen. Seitdem galt in Ungarn Alles, was mit dem Wegebau zusammenhing, für äusserst reactionär und freiheitsfeindlich. Man schaffte die Wegmauthen ab; und das hatte was für sich. Denn die Defraudationen verschlangen ein Drittel des budjetirten Betrages nnd die Erhebungskosten mehr als die Hälfte des Restes, so dass der Staat, wenn's gut ging, nur knapp ein Viertel bekam. Allein man sorgte nicht für einen finanziellen Ersatz, wie z. B. durch eine kleine Steuer auf Fuhrwerk, oder auf die Adjacenten, welche den Vortheil des Weges genossen, und so hatte man denn schliesslich kein Geld mehr für Wege; und selbst die, welche in der Zeit von 1850—1860 gebaut worden waren, begannen wieder zu verfallen. Erst der jetzigen Regierung ist es gelungen, etwas Abhülfe zu schaffen; aber im Ganzen ist es doch noch sehr wenig. Man hat sogar, nach dem Grundsatze: »Wo Begriffe fehlen, da stellt ein Wort zur rechten Zeit sich ein,« ein besonderes »Kommunikations-Ministerium« geschaffen. Es ist das, was man in Würtemberg als »Ministerium für Verkehrs-Anstalten,« oder wie man sich unter Herrn von Varnbüler scherzweise ausdrückte, als: »Ministerium für verkehrte Anstalten« bezeichnet. Dieser Kommunikationsminister soll nämlich die Post dirigiren, Eisenbahnen und Landstrassen bauen, die Ströme reguliren. Seine Aufgabe ist enorm gross und seine Mittel sind enorm bescheiden. Der jetzige Minister ist ein vortrefflicher Mann, aber über Niemandem im ganzen Bereiche der »Lande der Stephanskrone« wird mehr geschimpft als über ihn; Jeder will von ihm eine Post, eine Strasse und eine Flusskorrektur gemacht haben und kein Mensch will ihm dazu einen Pfennig bezahlen. Und wenn der gute Kommunikationsminister seinen verehrten Kollegen, den Finanzminister, um Geld angeht, dann ist der letztere sogar im Stande, grob zu werden und ihm vorzurechnen, welche Summen bereits die Eisenbahn-, Land- und Wasserstrassen verschlungen haben und wie das Alles nichts einträgt. Das nimmt dann der Kommunikationsminister übel. Er tritt ab, das ist in der letzten Zeit häufig vorgekommen. Allein die Wege werden davon nicht besser. Im Gebirge hopst man mit seinem Wagen von einem Stein und von einem Felsengrat zum andern, dass Einen alle Rippen im Leibe krachen, und in der Ebene ist der Weg überall und nirgends; man sieht schier eine Viertelstunde breit einige hundert Geleise neben einander, weil Jeder so fährt, wie er sich gerade am besten glaubt durchschlagen zu können; und sind auf der rechten Seite die Gleise zu tief, dann fängt man wieder auf der äussersten Linken an. Ist aber der Weg gar nicht mehr praktikabel, dann fährt man zuweilen auch im Flussbette, weil, wie der Kutscher sagt, es »da sicherer ist«; d. h. man hat eine steinige Unterlage. Wo man Steine hat, wälzt man sie auf den Weg, jedoch ohne sie zu zerkleinern; und so bekommt man dann eine Strasse, welche aus tiefen Wasserlöchern und hohen Felssteinen besteht. In den Sumpfgegenden hilft man sich wieder anders; da werden Schanzkörbe und Weiden geflochten und in einer langen Reihe quer durch den Sumpf gelegt, so dass sie eine Brücke bilden. Allein die Brücke ist schmal und wackelig; das geringste Versehen reicht hin, um den Wagen von ihr herunter in den Morast zu werfen. Glücklicher Weise sind Kutscher, Pferde und Wagen auf solche Fährlichkeiten eingerichtet. Kürzlich hat ein Beamter des Prinzen Friedrich Karl von Preussen ein vortreffliches Buch über die »Fahrkunst« geschrieben, und wenn man dergleichen aus Büchern lernen könnte, wäre Jeder, der dieses Werk gelesen hat, sofort ein vortrefflicher Kutscher. Die ungarischen Kutscher können zum Theil nicht lesen, und man möchte behaupten, sie verachten die Theorie, wenn man nicht der Wahrheit näher käme mit der Aufstellung: Sie wissen überhaupt nicht, was Theorie ist, und was man nicht kennt, kann man nicht verachten. Aber das Kutschiren verstehen sie. So ein kleiner nackter Zigeunerjunge, auf dessen Leib der Schmutz nach Jahresschichten zählt, saust mit seinen geschmeidigen, kleinen, katzenartigen Pferden und seinem federleichten Wagen über alle gefährlichen Stellen mit solcher Windesschnelle hinaus, dass für den Wagen keine Zeit bleibt, zu fallen, und für die Pferde keine Zeit, zu stolpern. Ist aber der Kutscher ein erwachsener Mann, so weiss er alle seine Eigenschaften zu verwerthen, sogar sein Körpergewicht; wenn nämlich der Korbwagen so stark nach der einen Seite

hängt, dass er umzufallen droht, dann hängt sich der
Kutscher auswendig auf die andere Seite und stellt so das
Gleichgewicht wieder her. Von einem Geländer am Abgrund, von einem Hemmschuh oder einer Hemmmaschine
am Wagen, von Hintergeschirr an den Pferden weiss man
in der Regel nichts. Und doch geht es auch so! Laufen
können die Pferde wie der Wind; selbst die kleinen »Katzen«
der Slovaken. Aber im Ziehen sind ihnen die unsrigen
weit überlegen. Man sieht alle Arten von Gespannen.
Zuweilen ist man sogar genöthigt, mit »schleppfüssigen«
Ochsen zu fahren; es sind wunderschöne Thiere von silber-
grauer Farbe und weitausgebreiteten langen gewundenen
Hörnern. Wenn man sich seines Homeros erinnert, glaubt
man »die Rinder des Helios« in ihnen zu erblicken. Der
Deutsche, namentlich der Bürger und der Bauer in der
Zips und in Siebenbürgen, fährt zweispännig; der Magyar
mit einem Dreispann oder auch vierspännig; der Rumäne
spannt acht bis zehn Pferde ein, sie sind aber auch danach.
Der Zigeuner zieht einen Esel vor; denn er füttert sich am
billigsten; und wenn ihm selbst der Esel zu theuer wird,
dann kommt er auf den Hund.

Das war der Gegenstand unserer Unterhaltung, als wir
von Ofen den »Schwabenberg« hinauffuhren. Jeder erzählte einige ungeheuerliche Lebensgefährlichkeiten, welche
er in Ungarn zu Wagen oder zu Pferde bestanden, aber
wie der Augenschein lehrte, waren wir Alle glücklich davon
gekommen; sonst hätten wir nicht so vergnüglich lachen
und »plauschen« können, während wir auf Gemsenpfaden
bergauf fuhren, und der Wagen sich abwechselnd hinten
oder vorn, rechts oder links hob oder senkte, wie ein Schiff
auf empörten Wogen, während das Gestell ächzte, die
Pferde stöhnten und der Kutscher, seine lange bunt ge-
schmückte Peitsche schwingend, magyarische Flüche aus-
stiess, die wie die rollenden Donner klangen; denn das
Magyarische ist eine stolze Sprache; und wenn in ihr ein
Gast den Kellner, der gewöhnlich Ferenz (Franz) heisst,
fragt, ob der Fogosch (ein höchst delikater Fisch aus dem

Plattensee) auch frisch sei, so lautet das, als wenn er einem
armen Sünder sein Todesurtheil verkünde.

Endlich waren wir oben. Wir schickten den Wagen
zurück, weil wir demnächst nach dem Au-Winkel zu gehen
und von da per Pferdebahn nach der Stadt zurückzukehren
gedachten. Ich will keinen Versuch machen, die prachtvolle Aussicht zu schildern, welche man je nach den Windungen des Weges bald nach dem Strom und den Schwester-
städten, bald nach den malerischen Bergen westlich und
nördlich von Ofen hat. Das muss man selbst sehen. Der
Schwabenberg hat seinen Namen von den deutschen,
schwäbischen Truppen, welche Ofen belagern halfen, das
damals von den Türken besetzt war. Erst am 2. September 1686 gelang es, die Türken wieder hinauszuwerfen.
Sie hatten aber alles Stehlbare gestohlen, sogar die vergoldeten Thurmknöpfe. Ihr Regiment, das volle 145 Jahre
gedauert, hat, wie gesagt, keine segensreiche Spur hinterlassen, als etwa die schönen öffentlichen Bäder, welche
noch jetzt eine Zierde von Pest und der Donau-aufwärts,
nördlich gelegenen Margarethen-Insel bilden.

Und nun, nach dieser langen, vielleicht sogar langweiligen Wanderung, führen wir den Leser über die Schwelle
des Dichters, in die Villa Jókai. Sie liegt am südöstlichen
Abhang des »Schwabenberges« mitten in den zu ihr gehörigen Weinbergen, in welchen damals, Anfang August, sich
die Trauben bereits zu färben begannen. Es wächst dort
nämlich ein vortrefflicher Rothwein, welcher zwischen Bordeaux und Burgund die Mitte hält und am meisten unserem
Rheingauer Assmannshäuser gleichkommt, was in meinen
Augen ein hohes Lob ist. Die Villa selbst ist ein langge-
strecktes niedriges Gebäude mit einer geräumigen Veranda
auf der Ostseite.

Eingeführt wurde ich bei Jókai durch zwei Preussen,
durch Herrn Dr. Waldstein und den Generalkonsul des
deutschen Kaisers, Herrn von Wäcker-Gotter, der hier in
grossem Ansehn steht, weil er, neben vielen sonstigen vortrefflichen Eigenschaften, ein Pferdekenner, Reiter und
Sportsman ersten Ranges ist — die beste Empfehlung in

den Augen des richtigen Ungarn —, und weil er ein so
tadelloses Magyarisch spricht, wie es nie den Lippen eines
Fremdlings entflossen. Beiläufig bemerkt sind im letzteren
Punkte die Magyaren arge Spötter. Statt Nachsicht mit
den Fremdlingen zu haben, welche ihre schwierige, jedoch
in der That sehr schöne und klangvolle Sprache nicht zu
fassen wissen, mutzen sie ihnen jeden Fehler auf. Namentlich erzählen sie von dem österreichischen Erzherzog
Joseph, dem im übrigen beliebten, weiland Palatinus von
Ungarn, mit grossem Vergnügen allerlei Sprachfehler, welche
er in öffentlichen Reden verübt haben soll. Die Verwechs-
lungen, auf welche diese Geschichten hinauslaufen, sind
indess so gewagter Natur, dass sie nur in versiegelten
Schriften, aber nicht in einem offenen Skizzenbuche wiedergegeben werden können. Die Parlamentseröffnungsrede
des King George, welche anfing: »Mylord's, Rebhühner
und Schnepfen mit erhobenen Schwänzen«, ist eine reine
Kleinigkeit im Verhältniss zu den Missverständnissen in
den ungarischen Parlamentsreden des Erzherzogs Palatinus. Die Wiener freilich rächen sich dadurch, dass auch
sie wieder den Ungarn allerlei seltsame Geschichten nach-
erzählen, und sie ein ganz absonderliches Deutsch sprechen lassen, — das Csarden-Deutsch. . . .

Jókai Mór empfing uns in seiner Veranda, die man
bei schlechtem Wetter durch Glaswände schliessen kann,
wie ein Treibhaus. Letzteres aber hat man im August
nicht nöthig, und wir konnten daher mit vollen Zügen
Luft, Licht und Aussicht schlürfen. Etwas später auch noch
ein Viertes, nämlich: »Schwabenberger Rothen«, den uns
unser liebenswürdiger Wirth vorsetzte. Dieser Wein war
unmittelbar vor unsern Füssen unter der Veranda gewachsen und wurde nun vor dem Gerichtsstand seines Ursprungs, dem *Forum originis*, wie man hier in diesem halb-
lateinischen Lande sagt, durch uns gerichtet, und der
Richterspruch fiel sehr zu seinen Gunsten aus.

Ich habe mit Herrn Jókai auf seiner Villa nicht so
lehrreiche und inquisitorische Kolloquien gepflogen, wie
Herr A. Mels mit Napoleon auf Wilhelmshöhe. Ich kann

ihn daher nicht in dieser heutzutage, wie es scheint beliebten, aber an und für sich ebenso geschmacklosen als indiskreten Manier »vorreiten«; möchte es auch nicht, wenn ich könnte. Ich beschränke mich vielmehr auf folgende Mittheilungen:

Jókai steht im »Mittelalter«, d. h. er hat das Schwabenalter von vierzig Jahren schon geraume ,Zeit hinter sich, ohne jedoch schon die unangenehme Ziffer fünfzig erreicht zu haben. Er ist ein stattlicher Mann von mittlerer Grösse, leichten und raschen Bewegungen, regelmässigen Gesichtszügen, dunkelblondem Haar und blondem Vollbart. Zwischen Mund und Nase spielt ein humoristischer Zug. Sein grosses und blitzendes blaues Auge verräth den Dichter, während seine Ausdrucksweise einfach, klar und ungezwungen und fern von jeder Prätension ist. Um das Bild zu vervollständigen, beschreibe ich auch seinen Anzug. Er trug hohe Reiterstiefel und einen weissen Schlafrock mit rothem Besatz; dazu eine grüne Halsbinde. Vielleicht war auch der Besatz grün und die Halsbinde roth; ich weiss es nicht. Nur darüber bin ich ausser Zweifel, dass das Ganze roth-weiss-grün war; und roth-weiss-grün sind die Farben von Ungarn. Wir hatten den Dichter ohne Anmeldung und gleichsam »meuchlings« überfallen, Er hatte keine Zeit, den Schlafrock mit einem andern Rock zu vertauschen. Jedenfalls war er nicht »in Schlafrock und Pantoffeln«, wie nach Herrn von Manteuffel die »Revolution in Kurhessen« kostümirt gewesen sein soll, sondern in Schlafrock und Reiterstiefeln; und das allein ist schon spezifisch-magyarisch; auch in dieser Verfassung machte er die Honeurs des Hauses mit ritterlicher Würde und Feinheit.

Auf dem Tische der Veranda lag ein deutsches Blatt. Aber welches? Jeder Redakteur im deutschen Reiche wird denken, es sei das seinige, vielleicht mit alleiniger Ausnahme meines verehrten Namensvetters K. Braun in München; Und doch war es das weit verbreitete und überall beliebte »Organ« des letzteren, die »Fliegenden Blätter«, — ein Blatt, das sich durch richtige Fixirung charakteristischer deutscher Typen, — wie des Staatshämorrhoidarius, des

Baron von Eisele, des Hofmeisters Beisele und des Dichters Biedermeier — ein unsterbliches Verdienst um die Kulturgeschichte erworben hat. In hundert Jahren, wenn wir Anderen alle vergessen sind, wird man noch die »Fliegenden Blätter« als kulturhistorische Quelle verehren. Aus Anlass eines Gespräches über die »Fliegenden« erhielt ich aus Jókais eigenem Munde die Bestätigung dessen, was ich schon anderweitig erfahren, dass nämlich Jókai während des letzten Krieges es mit uns Deutschen gehalten und die »Französelei«, woran viele seiner Landsleute krankten, bekämpft hat, sowohl in seinem »Hon«, wie im Reichstage. Zugleich fand ich in ihm einen gründlichen Kenner der deutschen Literatur.

Jókai selbst hat uns in einem reizenden Schriftchen, das auch in das Deutsche übersetzt ist, einen Theil seines Lebens erzählt. Er schildert hier mit prachtvollem Humor seine Jugend, die er mit dem Dichter Alexander Petöfi, einem Lyriker ersten Ranges, den Kertbény gut in's Deutsche übertragen hat, und mit dem Geschichtsmaler Orlay in sehr bescheidenen Verhältnissen verlebt hat. Damals wollte Jókai Maler, Orlay Dichter und Petöfi Schauspieler werden. In Wirklichkeit aber wurde Orlay Maler, Petöfi Dichter und Jókai zwar nicht Schauspieler, aber Politiker und Romanschreiber. Schon in seiner Jugend hat der Letztere neben viel schlechten Oelbildern, ein recht gutes magyarisches Drama, »der Judenjunge« betitelt, produzirt; dasselbe ist von der ungarischen Akademie prämiirt worden. Natürlich wurde auch Jókai das, was jeder anständige Ungar zu werden pflegt, nämlich »Jurat«. Ungarn ist das gelobte Land der Juristen. Zum Begriffe des Gentleman gehört es dort, dass er in seiner Jugend Rechtswissenschaft getrieben hat, sowie dass er sowohl das Latein als auch das Reiten versteht, das heisst: Jedes für sich, und nicht kombinirt als »lateinischer Reiter.« Die jungen Juristen sind also »Juraten«. Dies ist ein Mittelding zwischen einem Studenten und jenem Geschöpfe, das man in Berlin einen »gehaltlosen Assessor« nennt. In der Regel ist — und ich fürchte, Jókai hat keine Ausnahme gemacht — der

ungarische Jurat ein toller Junge, der sich mehr mit Raufen, Trinken und Liebes-Affairen abgiebt, als mit dem
»Jus«, von welchem, nach der Versicherung Ulpians, der
heilige Celsus behauptet haben soll, es sei die »*ars boni et
aequi*«. Noch während er als Jurat bei einem Rechtsan-
walt arbeitete, entdeckte Jókai seinen wahren Beruf. Er
schrieb und veröffentlichte eine Novelle, und da sie mit
Beifall überhäuft ward, folgten ihr bald noch andere. Da
trat das Jahr achtundvierzig dazwischen. Von da ab sehen
wir Jókai von den wilden Wellen der Politik und des Krieges
herumgeschleudert. Den letzteren hat er mitgemacht bis
zu der Waffenstreckung von Vilagos. Als nun die traurigen
Tage der Reaction und des Absolutismus kamen, stand
Jókai seinem Volke als treuer Freund und Berather zur
Seite. In Ermangelung der Tribüne und der Presse be-
diente er sich dazu der Romane und Novellen und suchte
so den nationalen Sinn wach zu erhalten. Er schilderte die
wechselnden Schicksale vergangener Tage und suchte aus
Freud' und Leid jener Zeiten Trost, Aufmunterung und
Lehren für die Gegenwart und die Zukunft zu ziehen.
Nach dem Jahre 1859, als es wieder möglich wurde, wirkliche Politik zu treiben, sehen wir auch Jókai wieder in der
Arena. Im Anfang der sechziger Jahre gründete er den
»*Hon*«. Dann nimmt er einen Platz im ungarischen Reichstage ein, wo er zur Linken gehört, nicht zur äussersten,
sondern zur »rationellen« Linken, ein Name, den ich nicht
erfunden habe, wie ich nöthig finde, hier ausdrücklich zu
bemerken, damit man mich nicht beschuldige, ich hätte
die Andern für »irrationell« oder unvernünftig erklärt.

Wie man in den Romanen Jókais überall den Politiker
und Patrioten merkt, so merkt man in seiner Politik zuweilen den Dichter. Ich will nicht sagen, dass dies stets ein
Fehler ist. Hat ja doch auch Fürst Bismark sowohl in
seinen mündlichen Aeusserungen, als auch in seinen ver-
traulichen Aufzeichnungen zuweilen eine wahrhaft poetische
Ader, die nur vor seinen anderen, noch grösseren Eigenschaften, sich nicht recht entfalten kann. Denn es kann
nicht ein und derselbe Mann zugleich der Vollstrecker der

Weltgeschichte und des Weltgerichts sein und zugleich deren Dichter. Das verbietet das Gesetz der Theilung auch der geistigen Arbeit. Was Jókai anlangt, so werde ich von seiner Politik noch reden. In derselben ist ihm der dichterische Schwung nur da schädlich, wo er ihn verführt, die realen Verhältnisse zu verkennen. Man sagt mir, dass die Romane und Novellen Jókai's an anderthalb Hundert Bände füllen. Er hat sich damit ein sehr ansehnliches Vermögen erworben, obgleich in Ungarn der Buchhandel nicht so »klassisch« organisirt ist, wie in Deutschland. Magyaren giebt es in der ganzen Welt nur 5 Millionen; Deutsche zählen wir im deutschen Reich allein an 38 Millionen und ausserdem noch viele Millionen in anderen Ländern. Im Gegensatze dazu wird aber der Romandichter, welcher magyarisch schreibt, ein reicher Mann, während in Deutschland selbst die beliebtesten Romandichter auf — die »Schillerstiftung« verwiesen sind. Die Deutschen und Deutschinnen lesen leider die Bücher entweder »zur Einsicht«, oder in Leibibliotheken-Exemplaren, welche nach *mille odeurs* duften; dagegen geben sie ihr Geld aus für riesenhafte Chignons und anderen geschmacklosen französischen Plunder. Die Magyarinnen aber tragen nur ihr eigenes Haar und lesen nur ihre eigenen Bücher.

Beides lässt ihnen recht gut. Gehet hin und thut desgleichen!

III.

Des Dichters Politik.

Unmittelbar vor jenem Zeitpunkte, wo Graf Andrássy das Portefeuille des bisherigen Reichskanzlers von Beust, und wo Graf Lonyany das des bisherigen ungarischen Minister-Präsidenten Andrássy übernahm, publizirte Jókai

eine politische Brochüre: »Fünf Jahre des selbstän-
digen ungarischen Ministeriums, 1867 — 1871.
Humoristisch-ernsthafte Rückblicke auf das
Kabinet des Grafen Julius Andrássy und seiner
Genossen.« Dieselbe ist auch in einer deutschen Ueber-
tragung erschienen (Bremen, Kühtmann, 1872). Der
Uebersetzer, ein Ungar, der sich »als Landsmann und
Jugendfreund Jókai's« bezeichnet, hat mir seine Uebertra-
gung gewidmet, und zwar aus Anlass meiner, in dem Feuilleton der »National-Zeitung« im September 1871 veröffent-
lichten Entdeckungsreise in das Tokajer-Land. Da er als
»einer meiner aufmerksamsten und daher dankbarsten
Leser« zeichnet, ohne sich zu nennen, so kann ich ihm
auch nur auf diesem Wege für seine Freundlichkeit danken, die ich eben so wenig verdiene, als die sonstigen vielfachen Anerkennungen und Danksagungen, welche mir
aus dem Ungarlande zu Theil wurden für meine anspruchslosen Schilderungen, denen ich für meine Person nur ein
Verdienst vindicire, nämlich, dass absolut nichts darin steht,
als das, was ich mit eigenen Ohren gehört, mit eigenen
Augen gesehen und mit eigener Zunge geschmeckt habe.
Wenn ich obige politische Flugschrift in den Kreis
meiner Besprechungen ziehe, so geschieht es keineswegs in
Anbetracht der Regel, »dass eine Hand die andere wäscht,«
sondern aus zwei anderen Gründen: Erstens, weil sie geeignet ist, das Bild Jokai's abzurunden und zu versollstän-
digen; zweitens und vorzugsweise deshalb, weil sie uns
eine Schilderung der augenblicklichen Situation giebt und
sich speciell mit denjenigen Männern beschäftigt, welche
für die nächste Zukunft wichtige Rollen zu spielen berufen
sind: mit dem Grafen Andrássy, dem jetzigen Minister der
auswärtigen Angelegenheiten der österreichisch-ungarischen
Gesammtmonarchie, dann mit dem erst im Juli 1871 in den
Grafenstand erhobenen Baron Melchior Lonyay,·dem jetzigen Ministerpräsidenten von Ungarn, und endlich mit dem
ungarischen Finanzminister Kerkapoly, welcher sich Angesichts der eben so wichtigen als schwierigen Aufgabe befindet, die Valuta wieder herzustellen und die Zahlungen

in Edelmetall wieder aufzunehmen, und zwar für Ungarn
allein, da alle Hoffnung hierauf im cisleithanischen Oester-
reich vorerst aufgegeben zu sein scheint. Das Bild, welches uns Jókai giebt, ist freilich ein ein-
seitiges. Er schildert die Minister vom Standpunkte der
Opposition, und zwar — wenn ich meine Meinung frei
heraussagen soll — einer Opposition, welche nicht nur das
Mögliche verlangt, sondern auch das Unmögliche. Da nun
Napoleon I. sagte, »nur Narren sprechen vom Unmöglichen« — *impozsible, c'est le mot d'un fou!* — und da ich
nicht gern als »Narr« behandelt sein möchte, weder dis-
seits noch jenseits der Leitha, so sehe ich mich genöthigt,
das »Unmögliche« begrifflich zu definiren. Ich nenne hier
das »unmöglich«, was die Opposition, käme sie heute an
die Spitze der Geschäfte, selber nicht thäte; und solche
Dinge stets zu verlangen, ist meiner Auffassung nach kein
Beweis von Regierungsfähigkeit, sondern ein Fehler. Auf
der anderen Seite aber muss ich ausdrücklich anerkennen,
dass die »ungarische Linke« auch in vielen Dingen Recht
hat; während unseres Krieges mit Frankreich war ihr Verhalten in Sachen der auswärtigen Politik, soweit meine
Kenntniss der Dinge reicht, ein weit korrekteres — ich will
sagen: den wahren Interessen Ungarn entsprechendes und
Deutschland gegenüber vorurtheilsfreies — als das des
rechten Flügels der Deakspartei. Man sieht, die ungarische
Deakpartei hat auch das mit der nationalliberalen Partei in
Deutschland gemein, dass man sie mit »Flügeln« begabt.
Zum Dritten muss ich denn noch das Geständniss hinzufügen, dass manche der Unterschiede, welche man in Ungarn zwischen »Deakisten« und »Linksen« macht, nicht
sehr wahrnehmbar heraustreten, wenigstens nicht für ein
nichtmagyarisches Auge, nicht einmal für ein bewaffnetes.
Gegenüber diesem Unterschiede befand ich mich ganz in
derselben Stellung, wie meine ungarischen Freunde gegenüber dem Unterschiede zwischen »Nationalliberal« und
»Fortschrittlich« in Deutschland.

Die ungarischen Politiker interessiren sich sehr für die
öffentlichen Angelegenheiten des Deutschen Reichs und

für unser parlamentarisches Leben. Sie baten mich daher, wo das Gespräch auf Politik kam, ihnen deutlich zu machen, wodurch jene zwei Parteien in Deutschland sich unterschieden. Ich that mein Möglichstes, um ihre Neugierde zufrieden zu stellen. Allein trotz aller Anstrengung und Mühewaltuug versicherten sie mir unisono, sie begriffen das nicht.

— »O wohl, das sind Unterschiede des Geschmacks, des Temperamentes oder des Alters, aber nicht des Princips und der Doctrinen,« sagten sie, »es scheint, die nationalliberale ist die ältere, und die Fortschrittspartei die die jüngere beider Parteien, oder jene ist aus den alten Herren und diese aus den jungen Juraten zusammengesetzt.«

— »Bei Leibe nicht,« sagte ich ihnen, »die Fortschrittspartei als Partei ist volle fünf Jahre älter, und ihre tonangebenden Mitglieder sind nichts weniger als Gelbschnäbel oder grüne Jungen, sondern ehrwürdige Gentlemen zwischen Sechzig und Siebzig, oder wenigstens zwischen Funfzig und Sechzig.«

— »Nun,« sagte man lachend, »dann hat es wohl andere Gründe. Wir haben schon gehört, die Deutschen seien ebenso gelehrt als streitsüchtig. Sie zankten sich sehr gerne über den Punkt über dem I, oder über »Bewahrt« oder »Verwahrt« in dem Gesange der Nachtwächter, welcher bei Euch lautet »Bewahrt das Feuer und das Licht«; wir Ungarn dagegen lassen unsere Nachtwächter singen:

> Ihr Herren lasst Euch sagen;
> Der Hammer hat X geschlagen,
> Gelobt sei Jesus Christ! —

und wir zanken uns darüber gar nicht. Aber bei Euch scheint jede Meinungsdifferenz sofort die tiefste persönliche Entzweiung und Erbitterung zur Folge su haben. Sie meinten vorhin, unsere ungarische Opposition sei nicht immer staatsmännisch. Nun gut, erlauben Sie uns das Kompliment, so gut wir können, zu erwidern. Wir unsererseits finden jene »Querelles d'Allemands« eben auch nicht sehr staatsmännisch. Wir betrachten auch sie nicht als ein »Zeichen der Regierungsfähigkeit.« Schliesslich entpuppt sich diese ganze Differenz doch als der rein persönliche Krakehl? Müssen Sie das nicht zugeben? Tessék?«

Wenn ich, auch Angesichts des Auslandes, die Wahrheit sagen darf, — und ich denke, das ist immer noch das Beste, oder wenigstens besser, als jene »patriotischen Lügen« und »heroischen Dummheiten«, durch welche sich Leboeuf, Ollivier, Palikao, Gambetta, Trochu und Favre auszeichneten —, so muss ich gestehen, dass ich fühlte, aber freilich bei Leibe nicht zugab, das erlaubt nicht der Korpsgeist, ich sei etwas in die Enge getrieben. Aber an-statt den Spiess zu strecken, drehte ich ihn um; ich ging aus der Defensive in die Offensive über, examinirte meine ungarischen Freunde über den Unterschied zwischen der »Partei Deak» und der »Linken«, liess auch hier keinerlei prinzipielle Differenz gelten, erging mich bis an die äusser-sten Grenzen »biederer Offenheit« und hatte schliesslich die Lacher auf meiner Seite. Letzteres jedoch nicht in Folge der unwiderstehlichen Richtigkeit meiner Ansicht oder der Unüberwindlichkeit meiner Dialektik und Taktik, sondern nur deshalb, weil meine Gegner ausserordentlich liebenswürdig und feine Gentlemen waren, die Spass ver-standen, während manche unserer deutschen Politiker, wie Oppenheim sagt, nichts sind, als »sauertöpfige Moralisten, welche in jeder abweichenden Meinung Felonie und Ver-rath sehen«, — altmodische Ketzerrichter, welche nichts weniger vertragen können, als die wahre Freiheit des Den-kens und der Meinungsäusserung.

Doch kommen wir zu Jókai's Pamphlet. Ich gebe von dessen Inhalt das, was für uns in Deutschland, sei es in Betreff der Personen oder der Sachen, Interesse hat, im Auszug:

»Ein Diplomat des Auslandes«, erzählt Maurus Jókai, »sagte mir vor nicht langer Zeit, Europa werde alles gut heissen, was Ungarn zur Entwickelung seiner Selbstkraft unternimmt, nur Eins wird es nicht verzeihen: die Schwäche.

Sehen wir uns zuerst den lebendigen Stoff an, aus welchem die gegenwärtige ungarische Regierung gebildet

ist, und untersuchen wir dann, was wir von ihr in Entwickelung der von uns geforderten Kraft erwarten können.
Niemand in der Welt wird es uns als übertriebene Schmei-
chelei auslegen, sprechen wir es also aus, was ohnehin
Jedermann weiss, dass Graf Andrássy zur Zeit sich derart
mit guten, sanften, zum Aufessen liebenswürdigen Mini-
stern umgeben hat, dass in der jetzigen Regierung Niemand
eine andere Idee, einen anderen Willen hat, als den seinen.
Ach, hätte dann wenigstens Er entschiedene Ideen und
einen starken Willen.

Der Finanzminister Kerkapoli ist als Kapazität die
hervorragendste Figur im Ministerium, von unschätzbarer
reiner Hand und klarem Kopfe, riesig an Fleiss und Hin-
gabe; aber gerade auch ihm fehlt, was all den anderen
fehlt, die Kraft. Wir meinen nicht die Energie im Durchführen des Details: darin kann man ihm keinen Vorwurf
machen: aber die kraftvolle Initiative zur Gründung der
finanziellen Selbständigkeit und Grösse unseres Vaterlandes. Vor dieser Aufgabe weicht auch er zurück. Sein Vorgänger im Finanzministerium, der jetzige Graf Melchior
Lonyay, verkroch sich doch noch nach rechts und links,
um mit dieser Aufgabe nicht zusammen zu treffen, Kerkapoly aber weicht direct vor ihr zurück. Ist er bereits pro-
vozirt: »Nun komm, lösen wir die Frage der finanziellen
Verknotungen Ungarns und Oesterreichs«, dann sagt er
dem Gegner »warten wir noch«. Wir aber wissen nicht, ob
es fürs Zuwarten noch ein neues Lustrum geben werde!

Beginnen wir ganz oben: mit dem Ministerpräsidenten
,Grafen Julius Andrássy.

Er ist der »Minister an der Seite des Königs«; vielleicht noch mehr. Er ist die lebendige Lösung des Prob-
lems, wie Oesterreich und Ungarn zwei Minister des Auswärtigen haben können. Denn es ist allgemein bekannte
Thatsache, dass während des vorjährigen Weltkrieges Ungarns Auffassung der Frage direkt die Richtung in der
auswärtigen Politik der Doppelmonarchie abgab, und zwar
zum grossen Glücke für Oesterreich. Und das kann auch
nicht anders sein, da wo ein Dualismus existirt; ein Dualis-

mus, nicht blos in Verschiedenheit der Grenzen und der
Regierungsweisen, sondern auch in den Endzielen der
politischen Bestrebungen. Ungarns Strebnisse beweisen
die Nothwendigkeit der verschiedenen Einzelstaaten, die
Möglichkeit der gegenseitigen Verbindung derselben, während das Endziel den österreichischen Politiker stets die
Verwirklichung des Grossstaates bleibt; und diese beiden
Auffassungen zeigen sehr natürlich nicht blos in der
Innenregierung, sondern auch in der auswärtigen Politik
entgegengesetzte Tendenzen. Da die österreichischen
Politiker sowohl auf dem Terrain des Absolutismus, als
auch auf dem des Konstitutionalismus mit ihren Bestrebungen, bei uns einen einzigen grossen Staat zu gründen,
Bankerott gemacht haben, da kamen sie auf die Idee,
zwei grosse Staaten zu schaffen, dann werde, so hoffen sie,
bei jeder Action der 70 Prozent zahlende Staat den blos
30 Prozent zahlenden Staat mit sich ziehen. Dass diese
Anschauungen sich bei nächster Gelegenheit als Täu-
schungen erwiesen, darauf hatte, neben dem Verhalten des
ungarischen Reichstages und den Ereignissen von Weissenburg und Spicheren, unleugbar Graf Andrássy grossen
Einfluss. Des 30prozentigen Staates richtige Auffassung
seines politischen Interesses befahl dem 70prozentigen
Staate das Verbleiben in friedlicher Neutralität. Aber ein
Uebelstand ist dabei. Der, dass Andrássy zu viel Werth
auf das Gute legt, dass beide Staaten niemals Lust fühlen
sollen, sich in irgend eine europäische Action zu mischen;
das wäre eben nicht seine Aufgabe.

Jene Furchtsamkeit, jene Besorgniss, welche er in
Organisation des Offizierkorps der Honved bewies, als er
es verhinderte, dass die Honvedarmee mit technischen
Truppen versehen werde, als er die lähmenden Traditionen
des gemeinsamen Heeres vertheidigte, als er mit eigenem
Leibe die falschen Auffassungen des Kriegsministers
deckte; all das spricht laut dafür, dass Andrássy sich bemüht, die österreichische und die ungarische Monarchie möge
nicht nur keine Lust verspüren zu gewagten Actionen,
vielmehr auch keine Kraft hierzu besitzen. Andrássy

fürchtet sich vor unserer eigenen Stärke. Er hat es auch oft genug gesagt: »Stünden die beiden Heere in vollster Ausbildung neben einander, so würden sie eben nicht neben einander, sondern einander gegenüber stehen.« Und darin gebe ich ihm nicht recht. »Jetzt«, wo die Interessen des Thrones, Ungarns Interessen, und die Interessen der Freiheit so sehr eine einzige und untheilbare gemeinsame Sache bilden, würden sich Ungarns Gesammtkräfte bis zum letzten Masse auf demselben Niveau geltend machen, als Oesterreichs Kriegskraft, käme jedoch solch ein Wechsel vor, vor dem Gott unser Vaterland bewahren möge, welchen aber auch wir nicht für absolut unmöglich halten, dass nämlich die Interessen des Thrones nnd Oesterreichs Interessen auf der einen Seite, und die Interessen der Freiheit und Ungarns Interessen, auf der andern, einander feindlich entgegentreten würden, dann giebt es ohnehin jene menschliche Weisheit nicht, welche hindern könnte, dass Oesterreich auch in gemeinsamer Armee Ungarn mit sich führen würde. Das konnte uns ja schon 1859 und 1866 lehren. Es wäre eine grosse Gefahr, käme solch eine Situation; doch wie kann Andrássy an solche Gefahr denken, wenn man aufrichtig glauben muss, dass die Loyalität, welche Ungarn für den Thron zeigt, auch von oben Erwiderung findet, dass die guten Beziehungen zwischen dem Herrscher und der Nation nicht blos vergängliche Sympathien seien, sondern hervorgebracht durch wiederholten, schweren Fingerzeig des Schicksals, und dass das, was seit fünf Jahren geschieht, wirklich ernsthaft gemeint sei?

Auch in andern Ländern ist die wichtigste Abtheilung sogar noch wichtiger, als die Landesvertheidigung, das Finanzfach; in Ungarn aber ist es das doppelt, denn wir haben hier nicht nur unsere eigenen finanziellen Angelegenheiten, sondern drüber hinaus auch noch eines anderen Landes Finanzkalamitäten zu ordnen, oder sollten dies wenigstens können.

Diesem Fache steht der Finanzminister Kerkapoly vor und ich stehe nicht an es auszusprechen, dass, hätten

wir keine andere Aufgabe, als bloss unserem Belieben ge-
mäss den eigenen Staatshaushalt zu ordnen, ich für diese
Aufgabe Kerkapoly für einen sehr guten Minister halten
würde. Seine puritanische Einfachheit, seine anerkannt
reine Hand, sein beispielloser Fleiss, seine Neigung zu
versteinerter Sparsamkeit, seine grobe Aufrichtigkeit gegen
grosse Herren, gute Freunde, Ministergenossen, überhaupt
gegen Jedermann, der vom Lande Geld begehrt, gepaart
mit einem glücklichen Recheninstinkt, all das lässt ihn als
willkommensten Finanzminister erscheinen; und ich leugne
nicht, dass ich ihn in jenem Fauteuil viel lieber sehe, als
seinen Vorgänger, den jetzigen Grafen Melchior Lonyay,
der die Kunst besass, dass er sich in Geldangelegenheiten
durch Gemüthlichkeit Geltung zu verschaffen wusste!
Nebenbei bemerkt: ich habe nie einen grösseren Humo-
risten kennen gelernt, als unsern Lonyay. Wie der ein
Budgetexposé mit Hogarthischer Physiognomik vortrug;
wie der zwölf Folianten auf dem Tisch des Hauses nieder-
legte, mit jener köstlichen Aufforderung, das geehrte Haus
möge diese in drei Tagen durchlesen, und vermag es das,
sie widerlegen; wie der durch eine scherzhafte Wendung
dem Interpellirenden Platz machte, damit dieser allein im
Dunkel vordringen möge, während er vor ihm die Kerze
ausblies; wie fein der den Gerichtstafelbeisitzern mit den
langen Gesichtern, den »guten alten Tablabirós« bei-
brachte, dass, wenn sie das Plus mit dem Minus zusammen-
gäben, so werde daraus Eine Zahl; und schliesslich mit
welch Dickens'schem Humor setzte er seinen Nachfolger
in alle jene Rechte ein, die ihm nicht mehr anstanden, da
er von da ab höhere Aufgaben hatte! Und all das gelang
ihm vollkommen! Das Haus acceptirte die Gemüthlichkeit
in Geldangelegenheiten. Doch mir ist immerhin lieber,
dass jetzt Cisleithanien 70 Prozent von dieser Gemüthlichkeit geniesst, indem Lonyay gemeinsamer Finanzminister
wurde.

All dies freilich entbehren wir an Kerkapoly. Er ist
ein höchst langweiliger Minister. Der Mensch hört durch
ihn nichts als klare Zahlen und trockene Kalküls. Schade

nur, dass es zu einem ungarischen Finanzminister mehr bedarf!

Das ist nicht genug, dass er sich bestrebt, unsere eventuellen Einnahmen mit unseren möglichen Ausgaben in Einklang zu bringen; dass er jeden Ladenwinkel durchsucht, aus dem man noch einen zwischen den Latten eingeklemmten Groschen hervorholen könnte; dass er erbarmungslos die Budgets seiner Ministerkollegen beschneidet, trotzdem dass jeder Einzelne behauptet, dass gerade das seine das allerwichtigste sei; dass er das Stehlen sogar »ehrlichen« Leuten nicht mehr gestattet, dass er die Konzessionen nicht vermehrt; dass er feilscht und das Wohlfeilste herausfindet; dass er sich nicht betrügen lässt; dass er auf dem Geldmarkte sich den geziemenden Respect zu verschaffen weiss; dass er sogar in Berlin für Ungarn Anlehen zu contrahiren vermag; — All das sind sehr hübsche Sachen; doch wir beanspruchen Grösseres von Ungarns Finanzminister, nämlich, dass er gründlich unsere verrottete Finanzsituation umforme. Wir bedürfen nicht mehr des Pflasters, sondern des Messers; die fressende Wunde muss herausgeschnitten werden.

Vor Allem ist es die Steuerreform, welche das Land schon seit so langer Zeit betreibt, welche aber Kerkapoly eben so verzögert, wie seine Vorgänger, und ob deren Verzögerung die Agrikultur zu Grunde geht und ganze Industriezweige aussterben, — das bitterste Thema, bei dessen Erwähnung es sehr schwer ist, nicht zur äussersten Linken zu stehen; und in Wirklichkeit ist es für Letztere das allerdankbarste Feld. Dann die Unabhängigmachung des ungarischen Geldmarktes. Der ungarische Reichstag versäumte es nicht, darauf zu dringen, dass eine selbständige ungarische Nationalbank ermöglicht werde. Kerkapoly's humoristischer Vorgänger, Lonyay, antwortete hierauf nicht um eine Welt mit »Das kann nicht sein«, sondern — er mag ein gewaltiger Schüler von Boz-Dickens gewesen sein! — er sagte, der Reichstag möge für diesen Gegenstand einen Enquetekommission einsetzen. Diese Enquetekommission setzte sich dann zusammen, berath-

schlagte des Winters, berathschlagte des Sommers, berathschlagte im Pelz und in der Schwimmhose, beim Tages-
licht, beim Gaslicht, deutsch und ungarisch, Cigarren
rauchend, Stenographen zur Seite, schrieb ihre Berathungen
nieder, liess sie drucken; es ward daraus ein Wagen voll
»schätzbares Material«, welches so sehr anschwoll, bis es
endlich Lonyay aus dem Fauteuil des ungarischen Finanzministers hinausschob und mit ihm aufwuchs bis an den
Stuhl des gemeinsamen Finanzministers; dann sagte
Lonyay voll Würde: »Man gebe meinem Nachfolger
Rechenschaft.«

Kerkapoly jedoch fasst die ganze Enquete zusammen
und sagt: »Schmeisst es in den Ofen! denn so viel Verstand hab' ja ich selber, dass, wenn wir eine ungarische
Bank kreiren wollen, wir das auch ohne Ermuthigung
durch die Enquete können; aber was machen wir dann mit
der Valutafrage? Denn wenn von zwei Banken die eine
mit Metall bezahlt und die andere nicht, so folgt daraus,
dass das Publikum den Metallfond der einen insgesammt
wegschleppt.«

Daher sind wir nun bei der dritten Aufgabe: bei der
Wiederherstellung der Valuta.

In der That eine schwere Aufgabe. Doch muss dieselbe unaufschiebbar gelöst werden. Es handelt sich um
ein das Reich an der Wurzel angreifendes Uebel, dessen
Vertilgung man um jeden Preis versuchen muss. Es gehört ein grosses Stück Muth, Verstand und Geschicklichkeit dazu. Und wir sind so unbescheiden, all dies von
Ungarns Finanzminister zu beanspruchen. Wagt er sich
nicht an gründliche Reformen, oder vermag er uns nicht
zu helfen, dann ziehen wir vor Kerkapoly den Hut und
sagen: »Er war ein wackerer Beamter, ein guter Bureau-
chef, doch Ungarns Finanzminister war er nicht.«

Bis hieher unsere eigenen ungarischen Minister.

Nun sehen wir, was wir im gemeinsamen Ministerium
bekommen; und in dessen parlamentarischem Kontrolleur,
in der Delegation.

Das gemeinsame Ministerium muss existiren, damit

die Armee eine gemeinsame sei. Der hauptsächlichste
und einzig bemerkenswerthe Factor wäre demnach das
gemeinsame Kriegsministerium. Wen wollen wir denn
eigentlich damit täuschen, dass wir eine gemeinsame Armee
haben? Es giebt »Ein« österreichisches Heer und damit
haben wir Ungarn ganz und gar nichts gemein, als die
Pflichten, die Verbindlichkeiten, die Lasten; die Rechte
sind ausschliesslich auf Seite der Oesterreicher. Oesterreichisch ist die Leitung, österreichisch die Fahnen, österreichisch das Centralkommando, österreichisch das Offizierkorps, österreichisch die Kommandoworte, österreichisch
der strategische Mittelpunkt, an dem Geschützgiesserei,
Arsenal, und alles Kriegsmaterial beisammen ist, österreichisch ist das Festungskommando; gemeinsam ist nur der
Zwieback und das Kommissbrot.

Unser gemeinsames Ministérium des Auswärtigen ist
— versteht man es so, wie ich das zu Beginn meiner Auseinandersetzung bemerkt, dass nämlich der ungarische
Ministerpräsident als Factor und Repräsentant der ungarischen Interessen factisch in demselben Platz findet —, ·
ein Institut von practischem Werthe, und besonders, wenn
bei Gelegenheit grosser politischer Krisen der ungarische ·
Ministerpräsident den Muth hat — wie solchen Andrássy
während des französisch-deutschen Krieges in anerken-
nenswerther Weise bewies — seinem eigenen Verstande
und seiner besseren Ueberzeugung nach zu stimmen, sogar
dann, wenn seine bessere Ueberzeugung mit der besseren
Ueberzeugung der Opposition — seiner eigenen Opposition
— vollständig zusammentrifft und dagegen allen reactio-
nären und chauvinistischen Elementen der Regierungspartei direct widerstreitet, wie es eben bei bemerkter Gelegenheit geschah. Wir von der Linken fassten Andrássy's
auswärtige Politik richtig auf und unterstützten sie, während
die Majorität der Regierungspartei, wie das all ihre Blätter
bewiesen, die vom Grafen befolgte internationale Politik
tadelte. Und all dieser scheinbare Widerspruch hat sehr
natürliche Ursachen. Deutschlands Konsolidirung zieht
als klarste Konsequenz für Ungarn und Oesterreich die

Lebensaufgabe nach sich, Ungarns gesammte Kraft zu entwickeln. Und mit deren Vollendung ist die Zeit der traditionellen österreichischen Politik vorbei und sie muss sich auf anderer Basis festigen. Diese Basis ist aber die »unsere«; es ist die Basis der freien Institutionen, die Grundlage aufrichtigen Konstitutionalismus. Daher im wohlerkannten Interesse unseres eigenen Reiches, nicht blos aus nationalen Sympathien, hiessen wir von der Linken des Reichstages Andrássy's auswärtige Politik gut und wir wünschen auch heute noch die weitere Entwickelung der freundschaftlichen bundesgenössischen Politik gegenüber und mit dem deutschen Reiche.

Jedoch, was unsere auswärtige Vertretung betrifft, so stehen wir nicht an, es auszusprechen, dass wir in dem Betreff sogar noch schlechter versorgt sind, als Louis Napoleon es war; und das erste beste bedeutendere Blatt europäischer Journalistik ist durch seine Korrespondenten für richtiges Taxiren auswärtiger Politik besser unterrichtet, als unsere Ministerien für das Auswärtige auf dem Wege der viel kostenden Gesandtschaften. Die österreichischen Gesandten alle sind Grand-Seigneurs, die sich hermetisch abschliessen von jenem Lande, dessen Verhältnisse sie studiren sollten, so dass sie nicht einmal von den Vorfällen, die sich zunächst ereignen werden, voraus irgend eine entfernte Ahnung haben. Diese Herren Gesandten vertreten aber insbesondere nicht Ungarns Interessen; und noch weniger erwecken sie in uns das Vertrauen, dass sie die Interessen konstitutioneller Freiheit vertreten. Sie sind nach überall hin aus sechszehnkaratigen Altkonservativen gewählt und entsandt.

Wie soll denen Andrássy die Vertretung seiner Politik anvertrauen?

Oder ist unsere Politik eine solche, welche »Missverständnisse« absolut nöthig hat?

Durch das ganze diplomatische Korps ist blos als Rarität hin und wieder ein Ungar zu finden.

Schliesslich sollte ich noch über den gemeinsamen Finanzminister irgend eine Meinung sagen; aber ich bin

gezwungen, meine Unwissenheit einzugestehen. Ich konnte bis jetzt nämlich nicht entdecken, womit denn der die Zeit verbringt? Ich denke, solch ein verständiger und hochbegabter Mann, wie es der Graf Melchior Lonyay ist, muss sich titanenhaft langweilen, denkt er daran, dass er gemeinsamer Finanzminister ist. Denn er hat keine Kasse.«....
— Soweit Jókai. Graf Lonyay ist gegenwärtig Ministerpräsident von Ungarn und als solcher findet er für die Langeweile keine Zeit mehr.....

IV.

Zoltán Karpáthy.

Die Romane Jókai's, soweit ich solche gelesen habe, besitzen ganz besondere Vorzüge und natürlich auch Fehler. Denn beides ist in der Regel untrennbar. Jókai componirt eigenthümlich. Er hat mit Scott eine weitangelegte Exposition gemein. Ich weiss recht gut, dass dies in den Augen mancher Leser auf den ersten Blick eher als ein Nachtheil, denn als ein Vorzug erscheinen wird. Viele pflegen, wenn sie einen Roman von Scott lesen, über die Einleitung sehr rasch hinaus zu eilen, oder wenn man es deutlicher ausdrücken will: sie ganz zu überschlagen. In unserer schnelllebigen Zeit interessirt man sich nicht mehr für diese etwas breiten Schilderungen von Land und Leuten, von Gegenden und von Sitten. Man will kopfüber in eine spannende Geschichte hineingestürzt sein; und deshalb folgt ja Immermann dem Rathe seines Buchbinders, und beginnt seinen »Münchhausen« mit Kapitel Siebzehn, anstatt mit Kapitel Eins; Kapitel 1 bis 16 folgen dann später.

Vor dreissig oder vierzig Jahren war das anders, man war an das Eisenbahn-Tempo in Allem, auch in der Lektüre und dem Vergnügen, noch nicht gewöhnt; und wenn man einmal ein paar Stunden übrig hatte, so versenkte man sich mit Andacht grade in die Scott'sche Einleitung, welche uns das schottische Hochland schilderte, uns neue Menschen und neue Dinge vorführte. Wenn man dagegen jetzt ein Gelüst verspürt, Schottland zu studiren, fährt man von Ostende nach London, und von da mit dem Express-Train nach Schottland. »Das ist viel kürzer«, sagt man, »als eine solche lange Einleitung, das Original ist mehr werth als die Kopie.« Mag sein, aber gänzlich kann man denn doch die Bücher nicht entbehren. Wer reist ohne studirt zu haben, kehrt von der Reise zurück, ohne etwas gesehen zu haben. Man soll — ich bin ein alter weitgewanderter Tourist und kann darüber aus eigener Erfahrung sprechen — man soll vorher zwar nicht so viel studiren, dass man übersättigt wird, oder die Unbefangenheit des Blickes verliert, aber doch genug, um orientirt zu sein, nicht blos über Entfernungen, Transportmittel, Geld- und Preis-Verhältnisse, sondern auch über die Völker und deren Geschichte, die Städte, die Flüsse und Berge, die Lebensweise und die Wirthschaftsarten der Menschen. Ohne einen solchen Ariadnefaden führt jede Reise in ein Labyrinth. Will man aber recht gründlich verfahren, so muss man nach der Reise das Studium über das bereiste Land erst recht wieder aufnehmen. Es wird dann schon ein wissenschaftliches und kritisches, indem man den Massstab seiner eigenen Erfahrungen an das anlegt, was man in den Büchern findet. Dann wird man verschiedene Entdeckungen machen; zuweilen die, dass die Bücher irren, oder dass sie veraltet sind, zuweilen aber auch die, dass man sich selber geirrt, dass man nur oberflächlich beobachtet, Wichtiges übersehen, sich durch etwas Aeusserliches hat täuschen lassen und der Sache nicht recht auf den Grund gegangen ist. Und dann muss man auf Grund dieser erneuerten Studien das Land zum zweiten Male bereisen; dann erst erzielt man die richtigen Resultate.

Diese Methode empfiehlt auch W. H. Riehl, der nicht nur ein brillanter Stylist ist, sondern auch, was viel mehr sagen will, ein Mann von den ausgedehntesten kulturwissenschaftlichen Kenntnissen und einem hoch entwickelten Wahrnehmungsvermögen. Aber nicht nur vor und nach der Reise soll man lesen, sondern auch während der Reise. Man darf aber bei Leibe sich nicht mit gelehrtem Ballast beladen, sondern nur das auflesen, was man unterwegs findet. Das sind erstens die Zeitungen, insbesondere die Witzblätter, (letztere für den Fremdling in der Regel lehrreicher als die ersteren) des betreffenden Landes; zweitens Chroniken einzelner Orte und Kuriositäten; und drittens gute Ortsromane. Wer in der Schweiz Jeremias Gotthelf liest und in Ungarn Jókai Mór, der wird es nicht bereuen. Der Erzähler lehrt uns das Land und das Land lehrt uns den Erzähler verstehen.

»Wer den Dichter will verstehen,
Muss in's Land der Dichtung gehen.«

Und von diesem Standpunkte aus kann ich sagen: für die Leser, die sich nicht einem rein passiven, müssigen Spiele der Phantasie hingeben, sondern auch aus Romanen lernen wollen, ist grade die breit angelegte Einleitung der Jókai'schen Romane von besonderem Interesse. Denn sie bietet uns die tiefsten Einblicke in das Wesen von Land und Leuten und in die neueste Geschichte der Territorien der heiligen Stephanskrone. Dann aber unterscheiden sich diese Einleitungen, sehr zu ihrem Vortheil, von denjenigen Scott's durch ihre wunderbare Anschaulichkeit, durch die Kraft der Zeichnung und die Wärme der Farben. Diese Schilderungen sind das, was ich in den Romanen Jókai's am höchsten stellen möchte. Sie sind von wahrhaft hinreissender Wirkung und verrathen am meisten den wirklichen Dichter. Dabei sind sie streng realistisch und geben uns auch praktischen Aufschluss über die wahre Natur und Geschichte des Landes.

Zwei Missgeschicke sind es, welche Ungarn bis in die Mitte des 19. Jahrhunderts heimgesucht haben und zum Theil noch heimsuchen. Es ist die Hungersnoth und die

Ueberschwemmung. Früher waren es die veraltete Verfassung und Gesetzgebung des Landes, sowie der Mangel an Kapital und wirthschaftlichem Sinn, welche die Abhülfe erschwerten. In neuerer Zeit, seitdem sich Ungarn auf der Bahn des Fortschritts bewegt, ist es zum grossen Theil gelungen, Herr über diese schrecklichen Plagegeister zu werden. Jene beiden Kalamitäten malt uns Jókai mit ergreifender Wahrheit. Die Hungersnoth hat er uns in einem schon in der Mitte der fünfziger Jahre verfassten Romane geschildert. Er führt den Titel: »Die guten alten Tablabiro's.« Die Tablabiros, *tabulae viri*, waren in vormärzlichen Zeiten die Männer der Gerichts- und Verwaltungstafel, welche die öffentlichen Funktionen als Ehrenämter ausübten und kraft ihrer Stellung als Grundherren viel Gutes zu wirken im Stande waren und auch wirklich wirkten, wenngleich heute ihre Figur ein wenig dem Spotte anheimgefallen zu sein scheint. In einem späteren Romane (von 1860) betitelt: »Zoltán Karpáthy«, welcher die Fortsetzung seines berühmtesten Romans »Ein ungarischer Nabob« bildet, hat Jókai uns eine Ueberschwemmung geschildert — nicht eine solche, wie sie auch heute noch zuweilen die Theiss oder die Donau in bäuerlichen Distrikten und auf Weideländereien anzurichten pflegt, sondern die schlimmste, welche jemals Ungarn heimgesucht hat: die Pester Ueberschwemmung vom März 1838. Sonst begann der Frühling in den Thälern und in der Ebene, während der Winter noch in den Gebirgen herrschte; der Frühling löste zuerst die Fesseln am unteren Theile des Landes und riss ein breites Thor auf für die Fluthen, welche in Aussicht standen, sobald die Wärme bis in das obere Gebirge vordrang. Im Frühling 1838 war es leider umgekehrt. In den oberen Gegenden herrschte Thauwetter, in den unteren Frost. Im Norden sprosste das Gras und wuchsen die Veilchen; im Süden fiel eine solche Masse Schnee, dass die Städte, welche ihn hinausführten, schliesslich mit einer weissen Ringmauer umgeben waren, welche der Frost erstarren gemacht hatte. Unterhalb Pest, zwischen Pest und Tolna, wo sich die Donau in drei Arme theilt, hatte sich das Treibeis gesetzt, d. h. es hatte sich sowohl in den drei Theilen des Stromes, als auch auf den Inseln hoch aufgeschichtet, und da immer neues Eis und immer neuer Frost hinzukam, war alles bis auf die Tiefe des Flusses gefroren; der Schnee, der unablässig darauf und darüber fiel, hatte das Wehr noch befestigt, das den Fluthen Stillstand gebot.

Ein ähnlicher Wall hatte sich oberhalb Pest gebildet, zwischen Wissegrad, dem alten Sitze der ungarischen Könige, auf dem einen, und Nagy-Marosch, dem rebenreichen, von wo jetzt Berlin seine ungarischen Tafeltrauben bezieht, auf der anderen Seite des Stromes. Das Flussbett ist hier eng, auf beiden Seiten thürmen sich felsige Berge, die etwa denselben Anblick bieten, wie die am mittleren Rhein. Oberhalb dieser Eisanhäufung bei Wissegrad war das Wasser, dessen Abfluss durch jene gehemmt war, bereits ausgetreten. Ebenso unterhalb Pest in Folge des Wehrs bei Tolna. Mit banger Spannung sah man den Ereignissen entgegen. Brach der Strom zuerst die Wälle oberhalb Tolna, und trat dann erst der Durchbruch bei Wissegrad ein, so war die Sache ziemlich gefahrlos; dann war Platz genug zum Abfluss vorhanden. Durchbrach aber die Donau zuerst die Eisanhäufung von Wissegrad, kam von da das ganze brausende Meer angestürzt, und leisteten die Wälle oberhalb Tolna dann immer noch Widerstand, so war Pest verloren. Man hoffte auf ersteres, und in diesen Hoffnungen hatten Tausende armer Leute vom flachen Lande sich selbst und das Wenige, was sie vor den Fluthen gerettet, in Pest geborgen.

Aber das Gegentheil trat ein. Schon am 13. März erreichte der Donauspiegel bei Pest den höchsten Stand, auf welchen die Wälle und Quai-Mauern berechnet waren. Allein man schien in Pest noch wenig Notiz davon zu nehmen. Die vornehmen Herren gaben Bälle in ihren Palästen, welche so bald einstürzen sollten; die Juraten zechten und hielten Bank; das Gesindel feierte seine Orgien in den Kellern, welche in wenigen Stunden nur noch Wasserlöcher waren. In der Nacht vom 13. auf den 14. kam die Nachricht: »Die Dämme bei Wissegrad sind gebrochen, der Strom und das Eis sind im Anmarsch.« Unmittelbar unter der Stadt, an der Czépelin-Insel, hemmte ebenfalls eine Eismauer den Abfluss. Man versuchte, sie zusammen- zu schiessen. Jeder Schuss, welcher traf, wirbelte einen sprühenden Eisregen in die Luft und riss eine Eismasse los; aber der Strom ersetzte sofort das Weggeschossene reichlich, indem er die Bresche mit neuen Eisblöcken füllte. Endlich wagten es einige junge Offiziere mit äusserster Lebensgefahr, eine Mine zu legen und zu sprengen. Die Eismauer wankte und brach, aber die wei- ter unten bei Tolna hielt desto fester. Das Wasser fuhr fort zu steigen. Es übte einen eigenthümlichen Druck auf den Boden. Auf dem neuen Marktplatz, der damals noch ungepflastert war, zeigte sich plötzlich eine Menge kleiner Springbrunnen, die ihre Strahlen in die Luft warfen. Man brauchte nur mit dem Stock ein Loch in die Erde zu stossen, und sofort sprang das Wasser Fuss hoch empor. Es war unterirdisch in den Sandboden gedrungen und in diesem emporgestiegen, ein sehr bedenkliches Zeichen.

Plötzlich tönten drei Kanonenschüsse durch die Nacht. Sie kamen von der Festung Ofen und verkündeten, dass die Donau die Dämme durchbrochen hatte; durch zwei Breschen fluthete sie, schwere Eisschollen mit sich schiebend, in die Stadt. Thüren und Fenster begannen zu klappern und zu klirren. Die Häuser wurden wie von Geisterhänden gerüttelt. Die Fluth schob ihren schwarzen Spiegel immer weiter vorwärts, in welchem der Reflex der erleuchteten Fensterreihen schimmerte. Die Gesellschaf- ten begannen auseinander zu stieben. Die Herrschaften flüchten in ihren Wagen. Der Kutscher peitscht die Pferde. Die Räder rollen, aber dann verstummt das Geräusch. Man ist im Wasser. Die von Neuem angetriebenen Rosse bäu- men sich wild auf und sprengen hinein in die dunkeln wachsenden Fluthen. Noch ein paar Schritte weiter, und die Fluth dringt schon in's Innere des Wagens; das eis- kalte Wasser benetzt die Atlasschuhe der Damen. »Fahr'

zu Kutscher!« Der Kutscher peitscht die Pferde, aber die
Pferde stehen plötzlich wie eine Mauer; sie sind klüger als
die Menschen. Da stösst eine mächtige Eisscholle dem
einen Pferde an die Brust. Erschreckt reisst es den
Wagen herum. »Vorwärts Kutscher!« Die Antwort ist:
»Mit dem Vorwärts ist es zu Ende, Gnaden; rückwärts
geht's noch — vielleicht!«
Nun geht es zu den Kähnen und Fahrzeugen aller
Art. Aber die Schiffer und Steuerleute striken, um den
geängstigten Menschen höheren Lohn abzupressen. Die
Arbeitseinstellungen sind nicht von gestern. Schon im
Mittelalter spielten sie eine hervorragende Rolle.

— »Heda, Gevatter«, ein Ausdruck, der an unseren
deutschen »Schwager«, Postillon, erinnert, »Heda, Gevat-
ter«, ruft ein junger Jurat, der in Gemeinschaft mit seinen
Genossen die Spielbank verlassen hat, um einer obdach-
losen Familie seinen Gewinn zu schenken, und dann Men-
schenleben zu retten, »komm heran mit Deinem Kahn!«
— Wer zahlt?
— »Wir, die Juraten, zahlen.«
— Wie viel?
— »Fünf Gulden,«
— Fünf Gulden, grinst der Schiffer, lumpige fünf
Gulden? Nicht um fünfzig rühren wir uns von der Stelle.
— »Und warum nicht?«
— Weil wir, wenn wir noch ein Viertelstündchen
warten, das Vierfache bekommen, erst muss noch ein
Dutzend ersaufen.
Da ist denn endlich die Geduld der jungen Juraten
erschöpft. Ihr Führer macht es wie der ungarische
»Kanasz« (Sauhirt), welcher niemals seine Waffe mit in's
Handgemenge nimmt, aus Furcht, sie könne dem Gegner
in die Hände fallen. Er wirft seinen Degen auf's Land,
springt in's Wasser und entert das Boot mit den riesigen
Fäusten. Seine Kollegen springen hinein mit gezogenen
Säbeln. Die Schiffer schlagen mit Stangen und Rudern.
Dann ringen beide Theile Leib an Leib. Die Juraten sind
stärker, jünger und flinker. Sie werfen die Schiffer in's

Wasser und fahren triumphirend davon. Kein Schiffer lernt schwimmen: sie glauben, das Schwimmen helfe doch nichts und verlängere nur die Todesqual des Ertrinkens. »Mögen die Schiffer ertrinken,« sagen die Juraten, »wir wollen Menschenleben retten. Vorwärts!« . . . . . Die kranke Tochter eines hohen Beamten ist allein zu Hause; ihre Eltern sind zu Balle gefahren. Sie hat Niemanden bei sich, als eine junge blinde Gespielin. Die Blinde hört Alles. Sie vernimmt ein fernes Sausen und Brausen. Es kommt näher. Dann hört sie gurgelnde Töne im Schosse der Erde; es ist das Wasser, das die Keller füllt. Dann erschallen Angstrufe. Die eiligen Fusstritte dröhnen im Hause; sie gehen hin und her, auf und ab. Hierauf drei laute Schüsse hinter einander. Die Leute verlassen das Haus. Die Thüren werden zugeschlagen. Die Kammerzofe jammert im Nebenzimmer, sie kann ihre Sachen nicht finden. Die Kranke ruft ihr. Die Zofe antwortet nicht, sondern verschwindet. Die beiden armen Kinder wissen nicht, was das bedeutet. Da tönt der Ruf: »Die Dämme sind durchbrochen. Die Fluth kommt. Die Fluth wächst. Gott erbarme sich unser.« Jetzt wissen sie, was es ist. Sie sitzen allein in dem hohen Hause. Allein zwischen dem dunklen Himmel und der eiskalten Fluth. Sie sind von Allen verlassen. Die Eltern können nicht mehr zu ihnen. Die Dienerschaft ist geflohen. Sie halten einander umschlungen und der Angstschweiss perlt von ihren jungen Stirnen. Doch horch, was läutet und klingt da? Auf dem Nachttisch der Kranken steht ein Glaspokal, darin ein kleiner silberner Löffel. Ohne Menschen-Zuthun klirrt und klingt der Löffel stossweise wider das Glas. Er will seine warnende Stimme mit dem Geläute der Glocken vereinen. Und die Uhr, nachdem sie mit Mühe und Unterbrechungen elf geschlagen, steht plötzlich still. Das trauliche Tick Tack hört auf. Wer hat dem Sekundenpendel Einhalt geboten? Jetzt hört man ein Geräusch in dem Hause. Wer ist sein Urheber? Ist Jemand von den Leuten zurückgekehrt? Naht sich, ein Retter? Nein, diese seltsamen Töne rühren nicht von Menschen her. Das knistert und knarrt, das rieselt und bröckelt, das rauscht und saust so unheimlich und heimlich; — und dann folgt ein furchtbarer Krach, dass das ganze Haus in seinen Grundvesten erzittert. Die marmorne Treppe ist eingestürzt. Auf den Krach folgt ein längeres Rieseln des lose gewordenen Mörtels, unterbrochen von dem Kollern und Niederschlagen einzelner marmorner Stufen. Keine Treppe mehr in dem Hause! Jetzt wissen die Mädchen, dass sie verloren und ohne Rettung sind. Nur durch eine Art Wunder rettet sie schliesslich der Held der Geschichte. . . . . . .

Während auf der einen Seite die höchsten Thaten des Muthes und der Aufopferung hervortreten, sehen wir im Bunde mit dem feindlichen Elemente das Gesindel die gröbsten Ausschweifungen begehen, plündern, stehlen, ja morden.

Jókai wendet seine Aufmerksamkeit den edlen Handlungen zu, welche historisch ausser Zweifel stehen. Er schildert uns die Grossthaten eines Wesselenyi, eines Dessewffy, eines Szapary, eines Pronay, Karolyi, Eötvös und anderer edlen Ungarn, welche den Titel »Optimaten« verdienen; denn sie sind die Besten unter den Guten des Landes. Aber auch eine verworfene *jeunesse dorée*, welche vom Ausland nichts gelernt hat, als dessen Laster, macht sich breit. Sie fährt zu Wasser spazieren, um sich inmitten des allgemeinen Unglücks lustig zu machen.

Eine vornehme Dame ruft vom Balkon ihres Hauses herunter um Hülfe.

— »Wir bedauern, meine Gnädigste«, lautet die höhnische Antwort des Baron B., »unsere Toilette ist zu wenig salonmässig, als dass wir unsere Aufwartung machen könnten.«

Ein armer Mensch klammert sich mit den letzten Kräften noch an einen aus dem Wasser hervorragenden hohen Laternenpfahl. Er schreit: Zur Hülfe!

— »Fürchte Dich nicht, mein Sohn!« rufen ihm die jungen Roué's, »wer für den Galgen bestimmt ist, der ersäuft nicht im Wasser!«

Dann fahren sie an einem verlassenen und halb

zusammengestürzten Hause vor, läuten die Klingel und rufen: »Heda, Hausmeister, sind hier Wohnungen zu vermiethen?« Den Unfug, welchen sie vor einem anderen Hause machen, dessen Bewohnerinnen mit Feuer umgehen, aber nicht mit dem der Vesta, kann man an dieser Stelle nicht schildern.

Da kommt ein grosses Boot dazwischen, das schon stark mit Geretteten beladen ist und dadurch Aufsehen erregt, dass es gerudert wird von Lakeien mit silbernen Achselschnürren und gesteuert von einem Mann mit goldbordirtem Kragen. Mitten darin stand, mit der Ruderstange arbeitend, ein junger Mann von etwa zwanzig Jahren. Sein Haupt war entblösst, die dunklen Haare fielen in feuchten Locken über eine Stirn, die hoch und breit gewölbt war. Die lang und schmal geschnittenen dunkeln Augen leuchteten von Wohlwollen und Eifer; das breite Kinn und die Unterlippe traten etwas hervor, jedoch kaum bemerkbar. Seine Bewegungen waren rasch und elastisch, kräftig handhaben seine schmalen Hände die Stange. Der junge Mann war ein Habsburger Prinz, aber die Ungarn jubelten damals ihm Beifall. Zehn Jahre später — wie anders!

Es war der Erzherzog Stephan, der Sohn des Erzherzogs Joseph, der ein halbes Jahrhundert lang die Würde eines Palatins von Ungarn begleitete. Stephan war am 14. September 1817 in Ofen geboren. Er starb am 19. Februar 1867 in Mentone »am gebrochenen Herzen.« Er hatte im Jahre 1848 den Versuch gemacht, in Ungarn, dessen Palatinus er kurz zuvor geworden, zwischen den zur Autonomie strebenden Magyaren und dem nach Centralisation strebenden Absolutismus der Wiener Hofburg zu vermitteln. Er war gescheitert und wurde von beiden Seiten Verräther gescholten. Von da an lebte er fast zwanzig Jahre lang in der Verbannung auf dem im Nassauischen an der Lahn gelegenem Schlosse Schaumburg, das ihm von seiner Mutter zum Erbtheil gefallen; und so unermüdlich er auch dort für gemeinnützige Zwecke bemüht war, so vermochte doch diese bescheidene Thätigkeit die grosse und ehrgei-

— 188 —

zige Seele des begabten Prinzen nicht auszufüllen. Er war das Opfer seiner Stellung geworden, die ihn so nahe dem Volk und so nahe der Krone gebracht hatte, dass er, als Krone und Volk in Konflikt geriethen, zwischen beiden zerrieben werden musste. Zu jener Zeit, wo uns Jókai Mór in dem Roman »Zoltán Karpáthy« die edle Gestalt des Prinzen vorführt, war derselbe noch weit entfernt davon, sein trauriges Schicksal zu ahnen. Der Erzherzog nahm die jungen Edelleute auf das Korn.

— »Ich hoffe, die Herren sind ebenfalls darauf aus, ihren Mitmenschen zu helfen?« fragte er.

— »Das gerade nicht, Kaiserliche Hoheit«, antwortete der Baron B., »ich habe mir die Aufgabe gestellt, dem *Club of Travellers* in London eine genaue Beschreibung dieser Vorfälle zu liefern; und da kann ich mich mit solchen Kleinigkeiten wie Rettung von Menschenleben nicht befassen.«

Die Bande jubelte innerlich, »wie der Baron den Erzherzog abgetrumpft habe.« Der Erzherzog überhörte die Ungezogenheit und befahl: »Fahren Sie hinter mir drein.«

Die Edelleute folgten. Vor der Franziskanerkirche fand sich ein kleiner erhöhter Platz, der dicht mit geretteten Pferden und Rindern angefüllt war. Hierher steuerte der Erzherzog mit seinem Boote, die Edelleute mit ihrem Kahn hinterdrein. Hier hiess der Erzherzog die Roués aussteigen, er wisse von ihrem Kahn einen bessern Gebrauch zu machen.

— »Aber bitte, Kaiserliche Hohheit,« rief B., der Führer der Bande, »wir sind magyarische Edelleute und so springt man nicht um mit dem Adel des Landes.«

— »Wer aus einer furchtbaren Landes-Kalamität sich einen lustigen Streich macht, der ist kein Edelmann. Aussteigen!« lautete die Antwort.

— »Aber,« remonstrirte Jener, »das ist eine Privatsache, in welcher der durchlauchtigste Herr uns nichts zu befehlen haben!«

Der Erzherzog gab keine Antwort. Er enterte den Kahn, brachte ihn zwischen sein Boot und das Ufer und sagte den Leuten, welche auf letzteren standen: »Wer von Euch hat Lust, diese Herren aus dem Kahne zu werfen und selbst den Kahn zur Rettung seiner Mitbürger zu übernehmen?«

Sofort fanden sich einige junge, schnurbärtige, säbelschleppende Juraten bereit, den Wunsch des Fürsten zu vollziehen. Die *Jeunesse dorée* wurde auf der Ochseninsel ausgesetzt. Der Erzherzog fuhr fort, mit seinem Boote und dem Kahn der Juraten Menschenleben zu retten; und dann steuerte er die Geretteten mitten durch die brausenden Fluthen und die treibenden und stossenden Eisschollen hindurch über den mächtigen breiten Strom hinüber zu der hochragenden königlichen Burg in Ofen, wo ihnen sein Vater, der greise Palatinus, alle Zimmer geöffnet und Obdach und Hülfe bereitet hatte.

Die Ueberschwemmung liess in Ofen 700, in Pest an 3000 zerstörte Häuser zurück. Die Zahl der verunglückten Menschen war nicht zu ermitteln. Das Wasser hat fast schlimmer gehaust, als früher die Türken und später der General Hentzi.

Die Schilderung der Fluth und der Ereignisse, welche damit zusammenhängen, füllt bei Jókai einen ganzen Band. Ich habe nur einzelne Scenen und Figuren daraus wiedergegeben, und auch diese nur losgelöst von dem Roman und blos in grossen und groben Umrissen, welche die Darstellung des Dichters nicht entfernt zu ersetzen vermögen, aber doch vielleicht im Stande sind, dem Leser einen Beleg zu geben für jene Vorzüge Jokai's, deren ich oben gedachte.

Und dann kommt ein weiterer Vorzug dazu, der aber ebenfalls zugleich zuweilen ein Fehler ist. Es ist schwer, deutschen Lesern das richtig zu schildern. Jókai's Phantasie ist so fruchtbar, dass die Fruchtbarkeit manchmal furchtbar wird. Das ist eine Masse von Figuren und Situationen, von Verwickelungen und Entwickelungen, von geschürzten, gelösten und durchhauenen Knoten neben und durcheinander, dass es Einem manchmal wirr und bange im Kopf wird. Ein Zehntel dieses Stoffs, welchen Jókai in einem Bande verbraucht, könnte genügen, um einem soliden Romanschreiber das Material für zehn Bände zu liefern. Ich kenne nur einen deutschen Romandichter, der in dieser Beziehung mit Jókai zur Noth wetteifern könnte. Das ist Karl Spindler in seinen guten Jahren, als er den »Juden«, den »Jesuiten« und den »Bastard« schrieb. Hätte Spindler eben so viel Bildung und Geschmack, wie Phantasie und Erfindungsgabe besessen, so hätte er sich bis zur höchsten Stelle emporgearbeitet. So ist er im Rohen und im Rauhen stecken geblieben und hat zuletzt nur noch Fabrikarbeit geliefert.

Aber Jókai ist noch reicher als Spindler. Seine Figuren sind ebenso zahllos als charakteristisch, und jeden Augenblick wird das Kaleidoskop geschüttelt, dass sie wirr durch einander fliegen. Der deutsche Leser ist dies nicht gewöhnt; es wirkt auf ihn im Anfange etwas »sinnbethörend«, um so mehr, als für uns Deutsche hier Alles fremd, neu, eigenthümlich, ich möchte sagen überraschend und beinahe berauschend ist. Der Ungar, der stets mitten in diesem seltenen Spiel der Gegensätze von alterthümlichen Formen und modernem Inhalt, von feiner Kultur und halber Barbarei, von streng nationalem Typus und kosmopolitisch-europäischer Civilisation, von sieben verschiedenen Völkern und fünf Religionen (katholisch, lutherisch, reformirt, griechisch und israelitisch) lebt, erstaunt natürlich nicht über diese Buntheit. Dazu kommt, dass die Romane ursprünglich für das Feuilleton grosser Blätter geschrieben und daher auf tageweises Erscheinen berechnet sind. Wenn man von einem starken Getränke täglich einen Esslöffel voll nimmt, so lässt es sich leichter vertragen, als wenn man die ganze Flasche auf einmal leert. Die Ungarn aber sind mässiger als wir, sowohl im Trinken, als auch im Lesen. Solche Wehrwölfe von Lesern, wie bei uns, — Leser, die jeden Tag einen Band Leihbibliothek verschlingen, weil »sonst das Ding zu theuer wird« — scheint es in Ungarn nicht zu geben; eben so wenig, wie es Leute giebt, welche beim Wein nur auf das Quantum, aber nicht auf die Qualität sehen. Wenig und gut, das ist dort die Parole. Und so soll man es denn auch mit dem Jókai'schen Romanen machen. Der Schluss derselben ist oft unbefriedigend, und zuweilen an den Haaren heranzogen. Es lohnt daher nicht der Mühe, zuvor hinten zu recognosciren, »ob sie einander auch kriegen«. Man wird besser thun, den Roman von vorne gründlich kapitelweise zu geniessen; oder blattweise, wie eine Artischoke. Man wird sich dann nicht nur unterhalten, sondern auch etwas dabei lernen.

V.

Die guten alten Tablabiro's und die jetzigen Minister in Ungarn.

Der schon erwähnte Roman »Die guten alten Tablabirós« könnte auch den Titel führen: »Das Ende des Hauses Brenocz.«

Es ist gegen Ende des Winters von 1846 auf 1847. Die Hungersnoth wüthet in Ober-Ungarn. Die guten alten Tafelherren bereisen das Komitat, um die Noth nach Kräften zu lindern. Sie kommen auch in die Herrschaft Brenocz. Die letzten Grafen Brenocz führen ein vornehmes und vergnügtes Leben in Wien oder Pest, in England oder in Frankreich. Das Erbe ihrer Väter haben sie einem Pächter oder »Arendator« überlassen, der das Volk schlecht macht, um es auszubeuten. Er legt überall Schnapsbrennereien an und verdirbt die ohnehin über die Massen sorglose und leichtlebige Bevölkerung durch den Branntwein. Sie läuft in die Fabrik, wo es Geld und Schnaps giebt. Sie vernachlässigt den Ackerbau, die Hauswirth-

schaft und den Uferschutz; und als in Folge dessen die
Hungersnoth und die Ueberschwemmung über sie herein-
bricht, da behaupten sie, sie seien verhext von dem »schwarzmauligen« — d. h. weder vollbärtigen noch rasirten —
»Arendator« und seiner Wirthschafterin. Es ist charakteristisch, wie eine Bäuerin den guten alten Tablabirós diesen
Teufelsspuk schildert. Die Wirthschafterin hat alles »verhext«. Der Hagel, der gefallen, hatte jedes Korn hinten
und vorn ein Gesicht, und diese Gesichter glichen dem der
Wirthschafterin. Die Kartoffelkrankheit ist hereingebro-
chen. Die Wirthschafterin wusste gesunde und kranke Kartoffeln zu unterscheiden; die gesunden nahm sie für die
Brennerei des »Arendators«, die faulen liess sie den Leuten.
Statt die Ursache in der Bodenerschöpfung und in ihrer
eigenen Unkenntniss und Fahrlässigkeit zu suchen, sagt
die Bäuerin: — »Ja, meine gnädigen Herren, auch die
Kartoffeln hat sie verzaubert. Sie hat einen Bund mit dem
bösen Feind geschlossen. Sie liess sich nämlich von dem
Gott-sei-bei uns riesige Kartoffeln versprechen und versprach dafür ihm die Hälfte der ganzen Ernte. Natürlich
auf unsere Kosten. Wir haben nämlich Antheilsfelder.
Die Hälfte dessen, was wächst, gehört der Herrschaft; die
andere uns. Die Herrschaft kann wählen. Nun wurden
die Kartoffeln so gross, wie man es noch niemals erlebt
hat. Aber die Hexe wusste, was davon dem Teufel gehörte. Was gut war, das schleppte sie in das grosse Haus
mit dem Rauchfang (die Brennerei); was schlecht und
teuflisch war, das liess sie uns. Und wie wir unsere Hälfte
nach Haus gebracht hatten, da waren diese Kartoffeln alle
inwendig hohl und morsch; aber gesund blieben die Kartoffeln der Hexe. Das aber ist doch nicht möglich ohne
den Bund mit dem Teufel.«
    — »Aber Frau, was schwatzt Sie für Sachen!«
    — »Ja, ja, meine gnädigen Herren, es lautet grausen-
haft; und ich selber wünschte am meisten, dass es nicht
wahr wär'. Aber ich sage Euch: Wir würden nicht alle so
elendiglich zu Grunde gehen, wenn man uns nicht behext
hätte. Ich weiss recht gut, was von Gott kommt, denn ich

bin genug in die Kirche gegangen, hab' nie einen Sonntag
versäumt. Wir haben uns nicht gegen Gott versündigt, dass
er uns so heimsucht; in unserem Dorf gab's keinen Dieb,
keinen Mörder, keinen Flucher; wir haben die lange Fasten
gehalten, die hohen Festtage gefeiert, den Armen gegeben,
so lange wir noch etwas hatten; wir haben Vater und Mutter geehrt und geliebt, gearbeitet im Sommer und Winter.
Dennoch gehen wir zu Grund. Ich erinnere mich, dass,
als ich noch ein Mädchen war, zweihundert und zwanzig
Häuser, alle von Stein gebaut, und vier Gassen im Dorfe
waren: in der Mitte die Kirche; Brot gab's in jedem Hause
in Ueberfluss; Milch und Butter genug; sogar Fleisch hatten
wir zuweilen. Damals hat noch die alte Herrschaft gelebt
und kam oft herüber, die Sägemühlen anzusehen; wir fisch-
ten ihr Forellen, und sie theilte unter uns schöne Silber-
zwanziger aus, weiss wie der Schnee. Da hörten wir auf
einmal, der gnädige Herr sei gestorben; und bald darauf
kam dann der Herr mit dem schwarzen Maul, der Arendator mit sammt seiner Hexe. Warum hat er denn kein so
schönes ehrbares Gesicht, wie diese gnädigen Herren hier?
Also der Schwarzmäulige kam mit einem andern Herrn,
der lange Stiefel, und mit einem, der einen hohen Hut auf
dem Kopf und Winterfenster (d. i. eine Brille) vor den
Augen hatte. Die haben Alles in die Kreuz und Quer abge-
messen; der Herr mit den hohen Stiefeln hatte einen Stab
in der Hand, wenn er diesen auszog, wurde er schrecklich
lang; damit mass er die Wände der Häuser, die Brücken-
joche, die Dämme. Der andere mit dem hohen Hut nahm
hier und da eine Handvoll Erde, beroch sie und nahm sie
in den Mund, worüber wir uns sehr wunderten. Dann suchte
der Schwarzmäulige einen Ort auf dem herrschaftlichen
Grund, wohin er etwas bauen wollte. Der mit den hohen
Stiefeln wollte, dass am Ufer gebaut werden soll; aber der
Schwarzmäulige sagte, dass es dort schlecht sei, denn das
Wasser werde den ganzen Dorfgrund ohnehin wegreissen.
Dann rieth er ihm wieder, dort auf den Hügel zu bauen.
Das wollte der Herr auch nicht, denn dort wird es dem
Sturm und Wind zu sehr ausgesetzt sein. Und, Sie können

mir's glauben, gnädiger Herr, früher hat dieser Ort weder
vom Sturm noch von Ueberschwemmung etwas gelitten.
Was aber der Schwarzmäulige sagte, das erlebten wir Alles.
Zuletzt liess er dort, neben dem Friedhof bauen und nahm
die Hälfte des »Gottesgartens« zum Hof. Ich hab's gehört,
wie er sagte, man wird hier ohnedies nicht lange mehr
einen so grossen Friedhof brauchen. Das Alles ist leider
auch eingetreten. Das Wasser hat das Dorf zweimal ver-
heert, die Häuser niedergerissen; unser Hab und Gut ging
verloren. Dann entstanden so starke Stürme, wie sie sich
von uns weder Jung noch Alt erinnern kann, Stürme, die
selbst die Hausdächer umkehrten. Als man aber die Brennerei zu bauen anfing, da war's mit uns ganz aus. In dieser Gegend gab es nie ein solches Haus; als sie den Rauchfang machten, glaubten wir, sie bauten einen Thurm; der
Rauchfang ging immer höher hinauf, er war schon zweimal
so hoch, als der Thurm unserer heiligen Kirche. Das ist
eine gottlose Sache, einen Rauchfang höher zu bauen als
den Kirchthurm. Die Alten im Dorf hatten Recht, als sie
sagten, das ist gewiss ein Thurm für den Teufel; 's wird
einem angst und bang, zu sehen, wenn er Rauch und
Feuer ausspeit, besonders in der Nacht. Dieses Haus frisst
das ganze Dorf auf. Früher wurde hier jedes Jahr ein
neues Haus gebaut, jetzt geht alle Jahr eine Gasse zu
Grund. Brennt etwas ab, so bleibt's dabei, Niemand baut
es wieder auf. Die böse Hexe dort in dem Rauchfang-Haus
zählt nach, wie viel wir sind, und den Neunten, den wirft
sie hinaus. Kaum in jedem dritten Haus wohnt noch Jemand; weiss Gott, ob wir die Ernte erleben? Der schwarzmäulige Herr hat Alles vorausgesagt, — 's ist auch in Erfüllung gegangen. Wir sind verhext. Gott erbarme sich
unser.«
So die slovakische Bäuerin. Es ist der Schmerzensschrei, den das Naturvolk ausstösst, wenn es zusammentrifft mit der Macht und mit den Lastern des Kulturvolkes,
welches letztere seine Ueberlegenheit bis zur Ausrottung
des ersteren missbraucht. Es ist derselbe Schmerzensschrei,
welchen in dem besten Roman des mit Unrecht so schnell

vergessenen Deutsch-Amerikaners Sealsfield die Rothhaut ausstösst gegenüber den Weissen. Der Roman heisst »Der Legitime und die Republikaner«. Die Rothhaut hat das Recht für sich: sie ist der Legitime. Aber die Republikaner haben die Kulturentwickelung für sich und deshalb bleiben sie oben, indem sie eisernen Schrittes über den Protest der legitimen Rothhaut zur Tagesordnung übergehen. Auf der Seite der klagenden Slovakin stehen auch hier alle Zauber der Romantik, mit inbegriffen Hexen und schwarzmaulige Hexenmeister. Auf der Seite des schrecklichen »Arendators« steht die practische Prosa. Wer kann an dem Ausgange zweifeln?

Und doch unterliegt der »Arendator« im Romane Jókai's. Er heist Krenfy, später Herr von Krenfy, ein entlaufener Ladendiener, der sich im Auslande verheirathet hat, dann nach Ungarn zurückkehrt und dort, während seine auländische Gattin noch lebt, eine Krämerwittwe heirathet, um mit deren Kapital glücklich zu wuchern. Die ausländische Frau stirbt und nun verstösst er die inländische, weil die bei Lebzeiten der ersteren mit der letzteren eingegangene Ehe ungiltig sei. Er wird Pächter der gräflich Brenocz'schen Herrschaft und saugt dort Land und Leute aus. Dann macht er dem Grafen Brenoczy bedeutende Vorschüsse und lässt sich dafür die Grafschaft Brenocz als nutzbares Pfand abtreten. Endlich wirft er sein Auge auf die junge und schöne Gräfin Cynthia Brenoczy. Er vergiftet den alten Grafen und weiss den Verdacht auf die junge Gräfin zu lenken. Alles gelingt ihm. Nur der Umstand, dass er in seinen Mussestunden ausser obigem auch der Wechselfälschung obliegt, bricht ihm den Hals. Die Wechsel sind angeblich ausgestellt von einem verschuldeten Edelmann Tarnoczy, von dessen reicher Schwester, Irene Ternoczy, der »Schwarzmaulige« die Valuta erpresst, so lange, bis sie selber ganz arm ist.

Nun ist aber Irene Tarnoczy verlobt und demnächst verheirathet, mit dem Oberfiscal Fenyéry, der mit dem »schwarzmauligen Arendator« ein schlimmes Rencontre gehabt hat. Fenyéry bereiste, wie ich Eingangs erwähnte; in

Gemeinschaft mit seinen Kollegen, den beiden andern
»guten alten Tablabirós«, dem Vicegespan Lippay und dem
Obernotar Erkelety, das Land, um die Hungersnoth zu lindern. Sie kamen auch nach der Brennerei des Arendators,
wo reiche Kartoffel- und Getreidevorräthe lagern, während
das Volk ringsum den Hunger erliegt. Die »Tablabiros«
wollen die Vorräthe expropriiren; sie wollen die höchsten
Preise zahlen. Der »Schwarzmaulige« schüttelt das
wucherische Haupt. Da steigt dem Oberfiscal das wilde
magyarische Blut zu Kopfe. Er schlägt mit der Axt die
Thüre ein, dringt gewaltsam in das Gut und vertheilt die
Vorräthe an die Hungernden. An sich hätte das zwar nicht
viel zu sagen. Allein es ist ein hochadeliges Gut; Krenfy,
als antichretischer Pfandinhaber ist quasi-titulirter Besitzer;
folglich ist der Einbruch das »Verbrechen des grossen
Privilegien-Bruches«, das »crimen majoris potentiac«. Fenyéry
entgeht nur mit Noth entehrender Strafe; aber sein Vermögen wird ihm unbarmherzig ab- und den Arendator
Krenfy zuerkannt.

Dieser Umstand, dass Krenfy das Vermögen des Herrn
Fenyéry durch jene Verurtheilung, und das Vermögen der
Frau Fenyéry, des vormaligen Fräulein Irene Tarnoczy,
auf dem Wege der Wechselfälschung an sich gerissen, hat
die Aufmerksamkeit des guten Tablabiro Fenyery geweckt
und seinen Verstand geschärft. Er kommt dem »Schwarzmauligen« auf die Sprünge, der letztere wird von seiner
verstossenen Frau verrathen, vor Gericht gestellt, des an den
alten Grafen Brenoczy verübten Giftmordes und der Wechsel-
fälschungen schuldig befunden und zum Tode verurtheilt.
Da aber der edle Arendator sich ein Vermögen von einer
Million »erworben« hat, so ist die Sache mit dem Erkenntniss noch nicht zu Ende. Jetzt beginnen die Versuche, den
Verurtheilten mittels Geld den Händen des Henkers zu
entreissen, denn die ungarische Justiz hat einige Schwächen. Allein alle Versuche scheitern an dem Vicegespan
Lippay, einem Richter von unerschütterlicher Festigkeit,
der aber nebenbei die kleine Schwäche hat, stets ungarische »Meidinger« zu erzählen. Die junge Gräfin Brenoczy,

welche von der falschen Anklage freigesprochen, edel-
müthig genug ist, Mitleid mit dem schwarzmauligen Ungeheuer zu fühlen, fragt den Vicegespan: »Was wird mit
Krenfy geschehen?«

— »Bizony, liebe Gräfin,« antwortet der gute alte Tablabiro, »ich vermuthe, mit dem geschieht was, wovon der
Zigeuner sagt, dass er es nie aushalten werde.«

— »Man wird ihn also hinrichten?« fragte entsetzt die
Gräfin.

— »Nur ein ganz bischen«, tröstet der gemüthliche
Vicegespann.

Krenfy also wird gehenkt; und Baron Fenyéry und
dessen Gemahlin, welche ihr Vermögen wieder erhalten,
spielen die triumphirende Tugend.

Diese kurze Skizze bildet jedoch nicht einmal den
dritten Theil des blossen Gerippes dieses in acht Liefe-
rungen erschienen Romans, der sich noch mehr als die
übrigen durch Reichthum der Figuren und Scenen her-
vorthut.

Den Mittelpunkt der Geschichte bildet jenes Verbrechen des grossen Privilegienbruchs, durch welches der
Oberfiscal (Ober-Staatsanwalt!) Fenyéry der Hungersnoth
gewaltsam abhilft. Nichts ist charakteristischer für die damaligen Zustände, als die Art, wie er mit einer verhältnissmässig geringen Strafe davon kommt. Gegenwärtig haben
die Privilegien des ungarischen Adels zum Theil aufgehört
und die Gesetzgebung hat vieles reformirt. Aber es sind
immerhin noch so viele Ueberbleibsel des früheren Zustandes vorhanden, dass es nicht uninteressant ist, dieselben an
einem Beispiel kennen zu lernen, welches mehr, als irgend
ein anderes, die Kulturhemmnisse und die daraus sich ent-
wickelnden, zum Theil nur auf dem Wege der Selbsthilfe
überwindbaren Nothstände, zu vergegenwärtigen im Stande
ist; namentlich ist es auch der alte juristische Zopf Ungarns,
den wir hier kennen lernen. Ich gebe daher diese Erzäh-
lung, welche das zehnte Kapitel der »guten alten Tablabiro's« bildet, hier wörtlich wieder.

— »In demselben Jahre, wo in Oberungarn Hungers-

noth herrschte«, erzählt Maurus Jókai, »bedrohte ein gleich
harter Schicksalsschlag die unteren Gegenden unseres Landes. Unsere »schöne blaue Donau«, auch »der Heimath
Pulsader« genannt, pflegt, wie es im Liede heisst, »zuweilen
überzulaufen«. Man hört dann den landläufigen Witz:
»Die Donau ist klein«, d. h. zu klein, weil sie nicht mehr
genug Platz für ihr Wasser hat. Was aber darin keinen
Platz hat, das fluthet über die Ufer und zerstört wohl
zwanzig bis dreissig grosse Dörfer auf einmal. Dann leiden
wieder Tausende Hunger.

Schon wieder vom Brot die Rede! .... von diesem
unaussprechlich prosaischen Gegenstande, der uns gar
nicht einmal einfallen sollte, wenn wir einen Roman schreiben und lesen. Es ist dies ein furchtbar niederschlagender
Beweis des irdischen Ursprungs der Menschen und ihrer
geistigen Unmündigkeit. Der Menschen Stolz kann vor
nichts so sehr erniedrigt werden, als vor dem Brote. ....
Die guten alten Tablabiro's wussten ebenfalls, was das
Brot unter den Factoren dieser Welt für eine grosse Rolle
spielt, und in einem Komitate, in dessen Gebiet das ver-
wüstende Element alljährlich zu wüthen pflegte, hielten die
»Herren Stände« eine Berathschlagung und indem sie einen
Blick auf die topographische Karte des Komitates warfen,
entschlossen sie sich, den edlen Fluss in seinen bisherigen
avitischen Privilegien ein wenig zu beschränken, und wo
derselbe aus übermässig romantisch-abenteuerlicher Neigung unstatthafte Krümmungen bildet, einen hübschen
Durchstich zu machen und den Fluss zu lehren, hinfüro
gerade Wege zu wandeln. Dieser kluge Plan wurde auch
in gehöriger Art und Weise zum Beschluss erhoben: der
Durchstich wurde auf der Karte mit rother Tinte bezeichnet und auch der Kostenüberschlag bestimmt; da aber erhoben die geehrten Landsleute und Patrioten, durch deren
Gründe der Durchstich gezogen werden sollte, ihre Hände,
und sagten: »Daraus wird nichts, das geben wir nicht zu.«

Unter diesen Herren gab es ein paar grössere Grundbesitzer und ein Häuflein kleinerer Besitzer; diese nun
liessen von ihren Rechten nicht ab, opponirten, prozessir-

ten, versprengten Ingenieure und Kommissionen, verbrann-
ten die Signalstangen, stritten und zankten sich in Versammlungen; von den Kosten der Prozesse und Rechtsmittel
hätte an beiden Ufern des Flusses ein Damm erbaut werden können, an dem Flusse, der von Jahr zu Jahr nicht
unterliess, Heu und Stroh des edlen Kompossessorats der
unter Prozess stehenden Insel einzuheimsen; aber trotzdem wich keiner auch nur ein Haar breit von seinen Rechten ab.

Es wagte sich auch kaum mehr ein Sterblicher an das
»Aufrühren« dieses Prozesses, denn es gab in demselben
schon so viele einander widersprechende Urtheile, Befehle
und Beschlüsse, dass, wollte Jemand damit ins Reine
kommen, ihn keine Macht auf Erden davor retten konnte,
dabei alle seine fünf Sinne zu verlieren.

In dem erwähnten Jahre bedrohte der Frühling die
untere Gegend mit neuer Gefahr. Im Oberlande war
schrecklich viel Schnee gefallen, woraus man auch ohne
Prophetengabe schliessen konnte, dass von dort grosse Gewässer herabströmen und' im ganzen Lande wieder Noth
und Elend herrschen werde. Das erwähnte Komitat hatte
zu jener Zeit einen eisenfesten Vicegespann, der, die herein-
brechende Gefahr voraussehend, eines schönen Tages den
Bezirken den Befehl ertheilte, mit zweitausend Wagen und
zwanzigtausend Mann auf der bestrittenen Halbinsel zu erscheinen. An demselben Tage führte er diese ganze Schaar
an Ort und Stelle und ohne den Grundbesitzern auch nur
einen »guten Morgen« zu wünschen, liess er das Bette für
den neuen Durchstich abstecken, stellte die Leute und
Wagen an und machte Allen zur Pflicht, zu graben und
Erde wegzufahren, ohne sich nur im geringsten um irgend
Jemanden zu bekümmern, und sollte gleich die Welt darob
zu Grunde gehen. Das überraschte Kompossessorat liess
auf diese Gewaltthat hin die Glocken läuten, protestirte,
opponirte aus allen Kräften, drohte mit Repressalien: aber
Niemand hörte die Herren an und es war unmöglich,
zwanzigtausend Menschen so mir nichts dir nichts wegzu-
jagen. Endlich lief die »schadenerlittene« Partei nach

Wien, nach Ofen, alarmirte alle Behörden, um ein Mandat
gegen diese himmelschreiende, gottlose Gewaltthat. Und
es verlief Alles in der schönsten Ordnung; in ein paar
Wochen erwirkte die »schadenerlittene« Partei einen an den
Vicegespan gerichteten Befehl, wonach »bis die Beschaffenheit der Frage eines Näheren wird erörtert und untersucht
werden«, er bis dahin sich nicht unterstehe, *via facti* weiter
vorzuschreiten. Als aber das Mandatum erging, da war
just der Vicegespann mit der Arbeit fertig. Die Donau
nahm schon einen recht hübschen Lauf durch die Halb-
insel. Belieben Sie sich dem zu widersetzen, meine Herren!
Téssék! Und durch diese tollkühne That, durch welche der
Vicegespan die Besitzrechte so sehr verletzte, rettete er
jene Gegend für ewige Zeiten von der alljährlichen Geissel
der Ueberschwemmung.

In diesem Falle hatten viele Nebenumstände Aehnlichkeit mit jenen, die in Fenyéry's Prozesse vorkamen.
Der Vicegespan exequirte den Beschluss des Komitates;
dies that auch Fenyery. Jener übte eine gesetzwidrige Gewaltthat gegen die Privilegien des Adels; das Verbrechen
Fenyéry's war eben dasselbe. Dort war die Beseitigung
der allgemeinen Gefahr das Motiv der kühnen That; dasselbe eiferte auch Fenyéry an. Der Erfolg der Handlung
rechtfertigte dort vollkommen die Richtigkeit der ange-
wandten Kur; hier ebenfalls. Diese Vergleiche gereichten
der Angelegenheit Fenyéry's zu grossem Nutzen!«

Soweit Jókai. Ich schliesse meine Mittheilungen über
seine Romane. Ich fühle keinen Beruf, Kunstkritik an
ihnen zu üben, obgleich sie solche nicht zu scheuen haben.
Allerdings sind's »Feuilleton-Romane« im vollsten Sinne
des Worts. Dies schliesst jedoch nicht aus, dass sie gut
sind. Wenn ich nicht der Ueberzeugung wäre, dass man
zuweilen in diesem untersten Stockwerke der Zeitungen
mehr ausrichtet, als in höheren Sphären — mein Freund
Röhrle in Stuttgart pflegt mit radikaler Konsequenz zu
sagen: »in höheren Hemisphären« — so würde ich nicht
selber Feuilletons schreiben.

Was ich für diesmal bezweckte, das war nicht blos die

Fixirung meiner Eindrücke, sondern vorzugsweise eine Ver-
mittelung und Verständigung zwischen den Deutschen und
den Magyaren; denn ich glaube, dass Ungarn in der nächsten Zukunft eine Rolle zu spielen berufen ist, die an politischer Wichtigkeit hinter der irgend eines gleich grossen
Landes in Europa nicht zurücksteht, nicht nur in polititi-
scher, sondern auch in wirthschaftlicher Hinsicht, ja in
letzterer wohl vorzugsweise. Und da ich so, nach einem
langen Ritte durch's alte romantische Land, wieder auf die
Politik zurückgekommen, so wollen wir zum Schluss noch
einmal einen raschen Blick auf Jókai's politische Broschüre
werfen. Gewiss kennt Jókai die innere ungarische Politik
besser als wir Deutsche. Aber gerade deshalb, weil er zu
tief in den inneren Fragen stekt und von der österreichischen und der europäischen Politik zu wenig Notiz nimmt,
scheint er mir die Leistungen des Grafen Andrássy während der fünf Jahre seines ungarischen Ministeriums nicht .
ganz richtig zu schätzen.

Ein ungarischer Premier ist nicht auf Rosen gebettet.
In Ungarn selbst hat er sechs verschiedene Nationen,
welche gegeneinander nicht allzu freundlich gesinnt sind.
Der Slovake, der Serbe, der Rumäne, ein Jeder fragt zunächst: »Wo bleib ich?« Der Serbe will alle Stellen mit
Namen besetzt haben, welche auf »its« enden; der Slovake
wacht mit eifersüchtigen Blicken darüber, dass bei der
Theilung der Erde die Söhne Svatopluks nicht hinter den
Mannen des Arpad zurückstehen. Ausser diesen sechs
Nationen existirt noch das Land Kroatien, welches sich
mit Ungarn auf denselben Ausgleichsfuss zu setzen versucht, wie Ungarn mit Oesterreich. Alle Nationen aber sind
in mehr oder minder starkem Masse der Stellenjägerei ergeben, ein Laster, das man zur Zeit der »guten alten Tabla-
labiro's« in diesem Grade noch nicht kannte. Neben den
sechs bis sieben Nationen kommen dann, wie schon bemerkt, fünf bis sechs verschiedene Religionen oder Con-
fessionen in Erwägung. Auch von diesen macht eine jede
ihre besonderen Ansprüche. Dazu kommt drittens das
eigenthümliche Verhältniss zu Oesterreich, das mehr als

siamesisch ist. Diese beiden Zwillinge sind nicht nur an einander gewachsen, sondern sie haben sogar einen gemeinsamen Kopf. Auch wird dieser eine Kopf nicht dadurch zu zweien, dass man ihn auf der einen Seite Kaiser und auf der anderen Seite König nennt. Dagegen hat jeder Körper seinen besonderen Magen, nämlich seine eigene Kasse, aus welcher er nur beisteuert zur Bestreitung der gemeinsamen Interessen. Ausser den gemeinsamen giebt es.aber auch Sonderinteressen eines jeden der zwei verbundenen Körper, — Interessen, die zuweilen zu einander im schärfsten Gegensatze stehen. Man behauptet, wenn man von den siamesischen Zwillingen den einen tödtet, kann der andere nicht weiter leben. Auch bei Ungarn und 'Oesterreich kann es dem Einen nicht gleichgiltig sein, ob und wie der Andere lebt. Begeht der Eine Diätfehler, so hat auch der Andere darunter zu leiden. Trinkt sich der der Oesterreicher einen Rausch, dann hat der Ungar Kopfschmerz zu fürchten. Und umgekehrt. Ob dieses Verhältniss schön ist, darüber verlohnt sichs nicht der Mühe zu philosophiren. Es ist historisch geworden und nur mit Gewalt zu ändern; dann aber nicht ohne Gefahr für beide Theile. Wenn ich einen Höcker habe, werde ich mich hüten, denselben abschneiden zu lassen. Denn mit dem Höcker schneidet man das Leben ab. Ich werde lieber die Dinge nehmen, wie sie sind, und es scheint mir, dass Ungarn, wenn es dies thut, durchaus nicht zu kurz kommt.

Jedenfalls ergiebt sich aus dieser Sachlage, dass der ungarische Premier sich nicht nur um die gemeinsamen, sondern auch um die cisleithanischen Dinge zu kümmern hat. Und doch darf er sich wieder nicht zu viel und zu ostensible darum kümmern. Denn sonst könnte es auch einmal den cisleithanischen Völkern, wenn sie, woran freilich nicht wohl zu denken, unter einander einig wären, einfallen, sich in ungarische Dinge zu mischen.

Endlich ist Ungarn nicht blos ein Theil der ungarisch-österreichischen Monarchie, sondern es ist bis zu einem gewissen Grade selbständig eingetreten in die europäische Völkerfamilie. Der ungarische Premier hat deshalb eine fast eben so schwierige Stellung, wie der deutsche Reichskanzler. Setze man nur einmal hier das Deutsche Reich — dort die österreichisch-ungarische Monarchie, hier Preussen — dort Ungarn; hier Kroatien — dort Lauenburg mit einander in Parallele. Ich will den Vergleich nicht weiter verfolgen. Er hinkt stark, das gebe ich zu. Aber er verdeutlicht auch Manches.

Solche schwierige Verhältnisse verbieten das Experimentiren. Das letztere würde auch sofort die Majorität im ungarischen Reichstag in Frage stellen. Es existirt dort keine eigentlich ministerielle Partei. Das Ministerium stützt sich auf die Partei Deak, allein es beherrscht sie nicht. Die Partei hat entschieden ihren eingenen Kopf, zuweilen auch deren mehrere. Sie ist eine Koalitionspartei, welche alle den Extremen abgeneigte Elemente in sich vereinigt. Man hat schon unzählige Male vorausgesagt: »Jetzt wird die Partei auseinander fallen in ihren rechten oder gouvernementalen, und in ihren linken oder parlamentarischen Flügel.« Vor allen Komitats- und Reichstagswahlen hat man triumphirend gerufen: »Jetzt werden die Deakisten aus dem Felde geschlagen!« Alle diese Prophezeihungen haben sich in der Vergangenheit als irrig erwiesen; und ich glaube, es wird auch in der nächsten Zukunft so sein, wenigstens so lange Deak lebt und leitet. Die Partei ist stark, aber nicht nur durch ihr ehrwürdiges Haupt, sondern auch durch ihre vielumfassende Koalition. Das Ministerium, welches sich ihres Beistandes versichert halten will, darf nicht zu stark galoppiren, weder rechts-, noch linksgaloppiren. Wie empfindlich diese Partei im Bewusstsein ihrer Selbständigkeit ist, das hat jetzt schon Andrássy's Nachfolger Lonyay erfahren. Ein anderes Ministerium aber, sei es von der Rechten, sei es von der Linken, hätte im Reichstage auf eine Majorität nicht zu rechnen,

Jókai giebt seinem politischen Gegner Andrássy das rühmliche Zeugniss, dass derselbe während des deutschfranzösischen Krieges stets mit aller Entschiedenheit für die strikteste Neutralität war. Es war dieselbe Politik, welcher auch Jókai und seine Freunde damals huldigten.

Wir Deutsche würden grosse Thoren sein, wenn wir glaubten, Andrássy habe das gethan »um unserer schönen Augen willen.« Er hat es im Interesse von Ungarn gethan; und er hat sich dadurch ein grosses Verdienst um sein Vaterland erworben. Dies Verdienst ist ihm um so höher anzurechnen, als viele klerikale, reaktionäre und chauvinistische Elemente der Deakpartei französelten und nur mit Mühe in Ordnung gehalten wurden, und als in Wien selbst — wenigstens in der Zeit von Beginn des Krieges bis zur Katastrophe bei Sedan — bei vielen Leuten höchst bedenkliche Velleitäten notorischer Massen geherrscht haben, worüber ein anderes Mal Näheres. In England nannte man die Politiker, welche zwischen Wighs und Torys in der Mitte standen und bald dahin, bald dorthin den Ausschlag gaben, die Schaukler. Ein solcher Schaukler ist vielleicht auch Andrássy. Er will nach aussen Frieden und im Innern Gleichgewicht, und vor allem keine Katastrophen.

Dies erklärt auch sein von Jókai so sehr getadeltes Verhalten in der Militärfrage. Andrássy will die gemeinsamen Bande in der Armee nicht ganz lösen. Er will nicht, dass sich die Gegensätze noch schärfer zuspitzen. Sie sind in der That schon scharf genug. Man kann heute von einem österreichischen Offizier die bittersten Beschwerden darüber hören, dass während er, der seit 1848 seine Haut für den Kaiser getreulich zu Markte getragen, erst Major sei, dieser und jener Ungar aber, der 1849 »als Rebell« zum Tode verurtheilt war, es bis zum Oberst gebracht hat. Und wenn man morgen mit einem ungarischen Offizier dasselbe Thema behandelt und ihm von jenen Beschwerden Kenntniss giebt, dann lacht er: »Was wollen denn die Esel? Wir haben sie ja doch immer gehauen!« Es liegt nicht im Interesse Oestereichs und auch nicht Ungarns, dass sich solche Differenzen ohne Noth erweitern oder vertiefen. Dagegen thut Ungarn wohl daran, durch Kultivirung seiner Honved-Armee seine eigene specifisch-ungarische Wehrkraft nach Kräften zu stärken, und in dieser Hinsicht kann man dem Kabinet Andrássy keine Vorwürfe machen. Es hat gethan, was nach Lage der Dinge möglich war.

Was Kerkapoly anlangt, so ist er ein vortrefflicher
Finanzminister; denn dazu bedarf es gerade vor Allem derjenigen Eigenschaften, welche ihm Jókai zum Vorwurf gemacht hat. Ein »kurzweiliger« Finanzminister, wie ihn der
Dichter zu wünschen scheint, wäre geradezu der Ruin des
Landes. »Trockene Zahlen« und »klare Kalküls«: darüber
geht nichts. Freilich macht Jókai dem Finanzminister den
Vorwurf, er habe die wichtigste Aufgabe noch nicht gelöst, nämlich die Wiederherrstellung der Valuta, und die
Ausrottung der Papierpest. Und es ist wahr: Dies ist gewiss die wichtigste Aufgabe, und Kerkapoly hat sie allerdings noch nicht gelöst. Wenn aber Jókai sagt: »Dazu gehört ein grosses Stück Verstand, Geschicklichkeit und Muth«,
so irrt er. Es gehört mehr dazu, nämlich ein grosses Stück
Edelmetall, Silber, Gold, oder beides. Und daran fehlt es;
das kann auch der beste Finanz-Minister nicht aus dem
Aermel schütteln; und man kann es durch »Muth« eben so
wenig ersetzen, wie durch »Papier«.

In meiner rheinischen Heimath fragte einst ein gelehrter Naturforscher einen alten Bauer, der Vorzügliches
in der Bienenzucht leistete, was die erste Massregel, oder
das erste Erforderniss sei zur Erzielung solcher Erfolge.
Der alte Bauer krazte sich mit der linken Hand hinter dem
rechten Ohr und sagte: »Ja, wissen Sie, Herr Professor,
das Erste ist, dass man hergeht und hat einen schönen
Sommer«.

Ich vermuthe, dass Kerkapoly ähnlich denkt: Das
Erste ist, dass man Glück hat und eine gute Ernte; das
schafft Edelmetall in das Land, und dann kann man, vorausgesetzt, man sorgt dafür, dass es nicht gleich wieder ab-
läuft, zur Metallwährung zurückkehren und die monetäre
Rinderpest unterdrücken.

Ein Ungar in Frankreich,

1870—1871.

Nach dem „Blutigen Brot" des Jókai Mór.

Kap. I.

Auf nach Frankreich, — wegen Mangel an Beschäftigung. Nebst allerlei sinnreichen Betrachtungen über Ungarn, Frankreich und Deutschland.

Mein Vater bekleidet einen hohen Posten in Pest. Ich bin sein einziger Sohn. Dermalen Jurat. In Betreff meiner Militärverhältnisse muss ich bemerken:

Als zu Neujahr 1867 das bekannte Kaiserliche Patent erschien, welches aus unbeschränkter Machtfülle verfügte, wenn Jemand in den Kaiserlichen Landen einen Sohn besitze, der bereits das Licht der Welt erblickt, dann habe er denselben bis zum 15. Januar mit tausend Gulden loszukaufen, widrigenfalls besagter Sohn, einerlei ob sein Vater Edelmann oder Jude, Herr oder Bauer, Dichter oder Schneider sei, seiner Zeit in das Heer eingereiht werde, — da beeilte sich mein guter Vater, seine tausend Gulden auf das Rathhaus zu tragen, um mich von dem bevorstehenden allgemeinen Militärdienste zu befreien.

Wenn ich gut unterrichtet bin, sind damals nicht weniger als fünf Millionen österreichischer Silbergulden in Folge jenes Allerhöchsten Patentes auf dem Altare des Vaterlandes zusammengeflossen.

Und wenn ich meine wahre Meinung sagen soll, so ist das wirklich gar nicht zum Verwundern.

Tausend Gulden, — was ist das? Es ist doch wahrhaftig unter Brüdern so viel werth, dass man den Menschen zu der Zeit, wo er ·grade am Besten daran und mitten darin ist, zu lernen — oder auch sich zu amusiren — nicht plötzlich fortschleppt zum Schildwachestehen. Dem Maler ist doch sein rechter Arm gewiss reichlich tausend Gulden werth! Und auch keiner von uns Andern würde sich lange besinnen, wenn er entweder tausend Gulden bezahlen, oder sich ein Bein abschneiden lassen sollte, selbst wenn man ihm die Wahl liesse, ob das rechte oder das linke. Für einen Bauer mag sowas recht hübsch sein; ja er gewinnt noch dabei, denn er braucht im Falle eines solchen Verlustes nichts mehr zu arbeiten. Aher für Unsereins schickt es sich nicht — das Soldatwerden. Dafür ist denn doch Leben und Gesundheit für uns zu kostbar.

Etwas ganz Anderes freilich ist es, wenn aus Anlass einer Differenz, etwa z. B. über eine Cotillon-Tour, im Duell ein Mensch über den Haufen geschossen wird; — dann kommt doch sein Name wenigstens in die Zeitung. Doch namenlos und einfach für's Vaterland zu fallen, wie hundert Andere, — das ist nichts. Ja, wenn man noch so was wäre, wie der General Hentzi, welcher 1849 von dem Ofener Berge aus Pest in Grund zu schiessen versuchte, um den Russen Zeit zu verschaffen, den Oesterreichern zu Hülfe zu eilen, — dann ging' es zur Noth noch; denn als er fiel, war er doch sicher im Voraus darüber im Reinen: die Schwarzgelben würden ihm dafür ein grosses Denkmal setzen in Ofen, und die Regierung von Ungarn würde, wenn sie wieder aufgerichtet wird, das Denkmal des Mannes, der sie zweiundzwanzig Jahre früher gestürzt hatte, sanctioniren und stehen lassen . . . .

Meinem lieben Papa also bin ich aufrichtigen Dank schuldig dafür, dass er die tausend Gulden daran gewagt und mich dadurch losgekauft hat von der Verpflichtung, ein Jahr lang den Kuhfuss im Lande herumzuschleppen. Denn das ist gar lästig, besonders wenn's warm ist.

Ich habe gesagt, dass mein Vater einen hohen Posten bekleidet. Giebt's einmal ein Durcheinander und es treten viele Ministerien hinter einander zurück, dann kann er am

Ende noch gar Minister von Ungarn werden. Wer weiss, wie der Teufel sein Spiel treibt........

Auch ich, das kann ich wohl sagen, bin ein ganz verflixter angenehmer Schwerenöther. Mein Papa war gerad' so. Mit fünfundzwanzig Jahren muss man ein dunkelrother Republikaner sein. Dann wird man allmälig blassroth und dann lila und dann blau und so weiter, bis man sich endlich auch in das Schwarzgelbe findet. Hat man es soweit gebracht, dann lässt der »Obergespann« oder der »Sections-Chef« nicht auf sich warten.

Was mich anbelangt, so hatte ich es schon weit gebracht. Ich war Volksredner, tanzte den Cotillon vor, führte Fackelzüge, nicht minder dirigirte ich Katzen-Musiken. Kurz, ich war der Tiger der Stunde, — der Löwe des Tages, — das Orakel der vergoldeten Jugend. So gedachte ich es weiter zu treiben. Ich hatte ja noch fünf Jahre Zeit zum Besinnen, vom fünfundzwanzigsten bis zum dreissigsten Jahre des Lebens. War ich dreissig, nun dann konnte ich mir ja aussuchen, welche Stelle ich »annehme.«

Freilich fing Ungarn an, mich entsetzlich zu langweilen. Denn wirklich, was soll ein vernünftiger Mensch machen in seiner eigenen Heimath?

Sich duelliren? Gut. Aber immerzu geht das doch auch nicht. Woher denn jeden Tag einen Narren nehmen, der Lust verspürt, sich von mir abführen zu lassen? Die Jugend in Ungarn ist bekanntlich sehr heruntergekommen. Sie will — es ist wahr, so lächerlich es auch klingt, — nur noch »arbeiten«. Nicht einmal zu einer ordentlichen Rauferei findet man Theilnehmer. Von sonstigem Skandal gar nicht zu reden. Bah, und die Zeitungen, die hab' ich satt bis zum Halse . . . .

Ich war im Begriff, mit dem weisen Salomo zu rufen: »Alles ist eitel.« Da kam glücklicher Weise der Krieg zwischen Deutschland und Frankreich. Das war meine Rettung.

Eines Nachts kam mir plötzlich der Gedanke, dieses

langweilige Ungarn zu verlassen und unter die Franzosen zu gehen.

Warum denn auch nicht?

Hat Ungarn ein Recht auf mich? — Nein! — Wozu hat denn Papa die tausend Gulden bezahlt? doch nur, um mich loszukaufen, dass ich zu Haus nicht zum Kriegsdienste verpflichtet bin. *Eh bien donc*, in Ungarn also bin ich frei. Aber bin ich denn auch in Frankreich losgekauft? durchaus nicht. Folglich habe ich in Ungarn gar keine Pflichten, wohl aber in Frankreich.

Aber kann man verlangen, dass ich nach Frankreich gehe?

Nach sorgfältiger und gewissenhafter Prüfung dieser Frage musste ich nach Pflicht und Gewissen antworten:

— »Ja, man hat das Recht, es von mir zu verlangen!« —

Habe ich denn nicht den Beranger gelesen und auch den Victor Hugo? Besitze ich nicht beide in gelungenen deutschen Uebersetzungen?

Ist nicht, wer sich an den Brüsten der französischen Dichtkunst genährt, naturalisirter Franzose?

Haben sie nicht am 4. September in Paris die Republik proclamirt? Und bin ich nicht selbst — wenigstens dermalen noch — der allerentschiedenste Republikaner?

Das heisst: wenigstens für Frankreich bin ich Republikaner. In Ungarn? Nun freilich, davon ist ja keine Rede. Das wäre allerdings ganz was anders. Wenn hier in Pest ein jeder beliebige Strolch mich anreden wollte mit »Bruder Dingsda« oder »Bürger Meyer«, wenn er mich dutzen oder gar mir den »Verbrüderungskuss« anbieten wollte, nun warte, den wollte ich schön heimschicken mit seiner ungewaschenen Schnauze. Donner und Doria!

Aber was Frankreich anlangt, da kann kein vernünftiger Mensch zweifeln, dass dafür kein anderes Heil als die social-demokratische Republik ist.

Also!

Und dann, auch als Ungar, muss ich nicht Sympathien haben für Frankreich?

Wenn ich zurückgehe bis zum Fürsten Rakoczy, — von 1711 bis 1848 — wie oft hat uns Frankreich in dieser Zeit nicht schon in die Confusion hineingeritten, und vielleicht auch — das ist doch möglich — zuweilen auch wieder hinaus?

Noch mehr aber nehme ich Partei für die Franzosen, weil die Deutschen ihre Feinde sind.

Wie dürfen sie es wagen, diese elenden Deutschen, die Franzosen zu besiegen?

Frankreich besiegt von Deutschland — ein wahrhaft unerträglicher Gedanke für jeden wahren Ungar!

Wenn hier in Ungarn das Oesterreicherthum immer noch Herr ist, wenn ich deutsch zu reden gezwungen bin, so oft ich mit meiner Geliebten, oder auch nur mit einem Commis, oder einem Kellner sprechen will, — wenn ich vorzugsweise deutsche Zeitungen lese: nun das bin ich gewöhnt, das ist ja natürlich.

Aber dass nun auch der Franzose deutsch lernen soll, das ist wirklich empörend. Dagegen protestire ich voll tiefster sittlicher Entrüstung.

Dass in Ungarn alle unsere Festungen in den Händen deutsch-österreichischer Soldaten sind, und dass dort deutsch-österreichische Generale commandiren: je nun, das ist nun einmal so.

Dass der Deutsche aber sogar in Elsass-Lothringen commandiren will, weil er behauptet — und es ist ja möglich, dass dies wahr ist — dort seien die Leute und das Land von Altersher deutsch bis zur Stunde: das ertrage, wem's gefällt, — ich ertrage es nimmer!

Wenn der Ungar seinen letzten Gulden bezahlt, um · dem Oesterreicher beizustehen in Abtragung derjenigen Schulden, welche der Oesterreicher gemacht hat, um Ungarn niederzuwerfen; — wenn der Ungar Alles thut, was erforderlich ist, um Oesterreich die Unterhaltung eines grossen stehenden Heeres möglich und Ungarn die Errichtung einer ungarischen Bank und die Wiederherstellung

der Valuta unmöglich zu machen: — nun, schön ist das
freilich nicht, aber es ist nun einmal so die Fügung des
Schicksals, — und welcher Vernünftige wollte wider den
Stachel lecken?

Aber wenn der unbarmherzige Deutsche den biedern
F r a n z o s e n zwingen will, ihm die Kriegskosten zu erstatten, so erkläre ich laut und feierlich:

— »Ich leid's nicht. Dagegen ziehe ich meinen
Säbel!« —

Also, auf nach Frankreich, um mein Blut zu opfern,
wenn's Noth thut. *Bassam* — — — —!

Kap. II.

Der Abschied von der kleinen Marie, welche weder Chic noch
Esprit, und noch nicht einmal einen Chignon besitzt, sondern ihre
eigenen Haare trägt.

»So, das Schlimmste ist nun bereits überstanden. Ich
habe von meinem Bräutchen Abschied genommen . . . .«
— Die kleine Marie! Wahrhaftig, sie ist ein recht
nettes, gutes, kleines Kind. Und was die Schönheit anlangt, so ist sie wahrlich nicht übel. Aber einfältig ist sie,
schrecklich einfältig. Gott sei's geklagt.

Toiletten-Geschmack hat sie leider garnicht. Bis heute
hat es mir noch nicht gelingen wollen, sie zum Chignon zu
bekehren. Ihr Haar, sagt das dumme Kind, sei von Natur
dicht genug, so dass sie die Beihülfe von Hundefellen und
Polstern nicht bedürfe; sie ziehe ihr eigenes Haar demjenigen vor, das auf fremden Köpfen gewachsen; auch
finde sie es durchaus nicht ästhetisch, auf einem einzigen
Haupte mehr Haare aufzuhäufen, als ein Dutzend Köpfe
zu produciren im Stande ist.

Ja, das wäre ja Alles ganz richtig; wenn man sich

üherhaupt nur eine elegante Dame denken könnte ohne
Chignon. .....

Der Hauptfehler aber ist ihr sogenannter »häuslicher
Sinn«. Sie besitzt die Geschmacklosigkeit, eine gute Haus-
frau werden zu wollen. Ich aber hasse es, wenn man der
Frau die Küche anriecht. Ei, wenn ich es dahin mit mir
kommen lassen wollte, dann hätte ja Papa seine tausend
Gulden sparen können; dann wäre ich Soldat geworden,
um einer Köchin den Hof zu machen. Armer Schatz!
Freilich, es ist wahr, trotz ihrer unglückseligen Häus-
lichkeit besitzt Marie viel Bildung. Sie liest viel und versteht, was sie liest. Sie spielt schön und tanzt noch schöner. Aber in Alledem fehlt doch immer jenes Etwas, das
unsere Seele fesselt. Jenes » *Je ne sais quoi*,« — jener
Geist, den der Franzose *Esprit* nennt, — jenes Picante,
— *enfin*, der *chic!* .... Ah, *ma chère Fifine*, wie gedenke
ich Deiner! ....

Der guten Marie sagte ich natürlich kein Wort davon,
dass ich nach dem Kriegsschauplatz ginge. Hätt' ich es
gesagt, sie wäre wahrhaftig im Stande gewesen zu weinen.
Und das Weinen kann ich nun einmal in der Seele nicht
leiden. Nichts ist abominabeler und geschmackloser, als
wenn sich die Mundwinkel so nach unten ziehen, und wenn
aus den Augen der Nase entlang das Wasser läuft, wie
aufgethauter Schnee aus der Dachraufe. Und wenn man
dann gar noch ein so verweintes Gesicht küssen muss, —
bah, ein solcher Kuss ist nicht süss, sondern salzig, gleich
einem Häring, den man nur im Katzenjammer sich gefallen lässt.

Das waren die Gründe, warum ich dem guten kleinen
Mariechen sagte, ich ginge nach Rom. Dann fragte ich
sie, was sie ihr von dort mitbringen solle.

— »Bringe mir nur Dein Herz wieder zurück« — antwortete sie, und das vor allen Verwandten. Man denke!
Ich hätte vor Scham in die Erde sinken mögen! War
das wieder einmal eine einfache, geschmacklose, naive,
bäuerliche, ich möchte sagen: eine ächt ungarische Natür-
lichkeit. Auch nicht die Spur von Chic und Esprit!

Die Anwesenden lächelten und ich wurde darüber roth bis hinter die Ohren.

Hätte ich »*ma chère Fifine*« gefragt, was ich ihr aus Rom mitbringen solle, wahrhaftig dies tolle Geschöpf, das Chic athmete und Esprit explodirte, hätte mindestens verlangt entweder einen lebendigen Cardinal oder Ablass vom heiligen Vater.

Freilich, zur Entschuldigung für Mariechen muss ich bemerken, sie hätte mit so einem rothen Cardinal nichts anzufangen gewusst, und auch einen Ablass hat sie nicht nöthig, weil sie sich keiner Sünden bewusst ist. Aber desto schlimmer für sie! Sie hätte wenigstens so thun können, um die Sache ein wenig pikant und romantisch zu machen. Ich weiss wirklich nicht, was ich darum gäbe, betröge sie mich ein wenig, während ich fort bin. Es ist so ein fader, spiessbürgerlicher, prosaischer Gedanke das, zu wissen, dass man des Herzens seiner Angebeteten unter allen Umständen gewiss ist. Sicher zu sein, keine Untreue befürchten zu müssen, niemals Ursache zur Eifersucht zu haben, — bah, wie langweilig, wie geschmacklos! .

Doch — *never mind* — ade, mein schönes Mariechen! *A révoir!*

— »*Marlborough s'en va va-t-en guerre! Mironton, mironton, mirontaine!*« —

Kap. III.

Der Abschieds-Commers. *Chabli frappé en Chomlau!*

.

Natürlich wurde, bevor ich wirklich ging, ein solennes Abschiedsessen gehalten. Ich amüsirte mich mit meinen Freunden die ganze Nacht durch, bis Morgens früh die Rothschwänzchen pfiffen. Ah, das sind Kerls! Saufbrüder,

wie sie in allen fünf Welttheilen nicht wieder zu finden!
Kluge brave Zecher!

Aber, — und hier hat Alles ein »Aber«. Hier in Pest.
Hätten wir nur einen vernünftigen Restaurant hier.

Michaleck ist zwar der beste Hotelier in der Stadt,
das weiss Jeder. Aber man muss doch von ihm sagen:
— »Das Essbare ist nicht gut und das Gute
nicht essbar.« — — —

Ich habe nun bereits, wie's im Faust heisst, »durch-
studirt die gross' und kleine Welt«; aber ich muss offen gestehen, obgleich ich all die viel gerühmten Pester Hotels
und Restaurants durchgessen und durchtrunken: In keinem weiss man eigentlich, dass und warum die grüne
Auster etwas Anderes ist, als die weisse. Und darauf
kommt's an.

Und nun erst die ungarische Nationalküche!*)

Mit dem ewigen Ferkel-Schmorfleisch mit Paprika, —
mit dem Guliásch und der Fischer-Suppe, damit soll man
mir so weit wie möglich vom Leibe bleiben.

Ich band zuletzt ein Klöschen der Fischer-Suppe an's
Tischbein, weil mir wirklich bange war, es möge mir sonst
nachlaufen bis nach Paris.

Was aber diesen hochnasigen Pester Kochkünstler,
den Michaleck anlangt, so könnte dieser Mensch nichts
Besseres thun, als erst einmal drei Jahre lang bei den
»*Frères Véry*« oder den »*Frères Provenceaux*« im Hotel
Royal in Paris serviren, damit er lernt, wie man wirklichen
»Turtle« bereitet.

So lange man das noch nicht weiss, mag Pest-Ofen
immerhin seine 300,000 Einwohner haben, aber es ist noch
lange nicht »Weltstadt«.

Und die ungarischen Weine?·

---

*) Hier offenbart sich der angehende Franctireur so recht· als
entarteter Sohn seines Vaterlandes. Es giebt in Europa nur noch
wenig wirkliche Nationalküchen *in pleno statu integritatis*, und
unter diesen ist die magyarische Bauernküche bei Weitem die
beste.

Ah, c'est comme ça!
Mon cher Papa hatte mir für das Abschiedsmal zwölf
»Zylinder« weissen Schomlauer geschickt. Der gute altmodische Alte. Er lebt noch der Meinung, Schomlauer
schmecke wie Nektar. Aber ich verstand seinen Unverstand zu corrigiren. Ich hatte eine sublime Idee. Ich liess
all den guten Schomlauer in einen einzigen grossen Kübel
schütten und dann den französischen Chabli flaschenweise
hineinstellen, um ihn zu kühlen. Famoser Witz das.
Chabli gekühlt in Schomlauer!

— »*Chabli frappé en Chomlau!*« —

Ja, ja, Chabli bleibt doch immer Chabli; und unser
ungarischer Schomlauer ist nicht werth, ihm die Schuh-
riemen zu lösen . . . .
Ma foi, das kann ich sagen, wir waren *en bonne hu-
meur* bei Tische.

Hätte für jede Flasche Wein, die wir an die Wand
warfen, ein Deutscher in das Gras beissen müssen, — ich
glaube fast der grosse Moltke müsste jetzt mutterseelen-
allein in Frankreich umherlaufen.

Wir waren zwölf und vertilgten achtundvierzig Flaschen Champagner.

Achtundvierzig soll leben!

Dieser Sekt war *Veuve Clicquot, vin crémant* . . . . .
. . . .

Ach, ich kann nicht weiter schreiben. Mein Haupt ist
dick und betäubt, und ich fühle jedes einzelne Haar in der
Kopfhaut, als wär' es ein Nagel. Der Franzose nennt das
Haarweh,— *mal aux cheveux*. Seine Sprache ist viel be-
zeichnender als die unsrige. *Dieu nous corrige!* Oder
sollte man auch hier sagen: »*Il vaudrait mieux, qu'il nous
aisait tout neuf?*« Schwieriges Problem.

Einerlei! Etwas Gutes hat mein Kopfweh. Ich werde
die Nacht auf der Eisenbahn schlafen. Ich werde nicht
zurückblicken auf dieses langweilige und staubige Pest mit
seinen ungesprengten Strassen, seinen guten alten Tablabiro's, seinen schäbigen Theatern, seiner semitischen Haute-
Volée, seinen magyarischen Journalisten und den riesigen

Haufen Wasser- und Zuckermelonen, welche dem Donau-
Ufer entlang aufgestapelt liegen.

Ich geh', um Versailler Nektar zu schlürfen.

Adieu, Pest!·.... Adieu!....

Kap. IV.

Auf der Eisenbahn mit einem pudelnärrischen ungarischen
Landsmann.

Auf der Eisenbahn traf ich mit einem vortragenden
Rathe aus dem ungarischen Ministerium zusammen. Das
Schicksal sperrte uns ein in das nämliche Coupé.
Was soll ich von ihm sagen?
Alter Bekannter — guter Junge — auch grade nicht
dumm, — aber pudelnärrisch, Philantrop, Weltbeglücker!
Unsinn! —
Auch er geht auf Reisen in's Ausland, halb aus amt-
lichem Berufe, halb aus innerem Drange. Er geht nach
der Schweiz. Bravo, also reisen wir zusammen.
Doch nein, ich revocire, nicht Bravo — nichts weniger
als Brovo! Denn der Unselige langweilte mich auf dem
ganzen langen Wege so unendlich, dass ich oft in Ver-
suchung war, aus dem rollenden Wagen zu springen. Während der ganzen Fahrt sprach er mir von Nichts, als von
seiner »Mission«?
Und was ist das, diese seine »Mission«?
Bah, er will in der Schweiz die Rettungs- und Findel-
häuser studiren, in welche man die von ihren Eltern verlassenen oder verwahrlosten Kinder aufnimmt, um sie zu
unterrichten und zu erziehen, um sie zu guten Dienstboten
oder Handwerksburschen, oder sonstwie zu nützlichen Mitgliedern der menschlichen Gesellschaft auszubilden.

Unbegreiflich, wie in einer solchen Zeit sich ein Mensch den Kopf zerbricht über dergleichen Dummheiten!

Jetzt, wo ein Vernichtungskampf zwischen zwei Riesenvölkern alle Gemüther in Spannung hält, wo Jedermann auf das Geschütz und seinen Donner lauscht und sich erzählen lässt, wie man die Gruben und Schluchten füllt mit Zehntausenden von Leichnamen, wo der Feind im Blute der edelsten Nation wühlt bis tief zu ihrem Herzen, wo die ganze Welt erzittert unter dem eisernen Tritt des erbarmungslosen Geschickes, — in diesem Augenblick hat ein Ungar, — ein Sohn der »anonymen Nation« (wie uns, glaub' ich, Napoleon der Erste genannt hat) — den seltsamen Einfall, auf Reisen zu gehen, um schmutzige Göhren und verwahrloste Jungen zu sammeln, sie zu waschen und zu kämmen und ihnen das ABC beizubringen. Unsinn, auf Taille!

Während man sich anschickt, Paris, das Herz von Europa, den Stolz der Welt, diese Stadt von mehr als zwei Millionen Einwohnern und von unzählbaren, unschätzbaren, unersetzbaren Kunstwerken, mit Bomben und Obus zu überschütten, wie weiland das weit unbedeutendere Sodom und Gomorrha mit Pech und mit Schwefel, — grade da fällt es einem solchen närrischen Ungar ein, Rettungsanstalten zu bauen und dreckige Kinder zu säubern. Nonsense!

Dort jenseits der Vorposten fliesst das Blut der grössten Generale, und die berühmtesten Leute fallen nur so, wie der anonymste aller namenlosen Spatzen vom Dach fällt.

Und während dessen liest man in Ungarn im Bakonyier Walde die schlimmsten aller jungen Schlingel zusammen, um sie vor dem Verhungern oder Erfrieren zu retten. Und es ist doch ganz gleichgültig, ob solches Gesindel lebt oder stirbt.

Und da soll man nicht in Verzweiflung gerathen über die Menschheit? . . . . . .

Doch Geduld!

Kap. V.

Auf See mit der göttlichen Olympia. Die Boxerei und ihre
Folgen. Der General Scribinski.

Als ich in Genua ankam, fand ich zwei Schiffe bereit
zum Auslaufen. Das eine war die italienische Brigg:
»Pazifico«, das andere die französische Fregatte:
»Vengeance«. Wie verschieden und wie charakteristisch sind diese
zwei Namen.

Dort der Friede, hier die Rache!
Diese lumpigen Italiener denken schon an gar nichts
mehr, als an den Frieden. Und es wäre doch ihre
verd — — Pflicht und Schuldigkeit, dem bedrängten
Frankreich zu Hülfe zu eilen! Hat nicht Frankreich für sie bei Solferino und Magenta
gefochten? Ist nicht Frankreich der Urheber der »Italia
una«?

Und womit beschäftigt sich jetzt der undankbare
Italiener? Nur damit, in Rom einzuziehen und Frankreich
dort eine Demüthigung zu bereiten. Pfui!

Oh, wie viel schöner ist dagegen unser Edelmuth.
Ich meine den Edelmuth des jungen Ungarn gegenüber
von Frankreich.

Wir vergessen, dass es unser ungarisches Fell war,
auf welches Frankreich den Frieden von Villafranca schrieb,
und dass man uns damals mit dem Ritter von Schmerling
beschenkte, welcher uns hohnlächelnd angrinste mit seinem ewigen: »Wir können warten!«

Trotz alledem und alledem tragen wir Frankreich die
wärmsten Sympathien entgegen.

Was mich anlangt, so verschmähte ich den »Pazifico« und bestieg die »Vengeance«, um auf den Flügeln des Dampfs nach Marseille zu eilen.

Oh, welche glückliche, ewig denkwürdige Reise. Auf

dem Boote traf ich mit der göttlichen Olympia zusammen.
Ich werde ihrer ewig gedenken. Schon dieser Name, wie stolz und doch wie melo-
disch!

Freilich wollen böse Zungen behaupten, diese stolze
Olympia sei eigentlich nichts als eine Kunstreiterin aus
dem gegenwärtig des Krieges halber feiernden Cirkus
Seradella. Aber das kann ja nicht wahr sein. Oh, Olympia, gewiss, es ist nicht wahr. Nein, in Deinen Adern fliesst das
beste Blut Spaniens, veredelt durch Beimischung ächt französischen Sansculotten-Blutes, dessen Stammbaum hinauf-
reicht bis zu den edelsten Jacobinern der grossen Revolution von 1791.

Habe ich ja doch aus Deinem eigenen holdseligen
Munde vernommen, dass Dein Vater ein berühmter französischer General war, der in dem Lande Algier gefallen,
als er dort die bekannte Stadt Peking erstürmte; und dass
Deine Mutter eine Herzogin aus dem Geschlechte der Pos-
kolnik, welche schon vor Jahrhunderten Russland verlassen, um sich in Spanien mit den vornehmsten Häusern zu
verbinden.

Aus der geheimnissvoll-sympathischen Mischung zweier
so erlauchter Geschlechter erwuchs Dein herrliches Antlitz,
— Dein prachtvolles rothes Haupthaar, nur der Mähne
des Löwen vergleichbar!

Und selbst der Typus des russischen Fürstenstandes
fehlt Dir nicht. Ich wenigstens finde dessen Spur in dem
keck aufwärts gestülpten Näschen, in welches der Regen
fallen könnte, vorausgesetzt, dass er sich nur einiger Massen
Mühe giebt. Endlich die schwarzen grossen und mächtigen
Brauen bilden einen eigenthümlichen Contrast zu den
rothgoldenen Haaren und erinnern unzweifelhaft an die
andalusischen Frauen ....

Noch immer spüre ich aber jenen Faustschlag, den
mir der grobe Engländer auf den Magen oder in die
Magengegend applicirte, weil ich mit ihm in Differenzen
gerieth wegen jener olympischen Augenbrauen. Er be-

hauptete nämlich, sie seien künstlich gemacht und gemalt mittelst Talg und Russ. Ich erklärte ihn darauf für einen »elenden Verleumder«. Es kam zum Boxen, und ich zog dabei leider den Kürzern. Allein er hat doch seine Strafe erhalten, der rothhaarige englische Barbar! Von Stunde an nämlich durfte er sich während der ganzen Reise nicht mehr jenem Tische nahen, auf welchem Olympia ihre Pharao-Bank aufgelegt hatte. Ich dagegen genoss dieses Glück ohne Unterbrechung, und ich erinnere mich noch heute mit Wonne, mit welcher ausgesuchten Grazie ihre rosenfarbigen Finger meine Louisd'ors und Napoleons von der Pharaobank aufnahmen.

O Ihr glücklichen Louisd'ors, Ihr ruht nun an ihrem wallenden Busen! Beneidenswerthes Schicksal! . . . .

Bevor wir Marseille erreichten, hatte sich schon der letzte Mohicaner mir ab- und ihr zugewandt. Ich war ohne Geld und fühlte mich dadurch so wahrhaft erleichtert. Allerdings fiel es mir zuweilen schwer auf das Herz, dass ich nun gar nichts habe, um in Marseille mein Essen zu bezahlen. Allein auf der andern Seite hatte sie mir ja doch ihre Liebe gestanden, oder wenigstens Andeutungen gemacht, die ich in diesem Sinne verstehen durfte, — und was konnte ich mehr denn noch verlangen?

Ja, himmlische Olympia, ich ziehe ja ohnehin in den Krieg, in welchem ich nichts bedarf, als mein tapferes Schwert. Es wird stark genug sein, um mir unsterblichen Ruhm zu erstreiten, und wenn es Noth thut, auch unermessliche Beute. Und dann werde ich Dir das, was ich erobert, zu Füssen legen und zu Dir mit den Worten des Dichters sprechen:

— »Alles sei Dein, — und auch ich!« —

Du zogst von Marseille gen Paris. Ich aber trat, nachdem ich die »Vengeance« verlassen, in das Frei-Corps des General Scribinski. Er kam mir so bekannt vor, dieser Scribinski; und ich möchte derauf wetten, dass ich ihn schon einmal irgendwo gesehen habe. Ja, in der That ist es so. Es war in Pest im Kaffeehaus »Zum Zrinyi«, in jenen Räumen, wo heimlich Roulette und Landsknecht gespielt wird. Damals war jedoch Scribinski noch nicht, was er jetzt ist, nämlich Pole, — sondern Kosack, oder sonst was.

Jetzt also war er General. Er ernannte mich sofort zum Major und gab mir die huldvolle Versicherung, er werde mir ein ganzes Cavallerie-Regiment anvertrauen, sobald wir nur in den Besitz der zu diesem Zwecke erforderlichen Pferde gelangt sein würden. . . . .

— *Eh bien, nous verrons!* — —

Kap. VI.

Das unvergleichliche Genie des Generals, und was er mit den grössten Feldherrn der alten und neuen Welt gemein hatte.

Das muss man übrigens dem General Scribinski, mag er nun ein Pole, ein Kosak oder ein Slovak sein, unstreitig lassen, dass er ein brillantes Militär-Genie ist. Wenigstens hat er sich die grössten Feldherrn zum Muster und Vorbild genommen. Ich werde diesen Satz beweisen:

Vor Allem hatte er von Napoleon dem Ersten gelernt, womit man die Soldaten tröstet, wenn sie über Hunger klagen. Napoleon hatte nämlich in diesem Falle — es war in Egypten, und man hatte nichts mehr zu essen als Commissbrot — seinen Soldaten zugerufen: »Mit Brot und Patronen kommen wir bis nach China,« (*Avec du pain et du fer on marche jusqu'à Chine!*) Aber Scribinski blieb hierbei nicht stehen. Er übertraf noch Napoleon. Er strich auch das Brot und liess es einfach bei den Patronen bewenden. Sein Princip war das: »Wer am besten hungern kann, der ist der beste Soldat. Wer es in der Kunst des Hungerns am weitesten gebracht, dem gehört die Palme des Sieges.« Bekanntlich haben ja schon die Römer auf diesem Wege unter Probus die Perser bezwungen.

Dann hatte er einen zweiten Wahlspruch. Dieser war dem Epaminondas entlehnt, welcher sagte: »Hast Du ein kurzes Schwert, so verlängere es durch einen Schritt vorwärts!« In Befolgung dieses Grundsatzes des seligen Epaminondas theilte er unter uns nur alte Gewehre aus, welche nicht weiter trugen als zweihundert Schritte. Damit gedachte er natürlich zu bewirken, dass wir nicht *par distance* schössen, sondern gleich dem Feind gehörig auf den Leib rückten.

Seinen dritten Grundsatz hatte er Oliver Cromwell entlehnt, welcher zu seinen Soldaten, den Männern mit den Eichenherzen, sagte: »Kinder, haltet Gott vor Augen und Euer Pulver trocken!« und den vierten unserem grossen ungarischen König, dem heiligen Stephan, welcher schon vor neunhundert Jahren die Wahrheit aussprach, dass ein Reich, in welchem nur eine Sprache gesprochen werde, nicht gedeihe, (*Regnum unius linguae non potest esse firmum*). An Vielsprachigkeit wenigstens fehlte es uns nicht. Unser Corps war eine wahre Musterkarte von allen möglichen und unmöglichen Völkerschaften. Wir hatten Ungarn, Czechen. Russen, Rumänen, Ruthenen, Polen, Griechen, Italiener, Engländer und Mexikaner. Keiner verstand den Andern, und Einer war misstrauisch wider den Andern, und vielleicht nicht ohne allen Grund. Alle wollten befehlen und keiner wollte gehorchen. Es war ein verzweifelter Zustand: allein unser edler Scribinski wusste sich, wie immer, so auch hier, vortrefflich zu helfen. Ohne Zweifel hatte er jenen Bericht über die Schlacht bei Pharsalus gelesen, nach welchem damals C. Julius Cäsar seinen Veteranen zurief: »Kinder, ich lasse Euch hauen!« (*Miles, faciem feri.*) Denn Scribinski pflegte unaufhörlich zu hauen. Er organisirte uns mittelst Ohrfeigen. Es fielen deren mehr, als vor 1800 Jahren bei Pharsalus; und bisweilen gab es in Folge dessen Duelle, wobei aber Keiner geblieben.

Auch hatte unser grosser Feldherr ohne Zweifel schon von Montecuculi vernommen, welcher sagte, zum Kriege seien drei Dinge erforderlich, nämlich »erstens Geld,

zweitens viel Geld und drittens sehr viel Geld.«
Wenigstens lief er ohne Aufhören Sturm gegen die Kriegs-
casse und Intendantur, um sich möglichst viel Geld zu
verschaffen; und da er bei diesen Angriffen einen hohen
Grad von Strategie und Tactik etwickelte, so waren dieselben in der Regel von dem besten Erfolge. Aber damit
nicht genug. So tapfer, wie er sich in Eroberung des Geldes bewies, so vorsichtig war er in dessen Bewahrung.
Hätte er es unter uns vertheilt, so wäre es ohne Zweifel
schnell alle geworden; und um Das zu verhüten, behielt er
es weisslich bei sich. Noch im gegenwärtigen Augenblick
befindet sich meine ganze Majors-Gage wohlbewahrt in der
Tasche des tapfern Scribinski.

Endlich citirte er zum Oefteren den Wahlspruch des
Czaren Peter von Russland, welcher gesagt haben
soll: »Mein Bruder Karl (Karl XII. von Schweden)
schlägt mich so lange, bis ich gelernt habe, ihn
wieder zu schlagen!« Scribinski machte Anwendung
hiervon auf uns. Wir wurden in der That so oft geschlagen,
dass wir volle Gelegenheit hatten, das Wiederschlagen aus
dem Fundamente zu lernen.

So war der grosse Scribinski. Er war eine Seele von
einem Mann, und ein Genie von einem Feldherrn.

Dafür war er aber auch angebetet in dem ganzen Regi-
mente . . . . . .

Kap. VII.

Der Krieg, wie er bei den Dichtern, und der Krieg, wie er in
Wirklichkeit ist. Wir siegen, ohne den Feind zu sehen. Nur der
Sumpf rettet die Preussen. Ich verliere beide Beine.

Ach, wie ich mich nach einer wirklichen Schlacht
sehnte!

»Schön ist's unter freiem Himmel ·
Stürzen in das Schlachtgewimmel,
Wo die Kriegsdrommete schallt;
Wo die Trommeln wirbelnd schlagen, ·
Und die Rosse wiehernd jagen,
Und das Blut der Helden wallt!«

So hatte ich mir die Sache vorgestellt. Aber, grosser
Gott, — wie war es in Wirklichkeit anders.

Drei Tage lang marschirten wir vorwärts im Schmutz
und im Regen. Wir hatten keinen trockenen Faden mehr
auf dem Leibe, und zuletzt waren wir nass bis auf die Knochen. Endlich vom vierten Tage an hörten wir vor uns die
Kanonen brummen, welche gewöhnlich erst Abends schwiegen. Was wir machten, wussten wir selbst nicht. Man
sagte uns, wir hätten uns geschlagen und gesiegt. Wir freuten uns aufrichtig darüber, aber wir merkten eigentlich
nichts davon. Denn in den Dörfern, woraus wir, wie man
uns versicherte, den Feind geworfen hatten, fanden wir
leider auch nicht einen Bissen zu essen und das Hungern
verstand sich sonach um so mehr von selbst, als unser
Proviant-Convoi sich die Freiheit genommen, einen ganz
anderen Weg einzuschlagen. Wer weiss wohin!

Dann marschirten wir wieder drei Tage, dieses Mal
aber nicht vorwärts sondern rückwärts, und zwar abermals
im strömenden Regen und im Schmutz bis über die Ohren.
Jetzt donnerten die Kanonen in unserm Rücken. Man
sagte uns wieder, wir schlügen uns, und wir erfüllten unsere
Pflicht, den Feind im Vordringen aufzuhalten. Ich aber
müsste lügen, wenn ich sagen wollte, ich hätte damals auch
nur einen einzigen Preussen zu Gesichte bekommen.

Nach abermals sechs Tagen, als wir vor Hunger und
Müdigkeit schon ganz auf dem Hunde waren, hielt uns
unser General eine Rede. Hier, sagte er, werden wir Halt
machen, »um den Feind in den Rücken zu fallen.«

Er formirte ein Elite-Corps aus Denjenigen, welche
am besten reiten konnten, und wies uns einen flachen
Terrain-Einschnitt, auf welchem wir den Feind umgehen
sollten, um ihm dann unerwartet in die Flanken zu fallen

und ihm mittels dieser plötzlichen Attake seine Kanonen
zu nehmen.

Hätten wir das Geschütz erobert, dann sollten wir
Cavalleristen von unsern Pferden steigen, um als Artilleristen
zu fungiren und den Feind mit seinen eigenen Kanonen
niederzuschmettern. Sobald wir aber das vollbracht hatten,
sollten wir die Zündnadeln der Gefallenen aufladen, In-
fanterieketten bilden, die feindliche Cavallerie mit dem
Bajonnet angreifen, den Generalstab umzingeln und Alles
gefangen nehmen, was übrig blieb. So befahl es Scribinski.

War das nicht in der That ein wahrhaft genialer
Schlachtplan?

Aber, wie sagt doch jener deutsche Dichter, der einen
Weinnamen führt?

>»Doch mit des Geschickes Mächten
Ist kein ew'ger Bund zu flechten;
Und das Schicksal schreitet schnell.«

Oder, wenn ich es in meinem Idiom ganz kurz und
ohne jenes hohle gespreizte Pathos des Deutschen, ausdrücken soll:

»Wer kann für Pech?«

Ohne Zweifel würde nämlich der sinnreiche Plan
unseres edeln Scribinski vollständig gelungen sein, wenn
nicht ein höchst fataler Umstand dazwischen getreten wäre.

Um es kurz zu sagen: der flache Terrain-Einschnitt,
auf welchem wir den Feind umgehen sollten, war ein boden-
loser Sumpf.

Unser tapferer General wusste das nicht. Die Menschen sind nun einmal nicht allwissend; und in dieser Beziehung muss man sich den Rathschlüssen der Vorsehung
unterwerfen.

Wir Andern, wir wussten es natürlich noch viel weniger.
Wie sollten wir es wissen, wenn es der General selber
nicht wusste? Aber wir merkten es wenigstens sofort, als
unsere armen Pferde in diesen braunen Chokoladenbrei
hineingeriethen bis an den Leib, und vergeblich zappelten,
um sich wieder frei zu machen von dem zähen Bruch-
schlamme, der sie nicht wieder losliess.

Trotz Alledem führten wir das Programm aus. Frei-
lich nicht ohne Verlust, denn die Pferde mussten wir zurück-
lassen in dem Moore. Wir selbst aber voltigirten glücklich
darüber und kletterten die jenseitige Höhe hinauf wie die
Ziegen. Als guter Ungar sah ich mit tiefem Schmerze mein
Pferd in dem Sumpfe versinken; ich musste mich noch
sehr eilen, um wenigstens das eine Pistolenhalfter zu retten.
Es war eine Lebensfrage für mich, dieses Halfter, — eine
Lebensfrage in des Wortes verwegenster Bedeutung!
Denn es war keine Pistole darin, wohl aber die letzte
Knackwurst.

Nachdem wir aus dem Sumpfe glücklich bis an die
Spitze des Hügels gelangt waren, blieb uns nur noch e i n e
Aufgabe, nämlich die Batterie des Feindes zu entdecken,
damit wir ihm, nach Vorschrift unseres Programmes, seine
Kanonen abnehmen konnten.

- Diese Entdeckung gelang uns. Er dauerte nämlich
nicht lange, da erschien auf einem anderen Hügel, etwa
800 Schritte von uns entfernt; eine preussische Kanone
mit Bedienung. Man richtete dieselbe auf uns und schoss.
Das waren die ersten Preussen, die ich sah. Sie machten
durchaus keinen guten Eindruck.

Wir, unsererseits, beantworteten diesen Schuss durch
Kleingewehrfeuer, was offenbar auf den Feind einen tiefen
Effect hervorbrachte, denn er schoss sofort wieder mit
seiner Kanone.

Um indessen einen Begriff von der Feigheit des Feindes zu geben, muss ich bemerken, dass derselbe seine
Schüsse durchaus nicht so einrichtete, wie es dem C o m -
m e n t entspricht. Andere e h r e n w e r t h e Feinde pflegen
nämlich das e r s t e Mal über die Köpfe der Gegner hin-
wegzuschiessen, mit dem z w e i t e n Schuss treffen sie etwa
100 Ellen zu kurz, mit dem d r i t t e n schiessen sie rechts
und mit dem v i e r t e n links vorbei. Diese erbärmlichen
Feiglinge aber trafen schon mit dem ersten Schuss mitten
unter uns.

Aber es zeigte sich bei ihrem Schiessen, dass sie von

der Fabrikation der Projectile nicht das Geringste verstehen. Die erste Granate, welche sie abschossen, schlug keineswegs unversehrt nieder, um einen von uns zu zerschmettern, sondern zerplatzte schon zwei Stockwerk hoch über uns in der Luft, um durch ihre einzelnen Fragmente acht meiner Kriegskameraden zu tödten oder schwer zu verwunden. Nach dem zweiten Schusse der Deutschen begannen meine Kameraden sich eiligst hügelab »rückwärts zu concentriren«. Ich allein rührte mich nicht von der Stelle, sondern blieb oben auf dem Hügel stehen, um dem Feind den Beweis zu liefern, dass ein Ungar sich nicht fürchtet. Und um meiner Stellung noch mehr Nachdruck zu geben, zog ich meinen Revolver aus der Tasche und schoss alle sechs Läufe auf einmal in die Luft ab. Das machte offenbar auf die Deutschen einen formidablen Eindruck; denn sie luden abermals ihre Kanone und schossen, — ein Beweis, dass sie mich allein eines Kanonenschusses werth erachteten, denn meine Kameraden, die sich bereits hinter dem Hügel geborgen hatten, konnten sie nicht mehr treffen......

Ich werde diesen Augenblick niemals vergessen. Ich sah das weisse Wölkchen aus der Mündung der preussischen Kanone steigen, — ich hörte die Kugel herangezischt kommen, — dann sah ich, wie sie vor mir in die Erde schlug, — und dann fühlte ich nur noch, wie ich plötzlich auf meine Kniee zu stehen kam, und sich die aufgewühlte Erde an meinem Leib emporrichtete.......

Die Kugel hatte mir beide Beine weggerissen......

Ich habe öfters sagen hören, dass in dem Augenblick, wo der Mensch eine schwere Wunde davonträgt, er Anfangs nicht so recht die Schmerzen empfindet. So war es auch bei mir. Ich hatte beide Beine verloren und war mit den Stummeln in der aufgewühlten Erde vergraben, so dass ich mich nicht rühren konnte. Aber merkwürdigerweise hatte ich durchaus keine heftigen Schmerzen, sondern nur ein stumpfes oder dumpfes Gefühl in dem armen Rest meiner Beine, — fast so, als wenn sie mir eingeschlafen wären. Auch verlor ich dabei keineswegs das Bewusstsein, sondern sah und hörte Alles, was vorging.

Ich sah, wie meine Kameraden nach einem bewaldeten Bergrücken flohen, und wie die preussischen Husaren hinter ihnen drein waren. Ich sah nicht minder die Verwundeten und die Todten, die wir auf dem Hügel zurückgelassen hatten. Der Lärm der Schlacht verhallte allmälig in der Ferne; und es trat eine beängstigende Stille ein, welche nur in meiner Nähe unterbrochen wurde durch den Hülferuf, die Seufzer, das Aechzen, das Beten und Fluchen meiner verwundeten Kameraden.

Mitten unter ihnen steckte ich mit den elenden Stummeln meiner ehemaligen Beine tief in der Erde, und ich getraute nicht, mich zu bewegen. Wohl aber glaubte ich zu fühlen, wie das Blut, vermischt mit dem rieselnden Sande der Erdaufschüttung, in welcher ich steckte, von meinen Oberschenkeln darniederrann, wie meine Kräfte immer mehr abnahmen und wie meine Augen sich immer tiefer umflorten.

— »Es ist aus,« dachte ich und harrte der Stunde des Todes.

Kap. VIII.

Die französischen Brüder wollen mich erleichtern. Sinnreicher Einfall eines Franzosen-Kindes. Die deutschen Barbaren erscheinen, Sie graben mich aus und nehmen mich gefangen.

Da plötzlich belebten sich wieder meine Geister. Denn es nahten sich meine Befreier, meine Freunde, meine Brüder, — Franzosen!

Es waren deren fünf: drei Männer, eine Frau und ein Kind, offenbar biedere Bewohner des benachbarten Dorfes.

— »Ach, sie kommen,« dachte ich, »zur Rettung der

Verwundeten, die das Blut für die Freiheit ihres Landes
vergossen. Seid mir gegrüsst, meine Brüder und Schwestern!« Allein es zeigte sich bald, wie sehr ich mich irrte. Diese biederen Auvergnaten waren nicht gekommen, um uns zu pflegen, sondern um uns Alles abzunehmen, was sich in unserem Besitz befand: Geld, Uhren, Kleider, Stiefel, und was etwa sonst noch von Werth war.

Ich vermuthe jedoch, dass sie so handelten nicht aus Bosheit gegen uns, sondern um die Sachen an einen sicheren Ort zu bringen, damit sie nicht eine Beute der Deutschen würden. Und darin hatten sie Recht. Die Todten bedurften ja ohnehin nicht mehr des Geldes und der Stiefel. Und, wo es sich darum handelt, die Mittel des Feindes zu schwächen, muss Alles erlaubt sein. . . . .

Die guten Leute entkleideten also die Verwundeten mit möglichster Schonung, und auch die Frau und das Mädchen waren ganz vortrefflich darauf eingeschult, verstecktes oder in die Kleider eingenähtes Geld aufzufinden.

Da sie merken, dass ich von Allen noch ziemlich am lebendigsten war, so machten sie sich an mich erst am Letzten. Der eine Mann packte mich am Kragen und der Andere hielt mir die Arme, während die geehrte Dame mich nach Geld und Geldeswerth visitirte. Leider bemühten sich die guten Leute vergeblich. Denn bekanntlich hatte die »göttliche Olympia« mir meine Louisd'ors abgenommen, und der tapfere Scribinski hatte mir meine Monatsgage noch nicht gegeben. Also war natürlich nichts da; und wo nichts ist, hat der Kaiser sein Recht verloren.

Da plötzlich erblickte die »verehrte Dame« den Diamantring an meiner Hand und machte in einer Sprache, welche nicht die entfernteste Aehnlichkeit hatte mit dem sonst üblichen Französisch, das Kind darauf aufmerksam, welches auch alsbald sich bemühte, mir gütlich den Ring vom Finger zu streifen. Da aber meine Hände vor Frost geschwollen waren, so gings nicht. Nun liess das Mädchen die Hand los, griff in die Tasche, holte ein Messer heraus, klappte es auf und stellte — das konnte ich aus seinen Geberden schliessen — den Antrag, mir den Finger abzuschneiden, weil dies der einfachste Weg sei, den Ring zu erlangen.

Das war denn doch empörend! Aber freilich auf der anderen Seite, welch' ein erfinderischer Geist, welch' echt französischer Esprit schon bei einem so kleinen Mädchen! Welche Entschlossenheit schon in diesem zarten Alter! Einen ungarischen Bauer könnte man auf den Kopf stellen, ohne dass solch ein Gedanke aus ihm herausfällt. Schon griffen sie nach meiner Hand, um mir den Finger abzusäbeln, — da plötzlich erdröhnten hinter uns Trompeten. Die biedern Auvergnaten ergriff ein panischer Schrecken. Sie rafften ihren Raub zusammen und liefen, was sie nur laufen konnten, um sich im Rohr und Schilfe des Sumpfes zu bergen.

Und was war's? Es nahte sich eine Ambulanz der niederträchtigen Deutschen.

An der Spitze marschierte ein Militär-Arzt, ein rothhaariger Barbar, mit einer Brille auf der Nase. Hinter ihm drein das Sanitätspersonal mit Sänften und Tragbahren. Alle führten das rothe Kreuz an dem Arme.

Als der deutsche Doctor in meine Nähe kam, raffte ich meine letzten Kräfte zusammen, dass meine Stimme klang wie das Gebrüll des sterbenden Löwen.

— »Was wollen Sie?« schrie ich auf Deutsch, »ich sterbe, aber ich ergebe mich nicht.«

— »Schon gut, schon gut,« sagte in der gelassensten Tonart der Rothhaarige, indem seine schlauen blauen Augen listig hinter der glänzenden Brille hervorlauerten, — »schon gut; aber was fehlt Ihnen denn eigentlich, mein alter Junge?«

— »Die Kanonenkugel,« sagte ich stolz, »hat mir beide Beine auf einmal hinweggerissen!«

— »Gut, gut; wollen sehen!« sagte kaltblütig der deutsche Doctor. Er nahm sein chirurgisches Besteck zur Hand und befahl seinen Leuten, mich mit möglichster Schonung und Vorsicht aus der angehäuften Erde herauszuschaffen.

Dies geschah; — und auf einmal erschallte ein unauslöschliches Göttergelächter mit solcher Vehemenz, wie es nur deutsche Barbaren auszustossen im Stand sind.

— »Alle Donnerwetter!« schrieen sie, sich schüttelnd vor Lachen, »er hat sie ja noch, er hat sie ja noch alle beede und ist frisch und jesund und meschucke« . . . . Und, merkwürdig, es ist wahr, ich hatte noch meine Beine; und das war so zugegangen: Die Kugel nämlich, welche vor mir einschlug, hat mir nichts zu Leid gethan, sondern nur die .Erde so tief aufgewühlt, dass sie mich ringsum bis hoch über die Kniee, auf die ich in Folge der Lufterschütterung niedergesunken war, bedeckte; und da ich es nicht wagte, mich zu regen, so war ich nicht im Stande, meinen Irrthum zu entdecken.

Der infame preussische Brillenträger aber spreizte sich vor mir auf und explicirte mir mit der Pedanterie und der Wichtigthuerei eines deutschen Professors, mein Irrthum sei entschuldbar und wohl begreiflich. Die Sache sei ganz natürlich, meine Nerven seien aufgeregt, solche Phantasien, Hallucinationen und Gefühlsverwirrungen kämen öfter vor. Ja, er führte mir sogar ein Beispiel an, das ich, glaube ich, früher schon im »Pfennigmagazin« gelesen hatte.

Welches Vergnügen würde es mir gewährt haben, dem gelehrten Barbaren seinen rothhaarigen Schädel einzuschlagen! — Mich gefangen zu nehmen und noch dazu auf eine so lächerliche Weise!!

— Na, warte!
— Noch ist nicht aller Tage Abend!

Kap. IX.

Meine Gefangenschaft und die entsetzliche Erbswurst.

Alles will ich diesen hässlichen Deutschen verzeihen;
— dass sie mich gefangen genommen; — dass ich mich
dabei, nämlich von wegen meiner Beine, blamirte; — dass
sie mich querfeldein bis nach Strassburg geschleppt, wobei
mir meine bereits verloren gegebenen Beine doch wieder
sehr nützlich waren; — dass sie mir für den ersten Flucht-
versuch eine Kugel vor den Kopf in Aussicht stellten; —
alles das und noch mehr will ich ihnen verzeihen. Die
Drohung des Erschiessens ist sogar heroisch. Alle Achtung!
Aber Eins kann ich ihnen selbst in der Ewigkeit nicht
vergeben, nämlich, dass sie mich mit Erbswurst tractirten.

Man sagt, dass diese Deutschen die Buchdruckerkunst,
das Schiesspulver, die Taschenuhren und noch eine Menge
anderer nützlicher Sachen erfunden haben. Aber wenn
auch alles das wahr wäre, — was ich dahingestellt lassen
will, — so können doch alle diese Tugenden nicht aufkommen gegen das eine Verbrechen, die Erbswurst erfunden zu haben. Diese eine Erfindung genügt, um den
Deustchen den unauslöschlichen Stempel des grauenhafte-
sten Barbarenthums für ewig aufzuprägen.

Den gefangenen Feind auffressen, nennt man, — ich
weiss nicht, ob mit Recht, — Kannibalismus. Aber ihn am
Leben lassen und ihn mit Erbswurst füttern, das ist ein
Attentat wider das Völkerrrecht!

Schon der weise Plato hat die Behauptung aufgestellt,
die Menschen würden dumm durch den Genuss von Erbsen.
Und man sagt, die Deutschen hätten während des Feldzuges zwanzig Millionen Erbswürste gegessen.

Aber meinetwegen! Mögen sie die Erbswürste doch
immerhin selber essen! Sie sind ja ohnedies so genährt
von ihrer salbungsvollen thranigen Philosophie, dass man
wohl eine Erbswurst darauf setzen muss, wie Brot auf ein

allzu fettes Essen. Aber was soll diese entsetzliche Wurst für uns, für die edleren Racen? Uns lähmt diese grässliche Nahrung die Schwingen!

Die enthülste Erbse wieder in ein wurstiges Hülsenwesen zurück zu verwandeln, — das ist doch himmelschreiender Blödsinn. Und sie gar noch mit Schweineschmalz zu versetzen, — das ist ein Attentat auf die Würde des Schweines!

Nur durch die Erbswurst wird es erklärlich, wie die barbarischen Deutschen die tapfern und hochgebildeten Franzosen besiegten. Wenn der deutsche Soldat in Schlachtordnung stand, dann musste er sich sagen:

— »Gehe ich vorwärts, — gut, — dann kann ich möglicher Weise eins abkriegen. Aber gehe ich rückwärts, so ist die Erbswurst nicht zu vermeiden! Also drauf!«

Das ist offenbar der alleinige Grund, warum der Deutsche immer vorwärts und niemals rückwärts gegangen. Aber ich? — Zu meiner tiefsten Beschämung muss ich gestehen:

Volle vierzehn Tage lang war ich genöthigt, von dieser wahrhaft verächtlichen Nahrung zu leben, die mich anekelte, die ich verachte.

Aber wartet nur, Ihr Hallunken! Lasst mich nur wieder heimkommen nach Ungarn! Ich werde auf meinem Gute alle Erbsen ausrotten bis auf den letzten Keim in der Erde.

Ach, und dieses beschämende Bewusstsein! Unser ungarischer Ministerpräsident Graf Andrássy wusste das Alles oder musste es wissen — — —

Und er intervenirte nicht. Für mich! Für einen einzigen Sohn aus guter Familie, der Erbswurst essen musste, wie weiland der »verlorene Sohn« in der Bibel Eicheln ass in Gesellschaft der Schweine. Er intervenirte nicht gegen diese schrecklichen Deutschen! . . . . . .

— Oh Schmach und Schande! —

— Aber lasst mich nur wieder heim kommen . . . . . .

— Interpellationen soll's regnen.

Kap. X.

Aus dem Regen in die Traufe, d. i. von der Erbswurst zum Fleisch-
extract. Olympia als rettender Engel und barmherzige Schwester.
Meine Befriedigung. Der religiöse Sinn der Franzosen.
Olympia tanzt.

Bekanntlich ist der »Zufall« der grosse Nothhelfer der
französischen Dramatiker und Romanschreiber. Er ist all-
mächtig auf französischem Boden, und so ist es denn kaum
zu verwundern, dass er auch mir aus der Erbswurstpatsche
heraus geholfen.

Ueberdrüssig der unvernünftigen und monotonen
Nahrung meldete ich mich krank, in der Hoffnung, ich be-
komme vielleicht in dem Hospital etwas Anderes zu essen.
Und etwas Anderes gab es wirklich, aber nichts Besseres.
Hier fristete man nämlich das Leben der Kranken mit
Liebig'schen Fleisch-Extract. Ich weiss nicht; aus welchen
Stoffen Herr von Liebig seinen *extractum carnis* bereitet.
Gewiss aber ist, dass er mich an jene Lauge erinnerte,
mittelst deren die Lohgerber die Felle bereiten. Offen ge-
sagt haben mir die Schmerbäuche der Deutschen niemals
gefallen; aber vor ihrem Magen bekomme ich täglich mehr
Respect. Was der nicht Alles zu verdauen versteht!

Ach in diesem Strassburg dachte ich mit Seufzen und
wehmuthsvoller Erinnernng an Euch zurück, Ihr Hotels
und Restaurants in Buda-Pest! O Marschall! O Michaleck!
O Frohner! Wie gedachte ich Eurer! Sogar von Dir, »goldener Adler,« und von Deiner Fischsuppe habe ich zitternd
vor Wonne geträumt. Euch Allen leiste ich hier voll bitterer
und heisser Reue Abitte wegen Alles des Schlechten, das
ich Euch nachgesagt habe.

Aber wenn die Noth am grössten ist, ist auch die
Hülfe am nächsten. Der rettende Engel nahte mir in Gestalt einer Nonne.

Es war eine junge Frau in einer grauen Kutte und

einem blendend weissen Kopftuch. Sie trug das Ordenskleid des heiligen Calasantius und wusste ihren Augen einen so schwärmerisch-frommen Ausdruck zu geben, dass man deutlich erkannte: Ihre eigenen Sünden, wenn sie deren überhaupt jemals begangen, hatte sie schon längst vollständig abgebüsst, sie beschäftigte sich nur noch mit den fremden, welche sie jetzt den anderen Leuten half abzubüssen.

Aber was ist denn das? Mitten in diesem so frommen Gesichte dies keck und schnippisch aufgestülpte Näschen? Dieses Näschen musste ich schon gesehen haben! Mir wurde so heiss und bewegt, als wenn mir das Herz aus den Rippen springen wolltt. Ich erkannte sie. Ja sie war's!

— »Olympia, Sie hier?« flüsterte ich, als sie mit einer grossen Arzneiflasche an mein Bette trat.

— »Stille!« war ihre leise Antwort, »verrathen Sie mich um Gotteswillen nicht. Ich gehe hier umher als Nonne maskirt, um unseren Gefangenen davon zu helfen. Wollen Sie auch ausreissen?«

— »Nun, das versteht sich!«

— »Wollen Sie mit mir zusammen entfliehen?«

— »Das wäre erst recht nach meinem Geschmack.«

— »Nun gut. Etwa zwei Stunden nach Mitternacht bringt man Verwundete vom Schlachtfelde von Dijon. Ich werde Einen davon, statt Ihrer, in Ihr Bette dirigiren. Seien Sie wach um diese Zeit und passen Sie auf. Ich gebe Ihnen dann auch andere Kleider.«

— »Wo haben Sie denn die Kleider?«

— »Auf meinem eigenen Leibe. Ich habe heute z w e i Nonnen-Soutanen angezogen statt e i n e r. Die eine ziehe ich aus. Die ist dann für Sie.«

— »Was, ich soll mich als Nonne verkleiden?«

— »Ja freilich, warum denn auch nicht? Sie haben keinen Bart und sehen noch ziemlich jung aus. Das Uebrige macht die ehrwürdige Tracht, in der Sie hingehen können, wohin Sie wollen.«

Ich sagte also zu. Meinetwegen, dacht' ich. Die Geschichte wird in der That drollig. Das hätte ich in meinem

Leben nicht gedacht, dass ich einmal als barmherzige
Schwester des heiligen Calasantius fungiren würde.

Wie verabredet, so geschah's. Ich entschlüpfte in
dem Nonnen-Gewande. Kein Mensch vermuthete darunter
einen jungen ungarischen Juraten. Auf der Strasse fanden
wir schon ein Fuhrwerk bereit stehen. Ich setzte mich auf
den Bock zu dem Kutscher; Olympia und eine andere
Nonne nahmen im Wagen Platz. So ging es vorwärts.

Unser Kutscher war ein vormaliger Zuave. Sein Bart
war nass von Absynth, und der ganze Mann duftete nach
diesem und nach anderen verschiedenen Sorten von
Schnäpsen; und da der betrunkene Schubiak mich für eine
wirkliche Nonne hielt, so konnte ich mich seiner Liebesschwüre, seiner übel duftenden Küsse und sonstigen Zu-
dringlichkeiten kaum erwehren. Endlich aber wurde mir
die Geschichte doch zu arg; der Geduldfaden riss mir.
Ich applicirte ihm einige Maulschellen, die keineswegs
nonnenhaft-zimperlich waren, sondern einen ausgeprägt
pusstenhaft-magyarischen Originalcharakter trugen. Danach verhielt er sich endlich ruhig und schien sich mehr
um seine Pferde, als um mich, die vermeintliche Nonne,
zu kümmern.

Ich kann es nicht leugnen, ich wunderte mich etwas
über die Unverschämtheit des Zuaven. Ich hätte gedacht,
diese edle französische Nation sei gebildeter. Ich hatte
soviel gehört von ihrer feinen Ritterlichkeit gegenüber dem
anderen Geschlechte. Unsere Priester hatten uns so viel
erzählt von ihrem tief religiösen Sinne u. s. w.

Und nun? Nun vermochte mich nicht einmal die
geistliche Amtstracht der Nonne vor den gröbsten Insulten
zu schützen. Und wenn mein Rosselenker überhaupt
religiösen Sinn hatte, so war er offenbar nur mittelst Ohrfeigen zu wecken.

Ja, und das war eigentlich noch das Wenigste. Man
konnte sagen, das war nur ein Kutscher und ein Zuave.
Solche Leute sind nirgends manierlich.

Aber die Nonnen, — die Nonnen hinten im Wagen;

— feine und edele Damen, wie sie ohne allen Zweifel sind, — was machten denn die?

Mort de ma vie, ventre saint-gris, sie platzten beinahe vor Lachen, so oft der besoffene Kutscher mich zu karessiren versuchte.

Enfin, es nimmt glücklicher Weise Alles ein Ende, und folglich auch unsere Fahrt.

Wir gelangten schliesslich in das französische Hauptquartier, wo sich auch der französische Obergeneral befand · mit seinem Stabe.

Wie die Stadt hiess, — wie der General hiess, — wie die Andern hiessen, — ich weiss es nicht, und wenn man mich auf den Kopf stellt. Im Grunde genommen war ich doch ausgezogen, um Heldenthaten zu verrichten, und nicht um langweilige Namen auswendig zu lernen. Letzteres hätte ich ja besser zu Hause gekonnt.

Und dann, es ist mir stets, und schon auf der Schulbank, sehr schwer geworden, solche verwünschte Namen zu behalten. Von Attila glaubte ich immer, er sei ein türkischer Pascha gewesen, bis ich zuletzt zu meinem Erstaunen erfuhr: er war ja ein ungarischer Schnüren-Rock. Und den Namen des berühmtesten deutschen Dichters konnte ich nur behalten, wenn ich an jenen hellrothen leichten Wein dachte, den man bei uns »Schiller« nennt.

Enfin, was liegt an den albernen Namen? .... Man empfing uns übrigens sehr herzlich im Lager.

Olympia war überall bekannt, und die meisten Officiere nannte sie die »Ihrigen«.

Sie war in der That eine grosse Patriotin. Sie legte die Nonnen-Soutane nur an, um bei dem Feinde zu spioniren. In dieser »Mission« hatte sie dem Generalstabe schon vortreffliche Dienste geleistet.

Der Eindruck des Ganzen war wahrhaft erhebend. Sage man, was man wolle, das französische Volk ist und bleibt ein eben so liebenswürdiges, wie geniales. Man bedenke nur: Einen Tagemarsch entfernt von dem Feinde, behandelte man den ganzen Krieg, wie einen schlechten Witz; und wir führten einen so tollen teufelmässigen Ball

auf, dass die Geschichten bei uns im Saale »Zur Neuen
Welt« in Pest das reine Kinderspiel dagegen waren.
Dieser Pester Saal hat doch auch viel gesehen. Er
sah die Rigolboche, — die Antoinette, — die Fadette, —
die Finette, — und zuletzt — was schon sehr stark ist, die
Wiener »Fiaker-Mily« (Droschken-Emilie). Aber eine
solche wahrhaft transcendentale Cancaneuse, wie die gött-
liche Olympia, sah er noch niemals.
Sie ist wirklich ein wahres Wunder. Wie sie mit ihren
feenhaft kleinen Füsschen hoch in der Luft einen Kreis be-
schrieb, würdig, dass Phöbus-Apollo darauf wandle; —
und wie sie zuletzt gar ihrem Tänzer die Asche seiner
Cigarre — denn hier raucht man beim Tanzen, auch in
den höchsten militärischen Zirkeln — mit der Spitze ihres
Stiefelchens abstrich; — nein, ich sage, eine solche
Bravour, — die giebt es nicht wieder!
Und dabei zugleich barmherzige Schwester!
Na! — — —

Kap. XI.

Die deutschen Barbaren als Störer unserer Freuden. Sie waren
verloren, wenn sie nicht eine bedauerliche Konfusion auf unserer
Seite gerettet hätte. Im Lazareth. Auf dem Marsche. Betrachtungen über die verschiedenen Sorten von Schmutz. Die Helden-
Herzen und die Helden-Füsse. Die Kameraden. Die Marketenderin.
Meine Sinne beginnen zu schwinden. Olympia zum zweiten Male
als rettender Engel. Die Petits-Verres. Der Regenschirm als glorreiche Flagge. Einzug in Paris.

Es war also recht schön, — aber die missgünstigen
Deutschen liessen uns unser Plaisir nicht.
Wir hatten beschlossen, sie den andern Tag zu atta-

kiren, aber der uncivilisirte rauhborstige Feind gönnte nicht
einmal seinen eigenen Leuten die nächtliche Ruhe. Wir
amüsirten uns gerade königlich — nicht doch! ich wollte
sagen: republikanisch — auf unserem Balle, als es plötzlich losging, und draussen die Kanonenschüsse das Knallen
unserer Champagner-Pfropfen parodirten.

Wir, die Officiere, waren natürlich alle in der Stadt in
dem Ballsaale. Draussen lag nichts, als die Mannschaft. Es
versteht sich, dass sich unsere Leute auch ohne uns brillant schlugen; und wenn Ihr mich nicht verrathen wollt,
möchte ich *in parenthesi* beifügen: Ich glaube beinahe,
wenn die französischen Generale nicht gewesen wären,
und wenn man die Mannschaft von selbst hätte drauf los
gehen lassen, dann wär' es vielleicht anders gekommen.
Doch schweigen wir davon.

Ich nun, als ich die Fenster des Tanzsaales von den
Kanonenschlägen erklirren hörte, schob rasch einen Turco-
Capitain zur Seite, welcher mit Olympia polkte, griff nach
meinem Säbel, stürzte hinaus, fand dort ein Pferd, schwang
mich darauf und sprengte nach dem Marktplatze. Dort
» organisirte « unser tapferer General Scribinski eine
Schwadron aus dem, was Berittenes aus den verschiedenen
Strassen dort zusammenströmte. Da waren *Chasseurs à
cheval*, Husaren, Kürassiere, berittene Artillerie, Infanterie
zu Pferde, — kurz Alles. Als ein gehöriger Trupp zusammen war, stellte sich der heldenmüthige Führer an die
Spitze und — hui! Hast Du nicht gesehen, dann siehst
Du noch! — ging es zum Thore 'naus. Wir wurden offenbar vom Glücke begünstigt, denn wir stiessen sofort auf
ein Infanterie-Regiment, das Carée formirt hatte. Es
herrschte eine wahrhaft ägyptische Finsterniss. Aber wir
stürzten darauf los. Das Regiment gab Peleton-Feuer.
Viele von uns wurden getroffen. Andere verloren die
Pferde. Der Rest stürzte in die feindlichen Bajonette. —

— — — — — — — — — — — — — — —

Soweit war es schon gekommen; da merkten wir erst,
dass ein kleines Missverständniss untergelaufen. Das
Regiment, welches wir für ein feindliches hielten, war

nämlich auch ein französisches; ja es gehörte zu unserm
eigenen Corps. Ach, und wir Brüder hatten uns unter
einander angegriffen, verwundet, gemordet!
Und die Confusion stieg immer noch höher.
Unsere Artillerie nämlich eilte zur Hülfe und kar-
tätschte auf beide Theile los, und es dauerte lange, bis
sich die Verwirrung legte und wir, die Kavallerie sowie die
Infanterie und die Artillerie, endlich uns darüber verständigt hatten, wir dürften nicht aufeinander schiessen.

Der Feind hatte es nur diesen bedauerlichen Irrungen
und Missverständnissen zu danken, dass er für seine frevel-
hafte Attacke nicht härter gestraft ward. Aber auch so erhielt er eine scharfe Lection. Denn jeder Theil behauptete
das Schlachtfeld, und am andern Morgen schlossen wir
einen sechsstündigen Waffenstillstand mit einander, um
unsere beiderseitigen Todten begraben zu können. Auch
Scribinski zählte man unter die Todten.

Ich verlor bei dieser Affaire mein Pferd; und da ich
bereits erfahren, wie wenig ich zu Fusse zu leisten im
Stande war, mich aber doch in irgend einer Art nützlich
zu machen wünschte, so legte ich die weisse Binde mit
dem rothen Kreuze an, um als Krankenpfleger zu wirken.
Als solcher habe ich denn auch meine Erfahrungen machen
müssen; und ich kann Euch sagen: Das Schlachtfeld ist
keineswegs so ein heroisches, poetisches und ideales
Ding, wie es Eure Dichter beschreiben. Vielmehr giebt es
auf der ganzen weiten Welt keinen ekelhafteren und ver-
abscheuenswertheren Anblick.

Es ist ein Schlachthaus, ein frisch besetzter Schind-
anger, worauf verstümmelte und krepirte Pferde, zerrissene
und zerstückelte Menschen-Cadaver, einzelne Glieder von
Pferden und Menschen durcheinander liegen.

Und das, was noch lebt oder am Sterben ist, das
declamirt keineswegs heroische Gedichte von Victor Hugo
oder patriotische Chansons von Beranger. Noch viel weniger singt es grosse Arien aus den »Hugenotten« oder
aus der »Lucia di Lammermoor.« Nein, das flucht so
dicht wie Schlossen und Hagel fallen; das vermaledeit die

Jungfrau Maria und alle Heiligen, und Gott und die Welt, so dass Einem sich aus Entsetzen darüber die Haare sträuben.

Das ist furchtbar. Aber schrecklicher ist es doch noch in den Feldlazarethen. Ich glaube wirklich, wenn man in dem Augenblick, wo zwei Armeen zur Schlacht bereit einander gegenüberstehen, ein paar Feldlazarethe an den beiderseitigen Schlachtlinien langsam vorbeifahren und einem Jeden Gelegenheit geben könnte, das Alles zu sehen, dann würden die Soldaten auf beiden Seiten die Gewehre wegwerfen und sagen: »Schiesse wer will. Wir nicht. Mögen die Zwei, welche den Krieg angefangen haben, es in eigener Person untereinander ausmachen!«

Oh, sie hinterlässt schreckliche Spuren, die Wissenschaft der Menschen-Vernichtung. Dort liegt ein Körper, dem die Hände und die Füsse fehlen; hier liegt eine Figur durchlöchert von Schüssen, — doppelt so viel Wunden als Schüsse. Dem Dritten fehlt ein Stück Schädel, und doch ist er nicht todt, sondern vegetirt noch. Dem Vierten ging die Kugel durch die Brust und die Lunge und er lebt auch noch. Dem Fünften ist eine Granate dicht über dem Kopfe geplatzt; sie hat ihn nicht getroffen, aber der Luftdruck hat sein Gehirn erschüttert; er hat den Verstand verloren, und sein blödsinniges Lächeln ist schrecklich. Der Sechste trägt ein Dutzend schwere Säbelhiebe auf dem Kopfe und den Schultern und Händen.

Alles zusammen ein formloser blutiger Knäuel! Alles das weint, wüthet, stöhnt, wehklagt, seufzt, schimpft, flucht, winselt, röchelt, klappert mit den Zähnen, schreit nach Wasser, bittet um den Gnadenstoss. Und mitten durch geht kaltblütig der Chirurg und sieht, wo es für ihn einen Fuss oder einen Arm abzuschneiden giebt.

Ach, was ist dagegen die Schlacht selbst? Das ist gar nichts. Das Schrecklichste ist das Lazareth. Doch nein; vielleicht giebt es noch etwas Schrecklicheres im Kriege. Das ist der Schmutz.

Wir marschiren nun schon wieder seit einer Woche,

und seitdem wir marschiren, strömt unablässig der Regen.
Die Wege sind bodenlos und unergründlich.

— *»Allons, enfants de la patrie!«* —

Ja wohl, das wäre schon recht schön, wenn nur das
verdammte *»Aller«* nicht wäre, d. h. wenn man nicht nöthig
hätte zu gehen, — zu gehen in diesem entsetzlichen klebrigen Kothe.

Als wir Morgens ausrückten, war dieser Brei schwarz,
— so schwarz, so dickflüssig und so grundlos, dass der
Damm von Tisza-Füred im Vergleich damit der vollendetste
Macadam wäre. Dieser zähe Bruchschlamm zieht Einem
den Stiefel vom Bein aus; und gelingt es dann, den blanken
Fuss wieder herauszureissen, dann schnalzt und schmatzt
es, wie der Kuss einer Riesin.

Nachmittags kommt dann eine andere Sorte von
chaotischem Urbrei, wahrscheinlich *»quia variatio delectat«*.
Diesmal ist der Stoff gelb, halb Lehm und halb Letten
oder Thon. Man gleitet darin aus nach Rechts und nach
Links und geräth in Carambolage mit seinen Nachbarn;
macht man einen Schritt vorwärts, so rutscht man jedes
Mal die Hälfte wieder zurück. Den Tag darauf kommt
man in Kies, Gerölle und Sand; das knarrt nur so unter
den immer schadhafter werdenden Sohlen. Und zu guter-
letzt geräth man dann noch mit den zerrissenen Stiefeln in
die Brühe. Meilenweit dehnt sich eine flache Pfütze aus
voll dünn gequirlter Jauche, welche uns die Stiefel bis
zum Rande füllt. Und das nennt man einen *»glorreichen
Feldzug«*. Ach in der That, ich weiss keinen Ast, der hoch
genug wäre, um sie daran zu hängen, diese Dichter, diese
Aufschneider, diese Lügenmäuler, welche Feldzüge be-
singen, ohne jemals einen mitgemacht zu haben. Sprechen
die Kerls doch immer von den Helden-Herzen, von den
unnahbaren Händen und den mächtigen Armen der
Krieger! Die Unwissenden! Von den *»Heldenfüssen«*
sollten sie sprechen. Denn die Füsse haben die Lasten
des Feldzuges zu tragen; sie sind es, auf welche es vorzugsweise ankommt.

Mit meinen *»Heldenfüssen«* nun, damit war's

eines Morgens zu Ende. Ich konnte nicht weiter. Das Schuhzeug fiel mir in Fetzen von den Füssen. Meine Kleidung war wirklich rein »uniform«; denn sie bestand nur noch aus Lehm und Koth und Schmutz von unten bis oben. Jeder Nerv schmerzte; mein Kopf glühte; alle Muskeln und Knochen stellten ihre Arbeit ein. Es war aus. Ich setzte mich endlich an den Chausseegraben, wo ich noch ein kleines Fleckchen Rasen fand.

Meine Kameraden von der Infanterie marschirten an mir vorbei, ohne mir und meinem Elende die geringste Aufmerksamkeit zu schenken. Dann kam eine Schwadron Kürassiere vorüber. Der Wachtmeister schrie mir zu, warum ich denn »mein Rösslein nicht sporne«? Die Andern lachten mich aus. Sie liessen mich liegen. Dann kamen Bagage-Wagen, so schwer und so hoch beladen, dass sie beinahe im Dreck stecken blieben. Einer der Train-Knechte blieb vor mir stehen. Ich dachte:

— »Gott sei Dank! Da kommt endlich der barmherzige Samariter. Der wird Dir nun helfen und Dich auf den Wagen laden.«

Aber der Kerl schrie mich an:

— »Faullenzer, verfluchter! Statt da zu liegen und alle Viere auszustrecken, spring' uns doch bei und hilf uns den Wagen herausheben. Du siehst ja, dass er in den tiefen Furchen festsitzt!«

Als er sah, dass mit mir nichts zu machen war, schlug er wie toll auf die Pferde. Der Wagen kam wieder los, und er fuhr weiter, ohne sich um meine Klagen und Bitten zu kümmern.

Dann kam eine Marketenderin. Aber denkt dabei nur nicht an die »Regimentstochter«. Es war vielmehr eine schauerliche alte Hexe mit einem spitzen Kinn, einer dicken Nase, worauf sieben verschiedene einzelne Haarbüschel standen, und mit branntweinglühenden Triefaugen. Ihre Hosen steckten in grossen Courierstiefeln und ihr Kopf in einer Kapuze. Sie redete mich an:

— »Willst Du Dich auf's Fass setzen, Bürger?« sagte sie, »dann kann ich Dich mitnehmen. Gestern ist

mein siebenter Mann gefallen. Du kannst der Achte
werden!«

— »Ach verehrte Dame, Ihr seid zu gütig, aber davon
kann in meinem Zustande doch wohl keine Rede sein. In
der That, ein Schnaps wäre mir lieber. Gebt mir einen, um
Gottes willen.«

Sie drehte mir eine Nase und fuhr erbarmungslos
weiter.

Ich aber dachte: nun ist es aus, und ich will mir
nicht mehr mein armes müdes Haupt mit Sorgen um Rettung zerbrechen. War es Schlaf, — war es Ohnmacht? —
die Sinne begannen zu schwinden, — und ich wäre ohne
Zweifel gestorben, wenn mir nicht ein Trompeter als rettender Engel erschienen wäre.

Er machte sich nämlich, als er im Vorübergehen mich
so da liegen sah, das kindliche Vergnügen, seine Trompete
dicht auf mein Ohr zu setzen und aus Leibeskräften zu
blasen. Ich fuhr auf, weil ich glaubte, es seien die Posaunen des jüngsten Gerichts. Der Trompeter wollte vor
Lachen platzen und trollte sich weiter. Gleichwohl hatte
er mir das Leben gerettet.

Denn hätte er mich nicht wach geblasen, so hätte ich
den vierspännigen Wagen nicht bemerkt, der vorbei kam.
Es sassen ein Officier und eine Dame darin. Wer war die
Dame? Meine göttliche Olympia! Wer war der Officier? ·
Mein tapferer General Scribinski, der verloren Geglaubte.

Auf den ersten Blick erkannte ich sie wieder. Ich rief.
Sie hielten an.

»Ah, Monsieur, c'est Vous?« schrieen Beide und lachten gehörig über meinen verzweifelten Zustand. Sie luden
mich ein, hinten auf den Bock zu steigen. O, dieser Bock
war der glücklichste aller Böcke meines Lebens! Welche
Wonne, unmittelbar hinter dem göttlichen Weibe zu sitzen
und ihren riesigen Chignon zu bewundern. Er war wirklich aus ächtem Menschenhaar, dieser Chignon! Kein
Polster, keine Wolle, kein Kameelshaar darunter. Ich ob-
servirte das aus unmittelbarster Nähe, denn ich musste den
Regenschirm über sie halten. Sie hätte mich darum so

freundlich gebeten; denn die Kutsche war offen. Olympia sprudelte von Geist während unserer langen Fahrt. Sie kannte des Generals geheimste Feldzugspläne und setzte sie mir scherzend auseinander. Dazwischen kneipten wir Cognac, was sich aus der Ungunst der Witterung natürlich erklärte. Der General trank sechs »*petits-verres*«; ich sieben; die göttliche Olympia aber achte. Man hatte mich auch nachträglich in den Wagen genommen, damit ich, wie Olympia so geistreich scherzte, »den Regenschirm besser halten könne.« Beim sechsten Cognac schlief der General ein; und auch Olympia neigte ihr Lockenhaupt auf meine Schultern. Ich aber hielt den Regenschirm hoch gleich einer Fahne; und ich werde es nicht vergessen, dass unter meiner Aegide das Schönste und das Tapferste, was Frankreich besitzt, nach Paris zurückkehrte. Die elenden Kerls von Geschichtsschreibern werden es wohl schwerlich erwähnen. Mich aber tröstet mein Bewusstsein. — — —

Als ich nun Ursache hatte zu glauben, der tapfere Scribinski sei fest eingeschlafen, flüsterte ich Olympia, die mir, — ich wusste nicht, ob aus Sympathie oder Ermüdung — auf die Schultern gesunken war, — ins Ohr:

»*Madame, je vous aime!*«

Und was glaubt Ihr, dass ihre Antwort war?

Ein lautes decidirtes Schnarchen, welches so knarrte und dröhnte, wie wenn die Brettsäge an einen Knorren im Stamm kommt.

Natürlich war das bei Leibe kein Zeichen der Geringschätzung; denn sie schlief ja; und die harten Gewohnheiten des Krieges, welchen sich das zarte Geschöpf voll patriotischen Opfermuthes unterzogen, üben selbst auf die edelste Weiblichkeit ihren Einfluss!

Was sollte ich thun? ich begann auch einzuschlafen.

Der gemeinsame Regenschirm aber umwallte uns alle Drei, wie eine glorreiche Flagge. Oder soll ich lieber sagen: Er umsäuselte unsere Häupter gleich den schirmenden Fittigen des siegreichen Adlers? Ich aber hielt den Griff, selbst als ich schon schlief, noch fest in den

Händen, gleich wie der tapfere Krieger sein Schwert nicht lässt, auch nachdem er gefallen.

Das wäre ein Stoff für ein erhabenes Heldengedicht! Leider verstehe ich mich nicht auf das Gedichte-Machen. Und die elenden Versifexe haben keinen Sinn für die Grösse eines solchen Momentes. Traurig!

— — — — — — — — — — — — — —

Endlich spät am Abend rollte die Kutsche über Pflaster. Das Rasseln und Rütteln weckte uns alle Drei aus unserem Schlafe.

— »Wir sind in Paris!« rief Olympia.

Ich wollte es Anfangs nicht glauben. Alles ohne Licht. Eine stockfinstere todte Strasse gähnte uns entgegen. Paris hatte kein Gas mehr. Denkt Euch: Eine Riesenstadt von mehr als zwei Million Menschen, und in der Nacht Alles dunkel! Man war schon daran, die Fenster und sonstigen Oeffnungen der Häuser mit Sandsäcken zu stopfen; und als wir auf die Boulevards kamen, dröhnten rechts und links die Axthiebe, als wenn wir durch einen wilden Waldschlag führen. Man hieb die prachtvollen Alleen nieder, um Brennmaterial zu gewinnen, woran es schon fehlte.

Paris ist nicht wieder zu erkennen.

Da sprach Olympia mit ihrer unwiderstehlichen Grazie:

— »Mein General, — mein Capitain, — nehmen Sie bei mir Quartier. Belieben Sie, mein Haus als das Ihrige zu betrachten.«

— Ah, dachte ich, da höre ich, das ist doch das schöne alte Paris. Nun kenne ich es wieder. Denn solche ausgesuchte Höflichkeit findet man doch nur bei den Parisern.

— »*N'est-ce-pas?*« — — —

Kap. XII.

Olympia macht ein Haus. Von deren hoher Abkunft. Freiwillige
Besteuerung zum Besten des Landes. Der »Grieche« Scribinski.
Der Banquier Grandsac. Der Journalist Frere et Cochon. Seine
Abhandlung über die Ungarn.

Olympia macht ein Haus in Paris. Sie hat ihr eigenes
Hotel — oder soll ich's »Palais« nennen?
Die ganze Einrichtung ist prachtvoll. Luxus ohne
Gleichen! Die Dienerschaft in silberstrotzenden Röcken.
»Livree« darf man's heut zu Tage nicht mehr nennen, denn
es ist Republik jetzt.
Die vornehmsten Leute verkehren bei Olympia. Es
ist ein grossartiger, aber geheimnissvoller Reichthum, über
dessen Quellen ich mich zu unterrichten versuchte. Einer
ihrer Diener versicherte mir unter dem Siegel der Ver-
schwiegenheit, Olympia sei die Gattin, die verlassene oder
separirte Gattin eines der spanischen Kronprätendenten.
Ein anderer dieser Laquaien freilich wollte wissen, sie sei
die Erbtochter eines russischen Fürstengeschlechtes aus
dem Hause der Mazeppa. Der Dritte gab mir feierlich zu
verstehen, sie sei die Wittwe des Grossmogul. Der Vierte
endlich behauptete, sie sei die, aus hochpolitischen Gründen verheimlichte Tochter einer regierenden Königin.
Und das Letztere scheint mir allerdings, wenn ich Alles
zusammenfasse, bei Weitem das Wahrscheinlichste zu sein.
Wie gesagt, sie machte ein grosses Haus. Jeden
Abend sah man bei ihr die beste Gesellschaft; — und sie
gingen nicht eher, als bis es beinahe schon Morgen war.
Draussen auf den Strassen hieb man die Bäume um und
liess die Soldaten durch die egyptische Finsterniss marschiren. Hier Innen aber war glanzvolle Beleuchtung, und
man besorgte die finanziellen Geschäfte. Dies muss ich
näher erläutern.
Bei uns in Ungarn machen es ja die Patriotinnen ähn-

lich. Sie stellen sich an die Spitze von Collecten, halten Verkaufs-Bazars, stellen Tableaux, spielen Theater und geben Concerte zu patriotischen Zwecken. Da nun aber Olympia die grösste aller Patriotinnen war, so wählte sie ein wirksameres Mittel. Sie hielt jeden Abend Pharao-Bank zum Besten des Landes. Eine geistreiche Idee das! Denn mittelst dieser Spielbank besteuerte sie ihre Gäste alltäglich um kolossale Summen, welche sie — ich zweifle nicht daran — alle zu Gunsten der Kriegführung verwandte. Die dominirende Rolle aber in dieser vornehmen Gesellschaft spielte unser tapferer General Scribinski. Ueber seine Nationalität scheinen in der That einige Zweifel zu herrschen. Trifft er mit Polen zusammen, dann ist er Italiener. Befindet er sich unter Italienern, dann ist er eigentlich Ungar. Mir, dem Ungarn gegnnüber, geberdet er sich als Pole. Wenn aber die Franzosen ihn am Spieltische observiren, dann behaupten sie, er sei ein »Grieche« *). Sei dem nun, wie ihm wolle, — jedenfalls ist alles das ein Beweis für seine Vielseitigkeit; — und ausserdem ist an seinem Feldherrn-Talent nicht zu zweifeln.

Weiter findet man in Olympia's Salons jeden Abend auch einen Banquier Namens Grandsac, einen grossen und dicken Mann mit einem glänzenden schwabbeligen Doppelkinn. Er gewinnt jeden Morgen auf der Börse eine Million, um sie dann Abends hier zu verspielen, — oder richtiger ausgedrückt, um sie indirect auf dem Altare des Vaterlandes niederzulegen.

Der Interessanteste aber von Allen ist ein junges Genie, — ein Schriftsteller, — ein Jousnalist, dessen Ruhm gegenwärtig ganz Paris erfüllt. Es ist der Redacteur des Blattes »*Frère et Cochon*«, das dieser Tage neu erstanden ist in dem Momente, wo die Begeisterung bis zum höchsten Gipfel gestiegen war. Dieses Genie — ich muss es Euch beschreiben — hat ein Adler-Profil und einen wunderschönen schwarzen Bart, der in's Blaue spielt. Sein Haupt ist bedeckt mit Hunderten von Locken, welche kleinen

---

*) »*Un Grec*«, d. i. ein Mensch, der falsch spielt.

Propfenziehern gleichen, die man schwarz angestrichen hat. Er sitzt auf der allerentschiedensten Linken und wäre im Stande, sich an die äusserste Bank der Communisten noch ein Brett zum Sitzen anzunageln, um der Aeussersten Alleräusserster zu sein. Seine Feinde behaupten, er habe früher im Solde des Bonaparte gestanden. Gewiss aber ist, wenn er auch das Sündengeld nahm, so that er es nur, um den Tyrannen zu überlisten und dessen Unterdrückungsfonds zu schwächen.

Dieses junge Genie besass auch Etwas, was man sonst bei den französischen Journalisten nicht immer findet, nämlich eine stupende Gelehrsamkeit. Er erzählte mir Dinge über mein Vaterland, von welchen ich zu Hause nicht die blasse Ahnung hatte.

»Die Bevölkerung von Ungarn,« dozirte er im Tone der Unfehlbarkeit, »die Bevölkerung von Ungarn besteht aus zwei verschiedenen Racen, — aus der der Unterdrücker und der der Unterdrückten. Es verhält sich grade, wie mit den Franken und den Keltoromanen in Frankreich. In Ungarn sind es die Magyars und Hongrois. Jene, auch Mongolen genannt, sind heidnische Türken. Diese, die Hongrois, sind alle Keltoromanen oder Rumänier, und gute katholische Christen. Jene bilden die Aristokratie und unterjochen die Hongrois, welche sie gewaltsamer Weise zu Janitscharen oder Honveds machen.«

Wahrlich, um über sein Vaterland die Wahrheit zu hören, muss man in das Ausland gehen.

Ohne Zweifel ist Alles das richtig, was der berühmte Redacteur von *«Frère et Cochon«* über Ungarn behauptet.

Nur das Eine ist mir nicht recht klar:

Bin ich ein »Magyar« — oder bin ich ein »Hongrois«?

— Ich weiss es nicht. —

Eh bien, nous verrons!

Kap. XIII.

Ich muss gestehen, ich bewunderte das colossale Wissen des Journalisten, der doch, wie er mir selbst sagte, in seinem höchst bewegten Leben niemals Zeit gehabt, irgend etwas zu lernen.

Aber auch abgesehen von der gründlichen Gelehrsamkeit, war mir seine Bekanntschaft sonst noch sehr nützlich. Ihr könnt Euch denken, mein erster Ausgang in Paris richtete sich nach dem »Jardin de Mabille« und der »Closerie des Lilas«, wo ich vormals mit Fifine so schöne Stunden verlebte. Fragen sie Euch aber zu Hause, was das für Institute seien, so sagt ihnen nur, »Mabille« sei eine Art von Nationalmuseum, worin man Antiquitäten verwahre, und die »Closerie« sei eine Species von zoologischem Garten, worin man Gelegenheit habe, niedliche Thierchen zu füttern. Ich ging also hin.

Aber ach, wie sollte ich enttäuscht werden!

Die schattigen, lauschigen Lauben, in welchen mir vormals Fifine den Rauch ihrer Cigarrette unter die Nase kräuselte, waren nicht mehr zu finden; und wo sie vormals gestanden, da trieben sich jetzt brummige und grobe Volontairs herum, welche Kies karrten für die Batterien. Auf der Tanzbühne, wo wir vormals den berüchtigten Cancan der berühmten Fadette bewunderten, las jetzt ein rauhborstiger »Volksmann« der lärmenden Menge etwas aus einem schmierigen, kleinen Zeitungsblatt vor; und wo vormals die Bibi-Hütchen und Sonnenschirme von Ninon, Fanchon und Consorten ausgestellt waren, da hingen jetzt Säbel und Flinten ringsum an den Wänden.

Als ich so auf diesen veränderten Schauplatz hinstierte, in Gedanken versunken, wo »sie« wohl hingekommen sein möchten, da erscholl es auf einmal von allen Seiten:

— »*Espion! espion!*«

In demselben Augenblick hatten mich auch schon Zwei an der Kehle gepackt und Einer hinten am Kragen. Man fragte mich, wess Sohn ich sei.

Und ich erwiederte stolz:

— »Ich bin ein Ungar!«

— »*Ah, Hongrois! — voilà un Autrichien — chien! chien! — un autre chien! — un Allemand! — un Prussien — un Traitre! — un espion prussien — à la Lanterne!* —* Hängt ihn, den Deutschen!«, das war die Antwort der Menge.

Und es blieb nicht bei den Worten. An eine Laterne konnten sie mich freilich nicht hängen. Denn es gab keine mehr. Wohl aber standen da noch einige Bäume, welche man ebenfalls zu diesem Zwecke benutzen konnte. Letzteres begriff sofort diese intelligente, schnellfassende Bevölkerung. Sie schleppten mich unter eine breitästige Sykomore, legten mir den Strick um den Hals, warfen denselben über einen Ast und begannen anzuziehen.

Da erhob sich der Volksmann von der Tanzbühne. Nun erkannte ich ihn erst. Es war »*Frère et Cochon*«. Auch er erkannte mich.

»Bürger, Freunde, Brüder!« schrie er, »lasst ihn frei. »Er ist kein *autre chien.* Ohne Zweifel wisst Ihr — denn das souveräne Volk weiss Alles, auch wenn es gar nichts gelernt hat — ohne Zweifel wisst Ihr: Es giebt zwei Sorten von Ungarn, nämlich österreichische und algiersche. Dieser hier gehört zu der letzteren Race, nämlich zu den algierischen Ungarn. Ich kenne ihn. Er ist ein Enkel Abd-el-Kader's. Souveränes Volk von Paris! Zeige Dich würdig der Bewunderung, mit welcher das Universum auf Dich blickt. Gieb ihn frei!«

Und es geschah so. Er hatte mir das Leben gerettet. Jetzt erfuhr ich denn auch nachträglich, was er den Leuten vorgelesen hatte.

Es war sein eigenes Organ, — die neueste Nummer

des »*Frère et Cochon*«, in welcher mit Riesenlettern gedruckt
stand:

»Es naht Hülfe!
Abd-el-Kader
rückt mit
500,000 Mamelucken aus Syrien
heran,
um das heldenmüthige Paris zu entsetzen
und
den barbarischen Feind von dem geheiligten Boden Frankreichs zu vertreiben.«

Es war zwar Alles nicht wahr. Aber es hatte geholfen!
— Wenigstens mir.

Kap. XIV.

Das Hängen erzeugt Einfälle und Ideen. Ich habe in Folge dessen
deren zwei auf einmal, nämlich die »ungarische Legion« und das
»berittene Amazonen-Corps.« Dieser Esel von Trochu.

Und ausserdem verdanken noch zwei vortreffliche
Ideen ihren Ursprung dieser scheinbar so widerwärtigen
Scene in der »Closerie des Lilas.« Ich hatte den Einfall
grade in dem Momente, wo man mich würgte; und ich
finde das gar nicht auffallend.

Denn ich entsinne mich mit Bestimmtheit, dass mir
einst ein Russe versicherte, im Augenblicke des Strangu-
lirens habe man die brillantesten Gedanken, und es sei auf
das Höchste zu bedauern, dass der Gehängte nicht auf
einen Augenblick heruntersteigen und schnell noch seine
Sentiments zu Papier bringen dürfe. Doch nun zu meinen
»Ideen«:

Die erste Idee war:
— »Man scheint in Paris nicht recht zu wissen, was

ein Ungar ist. Gut, trommeln wir alle in Paris vorfindlichen Ungarn — es giebt deren genug hier — zusammen! Bilden wir aus ihnen eine Legion, — ein selbständiges freies ungarisches Corps. Wir werden damit Wunderdinge verrichten und den ungarischen Namen in Paris bekannt machen. Ehre den Söhnen Arpad's! In Zukunft sollen die Franzosen wissen, wer wir sind. Ganz Paris wird mit Bewunderung auf uns blicken!«

Die zweite Idee war — doch ich muss darüber zuvor mit Olympia sprechen.

Ich eilte spornstreichs zu ihr. Sie war wüthend. Wenn sie in ihrer energischer Stimmung war, konnte sie fluchen, wie ein Husar. Ich habe schon bemerkt, dass dann ihre holde Weiblichkeit etwas verdunkelt wurde durch die rauhen Sitten des Lagers, welche sie annehmen musste, um ihre patriotische Mission zu vollziehen. Allein auch in diesen Momenten der Wildheit war sie reizend, himmlisch, entzückend, bezaubernd!

— »Was?« schrie sie, indem sie in ihrem Boudoir auf und ab eilte mit Schritten, welche eigentlich für eine vornehme Dame vielleicht etwas zu gross waren, — »was, dieser elende Lump, — dieser Trochu, — den Gott verdamme! — gegen die Preussen kann er nichts ausrichten, und nun sucht er an wehrlosen Frauen sein Müthchen zu kühlen. *Ventre-saint-gris.* Das ist schlimmer, als es selbst die Preussen machen würden. Das ist Barbarei! Das ist Vandalismus! Revanche! Revanche!«

Ich erbot mich ihr zum Werkzeug der Rache und fragte sie, was denn eigentlich los sei? Ich erfuhr nun, dass der Gouverneur Trochu befohlen habe, dass alle jene »allein stehenden Damen, welche weder ein Geschäft noch eine Familie in der Stadt hätten«, binnen vierundzwanzig Stunden Paris verlassen müssten, weil sie *bouches inutiles* seien.

Ich wollte es Anfangs nicht glauben; allein der Befehl wurde wirklich vollzogen.

Mit eigenen Augen hab ich's gesehen, wie diese erbarmungslose Hyäne von einem Gouverneur 40,000 Frauen

— sage und schreibe: vierzigtausend — aus Paris eskortiren liess. Die Damen waren bei diesem Transport in Bajonette eingefasst. Eine seltsame Fassung für solche »Perlen!« Ewig denkwürdiger Anblick. Die Damen marschirten in der Mitte der Boulevards, in beinahe militärischer Ordnung. Die Sonnenschirme dienten als Fahnen. Riesige Chignons — bunte Baschlicks — zierliche Füsschen mit Stelzenschuhen — Federhüte mit flatternden Schleiern — erhöhte Hintertheile mit kollosalen Schleifen — Colonnen, starrend in Sammt und Seide! Ich habe nie eine schönere Armee gesehen. *Ma foi!*

Dieser Anblick ermuthigte mich, auf »meine zweite Idee« zurückzukommen.

— »Madame!«; sagte ich zu der göttlichen Olympia, — »Madame, werden Sie die Retterin Ihres so grausam verfolgten Geschlechtes! Ich habe eine Idee. Warum soll der Esel von Trochu allein seinen »Plan« haben? Ich habe auch meinen «Plan«. Ich frage: Warum verbannt man diese Damen? Antwort: Weil sie keine Männer sind. Gut! Machen wir also, um sie zu schützen, aus den Frauen Männer. Bilden wir aus ihnen ein berittenes Amazonencorps!«

— »Ich möchte sie küssen für diesen schönen Gedanken«, sagte Olympia, und sie thats auch, »vertrauen Sie die Ausführung desselben meinen Händen an. Ich werde das Amazonen-Corps organisiren.«

Und noch selbigen Tages veröffentlichte sie Placate und hing eine grosse rothe Fahne über dem Portal ihres Hotels heraus. Und am Abende waren schon 100 Amazonen eingeschrieben, — sage und schreibe: hundert! Da es nun aber in Paris eine Menge feiner und liebenswürdiger Damen giebt, welche weder ein Geschäft, noch eine Familie, wohl aber Pferde besitzen, so bewährte sich mein »Plan« als vortrefflich. Alle diese Damen wurden hierdurch vor der Schmach gerettet, womit sie der elende Trochu bedrohte. Dieser gewaltthätige Gouverneur konnte hinfüro nur noch Damen zu Fuss ausweisen. Die berittenen entzogen sich seinen Tücken dadurch, dass sie sich zu einer Schwadron vereinigten.

Ach, diese Escadron, welch zauberhafter Anblick!
Ueber hundert heroische Damen, als Husaren und Uhlanen
verkleidet! Und die Führerin Aller? Die göttliche Olympia
mit einem weithin strahlenden silbernen Brustharnisch.
Bei Gott, die wahre Semiramis!

Die Schwadron war schön; bis zum »Fressen!«
Innerhalb eines Monats haben wir sie dann auch
wenigstens bis zur Hälfte gegessen. Das heisst: zwar nicht
die Damen — da sei Gott vor — aber doch wenigstens
ihre Pferde.

Dann ging ich daran, meine erste Idee zu realisiren.
Ich trommelte die ungarischen Jungen zusammen. Auch
das ging vortrefflich von Statten. Ich werde Euch das
noch erzählen.

Und nun denkt Euch: Sie zeichnet sich eben so sehr
aus an der Spitze ihrer Amazonen, wie ich an der Spitze
meiner Magyaren. Wir befreien Paris und den geheiligten
Boden von Frankreich. Wir kehren als Sieger zurück. Wir
begegnen einander auf dem Marsfeld. Sie drückt mir einen
Lorbeerkranz auf das Haupt — ich ihr einen desgleichen
auf ihren riesigen Chignon — —

— Lumpen von Dichtern, habt Ihr je so etwas erfunden?

— Ich aber, ich werde es nicht erfinden oder dichten,
— ich werde es machen!

Kap. XV.

Erster Unterricht in der französischen Finanzwirthschaft. *Frère et
Cochon* hält der ungarischen Legion eine Rede, während deren sie
sich auflöst. Die Legion ohne Erbarmen. Die Anarchie zum Prinzip erhoben. Die Abwechslung im Schimpfen. Die Schlacht. Der
Verrath. Scribinski rettet die Fahne. Die Auvergnaten.

Mein ungarischer Aufruf, welchen ich zunächst am
Café d'Espagne affichirte, hatte also Erfolg.
Innerhalb der ersten drei Tage war die »ungarische

Legion« schon auf sechzig Köpfe gestiegen. Der General-
intendant der Nationalvertheidigung beauftragte mich mit
der Organisation derselben und eventuell auch mit deren
Führung. Dieser Intendant — seines Namens entsinne ich
mich nicht mehr — war ein intimer Freund des grossen
Journalisten »*Frère et Cochon*«. Wir redeten diesen nämlich
der Kürze halber mit dem Titel seines geistsprühenden Blattes
an, wodurch er sich ausserordentlich geschmeichelt fühlte.

Der Intendant hatte Herrn »*Frère et Cochon*« zum
Proviantmeister für den Montmartre ernannt, wohin er auch
unsere »ungarische Legion« verwies. Dass der Journalist
noch irgend eine N e b e n beschäftigung mit einem H a u p t-
einkommen haben müsste, hatte ich stets vermuthet. Denn
ich sah ihn in dem Salon der göttlichen Olympia oft ganze
Haufen Gold mit vollen Händen auf e i n e Karte setzen
und auch gehörig verlieren. So viel konnten ihm die Abon-
nenten nicht einbringen. Das kennt man!

Ich konnte mich nicht über ihn beklagen. Er gab mir
auf die »Gründung« meiner ungarischen Legion einen er-
heblichen Vorschuss. Ich wollte ihm darüber eine kanzlei-
mässige Quittung ausstellen. Aber er sagte:

— »Ah bah; dafür ist das menschliche Leben zu kurz;
und im Kriege kann man sich auf solche Umständlichkeiten
nicht einlassen. Nehmen Sie eine ihrer Visitenkarten.
Schreiben Sie auf deren Rückseite oben hin: »»Empfangen««
und unten rechts in die Ecke ihren Namen mit dem Zu-
satz: »»Commandant der ungarischen Legion««. Das genügt schon. Das Uebrige werde ich ausfüllen.«

Ich äusserte ihm zuerst mein Bedenken über dieses
etwas cavalière Verfahren. Er hielt mir darauf eine Auseinandersetzung über das französische Finanz-, Kassen-
und Rechnungs-System, das für alle civilisirte Nationen
einen Gegenstand der Bewunderung bilde. Ich verstand
nicht Alles und weiss nur noch, dass die »*Virements*«,
die »*Mandats fictifs*« und die »*Quittances fictives*«
die Hauptrolle dabei spielten.

Natürlich glaubte ich ihm und that, wie er wollte. Und es
ist denn auch in der That keinerlei Unannehmlichkeit daraus

erwachsen. Es muss also richtig gewessen sein. Wenn ich wieder nach Hause komme, werde ich das französische Finanz-System, soweit ich es begriffen, Herrn von Kerkapolyi, unserem ungarischen Finanzminister verständlich zu machen suchen.

Doch kehren wir von dieser finanziellen Abschweifung zu unserer ungarischen Legion zurück.

Sie bestand also aus Helden.

Zugeben muss ich zwar: Es waren gerade nicht alle Magyaren, vielmehr befanden sich auch einige Wiener, Mariahilfer und Lerchenfelder darunter. Hätte man ihr Verbleiben bei der Legion davon abhängig gemacht, dass sie folgenden kräftigen und klangvollen ungarischen Vers richtig nachsprächen:

— »*Tarka csikó tarka kacskaringosan felkutyvorodott Farka!*« *), dann hätte die Hälfte der Mannschaft ihr Werbegeld wieder hauauszahlen müssen.

Doch das macht nichts. Helden waren es doch; und als ich sie zum ersten Male in Reih und Glied aufgestellt hatte, da hüpfte mir das Herz vor Freude im Leibe. Diese Freude dauerte leider nicht lange.

Mein Freund »*Frère et Cochon*« benutzte diese Gelegenheit, ihnen eine feurige Rede zu halten, welche anfing mit den Worten:

— »*Citoyens*, Hongroisken! Tapfere Söhne des grossen Attila und des unüberwindlichen Tamerlan. Männer aus Dschingis-Chan's Blute.«

Der Redner behauptete, er habe auch verschiedene Stellen Ungarisch in seiner Rede angebracht. Leider verstand ich sie nicht. Es war wohl von der anderen Sorte, — von jenem algier'schen Abd-el-Kader-Magyarisch. Meine Leute schienen noch weniger verstanden zu haben. Denn als die Rede aus war, — sie dauerte fast eine Stunde — befanden sich nur noch »*Frère et Cochon*« und ich ganz

---

*) Auf Deutsch: »Bunter Fohlen bunter feingeschnörkelter, aufgeringelter, krummer Steifschweif!«

allein auf der Stelle. Die Legion hatte sich im Stillen ver-
zogen; und Ross und Reiter sah ich niemals wieder.

— »*Ah, c'est abominable, c'est ridicule*«, schrie »*Frère
et Cochon*«.

— »Freilich«, sagte ich, »aber warum werfen Sie auch
ihre Perlen diesen ungarischen Schweinen vor?«

Was thun? Meine Legion war also zum Teufel! Ich
trat in die Legion meines Freundes, des Journalisten. Diese
führte den Namen: »*La Légion-sans-pardon*«. Es war ein
Corps, wie es kein zweites auf der weiten Welt mehr giebt.
Hier war der erhabene Grundsatz der Anarchie bis in seine
alleräussersten Folgen mit einer Consequenz durchgeführt,
welche dem philosophischen Geiste meines verehrlichen
Freundes »*Frère et Cochon*« alle Ehre machte.

Alle waren gleich. Sie kannten weder Capitains noch
Lieutenants, weder Offiziere noch Unteroffiziere. Keiner
gehorchte dem Andern. Jeder Soldat war auch sein eigener
Führer. Alle jene, der Vergangenheit angehörigen, despo-
tisch-aristokratischen Einrichtungen des fürstlichen Militarismus waren gänzlich abgeschafft. Das so viel gepriesene
schweizerische Milizsystem war gar nichts dagegen. Wir
stellten uns, wohin wir uns stellen wollten. Wir schossen,
wann und wohin wir schiessen wollten; wir gingen, wann
wir gehen wollten.

Das war echte Freiheit, die eine und die ganze Freiheit, — *la liberté une et indivisible*. So was Herrliches findet
man doch nur in Frankreich.

Wir thaten, was uns beliebte. Wir assen Pferdefleisch,
tranken Cognac, sangen die Marseillaise und schimpften
auf Trochu. So war es an dem einen Tage; am andern
aber ging es so: Wir schimpften auf Trochu, sangen die
Marseillaise, tranken Cognac und assen Pferdefleisch. So
wechselten wir sechs Tage lang ab.

Am siebenten Tage aber schimpften wir auf die Marseillaise, auf den Cognac, auf das Pferdefleisch und auf
Trochu, — nämlich weil das Alles gar kein Ende nehmen
wolle und deshalb anfange, langweilig zu werden.

Eine Unterhaltung, welche den anderen Truppen zu
Gebote stand, mussten wir leider entbehren. Die Andern
nämlich wählten jeden Augenblick von Neuem Offiziere,
und die Gewählten mussten dann Etwas poniren. Da wir
aber die Offiziere *par principe* abgeschafft hatten, so konnten wir natürlich auch nicht alle drei Tage deren wählen.
Allerdings entging uns dadurch Etwas.

Dann trösteten wir einander:
»Jetzt geht's mit dem Herumlungern zu Ende Jetzt
geht es los. Die bevorstehende Nacht wird eine verhäng-
nissvolle sein für die Preussen. Wir werden uns in das
Dunkel dieser historischen Nacht mit der Sternenschrift der
Unsterblichkeit einzeichnen, u. s. w.« —
Und dann schrieen wir Alle;
— »Vorwärts! Vorwärts! *En avant! Allons marchons,
contre leurs canons!*« und setzten das Geschrei so lange fort,
bis Einer nach dem Andern zurückgeblieben war.

Als wir nun endlich ausrückten, hatten wir das Glück,
einen vortrefflichen Führer zu bekommen, nämlich den
tapferen Scribinski, den polnisch - italienisch - ungarisch-
russisch-griechischen General. Er war der einzige Berittene;
und auch er hatte sein Pferd nur deshalb gerettet, weil es
so mager war, dass man es nicht essen konnte. Mich selbst
beehrte die *»Legion-sans-pardon*« mit der Aufgabe, ihre
Fahne zu tragen.

Man postirte uns bei den Schanzen von Issy zwischen
verkohlten Stämmen eines niedergebrannten Waldes. Es
war ein schneidend kalter Wintermorgen, und ein rauher
Wind blies uns entgegen. Unsererseits liess sich kein
schweres Geschütz vernehmen. Die Sache fing schon an,
uns langweilig und bedenklich zu werden; wir schimpften
über Trochu und fragten, warum er nicht schiessen lasse.
Mein Freund, der Proviantmeister und Journalist, liess sich
mit seinen Vorräthen nicht sehen. Die Sache begann uns
immer mehr bedenklich zu werden. Der General erklärte
sich bereit, zurückzureiten und den Proviantmeister zu
suchen. Was ist daran Auffallendes? Warum soll das der
General nicht thun? Warum sitzt denn er allein zu Pferde?

Nach einiger Zeit kam denn auch der General mit dem Proviantmeister und den Vorräthen, wodurch sofort die Stimmung der Truppen wesentlich verbessert wurde. Die Nebel verschwanden, es herrschte Sonnenschein. Wir machten gute und schlechte Witze über uns und den Feind, und mein Freund, der Proviantmeister, las uns die neueste Nummer seines Blattes »*Frère et Cochon*« vor, in welcher unsere siegreiche Schlacht schon im Voraus beschrieben war. Es versteht sich von selbst, dass in dieser Beschreibung unserer »*Légion-sans-pardon*« der Löwenantheil von der Ehre des Tages zu Theil wurde.

Als wir mitten im besten Thun waren, erschien plötzlich hoch zu Ross der Adjutant des Höchstcommandirenden. Es war ein verbissener, griesgrämiger alter Bursche mit einem grauen Ziegenbärtchen am Kinn, das Gesicht entstellt durch allerlei rothangelaufene Narben. Er brachte uns einen Befehl des Obergenerals, wir sollten Schlachtlinie bilden und den anrückenden Feind mit einem gehörigen Peletonfeuer empfangen. Dann zeigte er auf eine gegenüberliegende Hügelkette und sprach: »Von dort kommt der Feind.«

Kaum hatte er diese Worte gesprochen, so schrie mein Freund »*Frère et Cochon*« mit heller Stimme »Verrath«, und sofort brach die ganze »*Légion-sans-pardon*« ebenfalls in das Geschrei aus »Verrath, Verrath, Verrath!« Damit warfen sie Alles, was ihnen im Laufen hätte hinderlich sein können, Büchse, Patrontasche, Seitengewehre u. s. w. ab und rannten nach der Stadt zurück. Der Proviantmeister »*Frère et Cochon*« barg sich auf dem Schnapskarren der Marketenderin, der General aber ritt auf mich los und rief mit erhabenem Pathos: »Ich muss die Fahne retten.« Damit riess er sie mir aus der Hand, gab seinem Pferd die Sporen, stellte sich an die Spitze der Fliehenden und galoppirte mit ihnen der Stadt zu, während der ganze Haufen nicht müde wurde mit dem Geschrei: »Verrath!« die Luft zu erschüttern.

Ich muss gestehen, dass mir diese Art von Taktik nicht

recht gefiel. Ich lief daher nicht mit, sondern setzte mich resignirt auf einen verkohlten Baumstumpf.

Der Adjutant des Höchstcommandirenden, der sich ebenfalls an dem Laufen nicht betheiligte, nahm eine Cigarre aus seinem Etui, steckte dieselbe an und fragte kaltblütig:

— »Aber Bürger, warum laufen Sie denn nicht mit den Andern?«

— »Donnerwetter,« schrie ich wüthend, »die Menschen schreien »»Verrath««, und ich weiss nicht, was das ist. Ausserdem aber bin ich des abscheulichen Laufens überdrüssig. Ich bin in Frankreich wahrhaftig schon mehr als gut ist gelaufen. Ich glaube, in der ganzen österreichisch-ungarischen Armee giebt es keinen Soldaten, der in diesem Fach auch nur halb so viel geleistet hätte. Ich aber bin nach Frankreich gekommen, um zu raufen und nicht um zu laufen; ich habe zu Haus, in Ungarn, schon zwölf Duelle gehabt; ich habe mich auf Pistolen und auf Säbel gepaukt, und weiss, wie Schuss- und Hiebwunden schmecken. *Sacrebleu*, ich habe nun genug an jener Sorte von Franzosen, die sich schlagen lassen, und ich möchte jetzt auch einmal die andere Gattung sehen, nämlich die, welche schlagen.«

— »*Eh bien!*« sagte der alte Capitain, »dann kann ich Ihnen helfen, wenn sie solche Franzosen sehen wollen, dann kommen Sie mit mir.«

Ich brauchte auch gar nicht lange zu warten, denn alsbald kam ein Bataillon Jäger im Angriffsschritte aus dem Wald heran, das waren unsere Leute. Ich suchte mir unter den weggeworfenen die beste Büchse aus, reihte mich, nach Weisung des Capitains, in das Bataillon ein und blieb von da ab bei ihm.

Es waren ernste, unbeholfene und maulfaule Auvergnaten, die sehr schlecht Französisch sprachen, aber sehr gut Französisch fochten.

Ich blieb einen ganzen Monat unter ihnen; und bei dieser Gelegenheit sah ich, was ich sehen wollte, nämlich Franzosen, die sich schlugen.

Diese Auvergnaten sangen zwar nicht die Marseillaise, aber dabei hielten sie beharrlich bei Tag und bei Nacht im Frost aus, selbst wenn der Schnee in den Laufgräben die Vorposten halb eingeschneit hatte. Mochte der schneidend kalte Decemberwind die ganze Nacht hindurch noch so erstarrend über sie hinfegen, sie rührten sich nicht von der Stelle, obgleich es nicht einmal erlaubt war, Feuer anzumachen, um sich zu wärmen. Platzte eine Bombe unter ihnen, so erstickten die Verwundeten jedes Geschrei und Gewinsel, um nicht dadurch dem Feind die Stellung zu verrathen. Das Brod, welches so hart gefroren war, dass es knirschte, thaute der Soldat brockenweise in der Wärme des Mundes auf, um es essen zu können.

Diese Soldaten liessen zwar nicht Frankreich beständig leben, aber sie verstanden für dasselbe zu sterben. Wenn sie die Schanzen des Feindes stürmten, oder der Feind die ihrigen, so schlugen sie sich stets wie die Löwen, so lange nur noch das Bajonett am Flintenlauf festhielt. Beim Avanciren waren ihre Officiere allemal die Ersten, und auf dem Rückzug die Letzten.

Ich muss gestehen, dass ich oft voll von Bewunderung war für ihre Tapferkeit, Ausdauer und Mannszucht. Aber auf der anderen Seite konnte ich doch nicht verkennen, dass aller Geist für Freiheit in ihnen erloschen war und sie von despotischem Knechtssinn beherrscht wurden. Zu kämpfen, Disciplin zu halten, zu gehorchen, Hunger und Kälte zu ertragen, dem Feind Widerstand zu leisten — es ist wahr — das Alles verstanden sie trefflich, aber auch sonst auf der weiten Herrgottswelt gar nichts. Sie hatten keinen Sinn für Freiheit und Menschenrechte, — keinen Begriff von gleichmässiger Theilung der Arbeit, von dem Kampf gegen die bevorrechteten Klassen und das Kapital, von dem Recht auf Arbeit und Genuss, von dem unentgeltlichen Credit, von der Abschaffung des Eigenthums und von dem grossen Dogma der Einführung der Anarchie und der Abschaffung der Ausbeutung der Massen.

Das kann ich freilich nicht leugnen: hätte die Viertelmillion Bewaffneter in Paris sich ebenso tapfer geschlagen, wie diese Hand voll Auvergnaten, so war Frankreich gerettet.

Ja, aber die Freiheit? Was wär' denn aus der Freiheit geworden?

— — —

Und die Freiheit ist doch die Hauptsache!

Kap. XVI.

Paris hungert. Meine Sorgen um die göttliche Olympia. Bei Chantilly. Ich erobere ein Brot. Ich verspotte den Preussen, der mich verwundet. Der alte Isegrimm.

Inzwischen gelangten aus Paris bedenkliche Nachrichten zu uns. Mit dem Pferdefleisch, hiess es, sei man dort schon zu Ende. Wir freilich hatten überhaupt davon nichts zu sehen bekommen. Schon lange waren wir auf Brot und Speck beschränkt; allein die Auvergnaten machten sich nichts daraus — in ihrer knechtischen Gesinnung; und ich selbst war zu stolz, um darüber zu klagen.

Dann vernahmen wir aus Paris, auch die grossen Elephanten aus dem »Jardin des Plantes« seien bereits gegessen, jetzt sei man, nachdem man auch die Hunde und Katzen verspeist, eben daran, auf die Ratten Jagd zu machen und für dieselben neue Küchenrecepte zu entdecken.

Das Brot war in Paris so rar, dass es die Regierung an sich nahm und die Vertheilung selber besorgte. Herren und Damen bildeten vor den Regierungsbureaus viele Stunden lang in endloser Reihe »Queue« und freuten sich wie die Kinder, wenn es ihnen endlich mit grosser Mühe gelang, ein kleines Brot zu erschnappen.

Mich folterte unaufhörlich der schreckliche Gedanke:

Ob auch die göttliche Olympia genöthigt ist, einzutreten in diese brotschnappende Gesellschaft? Ob auch sie die seidenen Volants aufhält, damit man ihr ein Brötchen hineinwirft? Und wenn die Edle dazu zu stolz ist? Wenn sie einsam zu Hause sitzt, ohne Dienerschaft, die sie ja nicht mehr verköstigen kann, — verlassen von Gott und der Welt? Verlassen auch von mir? Wenn sie Hunger leidet? Und ob sie wohl in ihrem Palais bleiben kann, das von den Bomben und Granaten des Feindes bedroht ist? Vielleicht sitzt sie jetzt statt auf ihrem Sopha von Seidenrips in dem Budoir, auf verschimmeltem Stroh in dem Keller? Vielleicht kniet sie auch auf der Erde vor dem Rattenloch mit einem Scheit Holz in der Hand, um das Thier, sobald es zum Vorschein kommt, niederzuschlagen und es dann an der Spiritusflamme zu rösten? Diese schauerlichen Bilder störten mich selbst Nachts in dem Schlafe.

Ich will den barbarischen Preussen Alles verzeihen, — Alles, sogar mitinbegriffen die Erbswurst. Aber wenn sie wirklich die göttliche Olympia gezwungen hätten, zu hungern, oder gar ihr erlauchtes Blut mit Ratten-Atomen zu mischen, — das wäre unverzeihlich. Mögen alle »Ratten« des Ballets dafür Rache an ihnen nehmen!

Ach, wie ich mich sehnte, mit der »Göttlichen« meinen Proviant zu theilen! Ich würde ihr die Hälfte meines letzten Brotes überweisen und zu ihr sprechen:

— »Nimm, hohe Herrin! Wenn Alle untreu werden, so bleibe ich Dir treu. Ich theile meinen letzten Bissen mit Dir. Wenigstens vor dem Ratten-Menu will ich Dich erretten. Was alle Schätze der Welt Dir nicht zu verschaffen vermögen, ich habe Dir's mit meinem Herzblut errungen: die tägliche Brotration, nimm sie!«

— — — — —

Bei Chantilly, wo im Januar der riesige Ausfall gemacht ward, da war auch ich dabei.

Ich will Euch die gigantische Schlacht nicht beschreiben. Die Zeitungen haben sie beschrieben. Die »Illustrirten« haben sie abgebildet; und es müsste sonderbar zu-

gehen, wenn Ihr nicht auch mich auf einem dieser Bilder
fändet.

Sucht nur!

Am ersten Tage waren wir offenbar Sieger. Zu den
ersten Trophäen gehörte ein Proviantzug, welchen wir den
Deutschen abnahmen. Man denke sich einen Trupp
Auvergnaten und Zuaven, welche Wochen lang nichts bekommen hatten, als alten halbverschimmelten Zwieback.
Auf einmal sehen sie einen Zug vor sich mit frisch ge-
backenem, heiter lächelndem, langem, schmalem französischen Weissbrot.

Unter solchen Umständen, — und wenn alle Armeen
der Welt diese Karren vertheidigt hätten, so waren sie
doch nicht zu halten.

In der That, die Bedeckungsmannschaft vertheidigte
sie standhaft. Da war namentlich so ein langer aufgebla-
sener preussischer Lieutenant, — er wird wohl von der
»Jarde« gewesen sein, — der fuchtelte wie toll da herum
mit seinem Degen.

— »Den willst Du Dir einmal langen!« dacht' ich.

Ihr wisst ja, ich bin ein famoser Schläger. Ich war
stets der Erste auf dem Fechtboden des Monsieur Chapon
in Pest. Ich war in allen Sätteln gerecht, auf Hieb und
Stoss, auf Säbel und Degen, und meine Tiefquart ist ge-
fürchtet diesseits und jenseits der Leitha!

Nur Etwas hat Monsieur Chapon vergessen. Das
könnt Ihr ihm sagen. Er hätte mich lehren sollen, was
man zu thun hat, wenn man selbst einen krummen Säbel,
der andere aber einen graden und spitzen Degen hat.
Denn das war mein Fall mit dem Windhund von Preussen.

Was war nun die Folge dieser Versäumniss des Monsieur Chapon? Ich fegte dem Preussen mit aller Macht
eine Hoch-Terz über sein Haupt; allein er, anstatt blos zu
pariren, stach mir *à tempo* eine Quart in den rechten Arm.

Ich empfand sofort den Stich sehr schmerzhaft; der
Preusse aber, der einen Helm auf dem Haupt hatte,
schüttelte meinen furchtbaren Hieb ab, als wäre es gar
nichts gewesen.

Nun dacht' ich, wart' Du Hallunke, ich will Dich denn doch einmal ärgern; Du sollst doch an mich denken.

Ich rief ihm also auf Deutsch zu:

»Ach, Du alberner Preusse: Du glaubst gewiss, Du hättest einen Franzosen verwundet! Was bist Du reinge-- fallen! Vernimm denn: Ich bin ein Ungar!«

— »Ah, Pardon!« antwortete der Preusse lächelnd und mit der verbindlichsten Höflichkeit, — »dann soll mein Stich nicht gelten.

— — — —

Ob er nun gilt, oder nicht, — ich hatte ihn einmal. Aber ich achtete ihn nicht. Wir eroberten den Proviantzug mit den Broten. Ich war unendlich glücklich, ein Brot er- wischen und unter den Mantel bringen zu können. Da wurde es zwar von dem Blute meiner Wunde befeuchtet. Aber grade dies Blut bezeugt ja, wie ich es erworben.

Ich sparte es auf für die göttliche Olympia. Für mich gab es keine herrlichere Trophäe.

Wie im Weiteren die Schlacht verlief? Nun das könnt Ihr ja in den Zeitungen lesen. Ich weiss nur, dass, als die Kanonen schwiegen, und Alles vorbei war, auch ich unter die Blessirten gerechnet wurde. Unser Commandant nahm sich meiner besonders an, seitdem ich unter ihm diente. Er unterhielt sich öfters mit mir und schickte mir auch zuweilen Cigarren. Jetzt rief er mich zu sich und befahl mir in das Hospital zu gehen, um meine Wunde zu pflegen, die er für ernsthaft erklärte.

Meine Einwendungen waren erfolglos. Er beauftragte seinen Adjutanten, den alten Isegrimm, die Blessirten nach Paris zu begleiten und sich meiner besonders anzunehmen.

Kap. XVII.

Verwundet zurück nach Paris. Ich reiche Olympia das eroberte blutige Brot. Mein letztes Gespräch mit dem Koch Joconde.

Abends spät brachte uns die Eisenbahn nach Paris. Ich bat meinen alten Führer, den Adjutanten, mir, bevor er mich in das Spital bringe, noch einen Besuch bei Olympia zu gestatten, die ich seit Monatsfrist nicht gesehen, die vielleicht mit dem Hungertod ringe und der ich das Leben retten wolle mit meinem auf dem Schlachtfeld eroberten Weissbrot.

— »*Eh bien!*« sagte er, »gehen wir zuvor zu Madame Olympia.«

— Ja, kennen Sie sie denn? fragte ich.

— »Ei den Teufel! Warum sollte ich denn die nicht kennen? Ich war ja zehn Jahre lang Polizei-Lieutenant!«

Wir schritten weiter durch die Strassen, in welche seit Wochen die Bomben fielen. Alles war verlassen und zerstört. An Olympia's Palais war kein Fenster mehr ganz. Der Thorweg stand offen; der Concierge war fort. Der Stall war leer. Kein Kutscher und kein Diener zu sehen.

Endlich fand ich von der früheren Dienerschaft nur noch Einen. Es war der alte Koch. Ich fiel ihm um den Hals und hatte Mühe, die Thränen zu unterdrücken. Er auch.

Er war schwarz gekleidet und sein Antlitz trug den Stempel des Kummers.

— Wo ist Madame?

— »Unter der Erde!«

— Im Grabe? (Ich packte ihn wie toll an der Kehle.)

— »Nein, im Keller.« (Ich küsste ihn.)

— Kann ich zu ihr?

— »Unmöglich. Sie betet. Sie betet den ganzen Tag.«

— Habt Ihr noch etwas zu essen?

— »Kaum. Die Pferde assen wir zuerst.«

— Und der kleine Dudu, der seidenhaarige Schosshund?

— »Den assen wir vor vier Tagen.«

— Und Cucu, der bunte Papagei?« ,

— »Auch den haben wir schon gegessen!«

— Ach, und der niedliche komische Jocco?

— »Gleichfalls den Weg alles Fleisches gegangen!«

— Also Alles fort? Hündchen, Papagei, Affe! Alles verschlungen!

— »Alles, mein Herr!«

— Und jetzt?

— »Nun, jetzt kauen wir an dem hirschledernen Ueberzug von dem Sopha, auf welchem vormals Madame ihre Siesta zu halten pflegte.«

— Entsetzlich! Esst Ihr es hachirt?

— »Nein, fricassirt.«

— Und wenn auch das alle geworden?

— »Dann kommen die Pantoffeln an die Reihe. Sie sind schon in Vorbereitung begriffen.«

— Einmarinirt?

— »Nein, grillirt, mit Sauce à la tartare.«

Ich konnte nicht weiter fragen. Mein Herz schnürte sich krampthaft zusammen bei dem Gedanken: »Grillirte alte Schlappen mit tartarischer Sauce!« — — — —

Nachdem ich mich ein wenig gesammelt hatte, griff ich mit dem linken Arm — denn der verwundete rechte war schon nicht mehr zu brauchen — unter den Mantel, holte das lange schmale Weissbrod hervor, das mit meinem Herzblut gesalbt war, und sprach zu dem alten Koch — ich war tief ergriffen und auch er schien bis zu Thränen gerührt —, also ich sprach, indem ich ihm das Brot überreichte:

— »Hier, Joconde, nimm dies! Es ist die Trophäe eines Siegers, was ich Dir überreiche. Es ist zugleich auch der Auftrag eines Sterbenden, den ich Dir gebe. Bringe dies Brot Deiner Herrin. Rette damit ihr theures Leben, das durch die lederne Nahrung bedroht ist. Sag' ihr, ich habe dieses Brot auf dem Schlachtfelde errungen, und zwar mit meinem Herzblute, das noch daran klebt. Sag' ihr, die Rettung naht. Wir haben bei Chantilly den eisernen Ring der Belagerungs-Armee durchbrochen. Morgen ist Paris befreit. Schwöre mir, Joconde, dass Du das Brot Deiner Herrin überreichen, dass Du ihr meine letzten Grüsse und Seufzer ausrichten willst. Ich sage Dir nochmals, es sind die letzten Liebesschwüre eines Sterbenden. Denn ich gehe in das Lazareth, und dort wird mich entweder meine Wunde umbringen, oder wenn die nicht, dann doch die Geschicklichkeit der französischen Aerzte.«

Der alte Joconde nahm tief gerührt das Brot und schwor bei allen Heiligen, dasselbe seiner Herrin bringen und ihr meinen letzten Auftrag bestellen zu wollen.

Ich war von der ergreifenden Scene tief erschöpft. Aber ich fühlte mich dennoch erleichtert.

Olympia war gerettet.

Was lag an mir?

_____

Kap. XVIII.

In den Katakomben. Die Geheimnisse der Katakomben. Olympia unter der Erde. Sesam, öffne Dich. Die fröhliche Tafelrunde und mein blutiges Brot. Dudu, der Hund. Das Wundfieber meldet sich.

Als wir wieder auf der Strasse waren, nahm mich mein griesgrämiger Begleiter an meiner nicht verwundeten Hand, stellte mich und sagte:

— »Mein Herr, Ihr Herz ist noch schwerer verwundet, als Ihr Arm. Heilen wir daher zuerst die tiefere Wunde. Folgen Sie mir!«

Er führte mich die dunkele und enge Strasse hinunter, bis wir in ein Sackgässchen kamen, das keinen Ausgang hatte; »*Impasse*« nennt man's in Paris.

In der Mitte des »*Impasse*« befand sich auf der Erde
eine runde eiserne Thür. Der Adjutant verstand sie zu
öffnen. Die Thür hob sich und ein dunkler und tiefer
Schacht gähnte uns entgegen. Eine eiserne Treppe führte
hinunter.

— »Wohin geht das?« fragte ich.

— »Wenn es Ihnen beliebt, wollen wir ein Stündchen
in den Katakomben verbringen.«

War mir schon recht. Ich folgte daher dem vormaligen
geheimen Polizisten, welcher die runde Thüre über unseren
Häuptern wieder schloss und darauf eine kleine Blendlaterne hervorzog, welche er ansteckte.

— »Halten Sie sich nur immer ganz dicht an mich!«
sagte er.

Ich hatte schon so viel von dem unterirdischen Paris
gehört, dass ich dachte: Gut, das ist eine schöne Gelegenheit, ein Stück davon kennen zu lernen; greifen wir deshalb
zu. Aber ich überlegte vergeblich, welchen Zweck mein
Begleiter verfolge. Mein Herz wollte er kuriren? Also
doch wohl meine Liebe zu der göttlichen Olympia? Ach,
— ich verstehe — wahrscheinlich giebt's hier einen Eingang zu irgend einem vortrefflichen Keller, und da soll
ich meine Liebe in Lethe's rothen Fluthen versenken?
Nun meinetwegen, — ich bin erschöpft, — wenn der Wein
gut ist, — wir wollen sehn.. So dachte ich.

Da machte mein Begleiter Halt. Er hatte sich an
einer Ecke orientirt und sagte:

— »Wir sind zur Stelle und können die Laterne
löschen!«

Dies geschah. Allein wir blieben nicht lange im
Dunkeln. Am andern Ende der unterirdischen Gallerie
begann es zu dämmern. Das Licht näherte sich. Dann hall-
ten Fusstritte in der Wölbung wieder. Es kamen Menschen
heran. Es waren deren vier und ein Jeder hatte eine Trag-
last auf seinem Rücken. Wir zogen uns in eine Nische
zurück, um nicht gesehen zu werden. Die vier Männer
gingen an uns vorüber; nur der Vorderste trug eine Lampe.
Dann machten sie Halt und setzten ihre Körbe zur Erde.

Wir sahen beim Schein ihres Lichtes, dass sich in der
Seitenwand des Stollens ebenfalls eine eiserne Thüre befand; sie führte wohl in einen Privatkeller. Der Vorderste
von den vier Leuten pfiff und klopfte an die Thüre, in einer
eigenthümlichen Weise. Dies war das Signal, auf welches
sich die Thüre nach Aussen etwas öffnete. Es kam jedoch
Niemand zum Vorschein, sondern es wurden nur ein Paar
Hände sichtbar, die heraus langten. Die vier Männer
packten ihre grossen Tragkörbe aus; und es kamen zunächst ein Reh, drei Hasen und sechs Fasanen zum Vorschein. Alles ging in die herauslangenden Hände, und
dann verschwand es im Innern. Dafür reichten denn die
Hände schweres Geld heraus. Dann kam der zweite; er
hatte Blechbüchsen; und wie er den Deckel aufhob, sah
man darin dicken Rahm und frische Milch; auch er bekam
sein Geld. Der Dritte überreichte Fische gegen gute Bezahlung. Wie viel diese Drei erhielten, konnte ich nicht
sehen. Allein man konnte seine Schlüsse ziehen aus dem,
was der Vierte erhielt. Denn das sah ich. Dieser Vierte
überreichte nämlich den Incognito-Händen Eier, und zwar
ein Stück nach dem andern, und erhielt für jedes Stück
einen blanken Napoleon.

Dann schloss sich die Thüre, die vier Männer packten
ihre Körbe auf und gingen wieder hin, woher sie gekommen.

Wie mir mein Begleiter sagte, gehörten die Vier zu
jenen verwegenen Schmugglern, welche in entfernten Dörfern Lebensmittel aufbrachten und sie durch die Katakomben oder auf sonstigen geheimniss- und gefahrvollen Wegen
in das cernirte Paris importirten, mit ungeheurem Gewinn,
aber auch mit Wagniss von Gesundheit und Leben.

Kaufen konnten freilich nur solche Leute, welche
Geld genug hatten, um ein Ei mit zwanzig und ein Huhn
mit zweihundert Franken zu bezahlen.

Mir begann es schon etwas wirre und betäubt im
Kopfe zu werden, es war wohl der Anfang des Wund-
fiebers. Was ich von nun an sah und erlebte, ist wunder-
bar, und ganz sicher bin ich nicht darüber, ob es Wirklich-

keit ist oder ob ich es träumte. Doch ich will es Euch
erzählen.

Als die vier Männer fort waren, zündete mein Führer
wieder seine Blendlaterne an und beleuchtete damit die
eiserne Thüre in der Wand der Katakomben. Sie hatte
kein Schlüsselloch gegen Aussen, sondern konnte, wie es
Anfangs schien, nur von Innen geöffnet werden. Allein
der Expolizist wusste Rath. Er hantirte an der Thür
herum, und es zeigte sich bald eine eigenthümliche Vor-
richtung, welche es der geheimen Polizei ermöglichte, auch
diese, scheinbar unüberwindliche Thüre geräuschlos zu
öffnen und das innere Haus unterirdisch zn inspiciren. Zu
diesem Zwecke hatte die Regierung alle diese in die Katakomben mündenden Thüren den Hauseigenthümern selber
geliefert. An jeder derselben befanden sich zwei kleine
viereckige Schrauben. Mittelst eines zu denselben passen-
den Schraubenschlüssels konnte man jede derselben sowohl nach rechts als nach links schrauben, anscheinend
jedoch ohne damit eine weitere Wirkung zu erzielen. Nur
wer das Geheimniss kannte, wie oft man die eine Schraube
von rechts nach links und gleichzeitig die andere von links
nach rechts umdrehen musste, der war im Stande, im rechten Momente die Thüre zu öffnen.

Mein Begleiter verstand die geheimen Griffe. Unter
seinen Händen that sich die Thüre wieder auf. Er schob
mich hinein und dann inwendig eine enge Treppe in einem
Kellerhalse hinauf. Nachdem wir einige Stufen erklommen
hatten, zeigte sich Licht. Es kam durch ein grosses
Spiegelglas, das in einen eisernen Rahmen eingefügt war.
Ich blickte durch dieses grosse Fenster und sah einen
hellerleuchteten Salon. Die Wölbung und die Pfeiler ver-
riethen, dass es eigentlich ein Keller war. Allein die
Wände waren mit kostbaren Gobelins bedeckt. Auf dem
Boden lagen schwere türkische Teppiche, und der Raum
war mit Petroleum glänzend erleuchtet.

In der Mitte stand eine Tafel, zum Niederbrechen beladen mit Wild, mit Fisch, mit Braten, Pasteten u. s. w.,

und besetzt mit einer ganzen Batterie von silbernen Eis-
behältern, worin man den Sekt kühlt.

Und wer bildete die fröhliche Tafelrunde, welche inmitten der allgemeinen Hungersnoth so üppig schwelgte
und prasste? Es waren lauter alte Bekannte, — Freundinnen und
Freunde. Von ihrer Lustigkeit legten Dutzende von leeren
Flaschen Zeugniss ab, welche zerstreut auf dem Fussboden
lagen. Und was die Kleidung anlangt, so befanden sich
nicht nur die Herren, sondern auch die Damen in einem
Negligée, welches sich von den conventionellen Regeln
der guten Gesellschaft sehr stark emancipirt hatte.

Auf dem Divan thronte die göttliche Olympia; neben
ihr der tapfere General Scribinski. Letzterer hielt das
Schosshündchen Dudu, das also noch nicht verzehrt war.
Der General küsste Olympia. Olympia küsste das
Schosshündchen. Das Schosshündchen küsste den General.

Mein verehrter Freund, der Chef-Redacteur von
»*Frère et Cochon*« war auch da. Er hatte einen Stuhl erstie-
gen und hielt eine Rede über den deutsch-französischen
Krieg, wobei er Frankreich und die französische Nation
mit einer so ausgesuchten Niederträchtigkeit und einem so
bissigen und witzigen Sarkasmus schlecht machte, dass die
Decken der Gewölbe von dem Gelächter der Gesellschaft
wiederhallten.

Der Banquier Grandsac brachte Toast auf Toast aus.
Er trank auf den siegreichen Feind, auf »*nos amis les enne-
mis*«. Er renommirte — denn er war bereits stark ange-
trunken — mit lallender Zunge, jede Niederlage der Franzosen bringe ihm eine halbe Million Gewinn, und an dem
Tage, an welchem die Deutschen wirklich in Paris ein-
rückten, verdiene er eine runde Million an der Londoner
Börse. Die verehrten Damen und Herren stiessen darauf
mit Grandsac und unter einander vergnüglich an; und nur
das Hündchen kläffte giftig dazwischen.

Die Gesichter wurden immer röther, ihr Ausdruck
immer grinsender; und endlich grunzte und gröhlte die
ganze Gesellschaft, wie eine Heerde Schweine. Auch that

sie sich in ihrem sonstigen Benehmen nicht mehr Zwang
an, als die letzteren, — ich meine: die Schweine.
Da öffnete sich eine Tapetenthüre — und herein trat
Joconde, der alte Koch. Er hatte jedoch seine schwarze
Tracht abgelegt und erschien, wie sonst, in blüthenweisser
Mütze, Jacke und Schürze. Der ehrwürdige »*Chef de
Cuisine*« trug mit grosser, aber etwas parodistisch-affectir-
ter Feierlichkeit einen silbernen Präsentirteller in beiden
Händen. Auf der silbernen Platte lag ein langes, schmales
französisches Weissbrot. Das Brot war blutig. Gott, es
war mein Brot!
»*Diable, qu'est ce que donc ça?*« schrie die ganze über-
sättigte Gesellschaft.
Der Koch präsentirte das Brot mit einer komisch-
pathetischen Verbeugung und sprach die geflügelten
Worte:
— »Was die hohen Herrschaften hier auf dieser
Platte zu sehen geruhen, ist nicht mehr und nicht weniger,
als eine ganze Soldaten-Ration, welche so eben der sinnreiche und tapfere Ungar, Herr Aládár, überbracht hat, um
sie Madame als Liebesgabe zu weihen. Er will damit
Madame vom Hungertode erretten, von welchem er sie
bedroht glaubt. Er scheint verwundet zu sein und bittet
dies Brot als sein Testament zu betrachten, weil er es auf
dem Schlachtfelde errungen. Für heute also wollen Herrschaften geruhen, dies Brot als Dessert zu betrachten!«
Da hättet Ihr dieses Gehöhne und Gebrüll, dieses
wahrhaft teuflische Hohngelächter hören sollen. Von den
beleidigenden Redensarten und schlechten Witzen, die
gegen mich und ganz Ungarn losgelassen wurden, gar
nicht zu reden. Dagegen war jenes homerische Gelächter
gar nichts, welches die deutschen Barbaren ausstiessen, als
sie sahen, dass ich meine beiden Beine noch hatte.
Und nun ging mein Brot, mein blutiges Brot, an
das ich mein Leben gewagt und das ich zur Siegestrophäe
und zum Liebesopfer geweiht hatte, von Hand zu Hand
in dieser Gesellschaft. Jeder machte eine spöttische oder
unanständige Bemerkung über das Brot und über den

Geber. Der Eine zerdrückte es; der Andere warf es als Ball in die Luft und fing es wieder auf; und wer weiss, was sie sonst noch für Ulk damit trieben.

Zuletzt kam es auch in Olympia's Hände. Sie schleuderte es mit ostensiblem Abscheu weit von sich und schrie:

— »*Fi donc!* Blut! Das klebt ja förmlich!« ....

Ja freilich, Blut war daran; mein eigenes Blut, gutes ungarisches Blut. ....

Und nun lag mein Blut und mein Brot hinten in einer Ecke dieser unsoliden Spelunke. Kein Mensch kümmerte sich darum.

Nur Dudu, das Hündchen, leckte daran.

Es war zum Tollwerden. Aber ich brauchte ja gar nicht mehr toll zu werden.

Ich war es schon.

Ach, das Wundfieber! — Die Gedanken verliessen mich. — Ja, ich war sogar geneigt, das Hündchen über Olympia zu stellen.

Kap. XIX.

Im Hospital. Fiebertraum oder Wahrheit? Die Tricolore und die rothe Fahne. Das Petroleum. Die Brandstifter. Ich werde geheilt entlassen und sofort misshandelt und verhaftet, als Kommunist, Kommunarde und Petroleur. Die letzten Rathschläge meines edlen Leidensgefährten, Vor dem Kriegsgericht in Versailles. Ausnahmsweise ist es auch einmal gut, ein Ungar zu sein. Pfeffer und Paprika. Cayenne und Dorozsma.

Plötzlich erloschen die Petroleum-Lampen im Saale. Es herrschte vollständige Finsterniss. Wenigstens schien es mir so.

Oder wurde es nur mir schwarz vor den Augen? War das Ganze nicht etwa nur eine Phantasmagorie, die das Wundfieber meinem kranken Sinne vorzauberte? Und doch· steht mir Alles, was ich sah und hörte, so deutlich und lebhaft im Gedächtniss, als sähe ich es heute.

Die decorirte und erleuchtete Höhle, — das wilde und ekelhafte Bacchanal — das niederträchtige Gesindel, das sein eigenes Vaterland verfluchte und sich von dem Blut nährte, das aus dessen tausend Wunden floss, — dieses Gesindel, das mit seiner Niederträchtigkeit noch renommirte, — und endlich gar die göttliche Olympia, entgöttlicht, ja entmenschlicht und herabgesunken zur gemeinsten Messaline!

Sollten das nicht Schreckbilder eines tollen Gehirns gewesen sein? *Aegri somnia?*

Gewiss! Ich glaube es wirklich. Denn ich weiss nicht, wie ich aus dem Haus und den Katakomben gekommen, und wie ich in das Hospital gelangt bin. Wahrscheinlich hatte mich mein treuer Begleiter dorthin gebracht.

Und als ich endlich nach einem Zwischenraum von vielen Tagen, die aus meinem Leben gestrichen sind, weil ich keinerlei Erinnerung daran bewahrt habe, — im Hospital wieder zu mir kam, waren die Schreckbilder, welche mich quälten, noch viel entsetzlicher als vorher. Nein, es kann nicht die Wirklichkeit sein! Es waren nur Traumbilder. Aber ich will sie Euch erzählen, selbst auf die Gefahr hin, dass man mich auslacht. Hört also und staunt:

Ich träumte, die deutschen Barbaren hätten den heiligen Boden von Paris wirklich betreten und sich dort als Eroberer breit gemacht. Mir ist, als hätte ich sie selber gesehen.

Und dann träumte ich weiter, dass die Franzosen, nachdem kaum die Deutschen die Stadt wieder verlassen, einander in die Haare geriethen und über einander herfielen.

Ich sah auf der einen Seite die französische Tricolore und auf der andern die rothe Fahne der Communisten; und beide wütheten wider einander so lange, bis sie beide in Fetzen zerstoben, — ein Sinnbild von Frankreich!

Ich nahm wahr, wie von dem Mont Valerien, obgleich
die französische Fahne dort wehte, die Kugeln herunter-
pfiffen, wie die Bomben und Obus sausten, und wie die
Pariser Paläste in Trümmer sanken. Oder war es Ein-
bildung?

Vom Fenster des Lazareths aus sah ich, — es war
gar zu deutlich, — wie Franzosen Barrikaden bauten wider
Franzosen. Ich sah, wie Damen und Herren, die eine nur
zu verhängnissvolle Aehnlichkeit hatten mit meinen Freundinnen und Freunden, in den Strassen von Paris mit ge-
füllten Petroleum-Kannen umherliefen, und die Schwämme
und Strohwische, die sie mit Petroleum getränkt und an-
gezündet hatten, in die Häuser, in die Läden und die
Magazine schleuderten; wie vom Hotel de Ville, vom
Palais Royal, von den Tuilerien, von dem Louvre, und
von den grossen Theatern der schwarze Rauch aufqualmte
und gen Himmel stieg, bis er zuletzt einem Bahrtuche
glich, das sich ausbreitete über ganz Paris, — über das
Herz des Universums.

Und mitten durch diese schwarzen Wolken und durch
diese blitzenden Flammen hindurch sah ich, wie Franzosen
gegen Franzosen mit gefällten Bajonetten losstürzten und
einander durchbohrten, — wie sie im Kampfe widereinan-
der einen Muth und eine Wuth entfalteten, wie sie solche
dem Feinde gegenüber niemals bewiesen. Diese Tollheit,
dieser Siegestaumel, diese Selbstzerfleischung, — sie waren
entsetzlich. Ich hab' es mit eigenen Augen gesehen!

— Aber nein!

— Ich will es nicht glauben.

— Und obgleich ich noch jetzt den Geruch des qual-
menden Petroleum in der Nase, und den letzten entsetzlichen Fluch des Unglücklichen, den seine entmenschten
Mitbürger in das Feuer warfen, im Ohr habe, so bestehe
ich darauf: Ich fahre fort zu behaupten, es war Delirium,
es war Wundfieber, es war ein Traum, — weiter nichts!
Alles nur Wirkungen der giftigen preussischen Wunde! —

Alles das war ja doch logisch unmöglich. Unmöglich
bei dieser ersten Nation des Universums, die an der Spitze

der Civilisation marschirt. Und was logisch unmöglich ist, ist auch factisch unmöglich. Identität des Denkens und Seins, nach Hegel! Aber gleichwohl kann ich es nicht leugnen: die Dinge machten mir Kopfweh — ich hatte Alles zu deutlich gesehen und gehört und sogar gerochen!

Ich hätte wer weiss was darum gegeben, hätte ich können hinausgehen und mich selbst überzeugen. Aber ich musste in Geduld ausharren, bis die Stunde kam, in der man mich entliess.

Endlich kam sie. Jetzt will ich mir Gewissheit verschaffen. Ich stürze hinunter auf die Strasse. Ich packe mir den ersten besten Menschen, der mir begegnet. Ich stelle ihn auf der Strasse und frage ihn:

— »Wo sind meine Freunde hingekommen? Wo ist die göttliche Olympia? Wo ist der tapfere General Scribinski? Wo ist der geniale Journalist, wo ist »*Frère et Cochon*«?«

Aber kaum hatten diese geflügelten Worte den Zaun meiner Zähne verlassen, da fiel man auch schon über mich her. Der Eine packte mich an der Kehle, die Anderen fuhren mir in die Haare, ein Dritter griff mich an den Rockschössen, und ein Vierter versetzte mir Rippenstösse.

— »Communist, Communard, Petroleur!« tönte es aus Aller Munde. Ich verstand sie nicht. Ich hatte ja derweilen geschlafen, geträumt, delirirt, phantasirt. Was wusste ich? Ich sagte das den Leuten.

Aber sie lachten mich aus und schrien nur noch lauter:

— »Fort mit dem Communarden! Nach Versailles mit ihm! Vor das Kriegsgericht! An den Galgen!«

Ich konnte nicht mehr zu Wort und nicht mehr zu Athem kommen. Sie banden mir die Hände auf dem Rücken fest und koppelten mich dann mit einem ungekämmten und ungewaschenen Blousenmann zusammen. So trieb man uns zusammen mit einer Menge Gesindel, das man ebenfalls paarweise gefesselt hatte, nach Versailles. Die Escorte, welche uns führte, und das Publicum, das

uns begleitete, war· auch nicht von jener ritterlichen Höflichkeit und jener grossherzigen Achtung vor dem Besiegten und Unglücklichen beseelt, welche doch sonst den
Franzosen eigenthümlich sein sollen. Man stiess uns die
Gewehrkolben in die Rippen, beschimpfte uns und spie
uns in's Antlitz. Auch ging es so schnell, dass ich mich
in Paris gar nicht umsehen konnte. Ich weiss daher nicht,
ob der Louvre und die Tuilerien wirklich abgebrannt sind,
oder ob ich's nur träumte.

Während des Transports grunzte mich mein äusserst
vernegligirt aussehender Leidensgefährte, an den ich gefesselt war, mit einer heiseren Absinthstimme an:

»Bürger, jetzt gehn der Katz' die Haar' aus. Jetzt ist
Matthäi am Letzten. Sage nur dem Leben Valet. Fangen
und Hängen oder Todtschiessen, das ist eins und dasselbe
bei diesen niederträchtigen Bourgeois. Mein Trost ist nur,
wenn wir einmal die Oberhand haben, werden es die
Unsrigen noch tausend Mal schlimmer machen. In diesem
Glauben und in dieser Hoffnung werde ich sterben, mit
einem Fluch auf den Lippen gegen das feige Gesindel, das
uns im Stich liess. So nah am Siege waren wir noch nie
wie diesmal. Das nächste Mal wird das Proletariat ganz
triumphiren, und dann bleibt kein Kopf auf dem Rumpfe
und kein Stein auf dem andern. Es lebe das Petroleum!
Es lebe die Guillotine! Es lebe die Commune! — Jetzt
will ich Dir zu guter Letzt noch zwei Rathschläge geben.
Erstens, wenn man uns zusammen in die grosse gemeinsame Grube schmeisst, dann mach nur, dass Du oben hin
kommst, damit Du schnell zur Hand bist bei der Aufer-
stehung, — vorausgesetzt, dass Du an solches Blech noch
glaubst. Zweitens: Wenn Du noch eine Cigarre übrig
hast, dann steck' Dir sie jetzt an. Wenn sie Dich aber
wegführen zum Abmurksen, dann giebst Du mir sie, damit
ich sie fortrauchen kann, bis dass die Reih' auch an mich
kommt. So, Bürger! Das sind meine zwei Rathschläge.
Ich könnte Dir deren noch mehr geben, allein man wird
Dir keine Zeit mehr lassen, Gebrauch davon zu machen.
Deshalb will ich es bei diesen belassen.« — So sprach der

Ungewaschene. Das war doch wieder Esprit! Dabei war mir jedoch nicht klar, woher der etwas schlecht gepflegte und gekleidete französische Gentleman das Recht hernahm, »Du« zu mir zu sagen, — zu mir, dem Sohne eines hochgestellten Beamten und einem Manne von ächtem ungarischen Adel. Doch was sollte ich mir, Angesichts des sicheren Todes, darüber den Kopf zerbrechen?

Im Hofe des Kriegsgerichts von Versailles band man mir die Hände los.⋅ Ich folgte dem Rathe meines schmutzigen Mentors, holte meine letzte Cigarre heraus und zündete sie an.

— »Sonderbare Geschichten das!« dachte ich, »die Deutschen, wider die ich gefochten, liessen mich laufen; und die Franzosen, für die ich gefochten, schiessen mich todt!«

Jetzt rief man meinen Namen. Ich reichte demStruppigen den Rest der Cigarre. Dann führte man mich hinein, — vor das Kriegsgericht. Ob die Cigarre so lange ausreichte, bis man den Struppigen abschlachtete, weiss ich nicht. Was mich anlangt, so ging es mir leidlich.

— »Wie heissen Sie?«

— So und so.

— »Was sind Sie?«

— Jurat.

— »Was ist das?«

— Das bedeutet in Ungarn so viel, wie Candidat der Rechts- oder Staatswissenschaften.

— »Sie sind nicht Franzose?

— Nein, Ungar.

— »Was haben solche fremde und wilde Völkerschaften in unserem Lande zu suchen? Soll unser schönes Frankreich das *Rendez-vous* für das Gesindel aller fünf Welttheile werden? Scheren Sie sich zum Teufel, mein Herr! Aber hüten Sie sich wohl, sich jemals wieder auf französischer Erde blicken zu lassen. Man wird Sie nicht immer so gnädig behandeln, wie diesmal.«

Ich hätte gerne den guten Rath, mich zum Teufel zu

scheren, sofort befolgt. Allein man griff mich wieder
und schleppte mich in das Gefängniss.

Aber das Leben war doch gerettet. Und das war
beinahe ein Wunder! Namentlich aber, dass man mich
auf die Parole »Ungar« sofort lossprach. Also kann es
doch unter Umständen auch ausnahmsweise einmal zum
Nutzen gereichen, ein Ungar zu sein. Ich hätte das niemals für möglich gehalten. So was lernt man doch nur in
der Fremde.

Und noch am selbigen Tage setzte man mich auf den
Schub und spedirte mich fort, dahin wo — nicht der
Pfeffer, sondern — der Paprika wächst. Nicht nach
Cayenne, sondern nach Hause, nach Dorozsma, das
durch seinen Paprika wahrhaft berühmt ist.

Das war meiner Schwertfahrt Ende, — *et militavi non
sine gloria!*

Kap. XX.

Wieder in Ungarn. Zukunftspläne, Heirath und Ende.

Jetzt wär' ich, also wieder in Ungarn. Nach Frankreich geh' ich nicht wieder.

Man denke sich nur: Die kleine Marie ist ledig geblieben und hat in Treue meiner geharrt. Sogar die Nachricht von meinem Tode, die sich irriger Weise dort verbreitete, hat sie in ihrer Treue nicht einmal erschüttert.

Es ist doch ganz merkwürdig mit so einer naiven
weiblichen Seele.

Was soll ich aber nun zu Hause anfangen?

Wenn ich heirathen will, muss ich zuvor ein Amt
übernehmen. Natürlich! Das ist auch nicht schwer. Mein
Vater ist ja ein hochgestellter Beamter. Folglich ist die
Sache zu machen. Aber wer die Wahl hat, hat auch die

Qual. Ich zerbreche mir nun den Kopf über folgende Fragen:

. Soll ich mich zum Schulrath in Jaránd machen lassen? Wäre bequem; denn es giebt dort noch keine Schulen.

Oder soll ich Obergespann in Siebenbürgen werden? Ginge auch; denn dort kennt mich noch Niemand. — Oder vortragender Rath im Ministerium der Communications-Mittel? —

. Oder Honvéd-Oberst? Oder Staatseisenbahn-Director? Oder Vorsitzender bei der Theiss-Regulirung? oder Intendant der neuen Oper, die errichtet werden soll?

Oder soll ich eine neue Zeitung gründen mit Subvention der Regierung? Oder soll ich mich auf Grund des Reform-Programms von den Klerikalen in das Unterhaus wählen lassen? Oder gar eine »Franco-hungarische Bank« gründen? Auch nicht übel!

Denn ich verstehe von alledem gleich viel.

Gut! Ich werde mir's überlegen und unter diesen Stellen eine erwählen.

Und dann? Nun, meinetwegen, dann will ich mir's gefallen lassen und die kleine Marie heirathen. Sie ist zwar ein wenig beschränkt. Aber was schadet's denn im Grunde genommen? — — — —

— Machen wir denn also der Sache ein —

Ende!

Ein Franzose in Ungarn,

1860 — 1861.

Nach· den „Geographischen Plaudereien" des
Malers Lancelot.

———

Kap. I.

Von Pressburg abwärts durchfliesst die Donau eine endlose Ebene, deren Einförmigkeit durch nichts unterbrochen wird, bis ihr zwischen Gran und Waitzen die Berge entgegentreten, durch welche ihr zweites Becken entsteht. Der Hauptstrom schickt nach rechts und links zwei Arme ab, welche sich auf ihrem Lauf durch mehrere Zuflüsse vergrössern und die beiden Schüttinseln umschliessen, welche die Ungarn den kleinen und den grossen Csalókoz nennen. Sobald man ungarischen Boden betritt, trifft man keinen Fluss, keinen Berg, keine Stadt, welche nicht zu gleicher Zeit drei oder vier Namen trüge, zuweilen auch wohl fünf, (wie im Banat): lateinisch, deutsch, ungarisch, slavisch, rumänisch (wallachisch), was Alles zu häufigen Verwechselungen Anlass giebt. Die grösste der beiden Inseln, welche von dem nördlichsten Arm, Neuhäusel (ungarisch Ersekujvar) gebildet wird, misst nicht weniger als vierundvierzig Meilen an Länge bei einer Breite von zwanzig Meilen. Wegen ihrer ausserordentlichen Fruchtbarkeit hat sie den Beinamen »Goldgarten« von den Ungarn erhalten. Die kleine Schüttinsel entsteht durch den südlichen Arm, der die Raab aufnimmt und dann in geringer Entfernung an der Stadt und Festung gleichen Namens vorbeifliesst. Raab

oder Gyor, wie es die Ungarn nennen, hat im ungarischen
Krieg von 1849 eine wichtige Rolle gespielt. Vierzig Jahre
früher (1809) hatten sich die Franzosen nach einer über
die Oesterreicher gewonnenen Schlacht der Stadt bemächtigt.

Sechs Meilen von Raab am anderen Ufer, beim Zufluss des Neuhäusels erhebt sich die berühmte Citadelle
Comaron oder Comorn, deren Uebergabe am 2. October
1849, sechs Monate nach der Capitulation Görgey's bei
Vilagos, die letzte Episode jenes Krieges bildet, in welchem
die Ungarn ohne Erfolg soviel Heldenmuth entfalteten.
Comorn, eine alte königliche Stadt, die von Matthias
Corvinus im fünfzehnten Jahrhundert erbaut, mit breiten
Gräben und furchtbaren Wällen umgeben und dann 1805
wieder ausgebessert worden war, Comorn hatte bis dahin
noch nie capitulirt. Als Herr Thouvenal die Festung 1839
besuchte, zeigten ihm die Einwohner eine in der Mauer an-
gebrachte symbolische Jungfrau mit grossem Stolz. Ueber
der Statue stand folgende Inschrift als eine allen Belagerern
hingeschleuderte ironische Herausfordernng: »Kom morn«
(Komme morgen wieder).

Jenseits Comorn erblickt man an dem rechten Ufer
des Flusses eine Reihenfolge von mit Weingärten bedeckten
Hügeln, die die besten ungarischen Weine produziren,
selbst den berühmten Tokajer nicht ausgenommen (?).
Nach Frankreich kommt Ungarn in erster Linie unter allen
europäischen Ländern, was Qualität und Menge der Weine
betrifft. Man schätzt die Totalproduktion auf achtzehn bis
neunzehn Millionen Hektoliter, die fast gänzlich an Ort
und Stelle consumirt werden. Der Ungar ist Epikuräer:
Er zieht den Wein dem Branntwein vor, dessen Gebrauch
hauptsächlich in der Türkei und Wallachei verbreitet ist.
Er besingt ihn in allen Tönen und Sprachen, auch in der
lateinischen, welches noch unlängst die in Ungarn gebräuchliche Sprache war. Zeugniss davon giebt die Ode, in der
Manier Horazens, welche ein Reisender 1834 in Pest componirt hat, und deren Uebersetzung hier folgt. Zu jener
Zeit war sie in Aller Mund:

— »Seien wir froh — denn wir sind Ungarn. Die wohlthätige Sonne und Erde — spendet uns hier köstlichen Wein — in mächtigen Trauben.

— »Die Zeit der Weinlese — versetzt den Winzer in Entzücken. — »»Lasst uns den vorjährigen Wein trinken, — um dem heurigen Platz zu machen,«« — rufen die Zecher.

— » Wir haben uns im Sommer so durchgeschleppt — von der Sonne verbrannt, — 'aber der Herbst soll uns wiederherstellen — unsere Kräfte erneuen — und Bachus soll — unsern schlaffen Leibern — neues Leben geben.

— »Seien wir froh — da wir Ungarn sind. — Trinken wir nach der Weise unserer Vorfahren, — und lasst uns im Chor singen: — Alles Andere ist ja nur eitler Dunst!«

Auch Getreide hat Ungarn im Ueberfluss. Dasselbe liefert jährlich nicht weniger als siebenzig bis achtzig Millionen Hektoliter; der Tabak, — ein ausgezeichneter, der dem türkischen fast gleichkommt, — mehr als fünfundzwanzig Millionen Kilogramm. Ungarn würde unter einer guten Regierung und Verwaltung eines der reichsten Länder Europa's sein.

Bald darauf sieht man, noch immer auf dem rechten Ufer, die Stadt Gran (Esztérgom auf ungarisch, Strigonium auf lateinisch), Sitz des Primatbisthums des Königreichs. Der Inhaber dieser Würde genoss früher ausserordentliche Vorrechte; er war zu gleicher Zeit Primas, Cardinal, geborener Legat des römischen Stuhls, Prinz des Reiches, Haupt des Komitats und Kanzler des Königreichs. Heutzutage muss er sich damit begnügen, der mit den besten Einkünften versehene Prälat des Reiches und wahrscheinlich sämmtlicher katholischen Länder zu sein. Seine Einkünfte, sagt man, übersteigen weit eine Million Francs.

Von Gran an nimmt das Land eine ernste Physiognomie an. Rechts und links steigen Hügel auf; die letzten Ausläufer der Norischen Alpen auf der einen und der Karpathen auf der anderen Seite. Sie nähern sich der Donau, deren Lauf sie nach und nach einzwängen und schliessen sie endlich in einer Art von Engpass ein, welchen sie etwas oberhalb Wissegrad durchbricht. Nachdem der Fluss diesen Pass verlassen hat, wendet er sich scharf rechtwinklig und fliesst gerade von Norden nach Süden in einem breiten, von Inseln durchschnittenen Bette. Die Donau ist hier schon tief genug, um Schiffe mit vierzig Kanonen zu tragen. Nun wird die Ebene noch flacher und einförmiger als die so eben durchreiste. Wir kommen in die Pussta.

Eine grosse Insel, die Insel St. Andreas, theilt die Donau in zwei Arme. Der erste, der rechte, fliesst längs der Stadt St. Andreas, die grösstentheils von orthodoxen Serben bewohnt ist, und die erste Residenz ihres Patriarchen war nach der grossen Einwanderung von 1690; der zweite, der linke, bespült Waitzen (Vacy), eine Stadt von 12,000 Einwohnern und Sitz eines katholischen Bischofs, der unter dem Primas von Gran steht.

Der Anblick dieser beiden Flüsse ist immer gleich armselig. Wir haben hier nicht mehr die lachende heitere Landschaft vor uns, die unsere Blicke während der Fahrt von Regensburg nach Wien bezaubert. Jedoch je näher man Pest kommt, desto besser wird's wieder. Dichter zusammenliegende Dörfer, besser bebaute Aecker, ein gewisses Leben auf dem Felde, lebhaftere Schifffahrt auf dem Flusse künden die Nähe der Hauptstadt an. Wir kommen an kleinen, grünen Inseln vorbei, welche soeben erst aus der Fluth emporgestiegen zu sein scheinen. Eine von ihnen, die grösste, verbirgt uns Ofen, dessen Höhen wir zu erblicken begannen, und schickt uns beim Vorüberfahren galanter Weise dann und wann rauschende Musik herüber. Durch das dichte Laubwerk sehen wir weisse und rothe Jacken schimmern. Hier tanzt man. Wir umsegeln die Spitze der Insel und vor unseren Blicken entfaltet sich ein herrliches Schauspiel: vor uns der Fluss, belebt und durchkreuzt von Barken und vorn mit bunten Wimpeln geschmückten Schiffen; rechts Ofen, die alte türkische Stadt, welche auf ihrem Berge so stolz thront wie ein Pascha auf seinem Divan; links ein grosser Quai, eingefasst von weissen Häu-

sern mit hohen Bogen und Säulen, welche grosse Gesimse
und Balcons tragen. So entsteht eine schöne Perspective,
unterbrochen durch die Glockenthürmchen von zwei bis drei
Kirchen, die sich scharf in klarer Luft auf einem Italiens
würdigen, blauen Himmel abzeichnen. Wir sind in Pest.

Kap. II.

Pest. Der erste Blick. Costüme. Physionomie der Weiber. Bauern-
lager. Ein Enkel Attilas, welcher eine Crinoline trägt. Die Slovaken. Ein während des Tanzens gebautes Haus. Das Haus der Abgeordneten, Herr Deak. Ein Bauer von der Donau.

Wir landeten an der Brücke, einem wahrhaft monumentalen Bauwerke. Selten habe ich eine so belebte Scene
gesehen. Ungeheure Kähne, die beladen oder abgeladen
werden, ankommende Dampfschiffe, Wagen, welche Reisende
bringen oder erwarteten, Kellner, welche in allen Sprachen
schreien, Lastträger, Bauern mit ihren Marktgeräthschaften,
eine Unmenge Spaziergänger und Neugierige. Die meisten
Häuser, welche auf den Quai hinaussehen, sind Cafés, Restaurationen, Gasthöfe »erster Klasse«, wie die Führer
betonen, und ausserdem vielsprachige Karawanserai's, in
denen französisch, deutsch, englisch, italienisch und ungarisch gesprochen wird. Aeusserlich eine sehr elegante
Architektur; im Innern ein sinnverwirrender Luxus, prächtige Speisesäle, die auf mit Gebüsch und Blumen ge-
schmückte Höfe hinausgehen, breite Treppen mit langsam
aufsteigendem Geländer, überall Marmor und Stuck, an
allen Wänden Spiegel, an allen Decken Gemälde. Die
Eisenbahnen haben die Gasthöfe in Paläste umgewandelt.
Ich hatte von den schönen Strassen Pests reden
hören, von seinen grossen Plätzen und seinen prächtigen
Läden. Das wollte ich später sehen. Im Augenblick war

ich nur damit beschäftigt, die Menge mit ihrem lebhaften Gesang, mit diesen ausgesprochenen Typen, mit ihrem malerischen Kostüm, wie sie sich da auf den Strassen herumtrieb, zu betrachten. Ich kam zu guter Stunde an, (im Juni 1861). Der Landtag tagte; und aus allen Ecken und Enden des ungarischen Landes waren die Leute herbeigekommen, Adelige, Grundbesitzer und Bürger, um entweder den Debatten beizuwohnen oder Theil an ihnen zu nehmen. Hier interessirt sich jeder, bis zum kleinsten Bauer herunter, für die öffentlichen Angelegenheiten. Die Discussion der Adresse hat alle scheinbar erloschenen Hoffnungen wieder neu belebt. Die Nation wacht wieder auf. Es schwebt, wie ein Fieber, der Patriotismus in der Luft. Die ganze Bevölkerung, Mann und Frau, Reich und Arm, Gross und Klein, hat das seit 1848 abgeschaffte Nationalkostüm wieder angelegt. Die dreifarbige ungarische Fahne, grün, weiss, roth, weht aus sämmtlichen Fenstern. Fast überall ist sie mit einem.Trauer-Flor umwunden. Ich sehe auch, wie die meisten Vorübergehenden einen Flor um den Hut tragen; man sagt mir, dass er zur Erinnerung an den Grafen Téléki getragen wird, der vor fünf Wochen gestorben sei. Der Graf Téléki war das Haupt der Fortschrittspartei. Im Konflikt zwischen seiner Ueberzeugung und jener Verpflichtung, die er in Folge seiner Verhaftung in Dresden, dem Kaiser Franz Joseph gegenüber übernommen hatte, machte er seinem Leben freiwillig ein Ende, indem er sich mit der Pistole in das Herz schoss. · An demselben Tage (8. Mai) sollte er im Landtage erscheinen, um im Namen der radikalen Partei die Adresse des Herrn Deak zu bekämpfen. Auch wurde der Flor zum Theil für den im vorigen Jahre in Nagy-Czany verstorbenen Grafen Szechényi getragen; die ungarische Akademie, das Casino und die literarische Gesellschaft in Pest hatten beschlossen, die Nation aufzufordern, sechs Wochen zu trauern zu Ehren des »grössten Ungarn.«

Die Bevölkerung ist wahrhaft prachtvoll. Die Frauen haben einen raschen und entschiedenen Gang; sie haben ein gewisses »*Je ne sais quoi*«, ich meine etwas Freies und

Ungezwungenes in ihrem Weien und Betragen, welches an
Diana Vernon erinnert. Das Ganze mahnt vielleicht etwas
an einen Jungen, aber sicherlich an einen netten und guten
Jungen. Uebrigens trägt die Kleidung auch ein wenig dazu
bei. Sie weicht von der der Männer nur durch den Rock ab:
ein um den Hals in Falten gelegtes Hemd mit weiten reich
gestickten Aermeln, die ein wenig über das Gelenk hinausgehen, das mit Spitzenwogen bedeckt ist; ein spenzerartiges
Mieder, roth, schwarz oder grün mit Schnüren, Franzen
und Silberknöpfen, welches die geschmeidige und schlanke
Taille schön hervorhebt, während ein heller, sehr weiter
und oft sehr kurzer Rock dieselbe auch noch schlanker erscheinen lässt. Auf einer Schulter tragen sie den husaren-
mässigen Dolman von Seide oder Sammet, der mit einer
Schnalle befestigt wird. Als Kopfputz haben sie den wohl-
bekannten Nationalhut mit aufgestülpten Krempen, worauf
ein kühn aufwärts stehender Federbusch. Der gut gebaute
Fuss wird von einem Halbstiefel bedeckt, manchmal von
einem rothen Maroquinstiefel, dessen Sporn im Takte lustig
klingt. Auch die Frauen tragen Sporen in diesem Lande
der berittenen Söhne Arpád's. Für einen von Paris Ent-
laufenen, der wie ich Liebhaber des Malerischen ist, kann
es nichts Anziehenderes geben, als zu einer Zeit wie diese,
auf gut Glück durch die Strassen von Pest zu gehen.

Die Märkte haben auch ihre Physionomie. Gewöhnlich werden sie auf den Kais abgehalten. Lange Wagen-
reihen stehen längs des Flusses. Alle Wagen haben die
gleiche Form. Lang und schmal, auf vier Rädern liegend,
erscheinen sie, von hinten gesehen, wie eine Art Zelt, an
dem grosse Körbe mit Gemüse und Früchten oder Käfige
mit Federvieh aufgehängt sind. Während der Mann seine
Waare auskramt und verkauft, ist die Frau (denn die ganze
Familie ist immer zusammen auf der Reise) an das Ufer des
Flusses hinuntergestiegen und kocht auf einem improvisir-
ten Heerd das gewöhnliche Mittagsbrod in einem eisernen
Kessel. Eine auf die Erde gelegte, mit Fassreifen umgebene
Matte schützt die Kinder, welche weinen oder schlafen,
während die Pferde (es ist immer ein Doppelgespann) un-

ruhig stampfen, und Alles herbeizerren und zerbeissen, was
irgend wie Heu- oder Strohälmchen aussieht. Diese Primi-
tivgespanne trugen meine Gedanken in jene Zeiten zurück,
wo die wilden Horden des Attila zum ersten Mal aus den
Ebenen des alten Dazien herauskamen und in den Steppen
des nördlichen Panonien erschienen. In demselben Augenblicke glaubte ich Einen aus dem Gefolge der »Gottes-
geisel« vor mir zu sehen. Es war eine Art Bauer mit
stumpfer Nase, runden Augen, grossen und stark hervor-
tretenden Backenknochen, langgezogenem Knebelbart; bekleidet mit einer Schafspelz-Jacke und weiten Hosen aus
grober Leinwand, die an der Taille durch eine Schärpe festgehalten wurden, während die Enden der Hose ausgefranzt
waren und auf grosse eisenbeschlagene und bespornte Stiefel
herunterfielen. Auf dem Kopf trug er einen aufgekrämpel-
ten Hut, der seine Ohren halb verdeckte, hinter denen
zwei lange Haarflechten herunterhingen. Ich belustigte mich
damit, dieses Individuum, welches durch die Strassen ging
und alles mit dem naiven und scheuen Wesen eines Wilden
betrachtete, mit meinen Blicken zu verfolgen. Plötzlich sah
ich ihn vor einem Geschäft für Frauenkleidung anhalten,
in dem ein vollständiges Lager von Kleidern und Mänteln
aus der vorjährigen Mode von Wien ausgelegt war. Er betrachtete diese Erzeugnisse der modernen Civilisation lange,
indem er von einem Dinge zum andern ging und den Kopf
schüttelte, wie Jemand, der zugleich verlegen und unzufrieden ist. Schliesslich, nachdem er wohl eingesehen hatte,
dass er Das, was er suchte, nicht finden könne, zog er es
vor, sich an die Verkäuferin zu wenden, und sprach mit
schwerer Betonung und mit merkwürdigen Kehllauten
Etwas, wovon ich nur das eine Wort: » *Crinolinoch*« verstand. Man hätte sein Erstaunen sehen müssen, als die
Dame einen von Rosshaar gewebte Art Käfig, durch welchen Kreise von Stahl gezogen waren, loshakte und vor
ihn stellte. Der Käfig hatte aussen an dem Magazin sich
hin und her geschaukelt. Der gute Mann drehte und
drehte das komische Ding um und wieder um und dachte
gewiss darüber nach, zu was die Dorfcoquette, deren Bote

er zweifellos war, es gebrauchen könne. Es bedurfte wiederholter Versicherungen und Vorstellungen der Verkäuferin, um ihn zum wirklichen Kauf zu bewegen. Endlich
trug er das Ding mit ausgebreiteten Armen fort, indem er
ein verlegenes und unzufriedenes Gesicht machte, das zugleich die Furcht ausdrückte, seine Last zu verderben, und
die Verachtung, die sie ihm einflösste. Ja, ich glaubte sogar eine Art von unangenehmer Betrachtung auf seinem
verdriesslichen Gesichte wahrzunehmen; etwas wie Bedauern, dass er es sei, der dieses sonderbare Erzeugniss
einer Civilisation einführe, die seinem Dorfe wohl etwas
besseres liefern hätte können.

Beim Umherbummeln durch Pest's Strassen habe ich
mehrere Male solche Bewohner der Pussten gesehen, deren
Stammtypus sich in voller Reinheit erhalten hat. Man er-
kennt sie leicht an ihrem schaukelnden Gang, an ihrem hin-
und herschweifenden Blick; am *omnia circumspectantes tan-
quam ignota*, wie Tacitus von den Caledoniern sagt. Fragt
sie, was unter den Wundern der Hauptstadt, welche sie
zum ersten Mal sehen, sie am meisten wundert, so wären
sie im Stande, Euch zu antworten wie jener Doge von
Genua Ludwig dem Vierzehnten antwortete, nämlich:
»Mich hier zu sehen.«

Der Magyare, selbst der einfachste Bauer, giebt sich
das Ansehen eines Edelmanns. Er bebaut sein Feld gern,
aber er wendet sich von der groben Arbeit ab, nicht aus
Faulheit, sondern aus Stolz. Der Stolz ist ein kleiner Fehler
des Ungarn. Pest braucht täglich sieben bis achttausend
Maurer, Zimmerleute, Erdarbeiter, Holzhacker und dergleichen. Unter dieser Masse findet man kaum einen
Ungarn. Die meisten sind Slovaken. Diese wohnen im
Nordosten des Königreichs und sprechen einen »böhmischen« Dialekt. Es sind die Auvergnaten Ungarns, sie
sind langsam, aber geduldig und ausharrend bei der Arbeit,
etwas geistig träge, dabei schweigsam und sparsam. Ein
weisses leinenes Hemd, welches am Gürtel aufhört und ein
paar Beinkleider, so weit, dass ich sie lange für einen
Weiberrock hielt, bildete ihre ganze Kleidung. Sie ersetzen

den Sporenstiefel durch ein viereckiges Stück Leder, welches um den Fuss geht und am Bein durch Riemen befestigt wird. Dies ist die alte sarmatische Fussbekleidung. Ihr Hut mit flachen Rändern ist so breit, dass er sie wie ein Regenschirm schützt.

Die slovakischen Frauen bestreichen die Häuser mit Weissgebinde und Steinmörtel. Man findet sie in zahlreichen Gruppen an gewissen Kreuzwegen auf Arbeit wartend. Sie sitzen dann um ein Bund gewöhnlicher mit langen Stielen versehenen Bürsten. Eimer mit einer weisslichen Masse und ihr frugales Mahl vervollständigen ihr Handwerkszeug. Sie sind zu gleicher Zeit auch Maurergehülfen. Oft bleibe ich stehen, um zu sehen, wie diese muthigen Geschöpfe in den kurzen Röcken, mit nackten Füssen und den robusten Armen auf dem Gerüste umhersteigen und die Leitern hinaufklettern, welche letztere von einem Stockwerk zum andern hinaufführen. Auf dem Kopf einen kleinen Kübel tragend, gehen sie in Reihen von zwölf bis fünfzehn darauf los, erklimmen die höchsten Punkte, steigen über die Balken und Ecken mit einer Leichtigkeit und Sicherheit weg, die bewunderungswürdig ist; bei schwierigen Stellen gehen sie wohl langsamer, doch schwanken sie nie. Eine Hand hält den Kübel, die andere stemmen sie stolz in die Hüfte; ihre feste und regelmässige Gangart scheint irgend einem musikalischen Rhythmus angepasst zu sein. Ernst, in der Stellung einer Karyatide, kommen sie an der im Bau begriffenen Mauer an, legen ihre Last, Mörtel oder Backsteine, dort oben ab, und zwar allemal links von dem dort beschäftigten Maurer, der ernst und gloomystumm ist, wie es die Maurer überall sind. Dann aber steigen sie laufend und tanzend, wie der Chor in einer komischen Oper, wieder herunter, ohne ihre Genossinnen, welche gerade hinaufsteigen, zu stossen, indem sie ihre leeren Kübel als Balancirstange schwingen.

Der Tanz ist eine Leidenschaft des Ungarn. Man weiss, dass die Husaren des General Bem, nachdem sie eine Position genommen und den Feind niedergesäbelt hatten, vom Pferde stiegen und noch keuchend von der

Mühe, anfingen zwei und zwei ihre Nationaltänze unter un-
sinnigen Hurrahrufen mitten zwischen Todten und Verwundeten zu tanzen.

Ich habe nur wenig sehenswerthe Monumentalbauten
in.Pest gefunden. Aber die Häuser sind geräumig und bequem. Da der Ungar gastfreundlich ist, muss er viel Platz
haben. Ich bemerke mit Schmerz, dass die meisten
modernen Bauten jenen abscheulichen gothisch-alcazarhaf-
ten Gharakter tragen, welcher in Deutschland und sonstwo
jetzt so sehr Mode ist. Man hat mir einen im Casiono aus-
gestellten Plan zu einer Nationaluniversität gezeigt, wie
solche auf einen grossen Raum auch in diesen »neu-alten«
Stil beabsichtigt ist, der zu unserer Zeit zugleich ein Ana-
chronismus und eine Absurdität ist. Ich weiss nicht, ob
dieser Plan von der Behörde begünstigt wird, aber es
schien mir, als ob die Künstler wenig Gefallen an ihm
fänden.

Ein Maler, von dem ich vermuthe, dass er zugleich
auch Dichter ist, sagte zu mir: — »Ungarn, dessen Hauptstadt Pest ist, weil da der Himmel blau, die Frauen schön
und stark und kühn, die Männer voll grosser und weltver-
bessernder Ideen sind, Ungarn muss eine Architektur
haben, durch welche überall Licht und Luft hereindringt.
In unseren Palästen muss Platz für Jedermann sein. Wir
sind die Söhne derer, welche in den Feldern von Rakos
in den Tagen der Freiheit und des Heldenmuthes, zu Pferd,
eine Hand auf dem Säbel, die andere auf dem Herzen, unter
Gottes Auge den Würdigsten zum König wählten. — Wir
sind unserer weniger geworden, aber wir sind weder unter-
gegangen noch sind wir entartet. Unsere Jugend, die
Wissensdurst beseelt, unser Volk, das nach Freiheit lechzt,
unsere Dichter, welche verhaltenes Streben verzehrt und
versengt, sie alle müssen eines Tages, und bald, das alte
Forum wieder haben mit seinen langen Säulenhallen, mit
seinen prachtvollen Portiken, und mit einer Rednerbühne,
überragt von einem Pantheon für alle unsere Märtyrer.
Aber diese enge, ärmliche, feudale Bauart, halb Kaserne-,
halb Kloster-Architektur, welche, wenn auch nur noch

schwach den Kasten- und Privilegiengeist symbolisirt, welchen den Mensch überall, wo er denkt, zurückstösst und
umstürzt, welche jedoch noch immer zu sehr an ihn erinnert,
diese Architektur ist die Bauart von Sklaven! Ein einziger
Vers von Petöfi, von wahren Ungarn gesungen, würde diese
Mauern, wenn man sie so aufbaute, niederschmettern, wie
die berühmten Posaunen die Mauern von Jericho stürzten«.
So sprach zu mir der ungarische Maler.*)

Zufällig liess ich bei einem Abgeordneten den Wunsch
laut werden, einer Sitzung des Landtags beizuwohnen.
Gleich darauf streckte er mir die Hand entgegen: »Sie
sind ein Franzose, Sie haben Bürgerrecht in Ungarn, kommen Sie.« Er führte mich zum Quästor, welcher mir einen
Platz in der Journalistentribüne anwies, gegenüber dem
Bureau. Man war daran, die Adresse zu discutiren, jene
berühmte Adresse, durch welche alle Hoffnungen auf Ver-
söhnung zwischen Ungarn und Oesterreich erlöschen sollten. Die Versammlung war sehr vollzählig; die Tribünen
waren überfüllt. Ich sah schöne Gesichter, energische und
feine. Die Redner sprachen einfach, mit ausserordentlich
wenig Gesten und Umschweifen, wie Leute, die es eilig
haben, das, was sie für zu wissen nöthig hatten, vorzu-
bringen, und welche, sich wenig um die Wirkung bekümmern, die sie hervorbringen, wenn nur ihr Gedanke den
Zuhörern klar und anschaulich zum Verständniss kommt.
Die Radikalen, diejenigen, welche nichts von Concessionen
an Oesterreich wissen wollen, haben dermalen unbedingt
die Majorität in der Kammer, und sie werden gewiss bei
der Adresse-Debatte den Sieg davon tragen. Dennoch
hören sie achtungsvoll auf die »Legisten«. So nennt man
die gemässigte Partei, deren Haupt Herr Deak ist, und
welche einen totalen, unheilbaren und plötzlichen Bruch
hintertreiben will. Das Gesicht des Herrn Deak drückt im
höchsten Masse Hartnäckigkeit und Concentration aus.
Ein wenig dick, nachlässig angezogen, den Kopf zwischen

---

*) Hier scheint ein ungarischer Gascogner einem französischen
begegnet zu sein.   K. Br.

den Schultern, dichte, auf die Stirn herabfallende Haare, ein von buschigen Brauen beschattetes Auge, ein von einem grossen Schnurbart bedecker Mund, spricht er, die linke Hand in der Tasche, während er mit der rechten auf der Lehne der Bank zu seinen Argumenten trommelt. »Ja! Ja!« unterbricht oder folgt seine Reden, während seine jüngeren und hitzigeren Gegner ein lange Folge von *Eljen* (Vivat) begleitete, das die Tribünen nach Herzenslust wiederholen. Unter den Abgeordneten sehe ich einen, der die Leinwandkleider und die blaue Tuchweste der einfachen Arbeiter trägt. Er scheint weder zur Rechten noch zur Linken zu gehören. Alleinstehend und nachdenklich stützt er seinen Kopf auf seine über dem Knopf eines hohen Stockes gekreuzten Hände und hört zu. Man könnte ihn für einen alten Hirten, einen Volksführer halten, wie sie bei Homer vorkommen. Jch denke mir, wenn er plötzlich das Wort ergriffe, würde er, wie der Donaubauer in Gegenwart des römischen Senates, gar manche Dinge dem Kaiser — und den Magnaten zu sagen haben.

Kap. III.

Aussicht von Ofen: Die Donau; Pest; die Pussta. — Ofen und seine Bewohner. — Die Fahne von Solferino. — Kurze Biographien, die viel sagen. — Das Nationalgefühl in Pest. — Wohlberechnete Toleranz Oesterreichs. — Anekdoten.

Um die Lage Pests beurtheilen zu können, muss man die Höhen von Ofen erklimmen und auf der Terrasse vor der Citadelle und dem königlichen Schloss Halt machen. Zuerst lenkt die Donau unsere Aufmerksamkeit auf sich. Sie kommt fast von gerade gegenüber und fliesst nach rechts. Das Auge ruht mit Wohlgefallen auf dem breiten

Wasserspiegel, in den waldige Inselchen eingestreut sind. Man könnte sie für Wälder halten, die plötzlich aus dem Wasser emporgestiegen sind. Die Ausdehnung der Donau ist hier unendlich, sie verliert sich am Horizont in den Wolken. Rechts künden uns grosse Werften, Fabriken mit rauchenden Schornsteinen, mit Waaren angefüllte Häfen, im Bau begriffene Schiffe, und alles was das Nahen einer im Wachsen begriffenen grossen Stadt anzeigt, Pest an. Indem ich mich um einen Viertelkreis nach rechts drehe, lasse ich dieses erste Panorama links liegen und Pest liegt in seiner ganzen Fülle mir gegenüber.

Von dem hohen Punkt aus gesehen, wo ich mich befinde, beschreibt die Stadt einen Halbkreis, dessen Durchmesser die Donau ist. Die äusserste Umgebung wird durch eine Reihe hübscher, von Parks und Gärten umgebenen Villen eingefasst. Ein wenig jenseits, nach links, erblicke ich das berühmte Feld von Rakos.

»Rakos! Rakos! qu'es-tu donc devenu?
De ton brillant renom comment es-tu déchu?
Je souffre, hélas, en voyant ta misère;
Le chagrin dans le coeur je laboure la terre.«

»Rakosch, Rakosch, was ward aus Dir!
Du verlorst des Ruhmes Zier!
Ich gedenke Dein in Schmerzen,
Bau' mein Land, den Gram im Herzen.«

In Rakosch fanden früher diese Versammlungen im Freien statt, wo die Prälaten und Magnaten zu Pferd und in Waffen über Krieg oder Frieden, oder über die Wahl eines Königs berathschlagten. Die letzte dieser Versammlungen fand ungefähr drei und einen halben Monat vor dem Unglück bei Mohacz statt, dessen Ursache sie zum grösseren Theil war.

Noch weiter sieht das Auge, so weit es sehen kann, nur eine endlose Ebene, flach wie ein Teppich, »das wahre Mosaik«, in dem eine unendliche Verschiedenheit von Tönen und Farben herrscht. Das ist die Pussta, d. h. die unermessliche Steppe mit ihrer endlosen Einsamkeit, ihren schrecklichen Stürmen, ihren halbwilden Pferdeheerden, die an die Pampas von Südamerika erinnern; das ist die Pussta, die Lieblingsgegend des Ungarn; denn der wahre Ungar flieht die Städte, die engen und zusammengedrückten Orte; er liebt es nicht, »sich in die Steinhäuser einzukerkern«. In Pest, ja selbst in Debreczin, der vorzugsweise ungarischen Stadt, erstickt er; er braucht die Pussta mit ihrem weiten und unbeschränkten Horizont. Nur da athmet er die Luft und Freiheit mit vollen Lungen, nur da lebt er wirklich.

Für den Magyaren ist nur die Pussta Ungarn, das wahre und wirkliche Ungarn.

Im Osten breitet sich die Pussta fast in gerader Linie bis an die Berge von Siebenbürgen aus, und geht im Süden bis nach Belgrad.*) Ihre Länge mag vierhundert bis vierhundertundfünfzig Kilometer betragen und ihre Breite beinahe ebenso viel. Diese ungeheure Strecke, welche von der Eisenbahnlinie von Pest nach Basiach diagonal durchschnitten wird, bietet unserm Auge eine einförmige Aufeinanderfolge von wüsten Steppen, von Weiden, die eine unendliche Menge Hornvieh ernähren, und von Sümpfen, bewohnt von zahllosen Störchen; von Zeit zu Zeit erscheinen an den flachen Ufern der Flüsse winzige Wäldchen, die halb unter Wasser stehen, sowie einige Roggen- oder Maisfelder.

Die Pussta war stets die grosse Heerstrasse der barbarischen Einfälle. Heutzutage hat sie nur die Invasion der Heuschrecken zu fürchten, einer nicht minder zerstörende Geisel als die Hunnen und Avaren. Früher hatte sie ihre Räuberhelden, ähnlich den Haiducken der serbischen Länder; heute hat sie ihre Kanasz (Sau-Hirten) und ihre Csikós (Pferdehirten). Der Csikós ist der König der Ebene wie der Klephte der König des Berges:

---

*) Belgrad, auf deutsch: Die weisse Stadt, wie bei uns Wittenberge, Weissenburg, Belgart u. s. w.　　　　　　K. Br.

Moi, je suis né sur la plaine et jy reste;
Je n'ai ni toit, ni cheminée à moi.
Mais je possède un chien, un bon cheval:
Je suis csikós sur la puzsta magyare.

J'aime à sauter sur le dos d'un cheval,
Dès qu'il me faut entamer quelque course,
Et je me mets sans selle sur son dos:
Je suis czikos sur la puzsta magyare.

— »Bin der Tschikosch von der Ungar-Pussta.
Habe in der Welt nicht Haus noch Heerd.
Aber was ich bin, das will ich bleiben,
Bleibt mir doch mein Hund und Pferd.

Bin der Tschikosch von der Ungar-Pussta,
Schwinge rasch mich auf des Pferdes Bug;
Ohne Sattel und auch ohne Bügel,
Eil' ich durch die Welt im Flug.« —

Die Pussta hat ihre Dichter und unter ihnen ist der
Nationaldichter *par excellence*, Alexander Petöfi, der Verfasser der soeben citirten Verse, derjenige, welchen seine
Landsleute den »magyarischen Tyrtäus« und den »ungarischen Beranger« nennen.

Aber während ich mich in Betrachtung der Steppen
versenke, vergesse ich ganz, dass sich zu meinen Füssen
eine ganze Stadt ausbreitet, eine unter allen Umständen
interessante Stadt, von der Etwas zu sagen es endlich doch
an der Zeit ist; denn obwohl durch eine Brücke, eine
prächtige Eisenbrücke, verbunden, sind Pest-Ofen oder
Ofen-Pest in Wirklichkeit doch immer noch zwei verschiedene Städte.

Pest ist die moderne Stadt, der Mittelpunkt der
Politik und der öffentlichen Angelegenheiten. Obgleich
eine alte Stadt und im dreizehnten Jahrhundert durchaus
deutsch, hat Pest doch erst am Ausgang des achtzehnten
Jahrhunderts angefangen etwas zu sein. Ofen ist die Stadt
der Geschichte, die Stadt alter Erinnerungen. Ofen ist die
Vergangenheit, Pest die Zukunft. Ofen war die Residenz
Attila's. Arpád und seine Krieger drangen bis zum Fuss
seiner Mauern vor, wie es die Verse von Révay bezeugen:

Arpad pénétra jusqu'ici avec son peuple
Et franchit le Danube près de Kelemfeold.

— »Bis hierher kam Arpad mit seinem Volk;
Er überschritt den Fluss bei Kelemfeold«. —

Mathias Corvinus erhob es zu einer der ersten Städte
Europa's. Im Jahre 1541 am 29. August, gerade 15 Jahre,
nachdem der letzte nationale König in den Sümpfen von
Mohacz unterlegen war, fiel Ofen in die Gewalt der Türken und blieb während anderthalb Jahrhunderten einer
ihrer festesten Wälle, »der Mittelpunkt des Krieghauses«,
wie es die ottomanischen Geschichtschreiber nennen.
Residenz eines Paschas ersten Ranges, war Ofen die zehnte
Stadt des türkischen Reichs und kam nach den drei kaiserlichen Residenzen, Constantinopel, Adrianopel und Brussa,
nach den drei heiligen Städten Mekka, Medina und Jerusalem; nach Cairo, genannt »die Unvergleichliche«,
nach Damaskus, »welches den Balsam des Paradie-
ses ausduftet«, nach Bagdad, »dem Hause des
Heils«. Die Kaiserlichen bekamen es dann 1686 nach
einer denkwürdigen Belagerung, bei welcher, wie bei
Nicopolis, wieder einmal alle Nationen der Christenheit
vertreten waren, Spaniens Granden, Frankreichs Marquis,
italienische Grafen, englische Lords, deutsche Prinzen aus
königlichem Geblüt. Die Vertheidigung war heldenmüthig;
die Türken verweigerten hartnäckig die Capitulation und
liessen bis auf den letzten Mann ihr Leben auf den Wällen.
Unter den christlichen Kämpfern befand sich der Graf von
Marsigli, ein Geograph und Naturforscher, dem wir eine
Beschreibung der Donau verdanken, lateinisch geschrieben
(3 Bände. Folio), die vollständigste, die wir besitzen. Er
war es auch, der die Manuscripte aus der Bibliothek des
grossen Matthias Corvinus in den Kellerräumen des kaiserlichen Schlosses entdeckte. Man bewahrt dieselben jetzt
in der Bibliothek des Instituts von Bologna.

Jetzt ist Ofen wieder ungarisch, oder richtiger: österreichisch geworden. Es ist die offizielle Hauptstadt und

' Braun-Wiesbaden, Tokaj und Jókai.   20

die Residenz des Gouverneurs. In Ofen ist die Admini-
stration und das Heer, und in seiner stets kriegsbereiten
Festung hält es, wie zur Zeit der ottomanischen Occupation,
noch immer den ungarischen Geist nieder unter den Kanonen. Die Stadt hat 55,000 Einwohner (Pest 131,000) und
mehr oder weniger Handel; aber sie besitzt ein grosses
Arsenal und herrliche Kasernen. Ofen ist mehr eine
Festung wie eine Stadt. Man begegnet in den Strassen
fast nur Soldaten und Patrouillen. Ich habe jedoch einige
alte Kirchen gesehen, unter andern auch die Kathedrale,
welche früher von den Türken in eine Moschee umgewandelt war, und sonst einige schöne Paläste. Nur sind Paläste
und Kirchen der Festung leider zu nahe. Es sieht aus, als
ob sie fraternisirten, und das genügt, um Einem den Geschmack an der Architektur zu verderben. Kurz, im Ganzen genommen, scheint mir Ofen ein sehr trauriger Auf-
enthalt zu sein. Ich bin nicht allein, wie es scheint, dieser
Ansicht. Denn jeden Tag besuchen Hunderte von Fremden Pest; in Ofen begegne ich nie Einem.

Jedoch vom grossen Plateau aus, auf dem das elegante Quartier Ofens liegt, hat man eine wunderbare Aussicht auf das Gebirge: bewaldete Gipfel, mit Weinbergen
bedeckte Abhänge, Villen, schattige Thäler, malerische
Fusswege, mit Blumen übersäete Rabatten. Im Norden,
Westen und Süden wird diese reizende Fernsicht leider
durch drei kahle und unbebaute Berge abgeschlossen, die
mit Basteien in altfränkischem Stil gekrönt sind.

In dem eleganten Quartier, wie ich es nenne, weil ich
weder Krambuden noch Läden sehe, erinnern mich eine
breite schöne Strasse und ihre Häuser mit Vorplätzen,
Gittern und Gärten an Italien. Aber dieser Strasse und
diesen Häusern fehlt das, was in Italien im Ueberfluss ist,
nämlich Bewegung und Leben. Die Trottoirs, welche die
Strasse einfassen, werden von dichtem Gras überwuchert.
Die Fensterläden sind fast alle geschlossen, die Gärten
verödet; am letzten Haus lese ich: »Fortunagasse«. O
richtig benannte Strasse! Die armen Reichen! Kein Ge-

sang, kein Spaziergang unter den Bäumen, keine im Gras spielende Kinder, kein Lachen! Von was leben sie? Das Rathhaus, das wie eine Schanze bewacht wird, liegt hinter Bogengängen, und diese sind verschlossen durch Schlagbäume, die österreichisch angestrichen sind, gelber Grund, der von einem spiralförmigen schwarzen Streifen begrenzt wird. Ein junger Ungar, welcher mich auf meinem Ausflug begleitete, zeigte mir am Rathhaus eine österreichische Fahne, die von Pulver und Kugeln geschwärzt, durchlöchert und zerrissen war. In der That eine stolze Fahne! Trotz des weissen Soldaten in blauen Hosen, welcher mit zweifelhaften Beinen davor umher stolzirt.

— »Das ist ihre Fahne·von Solferino«, sagte der Ungar zu mir, »sie wollten uns glauben machen, sie wären stolz darauf. Aber das ist nicht genug, dass sie in Fetzen ist. Die ruhmreichen Fahnen sind nur die, welche die edlen und grossherzigen Ideen aus ihren Falten schütteln. Diese da, seht, die einzige Idee, die sie wachruft, wird durch den zweiköpfigen Adler ausgedrückt, welcher nur noch aus zwei Krallen besteht. Noch einige Kugeln mehr und nur noch der Stock würde übrig gewesen sein. Trotzdem würde der Kroate, der den Stock ansieht, ebenso unterworfen und ehrerbietig vor ihm sein wie vorher.... Die Prügel haben ihn erzogen.« Sollte man meinen Freund etwas lebhaft in den Ausdrücken seines Grolles finden, so hoffe ich, wird man ihn am Ende unseres Spazierganges entschuldigen.

Es war heiss; wir gingen in ein Café. In dem Saal hingen die lithographirten Portraits ungarischer Generäle, Magnaten und politischer Persönlichkeiten. Ich hatte dieselben Portraits schon in den meisten öffentlichen Lokalen Pest's gesehen, und ich war betroffen von der Energie und dem Enthusiasmus, der sich auf diesen Gesichtern ausprägte, die meistens jung und hervorragend schön waren.

— »Seht«, sagte mein Freund, »das ist die Gallerie unserer grossen Männer. Es sind zwar nicht alle, aber doch die meisten. Wenn Sie jedoch die Geschichte dieser kennen, kennen Sie auch die der andern.

— »Der Fürst Veronieki. Er ist gehenkt worden!

— »Der General Damjanich! Gehenkt!

— »Auch dieser ehrwürdige Greis, SigismundPerenyi, ist gehenkt worden! _

— »Der General Vecsey. Gehenkt!

— »Der Baron Mednianski. Gehenkt!

— »Nagy-Sandor. Gehenkt!

— »Der Graf Ludwig Bathyani. Ueber ihn hat sich die kaiserliche Gnade ergossen. Er ist einfach erschossen worden.

— »Das waren Patrioten! Und Jener da auch, der Graf Szechenyi, der »grosse Graf«, wie er genannt wird; der war auch ein Patriot! Er verbrauchte ein ungeheures Vermögen, um Schulen zu gründen und Akademien zu beschenken. Er baute längs des rechten Donauufers die Strasse, die Sie da sehen, welche durch den Felsen gegraben ist und an den Seiten des Gebirges aussetzt. Dies ist ein. Werk, das an Grossartigkeit keinem römischen nachsteht. Der »grosse Graf« ist weder gehenkt noch erschossen worden; geliebt und verehrt wegen des Guten, das er gethan, dachte er nur darauf, was er noch mehr thun könne, ... als er zu schnell an den Folgen eines Gastmahles starb ... Hier ist jeder Patriot ein Märtyrer, und wir heiligen Szechenyi mit den andern, wie zuletzt Teleki.

— Ich begreife Euern Groll, sagte ich. Aber was ich weniger begreife, ist, dass Oesterreich dergleichen duldet, wie Euer Trauern. Ich dachte nicht, dass es so duldsam gegen die Todten wäre. Bei uns würde man Das nicht dulden.

— »Ach!« erwiderte er, »Sie kennen Oesterreich nicht. Vor Allem hat es Geld nöthig. Es sinnt unaufhörlich nach, wie es Metall in seine Kassen bekommen kann, aus denen nur Papier herauskommt. Eins dieser Mittel ist, eine Steuer auf das Nationalgefühl seiner Völker zu legen. So besitzt Pest eine Nationaluniversität, eine Nationalakademie, ein Nationalmuseum, ein Nationalinvalidenhaus. Gehen Sie nach Prag! Dort werden Sie auch eine cze-

chische Akademie und ein czechisches Museum finden
mit einem böhmischen Wappenschild als Gegenstück zu
dem doppelköpfigen Adler. Diese eben genannten Anstalten, die Sie in Pest gesehen haben, gehören Ungarn, das
sie errichtet hat und auf eigne Kosten, vermittels Sub-
scriptionen und freiwilliger Beiträge, erhält.

— »Oesterreich lässt es geschehen, weiss jedoch unter
der einen oder anderen Form den Zehnten für sich zu
nehmen. Bei der Einweihung der Gemäldegallerie, die
nur aus patriotischen Gaben zu Stande gekommen, glaubte
man es dem Souverain Ungarns schuldig zu sein, sein
lebensgrosses Bild in den grossen Saal zu hängen. Eine
Subscription wurde unter Genehmigung der Behörde eröffnet. Auf diese Art kamen etwa 20,000 Gulden zusammen, und das war viel mehr als die mit dem Maler verab-
redete Summe. Der Fiskus beanspruchte nun den Ueber-
schuss, und es bedurfte wiederholter Reclamationen einer
hohen Person und ihres persönlichen Eintretens beim
Kaiser, damit der Fiskus seinen Anspruch fahren liess.
Dieses Jahr ist das Museum, worin der Landtag proviso-
risch tagt, mit einer ungeheuren Summe besteuert worden
als Privateigenthum, so dass bei Eröffnung der Sitzung der
Präsident, indem er sich zu den Abgeordneten wendete,
sagte: »Meine Herren, Sie wissen, dass wir unsern Mieth-
zins bezahlen müssen. Schiessen wir also zusammen.« Ein
andermal, als die Regierung es für unumgänglich nöthig
befunden hatte, die Garnison Pest's zu vermehren, jedoch
nicht wusste, wo die Soldaten unterbringen, wurden die
ungarischen Invaliden aus ihrem Haus verjagt und dasselbe in eine Kaserne umgeformt.

— »So wird das in Ungarn so lebendige Nationalgefühl eine kalifornische Goldmine für Oesterreich, das sie
ausbeutet, und um sie besser auszubeuten, nicht immer
unterdrückt. Es lässt sogar bei gewissen Gelegenheiten
eine Freiheit des Ausdrucks und der Feier zu, die den
Fremden, der nicht an die Ränke der österreichischen
Politik und des Fiskus gewöhnt ist, Sand in die Augen
streut. Das täuscht Europa und ist zugleich ein sinnrei-

ches Verfahren Geld heraus zu schlagen. *Opes et honores*,
— was will man mehr?

Ich war in einer Vorstellung des Nationaltheaters in
Pest. Man spielte ein romantisches Drama, in der Manier
Shakespeare's, das von politischen Anspielungen wimmelte.
Ich erinnere mich heute des Titels nicht mehr; aber der
Gegenstand ist ziemlich treu in meinem Gedächtniss ge-
blieben; und hauptsächlich die Schnelligkeit, mit der diese
Anspielungen aufgefasst wurden und die Wirkung, welche
sie nicht nur auf das Parterre, sondern auf das ganze
Theater hervorbrachten, sind mir immer noch in lebhafter
Erinnerung.

Es war die Geschichte eines bösen und treulosen
Königs, den sein Volk, seiner Tyrannei müde, vom Throne
stürzen will, um seinen jüngeren Bruder darauf zu setzen,
einen jungen Prinzen, der alle Tugenden besitzt, besonders
eine, die bei Fürsten selten ist, die Achtung vor dem
Recht eines Andern: denn er weigerte sich, an dem
Complot Theil zu nehmen. Aber diese Weigerung rettet
den Monarchen nicht, der, von allen Seiten, von seinem
Volk bedrängt, Hilfe bei dem Kaiser von Deutschland
suchen muss. Dieser verspricht sie ihm zu leisten mit all seinen Soldaten unter der Bedingung des Oberlehnsrechts. Der
König nimmt sie trotz der Bitten seiner Mutter und seines
Weibes an, welche ihm sagen: »Du opferst die Unabhängigkeit deines Landes; auf Erden bist du verloren, im Himmel verdammt«. Besiegt, von seinem Weib verlassen, das
der »Ehre des Vaterlandes« vor ihm den Vorzug giebt,
wird er von dem Kaiser verrathen, bei dessen Anblick er
in folgende Worte ausbricht, die mit donnerndem Beifall
aufgenommen wurden: »Deutscher ohne Treu' und Glauben! verrätherischer Deutscher! verfluchter Deutscher!
Hüte Dich, dass ich Dir nicht einstens mit dem Degen in
der Faust begegne.« Dann verschwindet er von der Bühne.
Später, vom Alter und Elend niedergebeugt, vergessen und
als Bettler, sieht er seinen Bruder, der König und Gemahl
seines Weibes geworden ist, triumphirend vorüberfahren;
er erhält von ihm ein Almosen, um das er ihn zur Büssung

seiner Verbrechen angeht und stirbt in den Armen seiner
Mutter, die allein ihn wieder erkannt hat und ihm verzeiht.
Unter zwanzig andern eine charakteristische Episode.
Nach dem Unterliegen in der Schlacht fallen zwei Führer
der königlichen Armee, verwundet, sterbend, in die Hände
der Patrioten. Vor den Prinzen geschleppt (der, ich weiss
nicht in Folge welcher Ereignisse, wahrscheinlich nach
dem Verrath des Monarchen, sich doch den Empörern
zugesellt hat) entschuldigt sich der Eine, dass er seinem
Herrn treu geblieben ist. Es ist ein alter Diener, der seinem Herrn offen und redlich gerathen hatte, auf den aber
leider zu wenig gehört worden war. Der junge Prinz unterbricht ihn: »Du hattest seinem Vater, deinem Waffen-
gefährten, geschworen, ihm ein Freund bis in den Tod zu
sein: Du hast deinen Schwur gehalten. Ich verzeihe
dir und ehre dich. Stirb in Frieden.« Der Andere ist
jung, er war aus Ehrgeiz zum Verräther an dem entthron-
ten Monarchen geworden: »Stirb wie ein Hund, Abtrün-
niger!« riefen die Soldaten und steinigten ihn.

Ich glaube kaum, dass ein solches Drama das Ein-
vernehmen der beiden Nationen befördert. Es wird aber
mit hinreissender Kraft gespielt. Die Hauptrolle war in
den Händen eines der ärgsten Agitatoren von 1848,
Egressy, den man den »ungarischen Talma« nennt,
und der mit dem revolutionären Dichter Petöfi zusammen
einer von den fünf ersten Mitgliedern des Comités für
öffentliche Sicherheit war, das am 15. März in Pest gewählt
worden war. Obgleich alt und erschlafft, schien er mir
doch seines Rufes würdig zu sein. Er war fähig, schreckliche Affekte darzustellen, und seine tragische Maske war
von gewaltiger Wirkung.

Die ungarische Sprache, als Literatursprache, ist
kraftvoll, bilderreich und von grossem Reichthum, aber
als gesprochene Sprache hat sie rauhe Kehllaute, welche
dem »Arabischen« entlehnt zu sein scheinen, während gewisse weiche, einschmeichelnde Betonungen an das Italienische erinnern. Es dünkt mir auch, als ob sich in dem
ungarischen Charakter zahlreiche Berührungs-Punkte nicht

nur mit dem Italienischen fänden, denn das ist unzweifelhaft, sondern auch mit arabischem Charakter, woraus ich
schliesse, dass Ungarn und Oesterreich nie gut miteinander
stehen werden, wenn sie auch vereint bleiben müssen.
Auf dem Lande ist das Nationalgefühl nicht weniger
als in der Stadt wach. Die Musik, die von den umherziehenden Zigeunern gesungenen Volkslieder, das Lesen
und das Erzählen durch die Familienhäupter während der
langen Winterabende, wozu sie den Stoff aus der Geschichte oder aus der nationalen Ueberlieferung schöpfen,
alles dies trägt dazu bei. Ich habe das Album eines Kin-
des von zwölf Jahren, das jetzt fünfunddreissig alt und ein
bedeutender Maler geworden ist, gesehen. Jede Seite ist
eine historische Scene, die unter dem Eindruck einer dieser Legenden gezeichnet worden ist. Das Kind, welches
mit Gier an seines Vaters Munde hing, wollte später nur
deshalb Maler werden, um diesen von seinem Vorfahren
empfangenen Eindruck dauerhaft wiederzugeben und auf
Andere zu überliefern. »Die Erzählungen meines Vaters«,
sagte er, »waren trotz seiner Begeisterung, so genau, ich
hatte dabei einen so tiefen Eindruck, dass seit der Zeit,
wo ich etwas gesehen und studirt habe, wenn ich ein Bild
von einer der Thaten, die er erzählt hatte, malen wollte,
ich immer und immer wieder auf dasselbe Bild zurückkam;
und sobald die Erfahrung in der Composition, die Anord-
nung der Linien, und das Suchen nach einem andern
Gegenstande mich davon abgehen liessen, war ich sicher,
dass vom Gesichtspunkt des zu erregenden Gefühls und
Eindrucks aus, das von dem tief bewegten Kind gedachte
Bild den Sieg über das des Mannes davontrug, der von
seiner Wissenschaft Gebrauch machen wollte. Fühlen!
damit ist alles gethan.«

Die Antipathie gegen den Deutschen ist hier nicht
weniger ausgesprochen, wie in Italien; sie ist selbst bei den
Kindern da, man könnte meinen, instinktmässig. Ich erinnere mich zweier kleiner Mädchen, die ich während meines Aufenthalts in Pest oft sah, es waren Zwillingsschwestern
von ungefähr drei Jahren. Der Vater war ein aufgeklärter

ungarischer Patriot, die Mutter eine Deutsche. Beide Kleinen waren possierlich und reizend, doch schien die eine mehr
der Natur ihrer Mutter nachgeschlagen zu sein, weniger
lebhaft und ausgelassen vielleicht, wie die Schwester.
Eines Abends, als sie nicht schnell genug einen Dank auf
irgend eine Aufmerksamkeit ihres Vaters gefunden hatte,
benutzte die andere die Schwerfälligkeit ihres Geistes, indem sie allein von den väterlichen Knien Besitz ergriff,
in die sie sich sonst theilten, und rief: »Geh' weg, du bist
ja doch nur eine kleine Deutsche.« Bei diesen Worten
warf die Träge ihren Kopf zurück, als ob sie vom Schlafe
aufführe, stellte sich stolz vor ihre Schwester und sagte,
indem sie sie vom väterlichen Knie herunterzuziehen versuchte: »Und du, die mir meinen Platz fortnimmt, du bist
ja nur eine Schwarzgelbe« (d. h. eine Oesterreicherin; das
Giallo-Nero der Italiener). Wie in Italien, so giebt's auch
hier keine grössere Beleidigung als diese. Dieses Wort
ruft die Kämpfe der Gassenjugend hervor.' Das Kind war
nur mit guten Worten und Küssen zu trösten. »Schwarzgelbe« erschien seiner jungen Phantasie so fürchterlich
dass es wiederholter Versicherungen seines Vaters, seiner
Mutter und meiner bedurfte, um es zu überzeugen, dass
dieses Schimpfwort es nicht treffen könne.

Dabei macht man noch die Unterscheidung: Der
Deutsche ist der schwerfällige, schwache Geist, der Oesterreicher der Usurpator. Ueber den einen macht man sich
nach Gefallen lustig, den andern betrachtet man als seinen
Feind.

Ich war der *franczia bacsi* (der Bruder, oder der
französische Onkel), d. h. soviel wie ein Landsmann; wenn
die Ungarn bescheiden sind, nennen sie sich die »Franzosen des Ostens«. Mit dem Wort »Bruder« bezeichnet man
den Fremden, den man aufnimmt und beherbergt, sei er
Bettler oder Edelmann.

Bei dieser häuslichen Scene, bei der ich eine unfrei-
willige Rolle spielte, fällt mir eine Sonderbarkeit ein, die
mir ein Freund bei seiner Rückkehr aus Italien erzählte,
und die in die Zeit der österreichischen Herrschaft in der

Lombardei fällt. Er wohnte in Mailand bei ehrlichen Bürgersleuten, die Frau eine Italienerin, und was selten vorkommt, der Mann ein Deutscher, oder von deutscher Abkunft. Das Kind, »*una bella ragazzinettina*«, von sechs bis sieben Jahren, schien seine Eltern ganz gleich zu lieben und behandelte sie mit gleicher Zärtlichkeit, wenn der eine oder der andere nach kurzer Abwesenheit nach Haus kam. Wenn es jedoch von seinem Vater sprach, sagte es nie anders als »*il forestiere*«« (der Fremde).

Kap. IV.

Die ungarische Musik und die Volkslieder. Die Zigeuner.
Ein Abend bei Komlo.

Die Ungarn haben, wie die Deutschen, eine wahre Leidenschaft für Musik; aber sie sind keine Musiker nach Art der Deutschen. Dies rührt jedenfalls von der Verschiedenheit des Genius beider Völker her. Der Deutsche ist wesentlich Träumer*), der Ungar aber ist zur That geschaffen. Bei ihm ist die Träumerei nur eine innerliche Sammlung, in der sich die Leidenschaft concentrirt, um einen Augenblick später mit grösserer Kraft auszubrechen. Die ungarischen Melodien, oder um den solennen Ausdruck zu gebrauchen, »die magyarischen Volkslieder«, gleichen in nichts dem, was man in Deutschland so nennt. Es sind fast nur Kriegsgesänge, Militärmärsche, Waffenrufe, hier Triumphgesänge, da Trauerlieder, welche mit stets gleichem Stolz von dem Ruhm oder von dem Unglück des Vaterlandes erzählen. So ist der berühmte Racoczymarsch,

---

*) Dieses französische Urtheil dürfte sich seit 1870 vielleicht etwas modifizirt haben.   K. Br.

welcher in Siebenbürgen am Ende des siebzehnten Jahrhunderts entstand, so das Rakoslied, das von Mohacz u. s. w. Diese Weisen sind in Ungarn das, was sonstwo »Volkslieder«, was in Rumänien die Doinas, bei den Serben die Pesmas sind, und werden von Tausenden von einem Ende des ungarischen Landes bis zum andern gesungen, Es giebt kein Dorf, das nicht sein Liederrepertoir und seine Zigeunerbande hätte. (»Bande« ist hier in dem italienischen und englischen Sinn genommen und bedeutet Musikantentruppe). Zu bemerken ist, dass der Sänger und noch mehr der Begleiter dieser vorzugsweise ungarischer Lieder nicht der Ungar, sondern der Zigeuner ist. Der Ungar ist Kunstfreund, er singt nicht selbst, er hört zu. »Für den Ungar ist das Anhören von Nationalmusik eine sehr ernsthafte Sache. Er lässt sich seine Lieblingslieder singen und denkt dabei an vergangene Zeiten zurück.« Dies ist die Erklärung, die ungarische Schrifsteller von dieser sonderbaren Erscheinung geben. Ich sehe darin noch etwas anderes: einen Rest jenes ritterlichen Geistes und jener Sitten, die dem Ungar eigen sind. Der Ungar, Edelmann oder Bauer, ist ein Gentleman. Er hat seine Minstrelsänger. »Wohlan, Sänger, ergreife deine Viole und zaubere den Kummer deines Herrn hinweg, indem du ihm singest von seinen und seiner Heldenväter Thaten.«

Man isst in Pest gewöhnlich sein Abendbrot in Hotels und Moderestaurationen; Musik begleitet alsdann das Abendbrot, das sich zuweilen bis tief in die Nacht hineinzieht. Zwei junge Künstler, mit denen ich in Pest bekannt geworden, führten mich eines Abends in die Restauration Komlo, die in Betreff der Musik am berühmtesten ist. Hier sah ich zu ersten Mal ein Tsiganenorchester, zwar nicht richtige Tsiganen (Zigeuner), wie ich sie während meiner übrigen Reise noch so oft sehen sollte, d. h. nicht zerlumpt, schmutzig, Drei-Viertels nackt, sondern civilisirte Tsiganen in schwarzen Gewändern und Manschetten, obwohl, sobald man ihre krausen, glänzenden Haare gesehen, ihre tiefliegenden, von dichten Augenbrauen beschatteten Augen, ihren olivenfarbigen Teint, ihre eckigen Backenknochen, man ihren Ursprung nicht bezweifeln konnte. Ihre Musik hat etwas Sonderbares. Nur ein kleiner Theil der Instrumente, die Bassgeigen und eine Bratsche, geben das Lied so, wie es wirklich componirt ist, aber in einer dumpfen Tonart, während das übrige Orchester, Violinen, Flöten, Hoboen, die Melodie mit unzähligen Trillern und Harpeggios in klaren und scharfen Noten ausschmücken. Dieser Contrast bringt eine bizarre Harmonie von sonderbarer, aber ergreifender Wirkung hervor.

Ein merkwürdiges und mir neues Instrument unter den Saiteninstrumenten ist die Cymbal (*tzim' balum*). Sie besteht aus einer mit Messingsaiten versehenen Harmonietafel, die man mittels zweier sehr biegsamer Stöckchen schlägt, die in einer kleinen Kugel enden. Ich weiss nicht, welchen Ursprungs die Cymbal ist, aber sie scheint mir sehr alt zu sein. Sie erinnert etwas an die Zither, wie man sie in Tyrol, Salzburg und Steiermark spielt. Dieses Instrument ist sehr verbreitet bei den Tsiganen, die es vielleicht von Indien mitgebracht haben zur Zeit ihrer ersten Wanderungen. Der Musikant, welcher sie bei Komlo spielte, galt für einen ihrer grössten Künstler und zugleich für eine Art Narr. Narr in seiner Kunst natürlich! Man brauchte ihn nur zu sehen mit seinen starren Augen, seinem grimassenhaften Gesicht, seinem borstigen Haar, seinen fieberhaften Bewegungen; er sah aus wie eine Schöpfung von Amadeus Hoffmann. Seine Improvisation war so zu sagen eine Art delirirendes Fieber. Er sprach, lachte und weinte zu gleicher Zeit. Nachher, wenn er nicht mehr besessen war von diesem musikalischen Dämon, verfiel er in vollkommene Fühllosigkeit.

Ich hatte auch gegessen bei Komlo, zwar weiss ich nicht mehr was, obwohl ich mich erinnere, dass der Paprika, welcher in ganz Ungarn und allen Ländern der unteren Donau sehr beliebt ist, die Hauptwürze der Speisen war und dass der Inhalt mehr werth war als die Form. Ich hörte zu und sah hin. Der Esssaal, der zugleich Concertsaal ist und auf einen Hof mit prächtigen Lorbeerbäumen geht, wurde kaum leerer. Es war fast Mitternacht. Dies.

ist die Stunde, in der sich der Ungar am liebsten dem Zauber der Musik und der Unterhaltung hingiebt; dazwischen werden Erfrischungen herumgereicht, d. h. ein Getränk, welches sehr gesund sein soll und mir sehr angenehm vorkam, gemischt aus Weisswein und eisenhaltigem kohlensaurem Wasser. Jetzt bilden sich Gruppen, Jeder wählt sich seine Leute und seine Ecke, um nach Belieben und mit Behagen Musik oder Unterhaltung zu geniessen. Nahe bei uns hat sich eine ziemlich zahlreiche Gesellschaft von Journalisten, Eigenthümern, Capitänen von 1848, deren Züge die Jahre gealtert, aber deren Herzen sie nicht erkältet haben, in der Richtung des Orchesters zusammengefunden. Zwei aus der Gesellschaft kamen um mir zu sagen, da sie mich als Franzosen erkannt hätten, so möchten »die Herren, alle freie Ungarn, mich gern unter sich haben.« Ich suchte mich zu entschuldigen, aber alle Hände strecken sich nach mir aus, und plötzlich beginnen die Tsiganen die Marseillaise. Bei dieser Musik, die dem Fremden, er möge sie lieben oder fürchten, Frankreich versinnbildlicht, schwanden meine Zweifel. Meine Person hat unzweifelhaft hier nichts mitzuschaffen. Es war eine, nicht mir, sondern meinem Lande erwiesene Huldigung. Ich nahm daher die Einladung an, und empfing und theilte kräftige Händedrücke und brüderliche Umarmungen aus.

Man recitirte mir die patriotischen Hauptlieder. Man erklärte sie mir aus der Geschichte Ungarns und aus der Rolle, die dasselbe in der Zukunft spielen muss. Ein junger Enthusiast, der mich mit einem Verse Berangers:

»Honneur aux enfants de la France!«
(Ehre den Söhnen Frankreich's!)

begrüsst hatte, übersetzte mir mit wunderbarer Leichtigkeit die berühmtesten alten Lieder, dann einige patriotische Gesänge der Gegenwart, die bei den letzten politischen Ereignissen eine grosse Rolle gespielt haben. Ein solches ist das berühmte Kriegslied von Petöfi, welches in allen Kämpfen von 1848—49 ertönte, und das der Dichterheld

noch wiederholte, als er sterbend auf dem Schlachtfeld
darniedersank.*)

»Kriegsgesang von 1849.**)

Trommeln dröhnen und Trompeten.
Alle sind in's Heer getreten.
>Vorwärts geht's!

Kugeln pfeifen, Säbel klingen,
Der Magyar hat gern dies Singen,
>Vorwärt's geht's!

Lasst die Fahne hochauf wehen,
Mag die ganze Welt sie sehen,
>Vorwärt's geht's!

Mag sie lesen nach Belieben
, Dass dort Freiheit steht geschrieben,
>Vorwärts geht's!

Wer Magyar, wer Held, der stehe,
Kühn dem Feind in's Aug' er sehe,
>Vorwärts geht's!

Held ist, wer Magyar ist; sollen
Gott und er drum Eins nicht wollen?
>Vorwärts geht's!

Unter'm Fuss ist's Feld so blutig
Nun, mein Kamerad fiel muthig,
>Vorwärts geht's!

Will nicht schlechter sein, mich weihen
. Gern dem Tod in vordern Reihen,
>Vorwärts geht's!

Wenn sie mir den Arm auch kürzen,
Wenn ich fallen muss und stürzen,
>Vorwärss geht's!

---

*) Dies ist ein Irrthum. Niemand kennt Petöfi's Ende. Er ist
in dem Kriege verschollen. Seit der Schlacht bei Schäsburg (31. Juli
1849), an welcher er persönlich als Combattant nicht theilnahm,
wird er vermisst. K. Br.

**) Ich gebe dieses Schwertlied nach der Uebersetzung von
K. M. Kertbeny in »Hundertsechzig lyrische Dichtungen von Ale-
xander Petöfi«. Vierte Auflage. Elberfeld und Leipzig. 1866.
K. Br.

Muss ich sterben, nun, was eben?!
Doch das Vaterland soll leben!
Vorwärts geht's!«

Ein Glas folgt dem andern; jeder bringt einen Toast
aus, indem sie mich mit »*Franczia baratom*« (französischer
Freund) anreden. Es war mir unmöglich, dem Faden der
Gespräche von zwölf Sprechern zu folgen, von denen die
Hälfte nicht einmal meine Sprache sprach. Trotz officieller
Dolmetscher verstand ich doch die Gespräche und Erzählungen nur theilweise. Aber ich brauchte die Worte nicht
zu verstehen, um den Sinn zu errathen. Es war immer derselbe, aber auf tausend Arten ausgeschmückt: das mit
Frankreichs Hilfe glorreiche und freie Ungarn! »Ach, wenn
Frankreich wollte!« ist das Geschrei Aller. Jeder spricht
zu mir, ich weiss nicht, auf wen hören. Ein Advokat giebt
mir im Gerichtsstil das Historische und Juristische des Ver-
hältnisses zwischen Ungarn und Oesterreich: »Zwei Leute
treten in Geschäfts-Verbindung miteinander; nach einiger
Zeit nimmt die Association eine schlimme Wendung. Der
eine von beiden leugnet das Einbringen seines Associés und
behauptet sogar, dass er ihm nicht einmal Rechenschaft ab-
zulegen habe. Dies ist in zwei Worten die Lage der Dinge.«
Und er giebt sich die grösste Mühe, mir zu beweisen, dass
Oesterreich sich seiner Verpflichtungen nicht redlich ent-
ledigt habe. Die Sache erschien mir an und für sich so
klar, dass ich wo anders hinhorchte.

Kap. V.

Ein Abend bei Komlo (Fortsetzung). Der Stadtwäldchen. Brückenbad und die türkischen Bäder. Das Nationalmuseum. Abschied
von Pest.

An diesem Abend bei Komlo lernte ich verschiedene
Eigenthümlichkeiten der ungarischen Sitten und Gebräuche
und des National-Charakters kennen.

Ein alter Kämpfer von 1848 stritt sich mit einem Anhänger Deáks; wenn sie nicht einig über die Mittel waren,
so waren sie es doch über den Zweck. Beide hatten ihre
Gläser beim Sprechen in der Hand, und wenn der Streit
sie zu weit zu führen drohte, näherten sie ihre Gläser,
stiessen an, tranken auf »das freie Ungarn« und zerbrachen
dann die unschuldigen Gläser.

Die typischste Figur unter den Anwesenden war ein
alter Oberst — mit grauem Haar, langem, weissem Schnurrbart, flammendem Blick, und ebenso strammer und jugend-
licher Haltung bei Tisch, wie er sie wohl auch ehedem im
Felde hatte. Während des letzten Freiheitskrieges hatte
er viele französische Freiwillige zu Waffenbrüdern gehabt
(so erzählte er) und von ihnen hatte er einige französische
Worte gelernt. Von Zeit zu Zeit liess er mir sagen, dass
er jetzt französisch mit mir sprechen wolle, aber seine Geduld
war schon zu Ende, bevor er den Satz, den er suchte, gefunden hatte. Dann schlug er mit der Faust auf den Tisch
und brach in die herrlichen Worte aus:

— »Ich gäbe meine sieben Wunden dafür, wenn ich
mit ihm sprechen könnte.« —

... Ein wenig nachher unterhielt man sich nicht mehr,
sondern jeder sagte ganz laut, was ihm eben in den Kopf
kam, ohne sich darüber zu beunruhigen, ob und was sein
Nachbar antwortete; es war immer dasselbe Thema: »das
mit Frankreichs Hilfe seine Unabhängigkeit wieder erobernde
Ungarn«. Ich war weit davon entfernt zu widersprechen.
Ohne mich von meinen Gefühlen fortreissen zu lassen wie
meine kriegerischen Freunde, wurde ich doch von ihrer
Begeisterung angesteckt und von den unaufhörlichen
Rufen, Aufforderungen, Anreden, Verwünschungen, Urtheilen, politischen Citaten, die mir wie Raketen im
Feuerwerk erschienen, gleichsam verwirrt. Ich lasse hier
einige aufgefangene Raketen folgen.

— »O Gott! ich fordere nicht, dass du uns hilfst,
aber hilf auch unsern Feinden nicht«. —

— »Auf's Pferd Ungarn! und die Franzosen mögen
uns sehn!« —

— »Glücklich ist der, der von Wein und Liebe leben und für's Vaterland sterben kann«. —

— »Wenn ich fallen sollte, drücke einen Kuss auf meine Lippen, schöne, holde Freiheit!« —

— »Wohlan Tsigane (Zigeuner), ich bezahle dich; lass mich Klänge vernehmen, in denen sich mein Herz in Kummer und Freude baden kann!« —

So amüsirt sich der Ungar. Ohne jemals widerwärtig, grässlich, wild, oder dummbetrunken zu werden, wie es gewissen Völkern eigen ist, geräth er sehr leicht in eine Exaltation ganz besonderer Art. Es ist eine Art Somnambulismus, während dessen er, oft über vielleicht eingebildete Leiden, Gesänge improvisirt, deren Ausdruck so treffend ist, dass sie von einer dunkeln Erinnerung eingehaucht zu sein scheinen.

Dann sondert er sich mit einem Tsiganen ab, und wenn dieser den musikalischen Rhythmus gefunden hat, der in der Seele des Erleuchteten schlummert, beherrscht er des Ungarn ganzes Innere, der mit lebhaftem Gesicht und nach innen gerichtetem Blicke, wie die Pythia, die den Gott fühlt, zuhört: So lange er schreit und auffährt, ist der Tsigane unterthänig und gefällig; aber so bald der Ungar gerührt wird, leuchtet das tiefe und schlaue Auge des Indiers feuriger, er weiss, dass er ihn in seiner Gewalt hat, das Lied ist gefunden und der Geldbeutel des Begeisterten gehört ihm. Später wird er Müdigkeit oder Unvermögen vorschützen, da er sehr wohl weiss, dass zum Anfeuern für Fortsetzung einer glücklichen Anstrengung die Gulden nicht auf sich warten lassen. Denn der Ungar ist freigebig, besonders in diesem Augenblick. Man führt in der That Züge einer durch diese musikalische und poetische Uebererregung hervorgebrachten tollen Verschwendung an, die mir so sonderbar erschienen, dass ich sie nur für das logische Resultat der Befriedigung eines Instinkts halten kann. War ich selbst unter seinem Einfluss, als ich sie mir durch den Volksursprung zu erklären suchte? Stand der Ungar in vergangener Zeit in naher Beziehung zn dem Volk, von dem die heutigen umherirrenden Tsiganen abstammen? Wer weiss.

Die Stärke der Bande, die sie vereinigt, ist jedenfalls ausser Zweifel. In jedem andern Augenblick als in dem dieses Fiebers, verachtet der Ungar den Tsiganen und behandelt ihn als Paria. Dennoch habe ich alte patriotische Soldaten gesehen, die eigentlich durch die bestandenen Gefahren und die Beschäftigungen des politischen Lebens über einen Aberglauben oder eine Kindergewohnheit hätten hinaus sein sollen; ich habe grosse Herren gesehen, die in der Hauptstadt und der grossen Welt gelebt, alles gesehen und alles gekostet hatten, die in ihren grossen Besitzungen von einem Volk von Dienern, die sie als Könige beherrschten, umgeben waren,— und doch habe ich sie ganz beherrscht und bezaubert gesehen von einem alten Mann, mit olivenfarbigem, gefurchtem und grimasenhaftem Gesicht mit einem Basiliskenauge, der die Mandoline oder das Cimbal spielte. Ich habe Bauern aus der Schenke kommen sehen, wo sie die ganze Nacht verbracht hatten, auch sie waren jener fantastischen Herrschaft unterworfen, so dass ihre Taschen alles Geldes, der Frucht gemeinschaftlicher Arbeit, das sie ihren Weibern heimbringen sollten, entblösst waren. Alle, Bauern, grosse Herrn, alte Soldaten, verlangen für ihr Geld, das sie ohne Bedauern hingeben, nichts als eine Kraft, welche die Poesie, die in ihnen schlummert, zum Ausdruck bringe; und der, welcher diese Kraft besitzt, verschwendet sie, ohne dass sie jemals zu versiegen scheint und ohne irgend ein anderes Vergnügen als das Geld, welches sie ihm einbringt.

Der grosse öffentliche Garten Pests, das »Stadtwäldchen« — wenn ich es denn einmal doch mit einem deutschen Namen nennen muss, — gleicht dem Holz von Vincennes sehr, jedoch hat es weniger Kunst und Nachhülfe. Es stösst an das Feld von Rakos. Man gelangt durch eine gut beschattete und von Alleen eingefasste Strasse hin, längs der sich reizende Villen hinziehen. Einer dieser Gärten, denen man in Paris den Namen Park beilegen würde, und die

unsere *Champs-Elysées* nicht schänden würden, ist hier
15—20,000 Papiergulden, in klingender Münze 20—30,000
Franks, je nach der Zeit, werth.*) Innerhalb des Stadt-
wäldchens befinden sich ein Fluss, ein See, Inseln, Wiesen,
hochstämmige Bäume und grosse für Reiter und Wagen
mit Sand bestreute Alleen. Was die Menge betrifft, so ist
sie überall, sei es, dass sie unter den Bäumen tanzt, über
die Wiesen eilt, in Gondeln über den See gleitet, sich in den
Kiosks, den Zelten, den Restaurationen, den Büffets, dem
Wäldchen, den Schiessplätzen oder sonstwo umhertreibt.
Das Costüm der ungarischen Dandys lässt ihnen
wunderschön. Das enge Wamms macht die Taille schlank.
Die Falkenfeder auf dem kleinen Hut steht zu dem langen
Haar und dem aufgewichsten Bart sehr gut. Die engan-
schliessende Hose hebt die Umrisse des Beines hervor, sie
zeigt das wahre Bein eines Cavaliers, fein und kräftig; ein
Paar weiche Stiefel mit klingenden Sporen vervollständigt
das elegante, gewissermassen etwas gesuchte Costüm.

Die Vorstädte Pest's wimmeln von Schenken, die sich
Sonntags in Tanzsäle umwandeln, die hauptsächlich von
der Arbeiterklasse und den Dienstboten beiderlei Geschlechts besucht werden. Hier offenbart sich die Volks-
freude in ihrer wahren Lebhaftigkeit, hier müsste man
Typen und Costüme zeichnen, wenn nicht alle Typen auf
den gleichen Ausdruck feuriger Lustigkeit hinaus kämen,
wenn nicht alle Costüme sich beim Springen unter einan-
dermengten, von dem Takte des Walzers hingerissen, wie
in einem Wirbelwind, wo man nur noch in einander ver-
schlungene Arme, flammende Augen, Stampfen und Lachen
wahrnimmt. Welch' vergnügte Gesichter haben diese etwas
dicken Mägde! Was für Kniekehlen und eiserne Muskeln
haben ihre Tänzer, welche jene mit einem Arm in die Höhe
heben, indem sie sich auf dem Absatz herumdrehen.

Ein anderer Promenade- und Zusammenkunftsort für
die Pester Mode- und Bürgerwelt ist das Brückenbad, das
an dem rechten Ufer der Donau etwas aufwärts von Ofen

---

*) *Tempi passati.*   Kr. B.

liegt. Der Berg, an den diese Stadt sich anlehnt, ist über-reich an heissen Quellen. Die Römer, welche in Ofen eine Station unter dem Namen Sicambria (?) hatten, und später die Türken, auch grosse Liebhaber von Bädern, hüteten sich, diesen natürlichen Reichthum zu vernachlässigen. Fünf herrliche Bäder, das Werk der letzten Eroberer, deren Bleikuppeln in Eleganz und Glanz mit den Moschee-kuppeln rivalisirten, schmückten die kaiserliche Stadt, als sie 1686 in die Hände ihrer ersten Herren zurückkam. Eins der berühmtesten ist das Brückenbad, das 1566 auf Befehl des Gouverneurs, Pascha Mustafa Sokoli erbaut wurde, eines Ungarn von Geburt, der sehr viel zur Ver-schönerung Ofens gethan. Man hatte mir von den Resten alter türkischer Bäder gesprochen, die zu sehen interessant wäre. Ich hatte auch viel über die Reize orientalischer Bäder gehört, und da man mir versicherte, die Tradition habe in Brückenbad die muhamedanischen Riten (in Be-treff der Bäder) in ihrer ganzen Reinheit beibehalten, so wollte ich selbst darüber urtheilen. Ein Schiff, dass alle Stunden während der schönen Jahreszeit abgeht, bringt Einen in einer Viertelstunde von Pest nach Brückenbad. Ich bestieg dasselbe eines Morgens, in Gesellschaft einer grossen Menge Badender und Spaziergänger. Das Etablis-sement, wenigstens, was man von aussen sieht, Höfe, Pa-villons, Lese- und Restaurationssäle, ist modern. Aber der eigentliche Badesaal ist ganz türkisch geblieben. Es ist ein grosser Raum in Form eines Octogons, sehr hoch und sehr gewölbt, der durch die Kuppel Licht erhält, wie eine Moschee. Vier Bogengänge, die von kurzen und dicken Säulen mit niedrigen byzantinischen Kapitälen getragen wer-den, bergen unter ihren verschleierten Tiefen Estraden, deren letzte Stufen sich bis zu einer Höhe vo 5 Meter in den Rippen der Gewölbbogen verlieren. Andere Bogen-gänge bilden Nischen oder stossen an die Cabinete der Badenden. Im Mittelpunkt ist das grosse Bassin, woraus, wie aus einem isländischen Geyser Dampfwirbel aufsteigen. Drei Stufen, die das Bassin umgeben, führen in das Wasser.

Erst als ich acclimatisirt war, konnte ich diese Beobach--
tungen machen. Denn im ersten Augenblick, nachdem man
seine Kleider abgelegt hat und in das Bad niedersteigt,
kommt man sich wie erstickt und geblendet vor, und hat
nur ein sehr peinliches Gefühl, an das man sich nichts
destoweniger ziemlich rasch gewöhnt. Der Puls geht
rascher. das Herz bläht sich, man sieht nichts und kann
sich kaum aufrecht halten. Erst nach und nach, wenn man
schwitzt, bewegt sich der Körper wieder und der Geist er-
langt eine undeutliche Wahrnehmung der Dinge. Die
feuchte, graue Dampfwolke, die uns umhüllt, indem sie das
Licht zersetzt, verwischt und entstellt alle Formen. Die
Badenden, unter denen man herumgeht, erscheinen wie
Schatten der Unterwelt. Die Schamhaftesten, die in lange
Bademäntel eingewickelt sind, scheinen Leichentücher nach-
zuschleppen. Wenn der Körper mit der hohen Temperatur
übereinstimmt, steigt man in. das Bassin, in dessen Mitte
die Quelle sprudelt in einer Temperatur von 30 Grad. Das
erste Untertauchen scheint unerträglich zu sein, und man
beeilt sich gewöhnlich, sich diesen brennenden Umarmungen' der Najade wieder zu entziehen, obgleich es auf die
Haut die Wirkung eines Senfpflasters hat und ihr ein
schönes Roth verleiht. Einige Bader begnügen sich damit,
und einmal aus dem Bassin heraus, sind sie zufrieden,
damit langsam durch den Dampfnebel zu schwimmen. Die,
welche den Becher der Wonne ganz leeren wollen, schlep-
pen sich mit schwankendem Schritt bis zu einer der Estraden. Bei jeder Stufe, die sie höher steigen, wird die Luft
drückender, die Hitze intensiver, sie sind zu Brunnen geworden und schwitzen aus allen Poren ihre Rheumatismen,
Catarrhe, Asthmen und Nervenschmerzen. Nachdem man
sich längere Zeit dieser heilsamen aber unangenehmen Bewegung befleissigt hat, gerathen diese Hungerleider des
Genusses, diese wahren Sybariten, in die Hände eines In-
dividuums, für dass ich eine Bennennung vergeblich suche:
Henker ist zu hart, Quäler zu gelinde. Dieses Individuum
nimmt dich, und legt dich mit einer Handbewegung, die
ich mir nicht erklären konnte, trotzdem ich sie erduldet

habe, der Länge nach auf ein Lederbrett, unter dem ein Marmortisch steht und bestreicht deine ganze zugängliche Oberfläche mit einer fetten, sehr parfümirten Salbe. Mit einer anderen ebenso unerklärlichen Handbewegung wie die vorige, dreht es dich dann auf die andere Seite, ebenso sicher und gewandt, wie eine Köchin den Eierkuchen in der Pfanne umdreht. Dann betupft es dich, reibt dich, drückt dich, knetet dich, lässt dich ablaufen, stellt dich aufrecht, hebt dich wieder auf, dehnt dich aus, bürstet dich mit der mit einem Flanell oder geschmeidigem Filzhandschuh bekleideten Hand, indem es dich von Zeit zu Zeit umdreht, ohne dich irgendwie in Acht zu nehmen, um aus deinem armen erschöpften Körper allen Schweiss und alle bösen Säfte, die er enthält, auszupressen, grade, wie es eine Wäscherin mit der Wäsche macht, die sie faltet, noch einmal faltet und ringt; dem Individuum fehlt nur noch der Waschbläuel, Gott sei Dank, dass er ihm fehlt! Nach einer Viertelstunde dieser Marter glaubst du endlich fertig zu sein, — aber nein, durchaus nicht. Der Folterknecht bemächtigt sich deiner Finger, deiner Arme und deiner Beine, die er allen erdenklichen Spannungen, Beugungen und Verrenkungen unterwirft. Er renkt dich und lässt einen Knochen nach dem andern knacken, als ob er Kastagnetten mit deinen Gebeinen spielen wollte, und verlässt dich dann keuchend und entkräftet, um andern Kranken gleiche Wollüste zu bereiten.

Wenn du dann wieder anfängst zu athmen, ist dein erster dringender Wunsch, dich von der abscheulichen, klebrigen Masse zu befreien, mit der dein ganzer Körper gesalbt ist. Zu diesem Zweck muss man in den Siedekessel. Dieses zweite Untertauchen, dem man sich gewöhnlich unterwirft, überrascht Einen angenehm; es bringt die vorhergehenden Bewegungen zum Stehn und giebt Einem das Bewusstsein seines Körpers wieder, das man während des langen Alpdrückens verloren hatte. Als ich gehörig abgebrüht und gereinigt war von meinem Ueberzug von Eibisch oder Lattich, führte mich ein Badejunge in den Douchensaal, indem er mir versicherte, jetzt habe ich den ermüdenden Theil der Operation glücklich überstanden und werde in wahrer Seligkeit plätschern. Es giebt General- und Spezialdouchen. Die Generaldouche besteht in einer Besprengung mit kaltem Wasser, das alle Theile des Körpers zu gleicher Zeit nass macht und eine heftige Reaktion hervorbringt, die zur Wirkung hat, alle Hautgewebe, deren Elasticität übermässig angestrengt worden war, wieder in Ruhe zu bringen. Die Spezialdouche dagegen wirkt besonders auf den zu behandelnden besonderen Körpertheil. Um verschiedene Resultate zu erzielen, hat man in verschiedenen Höhen, die den Hauptkörpertheilen entsprechen, horizontale oder schräge Wasserstrahlen angebracht, aus denen, wie aus einer Giesskannenbrause, dichte, feine Wasserstrahlen von einem Totaldurchmesser von ungefähr 12 Centimeter hervorspringen. Der, welcher an Magenschmerzen leidet, stellt sich heldenmüthig vor eine Wassergarbe, die seine Magenhöhe trifft. Ein Anderer, der von Rheumatismus geplagt wird, lässt sich das Wasser beharrlich auf Knie oder Schulterblatt träufeln. Ein Herr, den ein bischen zu viel Wohlbeleibtheit drückt, lässt seinen Unterleib vom Wasser peitschen. Alle enden in der grossen Douche, deren tausend sich von oben nach unten, schief, grade und hinten kreuzende Strahlen einen zu gleicher Zeit von allen Seiten treffen und wie ebensoviel Eisnadeln durchbohren.

Dies ist die vollständige, gewissenhafte und genaue Beschreibung eines durchaus türkischen Bades. Ich bin nicht unzufrieden mit dem meinen. Es hat mir einen Moment unsäglicher Zufriedenheit verursacht; nämlich nachdem ich mich endlich wieder in meinem Paletot befand und eine Cigarre im Schatten einer Weide, die sich in der Donau spiegelte, rauchte.

Obgleich man mir versichert hatte, wie wenig interessant das Museum wäre, glaubte ich ihm doch einen Besuch zu schulden. Ich fand nichts Bedeutendes in der Malerei.

Der Fürst Esterhazy, erzählt man, will seine prächtige Gallerie, eine der besten Wiens, das auf sie stolz ist und etwas darauf hält, hierher bringen. Wien widersetzt sich mit seiner ganzen Gewalt der Verwirklichung dieses Planes, der jedoch schon so lang sich hinzieht, dass man nicht mehr recht daran glaubt. Einige Historienbilder und authentische Portraits im Pester Museum haben ein Lokalinteresse. Die letzteren werden der italienischen Schule zugeschrieben, sind aber verzweifelt schwach; das Museum besitzt jedoch eine sehr zahlreiche und reiche Sammlungen vom Grafen Szecheyi geschenkter Münzen und Medaillen; ausserdem auch römische Alterthümer, historische und antiquarische Waffen, interessante Goldschmiedssachen: Humpen, Kannen, Schüsseln, Becken; Edelsteine, Colliers, Kreuze, Agraffen, Gürtel in byzantinischem Geschmack mit kostbaren Steinen und sehr schöner Emaille. Ich glaube gehört zu haben, dass Ofen sehr berühmt war durch seine Fabrikation von dergleichen Gegenständen.

Ich sah auch eine grosse Menge von jenen Magnatensceptern, welche zugleich eine Waffe sein könnten und auch eine Stütze, um dem Gange eine grössere Würde zu verleihen: es ist die Streitaxt, deren Stiel derart verlängert und verdünnt ist, dass er einen hohen Stock vorstellt; das Eisen umgiebt die Schneide und die Spitze ist ein eleganter Hammer; der Stiel besteht aus Holz, das grösstentheils mit ciselirtem und vergoldetem Eisen bedeckt ist.

Letzthin hat der Geist der Rückkehr zu allen dem, was das ungarische Volk an seine freie Vergangenheit erinnert, diese alten Stöcke reproduzirt, deren allgemeiner Gebrauch die Behörde sehr beunruhigt. Unter dem Vorwande der Tradition waren das recht hübsche Streitäxte und niedliche stählerne Kopfeinschläger, die, obwohl polirt, vergoldet, eingelegt und ganz einfach mit einem beweglichen Stiel versehen, doch in einem gewissen Augenblick eine sehr unangenehme Begleitung zu gewissen Volksliedern abgeben konnten. Die Polizei begriff das und wollte sie zuerst ganz verbieten, die Ungarn aber widersetzten sich, man stritt sich, und dann kam man von beiden Seiten einander entgegen, d. h. die Ungarn zerschlugen ihre' zu grossen Stöcke auf dem Rücken der Polizei, die ihnen das Tragen der kleineren gestattete. Wenn ich sage, dass das Pester Museum arm an Bildern sei, so muss ich einen Vorbehalt machen zu Gunsten der Kunst der Gegenwart. Ich habe in Pest eine · Anzahl Ateliers besucht. Unter den Künstlern, die ich kennen lernte, bewiesen viele Individualität, Kraft und grosse Beobachtungsgabe, vereint mit italienischer Leichtigkeit und Verve. Sie versprechen viel, und ich glaube, dass eine ungarische Schule in nächster Zukunft möglich ist.

Die Zeit war mir in Pest rasch vergangen, und ich war sehr erstaunt, als ich schon die dritte Woche meines Aufenthalts in dieser reizenden Hauptstadt antrat.

Ich umarmte den Freund, der mich beherbergt hatte, von Herzen und küsste seiner würdigen Frau die Hand. Lydia und Peppy, zwei reizende Hausmädchen, Matthias, der Gärtner, und Cleophas, der Kutscher, küssten meine Hand, denn so verlangt es die Sitte. Und eines schönen Morgens um 5 Uhr bestieg ich das Dampfschiff von Semlin und dachte an meine Freunde von den letzten drei Wochen, — Freunde, die ich vielleicht nie wiedersehen, deren ich mich aber stets erinnern werde.

Kap. VI.

Von Pest bis zur Mündung der Donau und Theiss. Landschaft. Eine Meierei. Erinnerung an Granville. Eine Hochzeit auf der Landstrasse. Das Schlachtfeld von Mohacz. Die Mühlen von Bezdan. Die Fischereien von Apatin. Die Mündungen der Drau und der Theiss. Neusalz. Peterwardein. Die Serben. Semlin.

Wenn wir Pest zu Wasser verlassen, umschiffen wir das Ofener Gebirge, das plötzlich verschwindet und noch einen letzten klippigen Ausläufer aussendet, der durch einen sanften Abhang mit der Ebene zusammenhängt.

Der sehr breite Fluss theilt sich dann in zwei Arme, die
die Insel Czepel umschliessen. Wir folgen dem westlichen
Arm, indem wir links der Insel entlang fahren, die so
niedrig ist, dass sie sich kaum über das Wasser erhebt;
auf der andern Seite befinden sich Dünen, die in der Zeit
des grossen Wachsens der Flüsse zu Sümpfen werden ·
müssen. Ohne Zweifel hat eine dieser Ueberschwemmungen vor kurzem stattgefunden, denn eine dichte Decke
Schlamm lagert über den Birkenstümpfen und den ge-
stutzten Weidenstämmen, an deren Zweigen noch lange
Gräser hängen. Wir kommen vorüber an zahllosen Kähnen und Barken von Bauern, die am Ufer wohnen, und die
vom Markt von Pest heimkehren. Die Männer dehnen sich
nachlässig im Schatten der Matten und rauchen. Die
Kinder schlafen zwischen den Beinen ihrer Väter, die
kleinsten an der Brust ihrer Mütter. Die Schiffe segeln
mit dem Strome dahin, ohne Steuer, noch Ruder — nur
mit Gottes Hilfe.

In der Mitte des Flusses kommt eine lange Reihe
Inseln mit üppiger Vegetation zum Vorschein. Hier rüttelt
der Strom an den graden Stämmen der Zitterespe, wiegt
die geschmeidigen Aeste der Erlen rauh hin und her, und
zaust die weissen, zarten Zweige der Weide, deren Spitzen
unter dem Wasser verschwinden. An den Ufern liegen
frisch gemähte Heuhaufen, in deren Schatten unzählige
Arbeiter schlafen. Aber der Blick muss schnell dahin
fliegen, denn der Weg ist eng und das Bild eilt an unseren
Blicken vorbei.

Das Ufer verschwindet. Man weiss nicht mehr, wo
der Fluss aufhört und wo die Ebene beginnt; von Zeit zu
Zeit erscheint auf dem höchsten Punkt einer kahlen und
sandigen kleinen Insel, die die Wellen hervorheben als
ob sie sie mit wegspülen wollten, eine Holzhütte, die gar
elend und traurig aussieht. An Pfählen aufgehängte Netze,
die in der Sonne trocknen, ein Boot, das mit Tauen am
Ufer befestigt ist, zeigen zur Genüge an, dass der Bewohner dieser armseligen Hütte nur dazu auf Erden ist, um
sein Haus zu erhalten, und dass der Fluss ihn nährt.

Auf einem etwas erhöhteren und festeren Terrain erhebt sich eine Meierei. Mitten in einem Zaune von alten Brettern, Baumstämmen und vom Steppenwind halb umgeworfenen Pfählen erheben sich drei oder vier Gebäude mit niedrigen Strohdächern, die von kleinen Fenstern durchbrochen sind. Der Raum dazwischen ist der Hof, in dessen Mitte sich der Brunnen und die Tränke befinden. Dieser Brunnen, den man in allen Gegenden der Niederdonau antrifft, verdient besondere Erwähnung und Beschreibung. Zehn Schritte von dem, aus grob zugehauenen Holzstücken verfertigten Brunnengeländer erhebt sich ein dicker Pfosten, von sechs bis sieben Meter Höhe, dessen Spitze gespalten ist. Auf dieser gabelförmigen Spitze liegt ein Querbalken, der einen Schwengel bildet, und an dem einen Ende etwas dünner wird. An diesem Ende, welches bis zur Oeffnung des Brunnens reicht, befindet sich eine bewegliche Stange, deren Länge sich je nach der Tiefe des Wassers richtet, und an welcher der Eimer befestigt ist. Das andere Ende des Querbalkens ist dicker, daher auch schwerer; man hat das Gewicht so eingerichtet, dass es dem des Eimers, wenn er voll ist, gleich kommt. Wenn die Maschine in Ruhe ist, berührt das dicke Ende des Pumpenschwengels fast den Boden, und der Eimer befindet sich auf dem Geländer. Um ihn in Bewegung zu setzen, bedarf es nur eines einfachen Ziehens von oben nach unten oberhalb des Eimers, der, wenn das dicke Ende in die Höhe geht, hinuntergeht und sich füllt. Wenn er voll ist, hebt ihn das Gegengewicht, das durch das Ziehen in umgekehrter Richtung auf den Boden gebracht worden ist, wieder in die Höhe auf das Geländer, wo der Pächter oder die Pächterin sich seiner bemächtigt und seinen Inhalt in den dazu bestimmten Trog (in Form einer Tränke) schüttet. Dieser Trog ist der gewöhnliche Sammelplatz sämmtlicher Thiere der Meierei. Schöne, grosse, weisse Kühe kommen, trinken daraus und gehen dann wieder ruhig in ihren Stall. Die Pferde drängen und streiten sich um den Platz. Die Stuten führen ihre jungen Füllen mit dem störrischen Kopf, den langen Beinen und dem unsicheren und

capriciösen Gang. Die braunen Sehweine wälzen sich in
der vom Brunnenwasser aufgeweichten Erde. Grosse
Entenschwärme zerstreuen sich nach allen Richtungen
hin in ihrer gemüthlichen Gangart zu dörflichen Streif-
zügen. Ein Haufen Esel, die einer den Kopf auf den
Hals des andern legen, halten sich in nachdenklicher
Stellung in einiger Entfernung. Ein junges Pferd, das uns
vorbeifahren sieht, wiehert beim Peifen der Maschine des
Dampfers, eilt im Galopp davon und verbreitet Unordnung
unter den friedlichen Vierfüsslern, die sich zerstreuen und
verwirrt mitten unter die befiederte Truppe rennen, die
mit den Flügeln schlägt und ohrzerreissende Töne ausstösst. Die beiden Wachthunde, weisse langhaarige Wolfshunde von bedeutender Grösse, welche im Schatten schlie-
fen, liefen bei dem Lärm herbei, und ihrem rauhen
Dazwischentreten gelang es, die Flüchtlinge zu ordnen,
die sich nun jeder wieder in sein Quartier begaben. Nur
noch das Philosophen-Trio der Esel, das sich während dieses ganzen Schreckens nicht geregt hatte, als ob es über
irgend etwas Ernstes nachgedacht hätte, blieb draussen.
Die Hunde bemerkten es, und da ihre Autorität durch
nichts gestört werden darf, gingen sie auf dieselben los,
und brachten sie in ihren Stall, indem sie sie mit wüthendem Gebell verfolgten.

Eine leichte Welle des Bodens, einige Sträucher verdecken dann das Bild, bei dem ich an Granville denken
musste: könnte man nicht sagen, dass es eine von Thieren
gespielte Scene aus dem menschlichen Leben gewesen
sei? Bald sehen wir nur noch den jetzt unbeweglichen
Arm des Brunnens, der wie ein abgestorbener Baumstamm
herunterhängt.

Nahe bei uns, inmitten von reichem Gras, in das Blumen mit kurzen Stengeln gemischt sind, glitzert ein kleiner
Teich in der Sonne, auf dessen glänzender Oberfläche die
haarigen Schnauzen schwarzer Büffel zu sehen sind, die
die frische Luft geniessen, bis über den Bug im Wasser
stecken und still vergnügt wiederkäuen.

Ein wenig vor Paks machen rechts die sandigen

Dünen einer frischen grünen Ebene Platz, durch die sich eine grosse mit Bäumen bepflanzte Landstrasse hinzieht, welche, 4—500 Meter von dem Fluss entfernt, mit demselben parallel läuft. Das ist die grosse Poststrasse, welche von Wien nach Constantinopel über Ofen, Semlin, Belgrad, Adrianopel und das Innere der europäischen Türkei geht. Allmählich nähert sie sich der Donau, bis sie fast das Ufer streift. In demselben Augenblick kam ein Trupp glänzender Reiter an uns vorbei. Es war ein Hochzeitszug in grosser Gala, zwei Jungvermählte, die von ihren Freunden und Dienern geleitet, Besitz von ihrem Schloss ergreifen wollten. Der, wie es schien, neugierige Capitän unseres Dampfers befahl anzuhalten. In einem kurzen Augenblick waren die Cajüten und der Salon leer, und alle Reisende befanden sich auf dem Deck und sahen zu. Erst jagen ein Dutzend Tschikosche in wüthendem Galopp an uns vorüber; sie bringen gewiss die Kunde von der Ankunft der neuen Schlossherrin nach dem Herrschaftssitze, oder wie man hier sagt: »dem Kastell«. Dann kommt ein Trupp Reiter in dem ausgesucht feinsten Nationalkostüm, in violetten oder bläulichen, mit Schwarz eingefassten engen Hosen, purpurner Weste mit Goldknöpfen und Arabesken, gestickten, langen, weiten Aermeln; auf der Schulter den mit einer Seidentrottel zusammengehaltenen blauen oder schwarzen Dolman, der im Winde weht; auf dem Hut ein feiner, weisser, seidiger Grasbüschel, der wie eine leichte Feder hin und herschwenkt. Dann kommt der Wagen des jungen Paares und verschwindet wie eine Vision, gezogen von prächtigen Pferden. Ich sehe nur eine Spitzenfluth und ein rosiges, lächelndes Gesicht, das ein weisser, mit Gold gestickter Schleier umgiebt. Zwanzig Wagen, aus denen anmuthige Frauengesichter mit schwarzen Augen und schwarzem Haar hervorleuchten, folgen, geleitet von zwei Reihen Reitern, welche sich den Wagen zuwenden. Den Schluss des Zuges bilden die Pächter, Arbeiter, Hirten, Diener, alle zu Pferd; für sie ist das Fest ein Vorwand zu zügellosester Ausgelassenheit. Als ob sie nicht genug hätten an dem rasenden Galopp, der sie wie ein Wirbel-

wind davonführt, richten sich einige im Steigbügel auf.
Sie heben mit einer Hand den Hut gegen den Himmel
und rufen, indem sie ihn hin und herschwenken: *eljen!*
eljen! Vivat! wiederholte ich, indem mein Auge dem glänzenden Zug folgte. Meine Wünsche galten den Neuver-
mählten. Ich dachte: Sie sind reich, man liebt sie, mögen
sie die Anderen lieben und glücklich sein!

· Wir kamen bei strömendem Regen endlich in Mohacz
an. Der Himmel ist grau, die Landschaft trübe. Ich sehe
von der Stadt nur eine lange Linie einförmiger Häuser mit
dunkeln Dächern, einige Bäume und drei spitze Glockenthürme, die sich in der nebelgrauen Luft nur schwach ab-
hoben. Dieser melancholische Anblick passt gut zu den
Erinnerungen, die dieser Ort wach ruft. Hier in der That
vor mehr als drei Jahrhunderten (28. August 1526) ent-
schied sich das Geschick Ungarns, wie 137 Jahre vorher
(27. Juni 1389) das Geschick Serbiens in der Ebene von
Kossovo. Weder der Serbe noch der Ungar hat die
Erinnerung an jene fürchterlichen Tage verloren, und der
Ungar denkt an Mohacz, wenn er sagt: »Die ungarische
Musik ist seit drei Jahrhunderten schwermüthig.«

Wir hielten uns in Mohacz nur so lange auf, bis die
Passagiere und Waaren abgeladen waren. Ein gleichzeitig
Reisender, der nachher ein berühmter Staatsmann geworden*), hat den Schauplatz dieser denkwürdigen Scenen
im Einzelnen bereisen können und hat die Geschichte und
Legende in einigen Linien resumirt: Die Ungarn griffen,
zwanzigtausend Mann stark, unklugerweise das türkische
Heer an, dessen Stärke die wellenförmige Abwechselung
des Terrains verbarg. Ludwig II., an der Spitze seiner
Husaren, stürzte sich auf die Janitscharen und brachte sie
in Flucht; aber in dem Moment, wo er Herr seiner Feinde
zu sein glaubte, befand er sich im Feuer von vierzig Kanonen, eine für die damalige Zeit fürchterliche Artillerie; es

---

*) Ich habe Grund zu glauben, dass hiermit der spätere fran-
zösische Cultusminister, Herr Victor Duruy, gemeint ist. K. Br.

blieb ihm nichts anderes übrig als ruhmreich zu sterben.
Eine Anzahl Magnaten, acht Bischöfe und dreiundzwanzig
Ritter liessen ihr Leben bei diesem traurigen Fall.« Auf
diesen historischen Grund hat die Tradition folgende
Legende gestickt: »Am selben Morgen des Kampfes
zeigte sich ein hoher Ritter, von einer fast durchsichtigen
Gestalt und mit Augen, die Blitze schossen, vor dem königlichen Zelt. Die Schildwachen wiesen ihn erst ab, aber
sein Bitten und seltsames Aeussere bewogen sie endlich
doch, den König von dem, was vor sich ging, zu benach-
richtigen. Ludwig wollte den Besucher nicht selbst empfangen, schickte ihm aber seinen Waffenträger, dessen
Costüm, welches gleich reich war wie das des Königs,
einen dem Anschein nach dem Hof ganz fremden Mann
täuschen konnte. Beim Anblick des Beamten schrie der
Unbekannte mit schrecklicher Stimme: »Du bist nicht der
König! Ludwig will mich nicht hören! er zittere, denn
sein letzter Tag ist gekommen!« Mit diesen Worten verschwand er eilends, indem er einen starken Schwefelgeruch
um sich verbreitete. Mohacz, eine Stadt von 8—10,000
Seelen, liegt am östlichen Ufer der Donau, gegenüber
einer waldigen und sumpfigen Insel, welche dreissig Kilometer lang und fünfzehn breit ist und auf den Karten entweder Brigitteninsel oder Insel von Mohacz genannt wird.
  Wenn man aus Mohacz heraustritt, hat man die
Pussta vor sich, von Wasserpfützen von binsengrüner
Farbe durchschnitten; sie hat scheinbar nun keine Grenzen
mehr, von Zeit zu Zeit erscheint eine kegelförmige Hütte
inmitten eines sehr engen Weidenzaunes, der an Pfählen
aufgebunden ist. — Das ist das Haus eines Hirten und
sein Garten. Ringsum weiden die grossen, silbergrauen
Ochsen mit ihren langen gewundenen Hörnern und die
weissen Kühe. Die höchsten Pflanzenbüschel, welche von
hier aus wie Pfriemenkraut aussehen, reichen nur bis an die
Brust der Thiere. Neben seiner Hütte sitzt der Schäfer
und spielt die Flöte, sein Hund hört ihm zu, indem er zu
gleicher Zeit auf die Heerde Acht giebt.
  Schwärme von Raben, ja wahre Wolken fliegen kräch-

zend von Brunnen zu Brunnen. Sie lassen sich auf den
langen hölzernen Brunnenbalken nieder, die sich im Winde
bewegen. Sie allein durchmessn und beherrschen dieses
öde und traurige Land. Endlich verschwinden sie in der
Ferne, wo sie der Horizont absorbirt.

An dem musikalischen Hirten sind wir schon lange
vorbei. Jetzt kommt ein College von ihm zum Vorschein,
welcher eine grosse Armee brauner Schweine commandirt,
zahllos wie die Heerschaaren der Meder, sich über die
Fläche wälzend und sie aufwühlend. Einen weiten Mantel
von dicker weisser Schafwolle in malerischen Falten umge-
worfen, stolz gleich einem Xerxes, überlässt dieser »göttliche Sauhirt« die Leitung der Evolutionen seinen grossen
schwarzen Hunden, welche auf ein Zeichen ihres Herrn
aufspringen und in der grunzenden Masse verschwinden.
Trotz dieses Verschwindens merkt man, wo sie sind, an
den tumultuarischen Frontveränderungen, welche die Folge
ihrer Wirksamkeit sind.

Haben wir diese barbarische Nachhut hinter uns, so
stossen wir auf grosse, lebhafte, lustige Heerden jener
schönen Donaugänse, deren ganz weisse, geschmeidige,
seidenweiche Federn auf den Flanken und dem Rücken der
Vögel hin und herflattern, als ob der Wind sie wegwehen
wollte. Sie schnattern, fliegen umher und zerstreuen sich
in unregelmässigen Gruppen in dem grünen Gras, was von
weitem wie ein Beet, mit weissen Gänseblümchen verziert,
aussieht.

Dann verengt sich der Flussraum; wir kommen durch
einen Buchenwald, wie es mir scheint; die Buchenstämme
sind vom Sturm niedergeworfen und ineinander verschlungen. Auf einem dichten Rasen, über dem etwas
Wasser steht, gehen Störche ernsthaft mit einander spazieren, und treten mit ihren breiten Füssen gravitätisch das
Wasser, dass es aufspritzt, oder stehen einsam, wie auf-
merksame Schildwachen, mit vorgestrecktem Hals, unbeweglich und nachdenklich an einem Baumstamm; unser
Vorüberkommen störte sie nicht und sie behalten ruhig
ihre räthselhafte Stellung bei.

Rechts und links treten dann die Bäume zurück, und kleine mit Weiden bepflanzte Inselchen und hervorstehende Landzungen, an deren äusserstem Rande Netze an Pfählen aufgehangen sind, kommen zum Vorschein. Näher zusammenstehende Fischerhütten bekunden die Nachbarschaft eines bevölkerten Ortes. — Wir kommen auf eine grade und gut bepflanzte Landstrasse, auf der mit vier Pferden bespannte Wagen fahren. Wir haben Häuser vor uns, die, wie Lagerzelte von einander entfernt, regelmässig und klein, uns ihre Giebel zeigen, und von Pfahleinzäunungen umgeben sind, durch die die belaubten Kronen zahlreicher Obstbäume nicken. Heut ist ein Fest im Dorf, und mitten auf einem Platz, im Schatten eines riesigen Baumes werden die Nationaltänze aufgeführt. Ich sehe der Mädchen kurze Röcke und der Burschen weite Leinwandhosen fliegen. — Der gute ungarische Wein (der Wein des Herzens, wie sie sagen) scheint bei etwas entfernter sitzenden Gruppen in Strömen zu fliessen.

Am südlichsten Rand der Brigitteninsel, am östlichen Ufer, befindet sich der Bahnhof von Bezdan. In weitem Hintergrunde schliesst eine Berggruppe die Ebene im Osten. Ein Hügel, der plötzlich aufsteigt, und dessen Abhänge mit Weinbergen bedeckt sind, bietet links den ersten Anblick, während rechts etwa ein Dutzend Mühlen im Flussbett zerstreut liegen. Das ist alles, was wir von Bezdan erblicken, das wie drei Viertel der Burgen und Städte, vor welchen wir seit Pest angehalten haben, dem Auge des Reisenden vollständig unsichtbar bleibt.

Auf die Mühlen von Bezdan folgen die Fischereien von Apatin. Diese Fischereien sind ein in das Wasser gebautes, ordentliches Dorf, welches durch seinen sonderbaren Anblick hübsch die Einförmigkeit der Landschaft unterbricht und an die Pfahlbauten erinnert.

Man denke sich unzählige Holzbauten, Häuschen, Hütten, Schuppen, Altane, welche aus Astwerk und über Holz gelegtem Stroh aufgerichtet sind, in der Mitte den durch einen Mastbaum markirten Platz. An jedem Pfahl, an jedem Balken, an jedem Vorsprung hängt der Strick von einem ausgespannten Netz. Unter den Dächern, den Anfahrten, an allen Thüren ist ein Kahn befestigt und in jedem Zwischenraum, den das Auge entdecken kann, wenn es längs der Strassen, zwischen den leichten Dächern durchschweift, sieht es Kähne schwimmen, deren Leiter, ob Mann oder Frau, stehend rudern. Unser Schiff hielt an, um Fische zu kaufen. Für den Tisch der Passagiere bestimmte der Haushofmeister prächtige Thiere, deren Namen ich nicht weiss; die Schiffsmannschaft aber machte für sich ein Wasser-Ratten-Gericht *à la Panta-grüel.*

Beim Anblick dieser herausfordernd lachenden Weiber, die uns eine hin- und herhüpfende Beute entgegenhielten, bei den barbarischen und unverständlichen Lauten, die mein Ohr trafen, glaubte ich mich nach den Inseln des stillen Ozeans versetzt und bei einem Empfang wahrer Tahitis zugegen. Ich erwartete, dass der Koch die ganze Waare mit einem Halsband von Glasperlen oder einem Messingarmband bezahlte, und in der That, war mein Irrthum nur ein geringer, denn der Handel wurde mit jenem abscheulichen österreichischen Papier abgeschlossen, das einen so schwankenden Werth hat.

Eine Stunde später kamen wir an der Mündung der Drave (Drau) vorbei, die schon so breit und tief ist, dass sie von Eszek an Schiffe von fünfhundert Tonnen tragen kann, und trotz dem Hinzukommen dieser ungeheuren Masse Wassers ist das Aussehen und der Lauf des Flusses scheinbar nicht verändert.

Wir machten in Neusatz (Uj-Videk auf ungarisch, Novisad auf slavisch) Halt, einer freien Stadt am linken Ufer der Donau, dem Sitz eines serbischen Bischofs unter der Oberhoheit der Mutterstadt Karlowitz. Aber es ist dunkle Nacht; und ich unterscheide nur mit Mühe die Dächer einzelner Häuser und die Glockenthürme der Hauptkirchen.

Eine Schiffsbrücke verbindet Neusatz und Peterwardein (magyarisch *Petervarad*), dessen auf einem Vorsprung, der den Lauf des Flusses überragt, erbaute berühmte Citadelle stolz ihre dreifache Vorderseite aus Mauern zeigt, welche

durch den Prinzen Eugen unsterblich geworden sind (1716).
Peterwardein, die Hauptstadt der slavonischen Militärgrenze, ist nur einige Meilen von Karlowitz entfernt, das
durch seine Weine und mehr noch durch den Friedensver-
trag berühmt ist, der 1699 hier zwischen der Pforte und
den christlichen Mächten (Oesterreich, Venedig, Polen,
Russland) zu Stande kam und den Anfang des Verfalls der
ottomanischen Monarchie bezeichnet. Karlowitz ist die
religiöse und politische Hauptstadt der österreichischen
Serben und die Residenz ihres Patriarchen. Der jetzige
Träger dieser Würde, S. Massierevitch, ist 'dieses Jahr
(1864) auf den berühmten Patriarchen Joseph Raïatchitch
gefolgt, der in den politischen Ereignissen von 1848—49
in Ungarn eine grosse Rolle gespielt hat. Er war der Stif-
ter und Präsident der grossen Serben-Versammlung, welche
am 13. (1.) März 1848 in Karlowitz zusammenkam, und
durch den unlenksamen Stolz der Ungarn zum Aeussersten
getrieben das Wiedereinsetzen der alten serbischen Woi-
wodie als eines besonderen und von der ungarischen
Krone unabhängigen Staat beschloss.

Die Gegend, durch die wir rechts und links kamen,
gehörte zu der österreichischen Militärgrenze. Titel, auf
das wir bald links stossen, am Zusammenfluss der Theiss
und der Donau, bildet einen besonderen District mit einer
Bevölkerung von etwa 30,000 Seelen, aus deren Mitte das
Bataillon der sogenannten Tchaïkisten ausgehoben wird.
Tchaïk ist nämlich das Wort, mit dem man die kleinen
Schiffe bezeichnet, aus denen die Flotte der Donau besteht.
Die Theiss (Tisza, Tibiscus), der grösste Zufluss der
Donau, deren Breite und Volumen sie verdoppelt, kommt
von den Karpathen, durchfliesst Siebenbürgen und Ungarn,
und mündet bei Titel nach einem Lauf von neunhundert-
undzwanzig Kilometer. Früher war sie die östliche Grenze
des alten Dazien. Sie ist noch fischreicher, wie die Donau,
und ernährt ein Volk von Fischern, welche ihren Fluss
lieben wie die Pusstatschikosche ihre Steppen. Das Costüm
ist dasselbe, ausser dem Hut, welcher noch breiter ist, und
den Stiefeln, die keine Sporen haben. Sie fahren auf klei-

nen flachen Kähnen ohne Ruder und von grobem Bau.
Die, welche ich sah, hatten scharf ausgeprägte magere
Züge und einen Wechselfieber-Teint. Ihr gewöhnlicher
Gesichtsausdruck ist ernst, fast traurig.

Von Peterwardein bis nach Belgrad zeigt der Fluss
eine Aufeinanderfolge von hohen lehmigten Gipfeln, die
durch Schluchten getrennt sind, welche von der Spitze aus
so eng herabgehen, dass man sie für von Menschenhänden
gegraben hält. Einige dieser Schluchten sind Wege, aber
was für Wege! Geleise, auf die man kaum eine Locomo-
tive stellen könnte. In der Mitte einer dieser halsbreche-
rischen Pfade bemerke ich zwischen den sehr nahe zusam-
mengerückten Wänden einen schweren Wagen, den rückwärts angespannte Ochsen auf dem allzu steilen Abhang
aufhalten. Heftig von links nach rechts geschüttelt durch
die Bodenverschiedenheiten, streift er in zerreibbare Lehm-
mauer und löst weisse Staubwolken davon ab. Am Ende
des Weges, der auf den Fluss mündet, ist ein grosses
Fahrzeug befestigt, das gewiss darauf wartet, mit dem
Wagen beladen zu werden, während die Mannschaft, um
den Eingang einer grossen Höhle gruppirt, in freier Luft
kocht.

In einer Stunde ist man in Semlin. Das serbische
Ufer bilden immer lehmigte, jähe gespaltene Berge, auf
denen Bäume und Weinberge sich in den Boden theilen.
Das ist das einzige, was der Landschaft ein wenig Belebt-
heit giebt. Der Fluss ist so breit und so grade vor uns,
dass er unseren Horizont abschliesst. Links deutet eine entfernte neblige Linie nur schwach das Ufer an.

Nachdem wir ein Vorgebirge umschifft hatten, das
die gewöhnlichen Formen einer Felsenbank hatte, fuhren
wir längs ärmlicher Holzhäuser, welche in's Wasser reichen
und so bau- und hinfällig aussehen, dass es scheint,
als ob sie sich an die grossen Bäume, die sie beschatten,
anlehnen und von ihnen stützen lassen wollten. Ein wenig
weiter steht eine weiss uniformirte Schildwache, das Ge-
wehr auf der Schulter, an der Thüre eines bretternen
Wachthauses. Zolleinnehmer sitzen vor einer Hütte von

getheerter Leinwand, welche als Waarenmagazin gebraucht
wird. Zwei oder drei Dampfschiffe liegen am Ufer vor
Anker. Das ist der Landeplatz von Semlin. Gegenüber
liegt Belgrad, was so viel heisst, wie »die weisse Burg.«

Kap. VII.

Ein kleiner Anhang, nicht-französischen Ursprunges, welcher von
Herrn Tschikosch, Herrn Kanahs, Herrn Gujahsch, Herrn Halahs
und anderen derartigen vornehmen und interessanten Persönlichkeiten handelt.

Ich habe nunmehr also den Ungarn in Frankreich
und den Franzosen in Ungarn reisen und sprechen lassen,
und hoffe, dass ich damit meine Zwecke erreicht habe,
welche unter Andern auch darin bestanden, jede Monoto-
nie zu vermeiden und die internationalen Wahlverwandtschaften, wie sie bis auf die neueste Zeit in Ungarn bestanden haben und zum Theil noch bestehen, anschaulich zur
Erscheinung zu bringen. In letzterer Beziehung bedarf
jedoch das Bild einer Ergänzung. Ich werde dieselbe
im weiteren Verlaufe dieser Skizzen bringen, indem ich
eine Untersuchung über »den Deutschenhass in Ungarn«
anstelle.

Sodann aber finde ich, dass eine Klasse der
ungarischen Bevölkerung in den obigen Mittheilungen
nicht mit der Ausführlichkeit geschildert ist, welche
sie offenbar verdient. Es sind dies die verschiedenen
Sorten von Hirten: der Pferdehirt, der Schweinehirt,
der Rinderhirt. Ich hatte selbst eine kleine Skizze
über diese »göttlichen Hirten«, welche in keinem Lande
eine solche Rolle wie hier spielen, geschrieben, als
mir der Zufall das treffliche Buch von Max Schlesinger

»Aus Ungarn«, (Berlin, 1850, zweite Aufl.), das ich seit seinem Erscheinen nicht wieder in Händen gehabt, zuführte. Dasselbe beschäftigt sich vorzugsweise mit den politischen und kriegerischen Ereignissen von 1848 und 1849, allein daneben enthält es auch prachtvolle Schilderungen von Land und Leuten; und die beste unter diesen ist gerade jenes Kapitel, welches die ungarischen Hirten behandelt. Ich theile daraus Folgendes mit:

Der Csikos (Tschikosch) ist ein Mensch, dem bei der Geburt zufällig ein Fohlen zwischen die Beine gerathen ist. Auf dem Rücken dieses Fohlens bleibt der Knabe instinktmässig sitzen, und wird auf demselben gross, wie andere Menschenkinder in der Wiege. Die Sache klingt unglaublich, und es wird sie hoffentlich Niemand wortgetreu auffassen. Aber man bedenke, dass dem Sohne Napoleon's der Kopf bei seiner Geburt in die Königskrone von Rom hineingerathen und dass er dabei schlank und gross geworden ist; man erwäge ferner, ob ein zärtlicher Vater unserer Zeit nicht besser thäte, seinem neugebornen Kinde ein Pferd zwischen die Beine, als eine Krone auf den Kopf zu drücken. —

Der junge Csikos fühlt sich in seiner Wiege bald heimisch. Ob er Ammen- oder Pferdemilch geniesst, darüber sind die Naturforscher noch nicht ganz einig; den neuesten Untersuchungen zufolge, nährt er sich gleich nach der Geburt von Speck, Brot und Wein. Aus dem kleinen Jungen wird allmählig ein grosser Rosshirte. Er tritt, um sich seinen Lebensunterhalt zu gewinnen, in die Dienste eines Edelmannes oder der Regierung, welche in Ungarn ausgedehnte wilde Pferdegestüte besitzt. Diese nehmen einen Raum von vielen Quadratmeilen ein, grösstentheils ebene Fläche mit Wald, Sumpf, Haide und Moorgrund. Daselbst streifen grosse Heerden frei herum, vermehren sich und freuen sich ihres Daseins. Nichts desto weniger ist es ein weit verbreiteter Irrthum, dass diese Pferde, wie Rudel Wölfe im Gebirge, sich selbst und der Natur ohne weitere Aufsicht überlassen sind. Ganz wilde Pferde findet man, was Europa anbetrifft, heut' zu Tag blos in Bessarabien.

Das sogenannte wilde Gestüt in Ungarn gleicht dagegen zumeist unseren Thiergärten, in denen das Wild gehegt und überwacht wird; den Rehen und Hirschen überlässt man gerne die Illussion, als befänden sie sich im Genusse der ungemessensten Freiheit, und der Jäger giebt sich, wenn er auf den Anstand geht, gern derselben Täuschung hin. Oder, um einen anderen Vergleich zu gebrauchen, denke man sich einen gut eingerichteten freien Staat, gleichviel ob Republik oder Monarchie. Der Csikos hat das schwierige Amt, auf die Heerden ein wachsames Auge zu haben. Er kennt ihre Stärke, ihre Gewohnheiten, ihre Standorte, er kennt den Geburtstag eines jeden Fohlens, und weiss, wenn es zur Zucht tauglich aus der Heerde herausgeholt werden muss. Dann wartet seiner ein grosses Stück Arbeit, gegen die eine grossherzogliche Wildschweinsjagd ein Kinderspiel ist, denn das Pferd muss nicht nur lebendig aus der Mitte der Heerde herausgefangen werden, sondern aus leicht begreiflichen Gründen auch gesund und unversehrt. Dazu dient ihm die berüchtigte Peitsche, von der vielleicht in nächsten Zeiten einige Prachtexemplare im kaiserlichen Zeughause zu Wien neben dem Schwerdte Skanderbegs und den schweizerischen Morgensternen vorgezeigt werden dürften. Diese Peitsche hat einen starken, $1^1/_2$ bis 2 Fuss langen Stiel, und eine Schnur, die nicht weniger als drei bis vier Klafter in der Länge misst. Die Schnur hängt an einem kurzen eisernen Kettchen, und dieses ist durch einen Ring von gleichem Metall an der Spitze des Peitschenstocks befestigt. Am Ende der langen Schnur befindet sich ein starker Bleiknopf, während kleinere Bleiknöpfe und Knoten nach gewissen, uns unbekannten Erfahrungsgesetzen auf die ganze Länge der Schnur vertheilt sind. Mit dieser Waffe, welche der Csikos nebst einer kurzen Hacke immer im Gurt mit sich führt, begiebt er sich auf die Pferdejagd. Er ist dabei beritten, d. h. er hat sich vervollständigt. Ohne Sattel und Steigbügel fliegt er wie der Sturmwind über die Haide, so schnell, dass der Grashalm nicht geknickt wird unter dem Hufschlag seines Pferdes, dass der Tritt seines Rosses nicht gehört wird, dass der aufgewirbelte Staub allein sein Kommen und Verschwinden bezeichnet. Den Gebrauch eines regelrechten Zügels kennt er wohl, aber er verschmäht dergleichen hinderliche Luxusgegenstände, lenkt sein Pferd mit der Zunge, mit den Händen, mit den Füssen, ja man wäre versucht zu glauben, er lenke es mit dem blossen Gedanken des Wollens, etwa wie wir unsere eigenen Füsse nach rechts oder links, nach vor- und rückwärts in Bewegung setzen, ohne dass es uns einfiele, unser Sprunggelenk durch einen Lederriemen zu dirigiren.

So jagt er stundenlang die flüchtige Heerde vor sich her, bis es ihm gelingt, in die Nähe des Thieres zu kommen, das er fangen will. Nun schwingt er seine Peitsche in mächtigen Kreisen, und wirft die Schnur so geschickt, dass sie den Hals seines Opfers umschlingt. Der Bleiknopf am Ende und die Knoten in der Mitte dienen dazu, dass sich aus der Schnur eine förmliche Schlinge bildet, die sich um so enger schliesst, je rascher das getroffene Pferd vorwärts eilt.

Seht! wie das ausgreift mit allen Vieren, und wie die Mähne fliegt und das Auge sprüht und der Mund schäumt und der Staub aufwirbelt von allen Seiten. Aber immer beengter wird der Athem des edlen Thieres, sein Auge wird stier und wild, seine Nüstern sind geröthet von Blut, die Adern des Halses schwellen an zu Strängen, die Beine versagen ihm den Dienst, es sinkt erschöpft ohnmächtig zusammen, ein Bild des Todes. Doch in demselben Augenblick steht auch das verfolgende Doppelthier still und starr wie aus Stein gegossen. Eine Secunde, und der Csikos hat sich vom Rücken seines Pferdes auf den Boden geworfen, und indem er den Leib nach rückwärts beugt, um die Schlinge straff zu erhalten, fasst er die Schnur abwechselnd mit der rechten und linken Hand immer kürzer, und windet sich an derselben immer näher und näher dem keuchenden Pferde, und stellt sich endlich mit beiden Beinen quer über das dahingeworfene Thier. Jetzt erst lässt er die Schlinge sachte nach, um den Gegner zu Athem kommen zu lassen, und kaum fühlt das Thier wieder Lebensluft durch seine Lungen rieseln, so springt es auf, und fort geht es im rasenden Lauf, als könnte es dem Feinde noch entrinnen. Der aber ist schon Bein von seinem Beine und Fleisch von seinem Fleische, der sitzt ihm festgewachsen auf dem Nacken und lässt es seine Kraft nach Belieben fühlen, je nachdem er die Schnur mehr oder weniger straff anspannt. Zum zweiten Male sinkt das todtgehetzte Ross zu Boden, und rafft sich wieder auf und stürzt wieder zusammen, bis es seine Glieder vor Mattigkeit nicht mehr rühren kann. Das zahme Pferd des Csikos ist mittlerweile in's Dorf zurückgerannt, oder folgt seinem Herrn treu wie ein Hund. Das erbeutete wilde Ross ist aber nach wenigen Stunden mürbe genug, um sich lenken zu lassen und nach Hause geführt zu werden. Hier wird für seine weitere Ausbildung gesorgt, es verliert seine Zottelhaare und den scheuen Blick, wird fügsam und sanft, lernt den Sattel und den Reiter tragen, kurz, gelangt von dem Zustande, in welchem es am sechsten Schöpfungstage in die Welt gesetzt wurde, auf jene Bildungsstufe, welche es nach den Vorstellungen der Menschen in der Gesellschaft einzunehmen berufen ist.

Dass eine solche Pferdejagd nicht ohne Gefahr ist, wird aus der flüchtigen Beschreibung derselben leicht ersichtlich. Sie erfordert unendlich viel Ausdauer und Gewandtheit, einen Riesenarm und Riesenleib, einen nicht alltäglichen Muth und die ausserordentlichste Reiterkunst. Aber je grösser die Gefahr, desto lockender der Sieg. Ein kühner Csikos ist respectirt auf der Haide wie ein kühner Gemsjäger im Gebirge. Und dann wird er ja auch bezahlt für seine Mühe: jährlich ein Hemd, ein paar leinene Hosen, freie Kost und Wohnung, ein Fässchen Wein und obendrein zwei Gulden Wiener Währung baar auf die Hand. Das ist keine Kleinigkeit. Dabei verdient er sich hin und wieder etwas im Dorfe beim Pferdehandel, erbeutet sich ein Stück Geld von einem Pferdediebe, den er erwischt und todtgeschlagen hat, oder wenn ihm das nicht gelingt, stiehlt er selber ein Pferd und verkaufts. Oh! der Mann ist zum Betteln nicht geboren.

In deutschen Zeitungen war von 40,000 solcher Csikose die Rede, welche im ungarischen Heere gedient haben sollen. Diese Zahl ist jedenfalls übertrieben. Aber dass ein paar tausend solcher verwegener berittener Bursche unendlich viel Unheil anrichten können, das bezeugt heute gerne jeder österreichische Offizier, der das Glück gehabt, mit ihnen in nähere Berührung zu kommen. Der Infanterist, der seinen Schuss abgefeuert hat, ist verloren, wenn er dem Csikos gegenüber steht. Was hilft ihm da sein Bajonett, mit dem er sich gegen den Ulanen und Husaren allerdings ganz gut vertheidigen kann, wenn er es mit Geschick zu handhaben weiss? Der langen Peitsche gegenüber reicht sein einstudirtes Manöver nicht aus. Sie reisst ihn zu Boden oder zerschlägt ihm mit dem Bleiknopf die Glieder. Und gesetzt auch, er hätte noch einen Schuss im Lauf — eher wird er den Vogel in der Luft treffen als den Csikos, der ihn in wilden Sätzen umkreisend, sich mit sammt dem Pferde nach allen Seiten mit der Schnelligkeit des Blitzes wirft, um der Kugel kein sicheres Ziel zu geben. Der gewöhnliche bewaffnete Cavallerist ist nicht viel besser daran, und wehe ihm, wenn er vereinzelt einem Csikos begegnet. Ihm wäre wohler, auf ein Rudel hungriger Wölfe gestossen zu sein.

Ein Glück wars für die Kaiserlichen, dass die Csikose vermöge ihrer Waffe nicht in geschlossenen Reihen kämpfen konnten; sie wären eine gar furchtbare Macht. Und trotzdem war in einem halboffiziellen Berichte zu lesen, dass Csikose vor Komorn das Centrum eines österreichischen Corps gesprengt haben. Da muss ihnen ihre Verwegenheit und die Entmuthigung der Oesterreicher mindestens ebensoviel geholfen haben, als ihre Peitsche und die kurze Hacke, die sie im Nothfall nicht ohne Geschick zu werfen verstehen.*)

---

*) In diesem Kriege waren die Csikose zum Theil ausser ihrer Peitsche noch vortrefflich versehen. Sie ritten schulgerecht, mit

Bei Wieselburg hatten einmal die Kaiserlichen einen solchen Burschen lebendig gefangen und brachten ihn als Curiosum ins Lager. Der commandirende General und seine Offiziere wollten den braunen Vogel gerne im Fluge sehen, und liessen vor den Zelten einen Strohmann aufrichten, an dem der Csikos seine Kunst zeigen sollte. Der Bursche wars zufrieden, und verlangte, dass man ihm den Punkt bezeichne, wo seine Bleikugel einschlagen solle. Dann jagte er im gestreckten Galopp mehrmals um den Popanz von Stroh, schwang seine Peitsche und die Kugel stak zur Bewunderung Aller in dem bezeichneten Fleck. Die Vorstellung sollte auf allgemeines Verlangen eben zum dritten Male wiederholt werden, da mochte es dem armen gehetzten Csikos zu Kopfe steigen, dass er seine Waffe noch gegen etwas besseres gebrauchen könne als gegen einen harmlosen Strohmann; und mit einem wilden Schrei schmetterte er seine Peitsche mitten hinein in den gaffenden Kreis, und mit seinem gehorsamen Pferde darüber hinweg und querfeldein durchs grüne Korn in die Donau. Ein Dutzend Schüsse wurden ihm nachgeschickt, aber das Schicksal war ihm gewogen. Er erreichte glücklich das jenseitige Ufer und das Lager seiner Landsleute.

Es liessen sich noch manche herrliche Episoden aus dem Kriegs- und Privatleben der ungarischen Rosshirten erzählen. Das poetische Naturleben dieser Menschenclasse, ihre Jagd- und Liebesabenteuer, ihr Leben im Dorf und auf der Haide bieten Stoff in Fülle zu interessanten Beschreibungen, doch es gilt hier nur jene Eigenthümlichkeit des Landes hervorzuheben, wodurch es Kossuth möglich wurde, Armeen zu schaffen. Den Csikos und seine Metamorphose zum Krieger haben wir kennen gelernt, die folgenden Zeilen seien den Kanaszen, Gulyasen und Halaszen gewidmet.*)

Sattel, Zaum und Steigbügel, führten einen Säbel, Karabiner und ein paar Pistolen im Halfter.

*) Kanasz spr. Kanahs.   Gulyas spr. Gujahsch.   Halasz spr. Halahs.

Die Kanaszen sind Schweinehirten. Ein unpoetisch' schmutzig' Handwerk, doppelt beschwerlich und unsauber in Ungarn. Aus Serbien, wo die Schweine noch im halbwilden Zustande leben, wandern jährlich grosse Heerden nach Ungarn. Dort mästen sie sich in den ungeheuren Eichenwäldern, und werden in die grossen Städte, sogar nach Wien und noch weiter zu Markte geschickt. In die Leitung dieser Heerden theilt sich der Kanasz, deren mehrere bei jedem Triebe sein müssen, der Hund und der Esel. Letzterer ist bei der Heerde der Erste, macht mit einer grossen Glocke am Halse den Leithammel, und trägt den Proviant des Treibers auf dem Rücken. Die Hunde von schöner kräftiger Race — die sogenannten weissen ungarischen Wolfshunde, — umkreisen unaufhörlich den Trieb und halten ihn zusammen. Will der Kanasz Rast machen, so giebt er den Hunden ein Zeichen und diese hängen sich an die Ohren des Esels, dass er nicht weiter kann und mit seinen unbequemen Ohrgehängen und seinem Schmerzensangesichte ein wahres Bild des Jammers dasteht.

Im schattigen Walde, da lässt sichs noch leben. Die Eiche entfaltet sich auf ungarischem Boden reicher und üppiger als an irgend einem Punkte Deutschlands.*) Die Thiere finden Futter im Ueberfluss, und fressen sich gewöhnlich so voll, dass sie nicht ans Herumschwärmen denken. Hund, Herr und Esel können sich daher mit mehr Ruhe am Stillleben der Natur ergötzen. Jämmerlich aber ist das Loos des Kanasz, wenn er zu Ende des Sommers seine Heerde zu Markte treiben muss. Von Debreczin, oder auch von der serbischen Grenze, muss er dann die mühseligste aller Fusswanderungen machen, die je ein wissbegieriger Reisender unternahm. Das geht über die endlosen Haiden in Regen, Sturm und Sonnenhitze langsam hinter der Heerde her, die ihm die glühenden Staubwolken ins Gesicht treibt. Hin und wieder hat sich ein Schwein so voll gefressen, dass es nicht von der Stelle

---

*) *quercus comm. latifol. robur, racemosa.*

kann, das 'bleibt dann ohne weiteres am Wege liegen, und die ganze Karawane muss einen halben Tag oder noch länger rasten, bis es dem Vielfrass möglich wird, wieder aufzustehen; und gelingt dies endlich, so beginnt oft die Nachbarin dasselbe Spiel. Wahrlich, ein mühseligeres Geschäft giebt es auf der ganzen Welt nicht, als das eines solchen Schweinehirten.

Dieser ist aber an das Unerträgliche gewöhnt. Er isst seinen Speck und raucht seine Pfeife in der Sonnenhitze wie in der Winterkälte gleich behaglich, schweigend in seinen Pelz eingehüllt. Und geräth er einmal mit sich und seinem Schicksal in Streit, so schlachtet er mit seinen Kameraden ein fettes Schwein aus der Heerde, um sich - gütlich zu thun. Dem Herrn aber bringt er die Haut zurück und sagt, das Thier sei auf der Reise gestorben.

Im Walde tritt der Kanasz zuweilen als Dilettant in der Räuberkunst auf. Auf diese Weise sorgt er für Zerstreuung; wird er gefangen und von der nächsten Ortsbehörde überführt, dann baumelt er gewöhnlich am Eingange desselben Waldes, wo er gesündigt hat. Früher liess man solche Missethäter als Warnungszeichen am Galgen hangen, bis Wind und Zeit sie abschüttelten, und es sind noch nicht zwanzig Jahre her, da war vor dem Bakonyerwalde ein solches dreiblättriges *Memento mori* zu schauen, aber in den letzten Jahren vor dem Ausbruch des Krieges hat man selbst in dieser, sonst am meisten verrufenen Gegend nichts von Wegelagerern gehört. Ein Feuergewehr, dessen Lauf aus dem Wagen schaut, flösste solchen Burschen gewöhnlich Respect genug ein, um sie in ehrerbietiger Entfernung zu halten, denn der Schweinehirte hatte sonst nie eine andere Waffe als seinen Fokas (spr. Fokosch).

Dieses, ein Handbeil mit langem Stiel, weiss er mit meisterhafter Geschicklichkeit zu werfen. Will er ein Schwein aus der Heerde zum eigenen Gebrauch oder zum Verkauf heraushaben, so würde dies bei dem halbwilden Zustande der Heerde nicht ohne Lebensgefahr möglich sein. Dazu dient ihm der Fokas. Den schleudert er mit solcher Kraft und Sicherheit, dass das scharfe Eisen dem bezeichneten Thiere- genau in die Mitte des Stirnbeins eindringt, wobei der Stil nach rückwärts schaut. Das Opfer sinkt lautlos zusammen und die Heerde zieht ruhig weiter. Dass er auf 80—100 Schritt einen Menschen mit gleicher Sicherheit niederstreckt, das beweisen eben die dreibeinigen Monumente seiner Kunstfertigkeit am Eingange des Waldes. Auch werden die Wundärzte der österreichischen Armee von damals gern erbötig sein, den Kanaszen und Csikosen Atteste ihrer Geschicklichkeit auszufertigen.

In Kleidung und Bewaffnung kommt der Gulyas (Rinderhirte) dem Kanasz ziemlich nahe. Auch er trägt die furchtbare Hake, mit der er den stärksten Ochsen niederschlägt; auch sein Costüm besteht lediglich aus einem kurzen Linnenhemde und einem überschwenglich weiten Beinkleide aus demselben Stoffe (Gattje); darüber hängt Sommer und Winter hindurch der lange Schafspelz. Während der Kälte trägt er die Wolle dem Leibe zugekehrt, im Sommer dreht er sie nach aussen, und ist dadurch besser, als man glauben möchte, gegen die Gluth der Sonnenstrahlen geschützt. Seinen Kopf ziert ein breitkrempiger runder Hut, dessen Ränder der Regen zu einer doppelten Dachrinne umgemodelt hat. Sieht man einen solchen Rinderhir.en im stürmischen Regenwetter mitten auf unabsehbarer Haide auf einem Steine, fest in den weissen Pelz gehüllt, wie ihm das Wasser vorn und hinten als Giessbach vom Hute herabstürzt, stundenlang unbeweglich dasitzen, so glaubt man eins jener räthselhaften Steingebilde vor sich zu haben, wie sie auf der Sandfläche vor Gizeh den Eingang in die grósse Wüste bezeichnen.

Das Territorium des Gulyas ist ausschliesslich die futterreiche Haide, namentlich um Debreczin und Grosswardein. Dort ist er König und beherrscht mit seinen breithörnigen Unterthanen ein Gebiet, dessen Flächenraum manches souveräne deutsche Fürstenthum dreimal an Ausdehnung übertrifft. Einmal in der Woche erhält er Proviant von seinem Herrn, und zu diesem Zwecke findet sich der Gulyas am Samstage regelmässig zu derselben Stunde an demselben Brunnen ein. Die Uhr liest er bei Tag und Nacht aus dem Himmel ab. Bezeichnend für sein Aeusseres ist der eiserne Kochkessel, den er immer am Gurt hängen hat. Darin kocht er sein Fleisch, das er in kleine Stücke zertheilt und dann mit einer Brühe und Paprika (türkischem Pfeffer) schmackhaft zubereitet. Das ist das sogenannte Gulyasfleisch, welches man in civilisirten Speisehäusern in und ausser Ungarn zuweilen zu kosten, aber nirgends so schmackhaft zubereitet bekommt, als im Kochkessel auf der Haide. Zu erwähnen sind noch die Halasze. Es sind dies Fischer, welche längs der Theiss in einzelnen Uferhütten und ganzen Dörfern beisammen wohnen. Ein stämmiges, kräftiges Völklein, welches ein wahres Amphibienleben führt. Aus ihnen wurde 1848 grösstentheils das Pontoniercorps der ungarischen Armee zusammengesetzt, welches die von den Oesterreichern Anfangs so sehr verspotteten Fassbrücken zu Ehren brachte, und dem schweren kostspieligen Pontontrain derselben überall den Rang ablief.

Alle drei hier geschilderten Menschenklassen sind rein magyarischer Race. Ohne eben Proletarier zu sein, haben sie sämmtlich viel zu wenig zu verlieren und viel zu viel angeborenen kriegerischen Geist, um nicht mit Freuden für das theure Ungarland in den Kampf zu gehen. Sie machten 1848 zusammengenommen keinen unbedeutenden Theil des ungarischen Heeres aus, und mögen sie auch nicht zu den liebenswürdigsten Eigenthümlichkeiten eines civilisirten Landes gehören, in gewissen Geschichtsepochen, wo, wie damals, das Faustrecht mit seinen Knappen und Reisigen wieder von den Burgen und Schlössern der hohen Herrn herab in Anerkennung gebracht werden sollte, kann die rohe Naturkraft solcher Menschen Vieles und Wünschenswerthes leisten.

Untersuchungen

über

den Deutschen-Hass in Ungarn.

„*Ohne Umschweife*
Begreife,
Was Dich mit der Welt entzweit."
G o t h e.

* * *

— »Was ist uns Hekuba?«, wird Mancher fragen.
— »Was ist uns Ungarn? Was liegt uns Deutschen
daran, ob es uns liebt oder hasst? Lohnt es der Mühe,
darüber Studien zu machen?« —
Ich antworte darauf: Ja, es lohnt der Mühe. Früher
allerdings, als noch die starre und erstarren machende
Hand Metternich's Oesterreich, Deutschland und Italien
umklammert hielt und die Völker zwang, sich mäuschen-
still zu verhalten, damit sie die phäakenhaften Gelage, die
gesunde Verdauung und den gliederlösenden Mittagsschlaf
hoher und höchster Herrschaften nicht störten, — damals
freilich war Ungarn uns gar nichts. Ein fernes fremdes iso-
lirtes Land, woher nichts zu uns drang, nichts Gutes und
nichts Schlechtes. In unseren Augen der Uebergang von
Deutschland und Europa zu Russland und Asien; — endlose Steppen, bewohnt von Pferden, mitunter auch von
Menschen »halb Ross und halb Alligator«; ohne Land-,
Eisen- und Wasserstrassen, nur mit Flüssen, welche noch
in wildem Zustande waren, und Krieg führten wider Cultur
und Civilisation; herrenlose Wälder; tolle Magnaten und
verthierte Leibeigene; keine Romantik, als bei den Räu-
bern und bei den Zigeunern, von welchen uns Nicolaus
Lenau gesungen. So war es damals!
Aber heute? — Nun, heute wird die österreichische
Politik, welche uns Deutschen niemals gleichgültig sein
darf, zum grossen Theil von den Ungarn gemacht. Es ist

23*

nicht mehr ein Haynau oder Thun, ein Bach oder Beust, sondern ein Andrássy und ein Lonyay, welche das Ruder des grossen Kaiserstaates führen; der Ungar ist der natürliche Bundesgenosse des liberaten und geeinigten Deutschland. Und das ist so nicht erst seit gestern. Es war so schon im August 1867, bei der verhängnissvollen Zusammenkunft in Salzburg, wo Andrássy dem Kaiser der Franzosen nachdrücklich erklärte: »Ich versichere Ihnen, Sire, Ungarn wird nicht leiden, dass Oesterreich Krieg führt wider die Deutschen.«

Und was die Volkswirthschaft anlangt, so ist Ungarn in der Gegenwart, was Sicilien im Alterthum war, die Getreidekammer Europas; — ein Land, das im Stande ist, uns Alle mit Fleisch, Brot und Wein zu versehen; — ein Land, das vorzugsweise gerade durch Deutschland mit dem übrigen Europa wirthschaftlich verkehrt, und das unserer deutschen Industrie einen Markt zu bieten im Begriff steht, wie wir ihn kaum besser finden können.

Trotzdem wissen wir sehr wenig von Ungarn, und das Wenige, was wir wissen, ist nicht immer richtig. Denn es fliesst zum Theil aus verdächtigen Quellen.

Man erzählt uns seit Jahren von dem grimmigen »Deutschen-Hass« der Magyaren. Namentlich soll derselbe während des deutsch-französischen Krieges wieder heftig zu Tage getreten sein. Nun, wir wollen dies Phänomen näher untersuchen.

* *
*

Wollten wir, wie es bei deutschen Gelehrten Sitte, »systematisch« zu Werke gehn, so müssten wir zunächst von den »Deutschen«, dann von dem »Hass«, drittens aber von dem »Deutschen-Hass« reden, und zwar zuvörderst von dem Deutschen-Hass im Allgemeinen, und demnächst und schliesslich von dem Deutschen-Hasse in Ungarn insbesondere.

Da ich aber fürchte, dass der geehrte Leser sich bei

dieser Methode sträflich langweilen würde, so will ich sofort in *mediam rem* einspringen und gleichsam als Propyläen ein paar Stellen aus dem Briefwechsel zweier Magyaren mittheilen. Beide Herren sind als Schriftsteller in und ausserhalb Ungarns rühmlich bekannt. Die Aechtheit der fragmentarischen Korrespondenz, welche aus der kritischen Zeit von 1870 und 1871 datirt, kann ich verbürgen. Der eine Ungar (1. 3. 4.) schreibt von Ofen nach Berlin, der Andere (2.) von Berlin nach Ofen. Der Briefwechsel lautet in seinen hier in Betracht kommenden Stellen so:

1. Aus Ungarn.

— »Und nun, als Schriftsteller dem Schriftsteller sei es gesagt, muss ich Ihnen bekennen, dass es auch meine Ueberzeugung ist: der Ungar bleibt nur so lange und nur dort Ungar, wo er mit einer edlen gebildeten Nation zusammentrifft; dagegen überall, wo er mit Serben, Rumänen und Slovaken in Berührung kommt, wird er selber Serbe, Rumäne, Slovake; das ist statistisch nachweisbar. Der Deutsche amalgamirt sich mit uns in der Culturregion, dagegen die Slaven absorbiren uns überall, wo und weil sie noch tiefer als wir stehen.« —

2. Aus Deutschland.

— »Also, was ich ja immer sagte, Anschluss an das Deutschthum ist nicht nur die alleinige Rettung unserer Nationalität, sondern zugleich auch noch mehr, nämlich deren Veredelung, mithin die einzige Garantie dauernder Herrschaft; dagegen Anschluss an das Slaventhum ist nicht nur Schwächung unserer Nationalität, sondern noch mehr Schwächung der Hegemonie-Berechtigung derselben, weil unsere magyarische Nation nicht nur stofflich, sondern auch geistig unedler wird, als sie von Natur aus geschaffen ist, — nicht blos wild bleibt, sondern dazu auch noch verwildert, wenn sie sich mit den Slaven verbrüdert«. —

3. Aus Ungarn.

— »Das müssen Sie aber stets wieder betonen, wie ungerecht es sei, gerade nur dem Ungar Deutschenhass vorwerfen zu wollen. Nicht nur, dass man in allen fünf Welttheilen gerade in Ungarn den Deutschen verhältnissmässig noch am wenigsten hasst, jedenfalls weniger als die Slaven (jetzt kommt mir schon zum dritten Male das Skl., statt Sl. unter die Feder!), so hasst man ja doch bekanntlich in allen fünf Welttheilen Niemanden mehr, als eben den Deutschen. Ja, ich möchte behaupten — und das will viel sagen — man hasst überall den Deutschen fast noch allgemeiner und intensiver als den Juden. Ich muss Ihnen gestehen, dass ich mir dies Räthsel nicht erklären kann; denn Niemand weniger, als der Deutsche, gab bisher Anlass ihn eifersüchtig zu hassen, und wenn man ihn allgemein verachtet, so geschieht dies auch nicht ihm als Individuum, sondern als Sohn einer Nation, die bisher völlig schutzlos in der weiten Welt dastand, was nun freilich aufhören wird. Aber constatiren wir blos das Factum, ohne den Ursachen nachzugrübeln, warum der Engländer, der Amerikaner, der Franzose, der Italiener, der Spanier, der Russe, der Pole, der Türke, Tod und Teufel, sich antipathisch gegen den Deutschen verhalten — wie schon jeder Blick in die nächstbeste Zeitung dieser Nationen beweist. Warum soll denn gerade nur dem Ungar das als Verbrechen angerechnet werden, was man bei den übrigen Nationen als sehr gleichgiltig hinnimmt?« —

4. Aus Ungarn.

— »Ich kann Sie versichern — und Sie wissen das ja selber am besten — auch der blindeste Magyaromann hasst den Deutschen nicht entfernt so leidenschaftlich, als hier der Deutsche gerade von jenen Deutschen verlästert wird, die wir hier ausserhalb Deutschland kennen lernen. Bei unserer Parteinahme für Deutschland riskiren wir von

ungarischer Seite gar nichts, denn man weiss, das Motiv
hierzu ist das ungarische Interesse; aber wenn wir ja für
unsere deutsche Sympathie Prügel bekommen könnten, so
bekommen wir diese ganz gewiss nur von jenen Deutschen,
welche sich so zahlreich in Oesterreich und Ungarn um-
hertreiben, und die weder Deutsche, noch Nichtdeutsche
sein wollen; sondern je nach Belieben; *»ubi bene, ibi
patria«!«* —

* * *

Betrachten wir diese Stellen aus dem Briefwechsel
zweier Ungarn als Ouvertüre oder ein Vorspiel, in welchem bereits alle Fragen durchklingen, die wir später im .
Einzelnen zu erörtern Willens sind, und gehen wir, dies
vorausgeschickt, zur Sache.

Schon Ludwig Bamberger in seinen völkerpsycho-
logischen Studien »Zur Naturgeschichte des französischen Krieges« (Leipzig, Ernst Günther, 1871)
bezeichnet als eine zeitgemässe Preisaufgabe die Erörterung
der Frage:

— »Wie erklärt sich die, bei Gelegenheit
dieses Krieges (1870/71) in verstärktem Masse
zu Tage gekommene Thatsache, dass beinahe
alle dritten Nationen den Franzosen günstig,
den Deutschen missgünstig sich zeigen?«

Herr Bamberger hat sich darauf beschränkt, die Frage
aufzuwerfen, ohne sie zu beantworten. Und allerdings ist
die Beantwortung sehr schwierig. Sie würde eine vollständige Darstellung unserer Beziehungen zu allen andern
Nationen erfordern, nicht nur der gegenwärtigen, sondern
auch der vergangenen Wechselwirkungen. Namentlich
wäre eine Geschichte der deutschen Auswanderung nöthig,
welche letztere stets eine so grosse Rolle gespielt hat von
den Zeiten der Völkerwanderung an bis auf unsere Tage.
Endlich bedürfte es auf der anderen Seite einer Geschichte
der Fremdlinge in Deutschland. Es ist für einen Einzelnen,

wenn er nicht sein ganzes Leben dieser Aufgabe zuwenden
will, unmöglich, dieselbe zu lösen, oder auch nur annähe-
rungsweise das zu ihrer Lösung erforderliche Material zusammen zu bringen.

Und doch liegen in der Verschiedenheit der Zeit und
der Verhältnisse, der Klassen und der Stände, des Aus-
gangspunktes und des Zielpunktes der Auswanderung sehr
wichtige Momente, durch welche die allgemeinen Voraus-
setzungen wesentliche Modificationen erleiden. Ich erlaube
mir einige Beispiele anzuführen. Der Deutsche im Ausland war vor noch nicht allzulanger Zeit vorzugsweise durch
drei Kategorien vertreten: Erstens durch den auswan-
dernden Bauer, zweitens durch den umherziehenden
Handwerksburschen und drittens durch den Kleinbürger,
welchen polizeiliche Chicanen, Zunft-Hindernisse, Heiraths-
oder Niederlassungs-Beschränkungen, und sonstige, unserer
Klein-, Viel- und Polizei-Staaterei anhängende »unberechtigte« Eigenthümlichkeiten, aus der Heimath vertrieben;
denn in Deutschland, wo sich ein Territorium gegen das
andere absperrte, genoss man keine Zugfreiheit, also war
man lediglich auf das Ausland verwiesen. Die Handwerker gingen in der Regel nach den grösseren Städten
Europa's, die Bauern nach Amerika.

Die Angehörigen dieser drei Klassen waren zwar sehr
tüchtige, fleissige, sparsame Leute, aber Gentlemen waren
sie gerade nicht; und da man im Ausland keine anderen
Deutschen sah, so verbreitete und befestigte sich nach und
nach die Meinung, es gäbe anständige und gebildete Leute
in Deutschland überhaupt nicht.

Oft trugen die Ausgewanderten selbst dazu bei, diese
Meinung zu nähren. Mit der Thatsache ihrer Auswanderung
wurden die ohnedies nicht allzustarken Bande, welche sie
mit der geistigen und sittlichen Cultur ihrer Nation ver-
banden, zerrissen. Die deutsche Sprache, welche damals
in Amerika noch nicht im Dienste der Culturmission stand,
hörte auf, ihnen Fortbildungs-Stoffe zuzuführen. Die Ausgewanderten mussten sich daher einer verhängnissvollen
Alternative unterwerfen. Entweder hatten sie auf Fort-

bildung für sich und ihre Nachkommen überhaupt zu ver-
zichten. Oder sie mussten sich zum Zwecke der weiteren
geistigen Entwickelung der englischen Sprache bedienen.
Diejenigen, welche letzteres wählten, entkleideten sich bald
ihrer deutschen Nationalität, — wenn nicht in der ersten,
dann doch in der zweiten Generation. Von diesem Augenblicke an aber begannen sie, auch ihrerseits auf ihre noch
nicht entnationalisirten deutschen Landsleute verächtlich
herunter zu sehen, sich selbst für etwas Besseres zu halten
und den Glauben zu verbreiten: »Englisch ist Cultur —
Deutsch ist Barbarei«.*)

Dieses hat sich freilich in Amerika im Laufe des
gegenwärtigen Jahrhunderts bedeutend geändert. In Folge
der wiederholten inneren Krisen, welche wir Deutsche in
der Zeit von der Gründung des alten Bundes im Jahre
1815 bis zur Aufrichtung des Neuen Reichs im Jahre 1871,
durchmachen mussten, um das so heiss erstrebte Ziel
unserer politischen und wirthschaftlichen Einheit und
unserer nationalen Wiedergeburt zu erreichen, — in Folge
dieser Krisen wurden auch höher gebildete Deutsche in
grosser Zahl hier zu Lande über Bord geworfen; und die
Stärksten von ihnen schwammen durch bis zur amerikanischen Küste. Diese Männer, durchdrungen von wissenschaftlichem Geiste und energischer Thatkraft, zwangen
den Amerikanern Achtung ab. Sie verbesserten dadurch
die Lage der ganzen Masse, mit Inbegriff der von älterer
Zeit datirenden deutschen Einwanderung. Dazu kam denn
noch, dass die meisten Deutschen sich bei Ausbruch der
grossen Krisis auf die Seite der Union stellten, dass sie
deren schweren, aber am Ende siegreichen Kampf wider
die Secessionisten, Viele unter persönlicher Auszeichnung,
mitfochten und sich so durch »Eisen und Blut«, durch
Geist und Kraft, die Ebenbürtigkeit errangen. Sie bilden
jetzt eine politische Macht in ihrem neuen Vaterlande; und

---

*) In Betreff der Einzelheiten, siehe das Vorwort zu der zwei-
ten Aufl. von Friedrich Kapp's »Geschichte der Deutschen
Einwanderung nach Amerika«.

sie werden diese Stellung um so mehr behaupten, als unsere
Siege in Frankreich ihr Selbstgefühl mächtig gehoben
haben. So in Amerika. Ganz anders in Frankreich, mit dem wir in den lebhaftesten Wechselwirkungen standen, — Wechselwirkungen,
von welchen wir stets gewünscht hätten, sie möchten friedliche bleiben. Nach Paris gingen vorzugsweise zwei Klassen aus Deutschland: Erstens Handwerker und Arbeiter;
zweitens Schriftsteller und Journalisten. Viele gingen
nicht freiwillig, sondern durch heimisches Elend vertrieben.
Den Strebsamen unter ihnen — und das war die Mehrzahl
— ging es dort besser, als in Deutschland; und zum Dank
dafür suchten sie Frankreich möglichst zu glorifiziren. Sie
würden sich den Dank des damals noch gastfreundlichen
Landes besser verdient haben, wenn sie die Franzosen belehrt
hätten über die Zustände und Fortschritte in Deutschland,
über den unaufhaltsamen Process der wirthschaftlichen,
militärischen und politischen Einigung, der sich, ohne irgend
Jemanden zu bedrohen, so still und geräuschlos unter der
bunten Narrenjacke von Ehedem vollzogen. In diesem
Falle würde den Franzosen das Jahr Sechsundsechzig keine
Ueberraschung, kein Aergerniss, kein Antrieb zum Krieg
gegen uns gewesen sein. Sie hätten dann gewusst, was
Deutschland war, und was Deutschland wollte, und dass
keine Macht der Erde es hindern konnte, seine »innere
Mission« zu vollenden.

Wenn wir aber ganz gerecht sein wollen, wir Deutsche,
dann müssen wir gestehen, dass wir selbst, — nicht nur
die Deutschen in Paris, von welchen ich soeben gesprochen,
sondern auch die Deutschen in Deutschland, — einen
grossen Theil der Schuld tragen in Betreff jener Selbst-
überhebung, an welcher die Franzosen uns gegenüber
krankten. Seit mehr als zweihundert Jahren waren wir die
Affen der Franzosen. Wir hielten ihre Sitten für fein und
ihre Sprache für vornehm. Das böse Beispiel gaben unsere
deutschen Höfe. In jeder kleinen Residenz war der Franzose als solcher wie ein höheres Wesen geehrt. Der Pariser
Koch, der Haarkräusler oder Kammerdiener aus Frank-

reich galt da schier mehr, als der deutsche Edelmann.
Man schwärmte für die französische Literatur und verach-
tete die deutsche. Die deutsche Kaiserin tauschte ihr
Portrait mit einer Pompadour aus; und zwar war es Maria
Theresia, welche die Initiative ergriff zu diesem »Bunde
schöner Seelen«. Diese Krankheit der Höfe verpflanzte sich auch auf
das Volk; und schliesslich kam es so weit, dass die Radi-
calen und die Reactionäre mit einander in Französelei
wetteiferten. Ich erinnere mich noch recht gut, wie vor
nunmehr etwa dreissig Jahren ein deutscher Radicaler die
»Geschichte der zehn Jahre« von Louis Blanc — eines
der närrischsten Bücher, welche die Welt aufzuweisen hat
— übersetzte und in der Vorrede sich über das Wechselverhältniss zwischen Deutschland und Frankreich aussprach.
Er schildert das Elend der Kleinstaaterei, die schweren
Begehungs- und Unterlassungs-Sünden, welche Oesterreich
unter dem directen, und Preussen unter dem indirecten
Einflusse des Metternich'schen, despotischen Quietismus
begangen; und er schildert Alles das im Wesentlichen
richtig. Statt aber nun dies welke Laub von den unver-
gänglichen deutschen Eichen abzustreifen, statt die Knos-
pen und Keime einer besseren Zukunft zu zeigen, unter
welche ich vor Allem rechne: den spartanischen Geist des
preussischen »Volkes in Waffen«, den Zollverein, diesen
wirthschaftlichen Kern der militärischen, politischen und
nationalen deutschen Einheit; die deutsche Wissenschaft;
die deutsche Industrie; und vor Allem das deutsche Volk,
das schon 1813 wieder erwacht war und seitdem unaufhörlich seinen Geschicken, seiner grossen Vergangenheit,
seiner nichtswürdigen Gegenwart und seiner zukünftigen
Wiedergeburt nachsann, vielleicht mit deutscher Langsam-
keit, aber auch mit deutscher Gründlichkeit und Hartnäckigkeit nachsann: — statt Alles das aufzuzeigen,
schliesst der deutsche Uebersetzer seine Vorrede zu dem
französischen Buche (siehe Louis Blanc's Geschichte
der zehn Jahre von 1830 bis 1840. Aus dem Französischen
übersetzt von Gottlob Fink. Nebst einem Vorworte zur

Verständigung der Deutschen und Franzosen von einem deutschen Publizisten in der Fremde. Zürich und Winterthur, Verlag des literarischen Comtoirs, 1843. Band I. Seite XXX.) mit folgenden Worten:

— »Das haben Oesterreich und Preussen gethan; was werden sie ferner thun? Das hat Deutschland aus sich machen lassen, was wird es ferner erdulden? Die Antwort würde nicht zweifelhaft sein, wenn es ganz gewiss wäre, dass die Thaten Oesterreichs und Preussens nicht noch einmal, wie im Anfange dieses Jahrhunderts, in Leiden umschlügen. Aber es ist nur zu augenscheinlich, dass diese Leiden, und zwar diesmal aus heiler Haut, mit unabwendbarem Verhängniss auf beide Staaten hereindrohen. Haben sie Deutschland geflissentlich in chaotischer Auflösung erhalten, so sind sie beide selbst schon gegenwärtig in der entschiedensten Auflösung begriffen, und je entschlossener sie alle Palliativmittel von sich' werfen und der reinen Krankheit ihren Lauf lassen, desto fühlbarer wird die endliche Katastrophe sein, die mit ihrem Untergange zugleich den Aufgang einer neuen Welt herbeizuführen bestimmt ist. An Oesterreichs und Preussens Fortexistenz kann der Geist der Menschheit fortan kein Interesse mehr haben, vielmehr ist der Aufgang der Freiheit identisch mit ihrem Untergange. Sie haben beide freiwillig das Princip des Todes ergriffen, und nun sollten sie nicht zu Grunde gehen? Es ist hier der Ort nicht, dies weiter auszuführen und zu beweisen; auch lacht der Schwindsüchtige dem Tode immer so lange in's Angesicht, bis er wirklich eintritt; nur für die Aerzte ist es möglich, über seine Leiden und ihren Ausgang in's Reine zu kommen. Wir haben uns nur gegen die deutsche Indolenz in politischen Dingen gewendet, und rufen unsern Landsleuten zu: braucht die Frist, die euch gegönnt ist, zur Verständigung über die reellen politischen und socialen Probleme unserer Zeit, und erfrischt eure Trägheit mit französischem Geist. Wäret ihr französischer, wäret ihr politischer, so müsstet ihr jetzt, da alles aus den Fugen geht, ein Einsehen haben. Nun aber, da ihr seid, wie ihr seid, träumerisch und dem practischen Leben entfremdet, so ist für euch noch immer

»»*Nulla salus sine Gallis*««

(Keine Rettung mehr für Deutschland als durch die Franzosen).

Die Franzosen sind Eure wesentliche Ergänzung. Verdankt ihr ihnen doch sogar die Zerstörung eures alten Reiches, das ihr ohne sie gewiss noch heute mit allen seinen Dummheiten heilig hieltet.

»»Im Laufe einer langen Regierung, sagt Montesquieu, nähert man sich auf einem unmerklichen Abhange dem Verderben; und ohne einen grossen Kraftaufwand erhebt man sich nicht wieder zum Heil.«« Die Völker müssen von Zeit zu Zeit mit ihrer Vergangenheit brechen, eine schlechte Richtung ihrer Geschichte für eine schlechte anzuerkennen, und der Schande den Namen Schande zu geben den Muth haben.« —

So schrieb damals ein eben so verblendeter, als aufrichtiger und wohlmeinender deutscher Patriot.

Und man glaube nur nicht, dass diese gallophile Stimme damals eine vereinzelte war in Deutschland, dass sie nur der Zornes-Ausbruch eines politischen Flüchtlings gewesen, bei welchem das harte und bittere Brot der Verbannung »die Milch der frommen Denkungsart in Drachenblut verwandelt.« Nein, diese Stimme fand ein tausendfaches Echo in Deutschland, und nicht ohne Grund!

Denn alle Welt war durch die schlechte Wirthschaft der damaligen Regierungen auf das Aeusserste erbittert. Das Volk hatte in hartem Ringen in der Zeit von 1812 bis 1814 das Joch der Fremdherrschaft abgeworfen. Als Lohn erwartete es von den Regierungen die Erfüllung seiner nationalen Wünsche. Statt dessen gab man ihm den alten Bund, eine verschlechterte Kopie des französischen Rheinbunds, und den Frankfurter Bundestag, der zu allem Schlechten bereit und zum Guten »nicht competent« war. Die durch Napoleon I. »souverain« gewordenen kleinen Staaten sperrten sich gegeneinander ab und gewannen immer mehr das Ansehen von Maikäfer-Schachteln. Die

Patrioten von 1812 und ihre Schüler verfolgte man als
»Demagogen«. Der Turner Jahn, welchem man im August
1872 in Berlin ein stattliches Denkmal gesetzt hat, wurde
in eine grosse politische Untersuchung verwickelt. Der
Minister v. Kamptz eröffnete dem Gericht, »es möge sehr
strenge sein, dann werde der König gnädig sein.« Das
Kammergericht in Berlin that seine Schuldigkeit; es fand
keine Schuld an dem Manne und sprach ihn frei. Aber
der Minister von Kamptz verbannte nun den Freigespro-
chenen in ein kleines Thüringer Ackerstädtchen, wo er den
Rest seiner Tage vertrauerte, nachdem er eine lange und
schwere Untersuchungshaft ausgestanden. Das war das
Loos, welches damals von den deutschen Regierungen den
Patrioten bereitet wurde, welchen man heute, unter dem
Beifall des deutschen Kaisers, mit Recht Denkmäler
setzt.

Die Pressfreiheit wurde unterdrückt. Die deutschen
Zeitungen waren inhaltlos. So wollte es die Censur. Folglich warf sich der Deutsche auf die französischen Blätter.
Sie waren seine einzige politische Nahrung. Er verschlang
sie mit Gier; es bedurfte dazu keinerlei Kenntnisse, sondern nur eines empfänglichen Ohrs für Press-Geklingel.
So machten die deutschen Regierungen selber die Deutschen französisch; und ein deutscher Flüchtling, ein
»Opfer des Exils«, ein »Märtyrer der Freiheit« liess in Paris
in französischer Sprache drucken: »Die deutsche Nation
ist ein Volk von Knechten«. Andere, wie der Württem-
berger Moritz Mohl, schrieben dicke Bücher, worin sie
bewiesen, nur in dem südwestdeutschen Winkel sässen
noch wirkliche Deutsche, die Uebrigen, namentlich die
Preussen, seien eine slavisch-mongolisch-finnische Misch-
race.*) Die Epigonen dieser Leute sind nicht ausgestor-
ben. Sie treiben noch heute ihr Unwesen, und zwar

---

*) Der französische Akademiker Quatrefages hat dies in sei-
nem 1871 erschienenen und seitdem oft neu aufgelegten Buche über
die »Preussische Race« mit blühender Ignoranz weiter ausge-
führt. Die Idee selbst ist aber deutschen Urspsungs. Sie ist das
»geistige Eigenthum« von Moritz Mohl.

vorzugsweise in der »Frankfurter Zeitung« des
Banquiers Leopold Sonnemann. Wie war es möglich, dass unter solchen Umständen
die Franzosen eine richtigere Meinung von Deutschland
und den Deutschen haben konnten? Mussten sie sich
nicht durch den falschen Schein täuschen lassen? Musste
sie nicht Sadova überraschen? Mussten sie nicht auf die
Zwietracht der Deutschen rechnen?
Das ist ein Theil der Genesis des Kriegs von 1870.
Nicht nur des Kriegs, sondern auch der unerhörten Verfolgungen, welche damals friedliche Deutsche in Frankreich
erlitten. Um gerecht zu sein, muss ich erwähnen, dass es
auch in Frankreich an einsichtigen und humanen Männern
nicht fehlte, welche selbst mitten in der furchtbarsten Aufregung den Muth hatten, die Wahrheit zu sagen. So
schrieb der berühmte Nationalöconom Michel Chevalier im August 1870 in der Pariser »Revue des deux
Mondes«:
— »Wenn nun auch einmal dem Kriege die Schreck-
nisse des Schlachtfeldes eigenthümlich sind, und er sich
nicht von ihnen befreien kann, so nimmt andererseits die
Civilisation ihre Rechte ihm gegenüber wieder dadurch
ein, dass sie ihn einschränkt und sein Herrschaftsgebiet
reducirt. Der Soldat ist der Feind des Soldaten, der ihm
gegenüber steht, und er strebt danach seinen Gegner zu
überwältigen; aber das moderne Kriegsgesetz besteht
darin, dass z. B. der französische Soldat den preussischen
Unterthan, der nicht Soldat und ganz unbetheiligt ist, nicht
als Feind behandle, wie denn auch der preussische Soldat
den französischen Bürger, der nicht thätig im Kriege ist,
so behandeln muss. Diese Achtung für alles nicht zum
Kriege gehörige bei dem Volke, mit welchem man im
Kriege ist, erstreckt sich noch über Personen hinaus; denn
sie gilt auch für das Eigenthum und für Güter jeder Art.
Die Plünderung und nutzlose Zerstörung gelten immer für
schmachvolle Thaten derer, die sie ohne zwingende Noth
vollbracht haben.
Diese allgemeinen Betrachtungen lassen sich augen-

blicklich auf zwei specielle Thatsachen anwenden. Die
erste besteht darin, dass Frankreich nicht darauf verzich-
ten wollte, mit seinen Kriegsschiffen deutsche Handels-
schiffe zu überfallen, selbst auch dann nicht, als Preussen
schon erklärt hatte, dass es weder Kaperbriefe ausstellen,
noch mit seiner Kriegsmarine eine Eroberung zu machen
versuchen werde. Damit hat uns Franzosen unser Feind
ein Beispiel gegeben, welchem wir, die wir doch zur Zeit
der Pariser Verhandlungen einen so ehrenvollen und ener-
gischen Anlauf genommen hatten, das Seerecht in huma-
nem Sinne zu reformiren und dem Privateigenthum auch
auf dem Meere Achtung zu verschaffen, leider nicht gefolgt
sind. Der Minister der Marine, welchem man diese Massregel zuschreibt, hatte gedacht, dass er dadurch dem Feinde
Schaden zufügen würde und Deutschland jeden Handel
mit aussen abschnitt. Aber in dem Eifer seines Patriotismus hat er sich getäuscht, denn er hat nur die norddeutsche
Handelsflotte zu Gunsten der Neutralen, die während der
Dauer des Krieges die Ein- und Ausfuhr zur See in
Deutschland übernahmen, gelähmt. Der tapfere Admiral
dachte, da Preussen bis auf den heutigen Tag nur eine
sehr kleine Seemacht hat, welche immer in den Häfen eingeschlossen ist, werde die Handelsflotte Frankreichs ihre
gewohnte Uebermacht auch hier beweisen; aber so war es
nicht. Die Kaufleute in unseren Häfen sind nun einmal
so, dass sie nicht eher von der Sicherheit ihrer Waaren an
Bord französischer Schiffe überzeugt sind, bis Frankreich
dieselbe Massregel wie Preussen angenommen hat. Wenn
der französische Kriegsminister sich bei den Handelskam-
mern von Havre, Bordeaux, Dünkirchen, oder selbst von
Marseille erkundigt, so wird er erfahren, ob die einfache
und natürliche Folge des Umstandes, dass Frankreich den
preussischen Vorschlag der Unverletzbarkeit des Privat-
eigenthums auf See zurückwies, nicht die war, dass die
Handelsleute in unseren Häfen so viel wie möglich ihre
Waaren unter fremder, vorzüglich unter englischer Flagge,
ausführen, zum grossen Schaden der französischen Fahr-
zeuge, welche gänzlich verwaist sind.

Eine andere, viel ernstere Thatsache, insofern sie, wenngleich vielleicht wider den Willen ihrer Urheber, darauf hinausläuft, Gewaltthätigkeiten hervorzurufen, sind die Beschuldigungen, welche eine gewisse Anzahl von Blättern seit einigen Tagen auf die in Paris angesiedelten Deutschen herabhageln lässt. Man weiss sehr wohl, dass viele dieser Männer schon 20, 30 oder noch mehr Jahre hier sind. Man beschuldigt sie des Spionirens, stellt sie als Feinde dar, die nur eine Gelegenheit abwarten, um Frankreich zu schaden und dem preussischen Generalstabe Nachrichten zukommen zu lassen, die diesem nützlich, uns aber verderbenbringend sind. Die wirksame Phantasie schreibt ihnen Uebelthaten jeder Art zu. Einige zeichnen angeblich die Befestigungen von Paris ab, um sie nach Berlin zu befördern, als ob während der 20 Jahre, wo diese schon fertig sind, kein Generalstab Europas Mittel gefunden hätte, die Einrichtungen derselben ebenso gut kennen zu lernen, wie ja bekanntlich auch der französische Kriegsminister von den meisten festen Plätzen Deutschlands Pläne besitzt. Andere vernageln angeblich die Kanonen, mit welchen man die Bollwerke versehen will. Doch das Journal, welches dieses Attentat gegen unser Geschütz veröffentlichte, war so aufrichtig, den nächsten Morgen zu erklären, dass es von solchen Gerüchten getäuscht worden sei.

Dass der Feind versucht hat, Spione in Frankreich zu halten, ist mehr als möglich, ja selbst mehr als wahrscheinlich. Dies ist stehende Gewohnheit im Kriege, und jeder macht, so gut er versteht, hiervon Gebrauch. Nur bedürfen die Preussen keiner Spione in Paris, sondern auf dem Kriegsschauplatze, wo jeder bemüht ist, die Stellung der verschiedenen Truppentheile des Gegners zu entdecken. Das ist dort am Platze. Aber was soll um Gotteswillen ein Spion in Paris? Alles was da vorgeht, oder selbst nicht vorgeht, alles was da verhandelt wird, oder auch nicht, alle wahre und falsche Neuigkeiten, die da verbreitet werden, alles dieses melden uns die Journale. Jedes Journal hascht — so bringts sein Metier mit sich — nach Neuigkeiten, um sie *urbi et orbi*, dem ganzen Weltall und tausend anderen Orten mitzutheilen, und es giebt in der That wenig oder nichts, was diesem mächtigen Strom der öffentlichen Mittheilung durch alle Spione der Welt noch hinzugefügt werden könnte. Dass die Polizei, im Falle sie es für gut findet, alle neu Angekommene überwacht, und speciell die, welche ihr gefährlich scheinen, ausweist; dass selbst unter den Altangesessenen alle, welche zu irgend welchem bestimmten Argwohn Anlass geben, ihre Pässe erhalten — alles dies ist staatliche Nothwehr, und die Regierung hat das Recht hierzu. Kann· sie doch sogar unter der Herrschaft des Kriegszustandes auch Franzosen ausweisen, welche die öffentliche Ruhe und Ordnung bedrohen. Aber in Betreff der 40,000 Deutschen, die sich in unserer Stadt niedergelassen haben und hier in den verschiedensten Klassen der Gesellschaft die verschiedensten Stellen und Beschäftigungen einnehmen, sei es als reiche Kaufleute, oder als kleine Krämer, als grosse Fabrikanten oder als gewöhnliche Arbeiter; meistens Familienväter, die auch fernerhin sehr gern in unserer Mitte wohnen möchten, weil sie sich hier ihre Heimath gegründet haben, an welche sie Interessen und Neigungen fesseln — in Betreff dieser arbeitsamen und verdienstvollen Bevölkerung muss man sich gegen die Drohungen exaltirter Menschen und gegen unüberlegte Aeusserungen von Schriftstellern, die durch ihren Patriotismus irre geführt werden, auf das Entschiedenste aussprechen. Man muss zu ihren Gunsten an alle die appeliren, die sich rühmen, die Gefühle der Humanität anzuerkennen, ja selbst an diese nämlichen Schriftsteller, welche auf der allgemeinen Verfolgung unmöglich beharren können, wenn sie ehrlich sind und sich die Sache nur einen Augenblick überlegen.

Ferner dürfen wir auch nicht vergessen, dass in Deutschland viele unserer Landsleute in derselben Lage sich befinden, und trotz einiger ungünstiger Gerüchte, die man Anfangs schleunigst zu verbreiten bemüht war, scheint es doch, dass man sie bis zum heutigen Tage noch in kei-

ner Weise molestirt hat. Wenn wir die bei uns zurück-
gebliebenen Deutschen misshandeln, und wenn die deutschen Behörden im Gegensatze hierzu uns in dem traurigen
Alleinbesitze dieses Monopols unmenschlicher Verfolgungs-
versuche liessen*), so würden wir fürwahr keine schmeichelhafte Rolle spielen und der Ruf unserer Nation würde
schwer darunter leiden. Möglich aber wäre es doch auch,
dass die Deutschen sich einer bei der Mehrzahl der Menschen herrschenden Neigung ergeben und einfach Wieder-
vergeltung üben. In diesem Falle aber würden unsere
Landsleute in Deutschland mit Recht uns verantwortlich
machen für die Leiden, welche sie in Folge dessen erdulden. In kritischen Zeiten ist der wenigst gebildete Theil
der Bevölkerung leicht reizbar. Da reicht bei ihm ein
Wort, ein Name schon hin, um einen Zorn in ihm anzu-
fachen, der leicht in Gewaltthätigkeit ausbricht. So sahen
die Edelleute im Anfange des Herbstes 1792 plötzlich
jenes Gewitter der Septembertage, einen der Flecken der
französischen Revolution, aufsteigen. Man sagte damals
der Masse, die unglücklichen Gefangenen hätten zu Gunsten
Preussens conspirirt; mehr bedurfte es nicht, um sie alle zu
erwürgen, ehe noch der Convent im Stande gewesen, dem
Gemetzel ein Ziel zu setzen. Heutigen Tages hetzt man
geradeso die Pariser gegen die Spione, zu welchen man
40,000 Personen jeden Alters, jeden Geschlechts und
jeden Standes zählt; — 40,000 Personen, von welchen 99
unter 100 von Unruhe über den Argwohn, welchen man

---

*) Dies ist in der That geschehen. Während des ganzen
Kriegs ist den zahlreichen Franzosen, welche sich in Deutschland
aufhielten, nicht ein Haar gekrümmt worden. Die Deutschen, mit
Inbegriff Derer, welche theure Angehörige im Kriege verloren,
suchten eine Ehre darin, im Interesse der Humanität und der Na-
tional-Ehre ihre Gefühle zu beherrschen und dem wehrlosen Feinde
Wohlthaten zu erweisen. Nicht einmal die prahlerischen Monumente, welche die Franzosen ehedem zur Verherrlichung ihrer Siege
und ihrer Fremdherrschaft auf deutschem Boden errichtet, wurden
angetastet, während die Franzosen sogar die Gräber unserer Tapferen
schändeten.

gegen sie hegt, gequält werden, und fortwährend bedauern, dass sie jemals gehofft hatten, in dieser grossen und ruhm-reichen Hauptstadt, die ihnen eine zweite Heimath gewor-den war, Schutz zu finden. Diese 40,000 Deutsche sind alle nützliche Mitglieder der wirthschaftlichen Gesellschaft der Hauptstadt. Wenn sie ihre Geschäfte besorgen, fördern sie zugleich auch die unseren. Die deutschen Arbeiter in Paris sind sehr geach-tet, weil sie geschult und ordentlich sind. Sie verhindern Niemand, sich dieselbe Achtung zu erwerben. Als Hilfs-personal im Handel sind die Deutschen vortrefflich und, wie überall, auch in Paris sehr gesucht. Als Banquiers sind sie uns besonders nützlich, denn sie verwalten das Capital, von dem sich die nationale Arbeit erhält, sehr ge-schickt. Wenn Paris das germanische Element seiner Be-völkerung verlöre, wären wenigstens 10 oder 20 Jahre nöthig, um diesen Verlust wieder gut zu machen.

Im Jahre 1808 hatten die Franzosen Spanien mit Krieg überzogen. Ohne sich der Gefahr auszusetzen, für einen »Preussen« zu gelten, darf man sich wohl hier die Bemerkung erlauben, dass der jetzige Einmarsch der deutschen Armee auf unseren Boden ein ganz anderer ist, als damals der der französischen Armee auf jener Halb-insel. Der Eroberer, welcher damals Frankreich be-herrschte, hatte sich gegen Spanien einen gemeinen Betrug erlaubt, welcher sowohl seines Genies, als auch des fran-zösischen Namens unwürdig war. Er hatte seine Regimen-ter als Verbündete in die spanischen Festungen einrücken lassen; dann aber hatte er die Maske abgeworfen und sich als Herr erhoben. Wie es heute in Paris Deutsche giebt, welche sich dem Handel und Gewerbe widmen, so gab es auch damals in Spanien viele Franzosen, die sich zum Zwecke gemeinnütziger Beschäftigung in den Städten niedergelassen hatten. Die Fanatiker des Aufstandes ent-flammten die Leidenschaft der Spanier gegen sie. So kam es zu schrecklichen Scenen. In Valencia wurde die Menge zur Ermordung der dort wohnhaften Franzosen aufgerufen durch einen Menschen, welchen Thiers, in seinem bekannten Geschichtswerk, als den »Canonicus Calvo, einen blutdürstigen und verfolgungswüthigen Priester aus Madrid« bezeichnet. Das Gemetzel von Valencia flösste damals der ganzen Welt ein wahres Entsetzen ein; und man würde mit Recht haben sagen können, dass dadurch die spanische Erhebung entehrt sei, wenn nicht, Dank der grossmüthigen Wirksamkeit eines andern Priesters, Namens Rico, jener Calvo gleich darauf eingekerkert, procedirt, zum Tode verurtheilt und hingerichtet worden wäre. Wir sind weit davon entfernt zu behaupten, dass die, welche heutigen Tages gegen die Deutschen in Paris hetzen, dieselben Pläne wie jener schändliche Calvo hätten; wir sind vielmehr überzeugt, sie würden selber erschrecken, wenn ihre Beschuldigungen derartige Folgen hätten. Aber man vergesse doch nicht: es ist nichts gefährlicher, als an die fanatischen Leidenschaften der Masse zu appelliren in einem Augenblicke, wo ohnehin deren Phantasie in krankhafter Aufregung und ihr Gemüth gereizt und erbittert ist durch unerwartete Schicksalsschläge. Hat man einmal die Wuth entfesselt, so giebt es kein Mittel, sie wieder zu beschwichtigen. Sie stürzt dann von Extrem zu Extrem.«

So schrieb Michel Chevalier. Leider ohne allen Erfolg. Die traurige Saat zweier Jahrhunderte war zu mächtig aufgewuchert, als dass selbst eines so hochgefeierten Mannes Stimme dagegen aufzukommen vermochte.

In Folge aller jener Umstände, die ich in Obigem theils erörtert, theils berührt habe, und in Folge des grossen Kriegs hat sich zwischen der deutschen und französischen Nation ein solches Missverhältniss entwickelt, dass wir nur von der fortschreitenden Cultur und von der Zeit eine Besserung erwarten können. Uns Deutschen, den Siegern, ziemt Grossmuth. Wir wollen nicht allzu empfindlich sein gegen die leidenschaftlichen Ausbrüche der gereizten Franzosen, sondern ihnen Zeit lassen, sich zu sammeln. Jedenfalls aber wird es die jetzige Generation schwerlich erleben, dass die Möglichkeit einer Verständigung und der Wiederaufnahme der gemeinschaftlichen internationalen Cultur-Arbeit eintritt.

Desto mehr Ursache haben wir, inzwischen mit unseren übrigen Nachbarn Freundschaft zu pflegen.
Da ist mir nun überall eine seltsame Erscheinung ent-
gegengetreten. Ich kann nicht umhin, sie hier ohne alle
Umschweife zur Sprache zu bringen.

Ich reise viel, nicht in Geschäften, sondern ausschliesslich zu meinem Vergnügen, oder wenn man es
besser und richtiger ausdrücken will, zu meiner Belehrung. Nun finde ich aber seit 1866 und noch mehr seit
1870 bei allen unseren Nachbarn die auffallendste Angst,
von uns verschlungen zuwerden.

— »Aber *Mijnheer*«, sagt mir der Holländer, »wir
trauen Euch nicht. Eure *eetlust* (Appetit) ist zu *smake-
lijk* (gross)«.

— Wie so?

— »Nun, Elsass und Lothringen waren doch schon
so lange französisch!«

— Aber glauben Sie, wir hätten's zum Vergnügen erobert? Hätten die Franzosen, wenn siegreich, uns nicht
auch unsern Rhein abgenommen. Wie Du mir, so ich Dir!
Warum liessen sie uns nicht in Ruhe?

— »Ja, aber warum sollten die Deutschen nicht klüger sein, als die Franzosen? Was habt Ihr denn an den
weerbarstigen (widerborstigen) und *koppigen* Leuten,
welche dagegen protestiren, Deutsche zu sein? Am Ende
sagt Ihr auch von uns Holländern, wir wären Deutsche,
und steckt uns in die Tasche. Gewiss, Germanen sind
auch wir, aber Deutsche, wie Ihr, sind wir nicht, und wollen es nicht sein. Wir protestiren!«

— Das ist gar nicht nöthig, *Mijnheer*, erwiderte ich,
verhitten (echauffiren) Sie sich doch nicht so *zonder
oorzaak* (ohne Grund). Wir haben durchaus nicht deshalb Metz und das Elsass genommen, weil es ehedem
Deutsch war. Wir selbst wollen ja auch nicht herausgeben,
was wir haben, auch wenn es ehedem nicht Deutsch war.
Wir haben's genommen aus zwei Gründen:

1. weil die Franzosen ohne alle Ursache uns meuchlings mit Krieg überzogen haben, — also zur Strafe; und

2. weil die Franzosen, auch trotz all ihrer Niederlagen, immer noch nicht Ruhe halten wollten; und weil
wir dieser Bollwerke nöthwendig bedurften, um uns gegen sie
vorzusehen, — also zur Vertheidigung. Für Euch
haben wir keine Strafe und gegen Euch haben wir keine
Vertheidigung nöthig. Ausserdem aber wäre die Eroberung Hollands das schlechteste Geschäft von der
Welt.

— »*Waarom, Mijnheer?*«
— Nun, das ist doch sehr einfach. Holland hat entsetzlich viel Schulden und hält nur durch die Einkünfte
seiner überseeischen Colonien sein Budget im Gleichgewicht. Was hätten wir also von Holland? Und Eure
Colonien? Nun, alle Welt weiss, unsere Flotte ist nicht
stark genug, sie zu halten. Also was nun? Sollen wir
einen furchtbaren europäischen Krieg heraufbeschwören
und die grössten Gefahren laufen, bloss um uns Eurer
kolossalen Schulden zu bemächtigen? Danke! Wir haben
schon Schulden genug! —

Das leuchtete dem Holländer ein. Er schwieg eine
halbe Minute. Dann hob er von Neuem an:

— »Aber, *Mijnheer*«, meinte er, »das deutsche
Reich ist doch stets, so lang es bei Kräften war, eroberungs-
lustig gewesen. Nicht wahr? Wird es dies nicht auch jetzt
wieder werden, nachdem es wieder zu Kräften gekommen?«

— Durchaus nicht. Wir haben in unserem eigenen
Hause genug zu thun. Hätte man uns 1870 in Ruhe ge-
lassen, hätte uns Frankreich nicht fortwährend das Recht
bestritten, unsere häuslichen Angelegenheiten selber zu
ordnen, es hätte kein Mensch in Deutschland an Krieg gedacht. Das jetzige »deutsche Reich« aber ist durchaus
nicht zu verwechseln mit dem alten »heiligen römischen Reich«. Das letztere rivalisirte mit dem Pabst-
thum und erstrebte gleich diesem die Universalherrschaft
über die ganze Christenheit aller bekannten Theile der
Erde. Wir aber sind heute ein ebenso confessionsloser,
als nationaler Staat. Wir sind zufrieden mit unseren
jetzigen Grenzen und wollen nur innerhalb dieser unserer

Grenzen nach unserem eigenen Geschmack die Ordnung
herstellen. Deutschland für die Deutschen, — Jeder für
sich und Gott für uns Alle! Das ist unsere Parole. —
Ich glaube, diesen Holländer überzeugt zu haben,
und bedauere nur, dass ich nicht mit allen Holländern
sprechen konnte.

Ein Däne fragte mich allen Ernstes, ob wir denn dem
Gedanken, Jütland zu erobern, wirklich entsagt hätten. Ich
antwortete ihm, wenn's meinem Geschmacke nachginge,
bekäm' er sogar Herrn Kryger-Hadersleben wieder. Ein
Schwede zeigte mir ein pudelnärrisches schwedisches
Gedicht, welches Wuth schnaubte wider Deutschland. Er
behauptete, der Urheber dieses »Carmen poeticum« sei der
jetzige König von Schweden, denn es sei mit einem C gezeichnet und dieser Chiffre bediene sich der poetische
König; der Inhalt des Gedichtes entspreche ganz der durch-
schnittlichen Stimmung des schwedischen Volkes. Ich liess
dies dahingestellt, bemerkte jedoch auf Grund autoptischer
Wahrnehmung:

— »Jedenfalls sind die Norweger vernünftiger.«

Ein Wiener Fabrikant fragte mich in gereiztem Ton:

— »Glauben's denn, Wien wollt' a Provinzialstadt des
Reiches draussen werden?« — und als ich ihm in beschei-
denster Tonart antwortete, nein, das glaube ich nicht, und
wir könnten ja auch etwas der Art durchaus nicht von der
»»feschen«« Kaiserstadt an der Donau verlangen, — fuhr
er gleichwohl fort, mir von Zeit zu Zeit einen misstrauischen
Blick zuzuwerfen.

Ein Czeche warnte mich, wir möchten nur nicht
daran denken, Böhmen zu erobern, das werde für alle Slaven
das Signal sein, über uns herzufallen, um, in Gemeinschaft
mit den Franzosen, Deutschland zu zerstückeln, in der Art,
dass der Westen zu Gallien geschlagen werde und der Osten
zum panslavischen Reiche.

— »Denn,« sagte er, «so ist es ja gewesen in der Zeit
vor Eurem Kaiser Otto, den Ihr heute noch den Grossen
nennt, weil er die Slaven ohne Erbarmen von der Erde
vertilgte.«

Ich versicherte dem Bruder Wenzel, dass ich durchaus nicht verantwortlich sei für Leben, Meinungen und Thaten von Kaiser Otto dem Grossen, dass ich sogar dessen Streben nach Universalwirthschaft entschieden missbillige und mich daher dem heiligen Nepomuk und der Lönigin Libussa bestens empfohlen halte; desgleichen den Herrn Jireczek, Habietinek und Schäffliczek! Nur die Italiener, welche ich in den letzten Jahren gesprochen, waren überzeugt, dass wir ihnen weder etwas abnehmen, noch sonstwie zu Leide thun wollten; ja seit 1871 sehen sie auch ein, dass auf das deutsche Reich mehr Verlass sei, als auf das wetterwendische Frankreich.

Ich muss gestehen, ich fühle die grösste Lust, das Wechselverhältniss zwischen den Deutschen und den übrigen Völkern, insbesondere den Nachbar-Nationen, im Einzelnen zu erörtern. Allein es würde mich zu weit von meinem eigentlichen Thema abführen. Ich will mich daher auf eine allgemeine Bemerkung beschränken, und auch diese muss ich durch einen Vergleich einleiten.

Jeder Deutsche, welcher die letzten zehn Jahre hindurch unsere Offiziere mit Aufmerksamkeit beobachtet hat, wird bemerken, dass eine wesentliche Veränderung in hrer Stellung zu der bürgerlichen Gesellschaft, und ich möchte hinzufügen, auch in ihnen selbst vor sich gegangen ist. Unsere Offiziere, und namentlich die preussischen, waren ohne Zweifel vor 1864 eben so tüchtig wie heute. Und doch ist ein grosser Unterschied zwischen demselben Mann vor und nach dem Erfolg. Und noch grösser ist er im Verhalten des Publikums.

Denn die Masse urtheilt nach dem Erfolg: »stultorum magister eventus.«

Vor 1864 war der Offizier bei der Masse missliebig. Man ahnte nicht entfernt die Wichtigkeit seiner Stellung, nicht nur für die specifisch-militärische, sondern auch für die körperliche und ethische Ausbildung der Nation, für die Mannhaftigkeit und Tüchtigkeit, mit einem Worte für die » *Virtus*«, was unsere Schuljugend höchst fälschlich mit »Tugend« übersetzen. Der lange Friede hatte die Ge-

dankenlosen zu dem Glauben verführt, das Heer sei überflüssig; eine Miliz, bewaffnet mit nichts, als dem Feigen-
blatte und der Friedenspfeife, thue es zur Noth auch. Endlich zweifelte man an der Leistungsfähigkeit der Offiziere;
und der lange Conflikt von 1861 bis 1866 trug das seinige
dazu bei, all diese Gegensätze krankhaft zu schärfen.
Man begreift leicht, dass dieser Zustand für den tüch-
tigen Offizier ein wahrhaft unerträglicher war und nicht
dazu beitragen konnte, ihn gegenüber der Masse liebenswürdig zu machen. Er zahlte die Geringschätzung doppelt
zurück. Er sah sich auf das Aergste verkannt und verhielt
sich in Folge dessen argwöhnisch, zugeknöpft, zurückhaltend, aigrirt und übelnehmerisch.
Der Krieg hat die Sachlage vollständig verändert.
Jedermann sieht ein, welchen Dank wir unseren Offizieren
schulden. Jedermann bewundert ihre Tapferkeit, ihren
Patriotismus, ihre Intelligenz. Und die Offiziere ihrerseits?
Sie sind statt hoffährtig, bescheiden; statt zurückhaltend,
mittheilsam; statt aigrirt, liebenswürdig geworden; und das
Alles desto mehr, je höher der Einzelne persönlich steht.
Giebt es z. B. einen einfacheren, bescheideneren, feineren
Mann als unseren Moltke?
Es ist vielleicht ein gewagter Vergleich, allein ich wage
ihn dennoch: Es verhält sich ähnlich mit dem Deutschen
im Ausland. So lange man von ihm singen und sagen
konnte:

> »Du Deutscher ohne Vaterland —
> Du Vogel ohne Nest!«

befand er sich draussen in einer unleidlichen Stellung. Man
schätzte seinen Fleiss, seine Sparsamkeit, seine Zuverlässig-
keit. Das Ausland nutzte diese Eigenschaften für sich aus,
aber es respektirte nicht deren Träger. Der letztere hatte
keine einheitliche politische Macht hinter sich. Er sah sich
verkannt. In Ermangelung der Macht, ohne welche sich
draussen das Recht oft nicht realisiren lässt, musste er sich
zuweilen auf List, oder wenigstens auf Umwege; auf
Zurückhhaltung verlegen. Sein inneres Selbstbewusstsein
musste ihm die äussere Anerkennung ersetzen. Dadurch

lud er oft den Schein des Hochmuths und der Tücke auf sich, der wieder stark contrastirte mit der äusserlichen Höflichkeit und Resignation. Ausserdem pflegt die Uncultur den Träger der Cultur zu hassen, weil sie ihn beneidet. Gerade weil der Deutsche den Andern an Fleiss, an Geschick, an wirthschaftlicher Bildung überlegen war, gerade deshalb hassten sie ihn. Ein Theil der Verfolgungen, welche die Deutschen 1870 und später in Frankreich erlitten, lässt sich erweislicher Massen auf gewöhnlichen Brotneid unfähiger Concurrenten reduziren. Und leider lässt sich der Deutsche, wenn sich nicht ein Mann von Willens- und Geisteskraft an die Spitze stellt, gar Manches gefallen. Erst wenn das Mass zum Ueberlaufen voll ist, wird er wild und schlägt um sich. Man denke nur, was die Deutschen in Amerika von den Know-Nothings und ähnlichen langweiligen Hanswürsten erduldeten, so lange, bis · ihnen die deutsche Bewegung von 1848 intelligente Führer lieferte.

Die Kriege von 1866 und 1870, die Constituirung einer einheitlichen Macht in Deutschland, haben das Alles gründlich gebessert. Und, man kann dies nichr genug rühmen und anerkennen, die Deutschen im Auslande haben dafür das lebhafteste Verständniss, mehr als mancher Klerikale und Particularist in dem Inlande. In Folge dessen beginnt sich auch das Benehmen unserer Brüder in der Fremde zu ändern. Sie tragen den Kopf freier und höher. Das Bewusstsein der Sicherheit giebt ihnen Kraft und Bescheidenheit zugleich. An die Stelle des Gefühls eines Stiefkindes des Glücks ist das eines gemachten Mannes getreten......

Doch genug; jetzt nach Ungarn.

* * *

Man spricht von einer zahlreichen und mächtigen »französischen« Partei in den »Ländern der Krone des heiligen Stephan.«

Die französische Partei in Ungarn, — was ist sie und aus welchen Personen besteht sie? Sie hat sehr verschiedene Elemente. Da ist erstens eine *Jeunesse dorée* von übeler Beschaffenheit. Diese jungen Herren, worunter auch mancher »alte junge Herr«, sind nicht zufrieden damit, Ungarn zu sein, sondern glauben, es werde ihnen zur Zierde gereichen, wenn sie irgend etwas Ausländisches an sich tragen. Deutsch ist nun nicht recht ausländisch, oder es ist, wie man bei uns in Deutschland zu sagen pflegt, »nicht weit her«. Denn es giebt ja in dem eigentlichen Ungarn 1,500,000 Deutsche, und in sämmtlichen Territorien der Krone des heil. Stephan, Siebenbürgen, Kroatien und Slavonien mitinbegriffen, deren fast 1, 800,000. Aber französisch — ja, das ist so recht fremdländisch, und es klingt auch so seltsam — um nicht zu sagen komisch — in einem ungarischen Munde. Deshalb denkt man mit unserem »gebildeten Hausknecht«:

> — »So ein Bischen französisch,
> das klingt ja doch gar zu schön« u. s. w.

Ausserdem ist ein Theil der Herrn in Paris gewesen und hat sich dort in den Strudel 'rein gestürzt, d. h. in denjenigen Kreisen gelebt, in welche der vergnügungssüchtige Ausländer, bei welchem Geld zu holen ist, gezogen zu werden pflegt; — nicht seiner Liebenswürdigkeit halber — denn man macht sich lustig über den unbeholfenen Menschen und giebt ihm unter sich allerlei wenig schmeichelhafte Spitznamen; — sondern um seines Geldes willen, — und das nimmt man ihm einfach ab. So kommt denn der Bedauernswerthe »arm im Beutel, krank im Herzen« nach Buda-Pest, oder wo sonst hin, zurück und gefällt sich darin, dort mit seiner Liederlichkeit gross zu thun und die Fäulniss als höchsten Grad der Cultur zu glorificiren. Leider findet er denn auch Gläubige, d. h. Narren, welche seine Albernheit für vornehm halten, ihm glauben, nachbeten und nachäffen. Dass diese Fransquillons nebst Anhang während des Krieges Alle wider Deutschland tobten, versteht sich von selbst; das gebot ihnen schon ihre politische Unwissenheit.

Neben dem vornehmen Pöbel, den ich soeben geschildert, machte sich vornehmlich der gemeine Pöbel
durch Deutschfresserei bemerklich, und zwar vorzugsweise
geleitet von falschen Reminiscenzen und von Mangel an
geographischen und ethnologischen Kenntnissen. Das klingt
seltsam, ist aber buchstäblich wahr. Ich muss es näher erläutern und bitte zu dem Zwecke um etwas Geduld.

Der Ungar war nämlich noch vor nicht allzulanger
Zeit der Meinung, Wien sei die Hauptstadt von Deutschland, und was von Wien komme, das sei Alles echt deutsch.
Nun sind von Wien aus zum öftern Versuche gemacht
worden, in Ungarn die verschiedenen Nationen unter einander zu verhetzen und die magyarische Race zu unterdrücken. Diese Versuche waren der letzteren sehr gefährlich, und wären vielleicht gelungen, wenn den Unterdrückten
nicht immer irgend ein Ereigniss der hohen Politik, in der
Regel ein Kriegsunglück Oesterreichs, zu Hülfe gekommen
wäre. Die Magyaren sind nämlich die Minorität in ihrem
eigenen Lande und sind es von jeher gewesen. Dermalen
giebt es in den Ländern der Stephanskrone, d.h. in Ungarn
cum partibus annexis, — 5,400,000 Magyaren, — 1,850,000
Deutsche und Juden, (letztere sprechen Alle deutsch) —
2,200,000 Czechen, Slovaken, Polen und Russen (Ruthenen),
— 1,500,000 Serben, Kroaten und Slovenen, — 2,500,000
Rumänen, — 500,000 Zigeuner. Die Stärke der Magyaren
beruht darauf, dass sie alle unter einander einig sind und
ihre Nationalität hochhalten, während die übrigen Racen
unter einander streiten und deshalb ausser Stande sind,
den Umstand, dass sie zusammen genommen die Majorität
haben würden, politisch zu verwerthen. Ausserdem haben
die übrigen Völker weit weniger politischen Sinn, als die
Magyaren. Namentlich den dortigen Deutschen macht
man wohl nicht mit Unrecht den Vorwurf, dass sie mehr
an den Erwerb denken, als an ihre Nationalität und ihre
politischen Rechte. Sie haben sich aber — dass muss ich
hier in Parenthese bemerken — sehr gebessert seit dem
französischen Kriege, welcher nicht blos den Deutschen

im Reiche, sondern auch den Deutschen im Ausland Vortheil gebracht hat. Ich werde darauf zurückkommen. Wenn nun die Regierung in Wien einen Versuch machte, die Magyaren ihrer politischen Rechte und ihrer Nationalität zu entkleiden, so belegte das der betreffende österreichische Minister mit dem Euphemismus »germanisiren«; und ein Theil der Ungarn war dumm genug und glaubte wirklich, es sei dem Minister um das »Deutschthum« zu thun, während es sich doch nur um Centralismus, Absolutismus, Feudalismus und Pfaffenthum handelte.

Ich will hier nur von dem letzten dieser sogenannten »Germanisirungsversuche« reden, — von dem, welchen der Baron Bach in dem Laufe der fünfziger Jahre des gegenwärtigen Jahrhunderts gemacht hat. Bach sollte den im Jahre 1848 aus dem Leim gegangenen Kaiserstaat wieder einrenken. Man nahm Bach dazu, weil er unter den schlauen Wiener Advocaten der schlaueste war; auch genoss er, obgleich ein arger Freigeist, die Protection der frommen Kaiserin-Mutter. Bach kehrte zurück zu der Parole: »Theile und herrsche«; — zu der Politik des Fürsten Metternich, welcher mittels derselben von 1815 bis 1847 nicht nur Oesterreich und Italien, sondern auch Deutschland beherrscht hat. Das Recept Metternich's war einfach; in Oesterreich hetzte man eine Nation wider die andere, in Deutschland und in Italien einen Staat wider den andern. Dann machte man Allen bange mit dem Auslande, — in der Regel mit Frankreich, zuweilen wohl auch mit Russland. Endlich aber hatte sich Metternich ein grosses Phantom construirt, das er »die europäische Revolution« nannte. Dieses Ungeheuer, so behauptete er und sein Famulus Gentz, drohe alle Regierungen zu verschlingen, und besonders die Deutschen. In Deutschland hielt man namentlich einige junge Studenten, einige schwatzhafte Weinreisende und mehrere phantastische Landgeistliche für die eifrigsten Diener dieses gefährlichen Molochs, weshalb man diese harmlosen Geschöpfe so lange einsperrte, bis ihr Tod erfolgte, oder sie sonstwie unschädlich gemacht waren. Wenn Metternich auf diese Art Allen eine rechte Gänsehaut gemacht hatte, dann sang er sein »*Ad nos, ad salutares undas*« mit der nämlichen Salbung, wie der rothe Wiedertäufer in Meyerbeer's »Prophet«; und er schloss mit den Worten: »Nun seid recht fromm und artig, Kinderchen, haltet Euch ganz ruhig und thut Alles, was ich Euch sage, — dann ist Euch vielleicht noch zu helfen!« Und die armen Kleinen in ihrer heillosen Angst, sie glaubten ihm Alles, — so lange, bis endlich Metternich von dem Teufel der Revolution, den er so oft an die Wand gemalt, 1848 selber geholt ward.

Als nun Oesterreich 1849 wieder Herr war über seine wildgewordenen Völker, da stellte es in seinen übrigen Ländern einfach den Zustand von 1847 wieder her. Nur Ungarn, das eine ausnahmsweis starke Widerstandskraft gezeigt, und Lombardo-Venetien, das sich mit dem »Ausland«, d. i. mit Italien, verbündet, wurden einer exceptionellen Specialbehandlung unterworfen. Ich will hier nicht von den italienischen Provinzen reden, sondern nur vom Königreich Ungarn.

Der ungarische Reichstag hatte bekanntlich in einer unglücklichen Stunde zu Debreczin das Haus Habsburg-Lothringen für des Thrones verlustig erklärt und eine Art republikanische Wirthschaft eingeführt, welche für das streng monarchisch gesinnte Land nicht passte. Statt aus diesem Fehler des Feindes Nutzen zu ziehen, erwiderte Herr Bach ihn mit einem noch grösseren, wobei ihm offenbar die Erinnerung an die eigenthümlichen Schachzüge, welche dem Advocaten auf dem Gebiete des Privatrechts erlaubt sind, einen bitterbösen Streich spielte.

Er sagte den Ungarn: »Ihr habt, als Ihr die Gewalt hattet, den König von Ungarn entthront. Zur Revanche entthrone ich, der ich jetzt die Gewalt habe, das Königreich Ungarn. Ihr habt den Herrscher abgeschafft, — ich schaffe das Land ab, — das Land mit all seinen Rechten. Ich behandle Euch als erobertes Gebiet. Ich nehme Euch Eure Sitten und Gebräuche, Euere Institutionen und Rechte, Euere Schule und Kirche, Euere Sprache und so-

gar Euere magyarischen Kleider; und ich will von nun an,
Ihr stolzen Magyaren, Euch regieren durch Priester und
Weiber, durch Mönche und Nonnen, durch Polizeidiener
und Gendarmen, — und will den Slovaken und Goralen,
den Serben und Raitzen, den Kroaten und Slowenen, den
Rumänen und Ruthenen, Gewalt über Euch geben. Ihr
habt den Vertrag gekündigt. Gut, auch wir treten nunmehr
davon zurück. Es giebt keinen Vertrag mehr, keine Verfassung. Es lebe die Gewalt!«

Herr J. Lang erzählt uns in einem Aufsatze: »Das
Deutschthum in Ungarn« (in der von dem Ober-Hofpre-
diger Dr. Hoffmann herausgegebenen periodischen Schrift
»Deutschland«, Jahrgang 1871, 2. Heft, Seite 324), der
Baron Bach habe 1853 zu einem ausländischen Diplomaten
gesagt: »— Ja, es ist nicht leicht, Ungarn zu unterjochen.
Wir brauchen dazu wohl fünfundzwanzig Jahre. Gelingt es uns aber, so lange, ungestört durch auswärtige Ereignisse, in Ungarn zu schalten und zu walten, dann haben
wir für immer gewonnenes Spiel, dann ist Ungarn eine
deutsch-slawische Provinz wie jede andere, und der Ma-
gyarismus ist dann eine nur noch sporadisch auftretende,
völlig überwundene Erscheinung.« —

Fünfundzwanzig Jahre — eine lange Frist das,
in unserem schnelllebigen neunzehnten Jahrhundert! Es
ging auch hier wie bei jenem Esel, der das Hungern lernen
sollte. Als er es bald konnte, da starb er. Der Esel, welcher starb, war aber diesmal nicht Ungarn, sondern Bach,
welcher nicht wusste, dass permanente »innere Conflicte«
sehr geeignet sind, »auswärtige Ereignisse« zu provociren.
Statt einer endlos langen Periode des Friedens und der
Reaction, wie sie Metternich nach 1815 gehabt und wie sie
Bach nach 1849 hoffte und wünschte, kam schon nach
kurzer Frist das böse Jahr 1859, und die Niederlagen in
Italien machten die Bach'sche Wirthschaft unmöglich.

Bach liess zwar von seinen offiziellen »grossdeutschen«
Zeitungsschreibern in die Welt posaunen, er werde Ungarn
»germanisiren«, und die gutgläubigen grossdeutsch-klein-

fürstlichen Hofdemokraten in Stuttgart, Wiesbaden, Frankfurt a. M., Darmstadt, Hannover u. s. w. beteten es nach und priesen den Baron Bach als »Cultur-nach-Osten-Träger.« Aber in Wirklichkeit war es anders. Es handelte sich um nichts weniger als um Deutschthum, sondern darum, die Magyaren todt zu machen, weil sie allein widerstandsfähig waren; hatte man sie niedergeworfen, dann war das Land niedergeworfen. Mit »Deutsch« hatte ja der Hof nichts zu schaffen. Er war eben so viel deutsch, wie spanisch, italienisch, czechisch-böhmisch und lotharingisch-französisch. Man sprach nur ausnahmsweise Deutsch bei Hofe, und dann ein solches Deutsch, wie man es im deutschen Reiche gar nicht versteht. Das Schriftdeutsch, welches bei uns gesprochen wird, galt in Wien für geziert und für »jüdisch.« Der »gute« Kaiser Franz sprach den Jargon der Lerchenfelder Vorstadt und würde Jemanden, der wirkliches Deutsch sprach, aus seiner Nähe verbannt haben. Seine Hofcavaliere bildeten eine buntscheckige, kosmopolitische, polyglotte Musterkarte, und der höchste Adel ist heute noch (vergl. Hohenwart und seine Böhmen) klerikal und czechisch, aber nicht deutsch. Alle diese Dinge sind lange nicht genug bekannt bei uns in dem deutschen Reiche. Wir »draussen im Reich« (wie man in Wien sagt) haben uns darüber täuschen lassen durch unsere schwarzgelben »grossdeutschen« Publicisten.

Damals aber war neben Bach die Hauptperson der Graf Thun, und dieser ist bekanntlich der desperateste Czeche und Ultramontane.

Und wer waren die Bach'schen »Germanisirungs«-Apostel?« Jesuiten, Benedictiner, Piaristen, Ursulinerinnen, Notredamen, Vincentinerinnen, Schulschwestern und sonstige Mönche und Nonnen, welche gleich der Processions-Raupe ganz Ungarn überzogen. Insbesondere wurden die Schulen diesen frommen Geschöpfen übergeben; die specifisch deutschen Schulen und namentlich die protestantischen Schulen wurden unterdrückt. Dann kamen die Bachhusaren. Das waren in Schnürröcke gesteckte czechische Polizeibeamte, welche das Land politisch unterdrücken sollten, wie es die Jesuiten und Consorten religiös

und sittlich thaten. In Oesterreich bedient man sich nämlich der Czechen als Polizisten, wie sich hierzu Russland
entarteter Polen, Frankreich der Corsen und England der
Irländer bedient. Diese Czechen sprachen freilich deutsch,
aber es ist auch danach. Ausser diesen Aposteln, welche
Alles waren nur nicht deutsch, bildete das Hauptmittel das
Concordat in Rom, welches man vorzugsweise in Ungarn
executirte. Wenn man sich einbildet, dasselbe sei abgeschlossen worden der Erzherzogin Sophie, der orthodoxen
Kaiserin-Mutter, zu Gefallen, so irrt man sich gründlich. So
kindlich und sentimental ist man nicht in der Hofburg. Es
war ein vorzugsweise politischer Act. Das Concordat sollte
neben der Armee und der geheimen politischen Polizei das
Einheitsband sein, welches die einzelnen Theile des zer-
bröckelnden Staates wieder zusammen flickt und mit einander verbindet. In dieser Meinung hat man sich freilich getäuscht. Man bedachte nicht, dass wenigstens ein Viertel
der Bevölkerung des Kaiserstaates nicht katholisch und
dass von den übrigen drei Vierteln mehr als die Hälfte
nicht jesuitisch ist; namentlich die katholischen Ungarn sind
dies der Mehrzahl nach gar nicht. Man hat also durch
Abschluss des Concordats nicht ein Einheitsband gefunden,
sondern nur noch einen Gährungsstoff mehr in die wild
durchelnander wogende Masse geworfen.

Ich will auf die Einzelnheiten des Bach'schen Cen-
tralisations- und Unterdrückungs-Systems nicht
weiter eingehen, sondern einfach constatiren: Es war
czechisch, büreaukratisch, absolutistisch, schwarzgelb, —
kurz Alles, nur nicht deutsch. Und ich glaube, es wird sich
in Deutschland schwerlich ein nationalgesinnter Mann finden, der im Stande wäre, die zwei jesuitischen Bischöfe
Haaz und Kunszt (sie sollen von Haus aus die nicht unge-
wöhnlichen deutschen Namen »Hans und Kunz« geführt
und dieselben nur magyarisch maskirt haben), nebst ihren
Priestern, Mönchen und Nonnen, sowie die ganze Schaar
von Statthalterei-Räthen, Canzlei-Räthen, Registratoren,
Revisoren, Adjuncten, Hofconcipisten, Hofconcipienten
und sonstigen Concipienten, Concipisten, Copisten und

Canzlisten, welche die k. k. Regierung in Wien wider Ungarn losliess, für »Träger des deutschen Gedankens« zu halten. Es ist wahr, Bach war klug genug, um zu begreifen, dass es damit nicht genug sei, Staat und Gemeinde, Schule und Kirche zu verhunzen. Er liess ausserdem auch Räuber — öfters freilich die unrichtigen — fangen und aufhängen, Eisenbahnen, Land- und Wasser-Strassen bauen, Acker- und Weinbau-Schulen anlegen u. dgl. m. Er glaubte, durch solche Wohlthaten die Massen versöhnen und die Vertreter der materiellen Interessen für sich gewinnen zu können. Allein es ging nicht. Der Absolutismus hat eine sterile Hand, und schon der altrömische Pandekten-Jurist schreibt, dass Wohlthaten, welche aufgedrungen werden, aufhören, Wohlthaten zu sein. Auch Napoleon III. hat ja für Frankreich in wirthschaftlicher Hinsicht viel Gutes gethan, namentlich hat er sich durch Abschluss der westeuropäischen Handelsverträge grosse Verdienste erworben. Allein dieser Act der Reform wurde ohne Zustimmung der Nation vollzogen, und in Folge dessen ist er jetzt noch in grösster Gefahr, durch verblendete Schutzzöllner, wie A. Thiers und dessen Gesellen, wieder umgestossen zu werden. In England und in Deutschland verfuhr man umgekehrt. Man führte das Freihandelsprincip erst dann ein, als man für dasselbe in langen und schweren Kämpfen die öffentliche Meinung und die Majorität der Volksvertretung gewonnen. Diese Reform steht auf Felsen gegründet. Jene wird verweht von dem Flugsand des Absolutismus, worauf sie erbaut war.

So ging es auch mit dem »System Bach und Thun« in Ungarn. Die Tage von Magenta, Solferino und Villafranca bliesen es um, wie ein Kartenhaus; und nun trat eine Gegenströmung ein, welche leider auch nicht frei blieb von Excessen. Ich habe darzuthun versucht, dass Bach nicht der Vertreter des Deutschthums, sondern der des centralisirenden, jede nationale Idee verleugnenden Absolutismus war. Bach wollte nicht blos die Magyaren, sondern überhaupt ganz Ungarn unterdrücken, d. h. es zu einer »slovakisirten Provinz« machen. Diesem Bestreben

25 *

widersetzte sich Alles, was Sinn für Recht, Freiheit und
Unabhängigkeit hatte und sich nicht von Priestern, Mönchen, Nonnen, Gendarmen, Spitzeln und sonstigen Polizisten terrorisiren lassen wollte. Nicht nur die Magyaren
reagirten, sondern auch die Deutschen, namentlich die in
den westlichen Comitaten, welche Wien am nächsten liegen.
Komisch war es allerdings, dass diese ungarischen Deutschen sich nun *par dépit* als Magyaren maskirten, nur um
Bach und die Seinen zu ärgern. Die deutsche Bevölkerung
von Pressburg, Oedenburg u. s. w. setzte den ungarischen
Hut mit den Hahnenfedern oder mit dem Blumenstrauss
auf, kleidete sich in einen Schnürenrock oder in ein kurzes Camisol, mit zehntausend Knöpfen besetzt, und steckte
ihr Fussgestell in hohe Reiterstiefel, auch wenn sie sich bis
dahin noch nie »an Bord eines Pferdes« befunden. Man
übersetzte seinen Namen in das Magyarische, schrie statt
des bisherigen »Vivat hoch« von nun an »*Eljen*!« und
würde, statt seiner deutschen Muttersprache, sich des Magyarischen befleissigt haben, wenn es nicht zu schwer zu
lernen gewesen wäre, und wenn nicht diese »Magyaronen«
von den wirklichen echten Magyaren wegen ihrer Sprachfehler so rücksichtslos wären ausgelacht worden.

Wenn es nun schon die Deutschen in Pressburg so
trieben, so ging es natürlich bei den wirklichen Magyaren
noch ein wenig toller zu. Man duldete dort nur noch ungarische Tracht. Man erklärte den Cylinder und den Frack,
obgleich sich ihre Herrschaft über alle fünf Welttheile erstreckt und sie in Frankreich erfunden sind, für specifisch
deutsch und bedrohte sie mit »der Rache des Volkes«.
Wer sich in diesen verpönten Garderobestücken erblicken
liess, der wurde misshandelt. Ja, an einzelnen Orten hatten
sich förmliche Vehmgerichte etablirt, welche ihre »Hänge-
Gendarmen« ausschickten, um auf den Bahnhöfen und an
den Landungsplätzen die Hüte antreiben zu lassen. In dem
ungarischen Reichstage aber schrie ein Abgeordneter:
»Das Deutsch ist nur die Sprache der Hausknechte!« Der
biedere Landbote stellte sich damit wider Willen selbst das
Zeugniss aus, dass er aller wissenschaftlichen Bildung ent-

behre; denn diese haben die Magyaren vorzugsweise aus
deutschen Büchern oder auf deutschen Universitäten (Berlin, Leipzig, Jena, Tübingen und Göttingen) bezogen.
Ausserdem kann auch der enragirteste Magyar nicht be-
streiten, dass beinahe Alles, was sich von grossen Credit-
anstalten, von Handel und Industerie in Ungarn befindet,
deutschen Händen und deutschen Köpfen seinen Ursprung
und seine Existenz verdankt, und dass, wenn man diese
deutschen Schöpfungen beseitigen wollte, Ungarn zurück-
sinken würde in jene alte Barbarei, welche man in Wien so
gerne sah, weil sie das Land hilflos machte. Denn es war
so in jenen vergangenen Zeiten: hatte Ungarn eine gute
Ernte, dann erstickte es in seinem eigenen Fette: hatte es
eine schlechte, dann starben Tausende Hungers; und selbst
heute sind Reste jener Zustände immer noch deutlich er-
kennbar, z. B. darin, dass Ungarn noch immer nicht verstanden hat, für seine so guten und fabelhaft billigen mittleren Weine den europäischen Markt zu erobern, sondern
von den 40,000,000 Centnern Wein, die es producirt, das
Meiste selbst trinkt oder vergeudet.

* * *

Ich habe den »Deutschenhass in Ungarn« in
seiner Genesis darzustellen versucht, und wiederhole: er
hat seine Quelle in Unkenntniss, Unverstand und Missverständnissen. Vor Allem aber darin, dass Bach und Thun
durch ihre Leibjournalisten der Welt vorlügen liessen, die
»Kaiserlich-Königlichen Gleichstellungs-Expe-
rimente«, welche sie mit den 16 verschiedenen Nationa-
litäten des Kaiserstaates machten, seien aufrichtige und
ehrliche »Germanisirungs-Versuche«. Wir Deutsche
dürfen den Ungarn keine Vorwürfe darüber machen, dass
sie sich dadurch täuschen liessen und »bachisch« mit
Deutsch verwechselten. Denn damals war Deutschland
noch kein politischer Körper, sondern nur ein geographischer und ethnologischer Begriff. Und in Deutschland

selbst gab es eine Menge sonst ganz ehrlicher und verständiger Leute, welche die Ungarn für »Rebellen« hielten und wirklich glaubten, die Herren Haynau, Bach und Thun stritten dort »den Kampf der deutschen Cultur wider asiatische Barbarei«. Deshalb wollen wir unsere damaligen beiderseitigen Irrthümer, als veranlasst durch einen böswilligen Dritten, in Freundschaft mit einander compensiren und uns vor Allem vor Rückfall bewahren.

Nun kam also, nachdem im Jahre 1867 Deutschland sowohl als Ungarn ihre Autonomie, d. h. ihre Emancipation von der traditionellen Metternich'schen Politik, gleichzeitig errungen, der grosse Krieg von 1870 und 1871; und wir Deutsche, die wir zwischenzeitig für unsere nationale Seele einen politischen Körper gewonnen hatten und, wenn auch jener Körper noch nicht in allen seinen Gliedmassen vollständig entwickelt war, uns doch militärisch als eine einheitliche und geschlossene Macht zeigten, hätten nunmehr vielleicht erwarten dürfen, dass Ungarn, welches, sobald man Preussen und Deutschland streicht, die Grundlage seiner politisch-nationalen Existenz verliert und entweder nach Wien oder nach Moskau hinunterrutscht, nunmehr endlich begriffen hätte, welch ein Unterschied ist zwischen Deutschen und Schwarzgelben, zwischen einem Fürsten Bismarck und einem Baron Bach, zwischen Moltke und Haynau, zwischen einem Jesuiten-General und einem preussischen General, zwischen czechischen Polizei-Spitzeln und deutschen Soldaten.

Leider ist diese Erwartung hin und wieder getäuscht worden. Ein grosser Theil der Ungarn war allerdings während des letzten Krieges deutschfeindlich, obgleich jetzt Keiner mehr was davon wissen will, und Einer die Schuld auf den Andern zu schieben bestrebt ist. Untersuchen wir also ohne Leidenschaft diese auffallende Erscheinung, indem wir nach Aufklärung, Verständigung und Beseitigung der Missverständnisse streben. Wir Deutsche sind Sieger, und der Sieger muss grossmüthig sein. Er muss zeigen, dass er nicht nur den Feind niederzuwerfen, sondern auch sich selbst zu bezwingen und zu beherrschen versteht; er darf keine Empfindlichkeit zeigen gegen solche Velleitäten, welche, hoffentlich für immer, als »überwundener Standpunkt« zu betrachten sind.

Vor Allem müssen wir den Magyaren den Umstand zur Entschuldigung gereichen lassen, dass es vorzugsweise entartete Journalisten deutscher Zunge (aber französischen Herzens) waren, welche zuerst und am lautesten gegen Deutchland und Preussen schrieen, und zwar in deutschgeschriebenen Blättern. J. Lang hatte den Muth, dieses Treiben vom Beginn an in seiner «Deutsch-magyarischen Monatschrift« auf das Unbarmherzigste zu geisseln; und er selbst erzählt uns, dass zahlreiche Zuschriften von Magyaren sowohl aus gelehrten, als auch aus aristokratischen Kreisen, ihm darob ihren Beifall spendeten. Ich kann nicht umhin, eine Stelle zu citiren aus jenen Philippiken, mit welchen Lang die Fransquillons des »Pester Lloyd« niederzudonnern versuchte.

»Literaten«, heisst es da, »deren Styl von den ordinärsten Jargon-Witzen wimmelt, erdreisten sich, die deutsche Nation, die hochgebildetste, tapferste und edelste, die Nation, die einen Luther, Hutten, Lessing, Kant, Schiller, Göthe u. a. zahllose grosse Männer auf jedem Gebiete des Wissens und Schaffens hervorgebracht hat, von welchen ein Wort fast die ganze Literatur, Wissenschaft und Kunst Ungarns aufwiegt, zu begeifern und mit ordinärem Spott zu verhöhnen, wie dies im »Pester Lloyd« (vom 17. September d. J.) versucht wird, wo ein Pester Leitartikelschreiber vermessen genug ist, zu behaupten, dass die deutsche Nation mit der Reformation sich auf Jahrhunderte hinaus erschöpft habe, seit welcher keine einzige weltgeschichtliche Bewegung, keine einzige grosse Idee — ausser der Zündnadel — mehr aus ihr hervorgegangen sei. Der alberne Geselle scheint also von der klassischen National-Literatur, der grossen philosophischen Bewegung, von den höchsten Leistungen, die auf dem Gebiete der Tonkunst jemals von einem Volke geschaffen wurden (Bach, Gluck, Mozart, Beethoven), von den unvergleichlichen Leistungen im Ge-

biete der Geschichtsschreibung, worin Deutschland gleichfalls von keiner Nation übertroffen wird (ich nenne einen
Schlosser, Sybel, Gervinus, Häusser, Giesebrecht, Ranke,
Raumer); von den ehernen Gestalten des grossen Kurfürsten und des grossen Friedrich von Preussen mit ihrer
Fülle von unvergleichlichen Kriegshelden, von den antiken
Charakteren der Freiheitskriege, kurz von Alledem, was
seit der Reformation von Deutschland seinen Ausgang genommen und die Welt mit Ruhm erfüllt und beeinflusst
hat, nichts zu kennen, nichts zu wissen und zu verstehen!
Und solchen Federn überlässt die Redaction des grössten
Blattes in Ungarn, zum höheren Plaisir der Börsenmata-
dore und des modernen Tablabirothums, in grossen welt-
umgestaltenden Fragen das Wort. Fürwahr der Ton, in
welchem der deutsche Krieg und die künftige Gestaltung
des deutschen Reichs in dem gelesensten Blatte Ungarns
besprochen wurde und besprochen werden konnte, beweist
mehr als Alles, wie unbedingt nothwendig diesem Lande
und Volke der Einfluss deutscher Bildung und Cultur ist,
und wie unrecht Jene thun, welche in selbstsüchtiger Verblendung, dem fruchtbaren und schöpferischen deutschen
Geiste ihr Land hermetisch verschliessen möchten.«
    Neben dem Pester Lloyd zeichneten sich Pressburg
und Oedenburg aus, wo man französische Siegestele-
gramme fabricirte, und zwar mit solchem Ungeschick, dass
immer just an dem Tage, für welchen die Geschichtsfälscher
einen Sieg der Franzosen zurecht legten, wir Deutsche
einen solchen erfochten hatten. Dort und an vielen anderen
Orten veranstaltete man Bälle und Vorstellungen von Lieb-
habertheatern zu Gunsten der Franzosen, ebenso sammelte
man Geld für sie. Da aber »ein hoher Adel«, der an der
Spitze stand, nicht preussisch-stramm, sondern etwas öster-
reichisch-verbummelt ist, so ging das Ganze ein wenig
langsam, und das Geld kam gerade früh genug in Paris an,
um der Commune in die Hände zu fallen. Die Communarden verzehrten es in Gesundheit, während sie Priester,
Mönche und Nonnen hetzten. Zuletzt erschoss man sogar,
während man die Kosten mit dem Gelde dieser klerikalen

Gallophilen bestritt, den Erzbischof und andere Priester
als Geiseln. Diese Beschäftigungen hatten gewiss nicht
den Beifall der edlen Geber, aber letztere konnten es nun
nicht mehr ändern. Sie werden in Zukunft wohl etwas vorsichtiger mit ihren milden Beiträgen sein. Es war namentlich der hohe Adel, die Nobility, welcher sich so auszeich-
nete. Dieser hohe Adel ist nämlich katholisch und hielt
es daher mit dem katholischen Frankreich. Der eigentliche
Landadel — das, was man in England die Gentry nennt
— ist calvinisch (reformirt) und hat sich an dem Petroleu-
sen-Schwindel nur wenig betheiligt. An der Spitze des
letzteren stand der Graf George Apponyi, ein Freund und
Verehrer der frommen Väter Jesu.

Ja, man wetteiferte sogar mit den Franzosen in der
Gründung »antideutscher Ligas«, in welchen man sich ver-
pflichtete, sich niemals, weder mündlich noch schriftlich,
der deutschen Sprache zu bedienen, auf keine deutsche
Ansprache zu achten, kein deutsches Buch zu lesen, kein
deutsches Theater zu besuchen u. dgl. Wenn ein deutscher
Geschäftsmann sich diesem tollen Treiben nicht anschloss,
so wurde er durch die Zeitungen an den Pranger gestellt.
Einst hatte ein solches Blatt, um den Leidenschaften des
Pöbels zu schmeicheln, gegen einen deutschen Inseraten-
Agenten in Pest die Denunciation erhoben, dass er »mit
seiner deutschen Firma die langmüthigen Ungarn in sein
Geschäft locke.«

Die Art, wie sich der Agent vertheidigt, ist höchst
interessant. Es liegt eine wahrhaft grausame Ironie in seiner äusserlich so demüthigen Entschuldigung.

— »Ich kenne und achte vollkommen das Publikum,«
so schreibt er, »mit welchem ich in Verbindung stehe.
Aber ist es meine Schuld, dass die ungarische Geschäfts-
welt grösstentheils aus Deutschen besteht? Trotz aller
patriotischen Anstrengungen bin ich leider nicht im Stande,
diese Geschäftsleute zu bewegen, sich zu magyarisiren, um
auf diese Art die magyarischen Firmen, deren allerdings
nicht viele sind, etwas zu vermehren. Ich will wahrlich mit
meiner deutschen Firma keinen Ungarn in mein Geschäft

locken. Ein Ungar, wie er nach der Idee dieses Blattes
eigentlich sein soll, würde ja auch gar nicht im Stande
sein, eine deutsche Firma zu lesen; und mit Etwas, das er
nicht kennt und versteht, kann man ihn nicht locken. Das
Gros meiner Committenten wohnt aber in Berlin, Wien,
Hamburg u. s. w. Nun habe ich zwar den Versuch gemacht, selbige blos mit magyarischer Correspondenz zu bedienen und sie zur Erwiderung in magyarischer Sprache zu
veranlassen. Leider aber ohne allen Efrolg; denn es wollte
sich kein Mensch darauf einlassen.«

Deutlicher konnte man den Herren doch nicht dar-
legen, dass es nur die deutsche Sprache is t, mittels deren
Ungarn mit Europa in wirthschaftlicher Verbindung steht
und mittels deren es an den Wohlthaten des Weltverkehrs
und an den Segnungen der internationalen Arbeitstheilung
participirt, deren es so dringend bedarf, namentlich auch,
um nicht wieder in Hungersnöthe zu verfallen, um seine
reichen Naturschätze gut zu verwerthen, um das Land mit
Capital und Cultur zu befruchten, um die Metallzahlung
wieder aufzunehmen und um die monetäre Papierpest mit
ihren Valuta-Schwankungen und der finanziellen Ausbeutung durch Wien zu beseitigen.

Am schlimmsten haben während des Krieges die
Walachen, Rumänen, Serben, Raizen, Polacken, Jazygier
und sonstige derartige wilde und halbwilde Völkerschaften
gehaust. Es war ein toller politischer Sanct-Veitstanz, den
sie aufführten. Allerdings ist man ihnen die Anerkennung
schuldig, dass sie sich mit Geldsammlungen zu Gunsten
der Franzosen weniger hervorthaten, sich vielmehr auf ein
Kriegsgeheul nach Art der Rothhäute beschränkten, mittels dessen sie der »grossen Nation« zu helfen gedachten,
obgleich einem dummen Deutschen, wie mir, der Causal-
nexus zwischen dem »Heulen« und dem »Helfen« nicht
klar geworden ist. Jedenfalls hat die Regierung in Siebenbürgen unter dem Vorgeben, stricte Neutralität aufrecht zu
erhalten, nicht vollständig gleiches Mass und gerechtes
Gewicht geführt. Jene Deutschenfresser liess sie brüllen,
aber den Siebenbürger Sachsen, unseren braven deutschen

Landsleuten, stopfte sie zuweilen den Mund. Sie bediente
sich zu diesem Zweck eines von dem Baron Bach dem
Lande octroyirten Pressgesetzes, das man für das eigentliche Ungarn längst beseitigt, für Siebenbürgen dagegen
bis vor Kurzem conservirt hatte. Jenes Pressgesetz erinnert lebhaft an die Missgeburten gleicher Art, welche
einzelne deutsche Kleinstaaten unter der Aegide des ver-
blichenen Frankfurter Bundestags zu Wege gebracht hatten. Leider ist das neue Pressgesetz, womit die ungarische
Regierung Siebenbürgen beglückt hat, nicht viel besser, als
das alte. In der That wäre es endlich einmal an der Zeit,
dass man diesem Lande, das sich nicht mit Unrecht das
»Stiefkind der Krone des heiligen Stephan« nennt, gerecht
werde.

* * *

Ich habe im Obigen zusammengestellt, was ich zur
Zeit meines Aufenthaltes in Ungarn (Herbst 1871) und
anderweitig über die Haltung dieses Landes während des
deutsch-französischen Krieges ermittelt habe. Ich habe
untersucht ohne Hass und ohne Gunst, wie es einem un-
befangenen Touristen und Juristen zukommt.

Vorab muss ich für meine Person versichern, dass ich
selbst nirgends auf eine Spur von jenem »Deutschenhass«
gestossen bin, welchen grössere deutsche Blätter, die ich
in Ungarn las, als damals noch vorhanden, schilderten.
Ich verstehe hier unter »deutschen« Blättern solche, die im
deutschen Reiche erscheinen, nicht solche, die auswärts
(etwa in Oesterreich) in deutscher Sprache geschrieben
werden.

Ich habe anderwärts meine Conversationen über dies
heikele Thema mit photo- oder stenographischer Treue
wiedergegeben und will hier darauf Bezug nehmen.

Im Grossen und Ganzen kann ich meine Wahrnehmungen dahin zusammenfassen: Es existirt dermalen in
Ungarn kein Deutschenhass mehr, wenigstens nicht in den
gebildeten Klassen. Jedenfalls richtet er sich nicht mehr

wider die Deutschen im Reiche. Was sich so unvernünftig wider uns geberdet hat, war grossentheils vornehmes und gemeines Gesindel, Schwarzgelbe und Klerikale. Die eigentlichen Magyaren waren zum grösseren Theile vernünftig; und Diejenigen, welche unvernünftig waren, wurden jedenfalls von der slawischen Race in der Unvernunft übertroffen. Was damals die Stimme gegen uns erhob — ich meine unter den Magyaren — das waren erstens die bereits oben geschilderten Fransquillons, zweitens die Klerikalen und drittens die Ignoranten, welche nicht zwischen Schwarzgelb und Deutsch zu unterscheiden verstanden. Die magyarische »Gentry« aber — man erlaube mir nochmals diesen englischen Ausdruck, ich weiss in diesem Augenblick keinen deutschen, welcher den Begriff genau und anschaulich ausdrückt, denn das deutsche Wort »Ritterschaft« entspricht nicht vollständig — die Gentry, mit welcher ich vielfach verkehrte und unter welcher ich Männer von der feinsten Erziehung und vollendetsten Bildung fand, hatte den Unterschied sehr wohl begriffen. Die Masse freilich noch nicht. In der That verdient es immer wieder von Neuem bemerkt zu werden, dass unter den verschiedenen schlechten Diensten, welche das österreichische System Bach uns Deutschen geleistet, das offenbar der schlimmste ist, dass es sich einen »germanisatorischen« Beruf beigelegt und uns in Folge dessen bei allen Nationen, auf welche es sein geistliches und weltliches Spitzel- und Knüppel-Regiment anzuwenden versuchte, namentlich aber bei den Italienern und Ungarn, in einen schlechten Ruf gebracht hat, während wir wirkliche Deutsche doch dabei so unschuldig sind, wie die neugebornen Kinder. Denn ausser einigen Klerikalen und mehreren »grossdeutschen« Journalisten, welche immerhin ihre guten Gründe dazu haben mochten, gehörte in Deutschland fast Niemand zu jenen »sonderbaren Schwärmern«, welche sich für das System Bach echauffirten.

Um gerecht zu sein, muss man gestehen, dass im Juli 1870 die Ereignisse so plötzlich hereinbrachen, dass es Uneingeweihten etwas schwer fiel, sich sofort zu orientiren. Wir in Deutschland wussten ja, dass Frankreich nur auf einen, vor Europa plausiblen Vorwand lauerte, um uns mit Krieg zu überziehen, und dass es Letzteres schon 1868 gethan haben würde, wenn ihm nicht die spanische Revolution einen Strich durch die Rechnung gemacht hätte. In Ungarn dagegen vermuthete man, wir hegten feindliche Plane im Bunde mit Russland. Endlich tragen die Deutschen in Ungarn selbst ein wenig Schuld, — immer ausgenommen die wackeren Sachsen in Siebenbürgen, welche stets redlich Farbe bekannten. Ich will nicht von jenen entarteten Subjecten sprechen, welche, obgleich selbst Deutsche (wenigstens dem Namen und der Zunge nach), wider ihr Vaterland wütheten. Es giebt ja noch einiges derartiges Ungeziefer, welches in dem Elende unserer vormaligen Zerrissenheit erzeugt ist und hoffentlich bald ausstirbt. Viele andere redliche und ehrenwerthe Deutsche aber haben durch ihre übermässige Bescheidenheit gesündigt, indem sie die Prätensionen der Gegner gleichsam als etwas Selbstverständliches über sich ergehen liessen. Das ist nun durch den Krieg und nach demselben anders geworden. Das Bewusstsein, das Selbstgefühl, die Selbstachtung der Deutschen hat sich seitdem ausserordentlich gehoben. Andererseits aber hat der Krieg auch auf magyarischer Seite viele Irrthümer beseitigt. Die Ungarn litten früher an einer krankhaften Russophobie. Ich will nicht sagen, dass sie gar keinen Anlass hätten, auf die russische Politik ein wachsames Auge zu haben. Allein sie hielten dieselbe doch für weit aggressiver, als sie ist; und wenn sie gar meinten, Preussen und Deutschland befinde sich im Schlepptau Russlands, und die beiden Adler würden sich vereinigen, um wieder eine Art heilige Allianz neu aufzurichten, Europa zu bevormunden und Ungarn zu vergewaltigen; so befanden sie sich in einem gründlichen Irrthum, welcher auch bei ihnen nunmehr vollständig widerlegt ist durch die friedfertige, nur auf den innern Ausbau bedachte und jeder Einmischung in fremde Angelegenheiten auf das Allerentschiedenste abgeneigte Politik der deutschen

Reichsregierung. Dazu kommt, dass man auf beiden Seiten immer mehr einsieht, welche Gefahren sowohl dem Magyarenthum, als auch dem Deutschthum in der österreichisch-ungarischen Monarchie, von dem Slawenthum drohen. Die Herren Hohenwart, Habietinek, Jirececk und Schäffleczeck haben sich 1871 das grosse Verdienst erworben, denjenigen, welche nicht sehen wollten, mit Gewalt die Augen zu öffnen. Der Plan, welchen Hohenwart u. Cons. verfolgten, musste nothwendig zu einer cisleithanischen »Jellachiade« führen, welche der vormaligen transleithanischen so ähnlich sah, wie ein Ei dem andern. Man hätte im Cisleithanischen die Deutschen mittelst der Slawen niedergerannt, um dann für Beide den Absolutismus wieder einzuführen. Herrschte aber einmal in Oesterreich wieder der Absolutismus, so war es natürlich auch bald mit dem Constitutionalismus in Ungarn zu Ende. Denn so wenig von den beiden siamesischen Zwillingen der Eine gehen und zugleich der Andere reiten kann, so wenig ist es möglich, dass zu gleicher Zeit in Transleithanien der Parlamentarismus und in Cisleithanien das Säbelregiment herrscht. In Folge dieser Erkenntniss bildet sich ein intimeres Verhältniss zwischen Deutschen und Magyaren. Man sieht ein, dass man auf einander angewiesen ist. Die alten Velleitäten treten immer mehr zurück. Der Magyar verwechselt uns auch nicht mehr mit jenen »Pseudo-Germanisatoren« von Achtzehnhundertundfunfzig. Er weiss, dass wir seine Nationalität und seine politischen Rechte achten, aber dass wir dasselbe auch von ihm für uns beanspruchen; dass nicht die einseitige »Duldung«, sondern die wechselseitige Achtung den Boden bildet, auf welchem wir zusammenstehen im Kampfe wider gemeinsame Feinde. *Hoc damus petimusque vicissim.*

Deshalb wollen wir uns in Zukunft nicht mehr täuschen und verführen lassen durch jene schwarzgelben Federn, welche Hass und Zwietracht zwischen den Deutschen und den Magyaren zu säen suchen, und leider nicht immer ohne Erfolg. Es ist Zeit, dass diese Irrungen und Missverständnisse aufhören, und dass wir erkennen: Beide

Nationen haben nicht den entferntesten Grund einander zu hassen. Ihre politischen Interessen laufen einander parallel. Ihre wirthschaftlichen Interessen ergänzen sich im Sinne der internationalen Arbeitstheilung und des wechselseitigen Austausches. Die Einsichtigen unter beiden Nationen wissen dies; und es wird nicht mehr lange dauern, dann erfahren es auch die Massen. Wenn ich durch das, was ich auf Grund eigener Beobachtung an Ort und Stelle über Ungarn geschrieben, zu dieser Verständigung und Eintracht auch nur das Geringste beigetragen haben sollte, so ist dies der schönste Lohn für meine Mühewaltung......

* * *

Doch genug der Deductionen. Zum Schluss noch zwei kleine Geschichten, welche sich dem ernsten Text als lustige Illustrationen anfügen mögen. Die Eine ·hat mir ein ungarischer Schriftsteller, Herr Kertbeny erzählt, die andere hörte ich · von einem preussischen Landsmanne in Pest.

Der im Jahre 1850 gestorbene Baron Nicolaus Wesselényi (es wird ausgesprochen Weschschelenji) war in guten und schlechten Zeiten eine der treuesten und kräftigsten Stützen der ungarischen Freiheit. Zugleich war er ein Original und endlich ein solcher Freund der deutschen Literatur, dass er Goethe's »Wahlverwandtschaften« übersetzen liess und seinen Bauern zu lesen gab. Natürlich war Wesselényi in Wien ausserordentlich missliebig; und da der König von Ungarn das Recht hatte, die magyarischen Edelleute vor seinen Thron zu laden, um ihnen einen Rüffel zu ertheilen, — oder, wie es‚ etwas höflicher auf Latein heisst: *»ad audiendum verbum regis«* — , so fiel es eines Tages Kaiser Franz dem Ersten ein, dieses Experiment an Wesselényi, als an einem »gefährlichen Agitator«, zu machen. Es war im Jahre 1834. ·Sobald Wesselényi die Ladung erhielt, eilte er pflichtschuldig nach Wien und

stellte sich in dem »Controleur-Gang« auf, einem langen und
schmalen Corridor der Wiener Hofburg, wo der Kaiser
von Oesterreich Suppliken in Empfang zu nehmen und
Audienzen zu ertheilen pflegte. Da stand nun der »Agitator« in der Mitte einer demüthigen Schaar von Stellen-
jägern, Bittstellern und Speichelleckern. Er war an sieben
Schuh lang und ragte den Andern hoch über die Köpfe.
Er war ferner unter Allen der einzige im Schnürrock, und
sein Schnurrbart war nach magyarischer Art steif und blank
gewichst, so dass die Spitzen beider Seits keck aufwärts
standen. Als Franz I. in den Controleurgang trat, fiel sein
erster Blick auf diese dort so unerhörte Erscheinung; und
obgleich er den missliebigen Baron nicht persönlich
kannte, so dachte er doch sofort: »Das ist er«, winkte ihn
heran und hielt ihm eine eindringliche Strafrede in jener
Wien-Lerchenfelder Mundart, deren sich der Monarch zu
bedienen pflegte. Sie schloss mit der, in der allerungnä-
digsten Tonart ausgestossenen Frage: -

— »Jetzt hob'n S' mi wohl verstanden, Sie ungrischer
Rebell?«

— »Nix Daitsch!« antwortet der lange Baron mit
einer Stimme, die mit den Posaunen des jüngsten Gerichts
hätte wetteifern können.

Der Kaiser liess den Baron stehn und hat ihn nie
wieder citirt *ad audiendum.*

Der Baron aber erzählte noch oft diese Geschichte
und wusste sich was damit, dass er, der Freund und Kenner der deutschen Sprache und Literatur, auf diese Weise
sich der Philippika des Kaisers entzogen hatte. »Deutsch
habe ich gelernt, und zwar aus freien Stücken; aber dieses
kaiserliche »»Daitsch««, diesen Lerchenfelder Jargon zu
kennen, bin ich als magyarischer Edelmann durchaus nicht
verpflichtet«, pflegte er zu sagen. So war es 1834.

Die andere Geschichte spielt im August 1870 in Pest,
wo damals noch stark französelt wurde. In dem »Hotel
zur Königin von England« wohnte ein Preusse. Der Kellner, der ihn bediente, wurde »Ferencz« (Franz) gerufen
und verstand und sprach magyarisch. Eines Tags sitzt der

Gast in dem zum Hotel gehörigen Café (auf ungarisch
»Cafeház« genannt), wo eben eine Gesellschaft junger Leute
lebhaft gegen Deutschland declamirt hatte. Als die Tumul-
tuanten fort waren, nähert sich Ferencz bescheiden dem
Gaste und fragt ihn:

— »Herr v. W., wie soll man sich das Alles erklären,
was haben wir denn diesen närrischen Menschen gethan,
dass sie so gegen uns toben?«

— »Wie so gegen »»uns?«« fragte der Gast.

— »Ja natürlich, gegen uns«, antwortete der Kellner,
»Sie sind ja doch ein Preusse, Herr v. W.?«

— »Ja ich, aber Du, Ferencz?«

— »Ich? Nun natürlich, ich bin ja auch Einer. Ich
bin ja aus Oderberg in Schlesien.«

So entpuppte sich der magyarische Kellner als
Deutscher.

* * * * *

Und was ist die Moral von diesen beiden Geschichten?
Einfach die:

Die Ungarn sollen sich so gegen uns Deutsche betragen, dass wir nicht mehr Ursache haben, mit Ferencz
zu fragen:

— »Was haben wir denn den närrischen
Kerls gethan, dass sie so gegen uns toben?«

Und wir Deutsche sollen uns so gegen die Ungarn
betragen, dass die Letztern nicht mehr Ursache haben, mit
Wesselényi zu sagen:

— »Nix Daitsch!« * * * *

Ainsi soit-il!

Minister Schäffle.

Ein Lebenslauf in auf- und absteigender Linie.

„Sic eunt fata hominum!" .
Ach, gingen sie doch nicht so krumm.

(Alter Stammbuchs-Vers.)

I.

Ein Stiftler.

Es ist eine Lebensreise, die ich beschreiben will, — die Lebensreise eines noch Lebenden. Die Reise geht von Nürtingen bis Prag. Sie beginnt deutsch. Sie endet czechisch. Ihr Held ist Albert Schäffle, genannt Schäfflezeck. Obgleich die deutsche Nation sich besserer geographischer Kenntnisse rühmt, als die französische, so fragt doch gewiss mancher deutsche Reichsbürger:

— »Wo liegt Nürtingen?« —

Wir wollen ihm die Frage nicht verübeln, sondern sie mit demselben guten Glauben beantworten, womit sie gestellt ist. Nürtingen ist ein kleines württembergisches Landstädtchen, gelegen zwischen Plochingen und Reutlingen am Neckar. In Zukunft wird es weltberühmt sein als Geburtsort eines Deutschen, welcher nach Oesterreich ging, dort Minister wurde und seinen Beruf darin fand, die Herrschaft über seine deutschen Landsleute in czechische Hände zu legen. Vor vierzig Jahren aber war Nürtingen nur in der Nähe bekannt durch Perlmutterarbeiten und musikalische Instrumente, welche seine aus Ackerleuten und kleinen Gewerbetreibenden gemischte Bevölkerung machte. Auch hatte es damals schon eine »Realschule«, worunter man sich jedoch nur etwas recht Bescheidenes vorzustellen hat. An dieser Realschule war ein Lehrer Namens Schäffle. Derselbe hatte mit den deutschen Lehrern die Dürftigkeit gemein, aber nicht jenen freudigen idealen Schwung, welcher schon so oft dem hochverdienten deutschen Lehrerstand hinausgeholfen hat über Noth und Drang im Kampfe um das Dasein. Der alte Schäffle war, wie seine Collegen behaupten, mürrisch und tückisch geworden; Sauersehen war seine Freundlichkeit und gute Worte gab er nicht für Geld, geschweige denn umsonst. Diesem bedrängten und verdriesslichen Lehrer wurde am 24. Februar 1831 ein Knäblein geboren, das schon durch seine Geburt die Bedrängniss vermehrte. Dass das Kind Alles in der Welt eher werden sollte, als Lehrer, stand bei dem Vater fest. Der Vater war ehrgeizig. Ueber dem Lehrer stand als herrschende Klasse die der Priester. Das Höchste, was der Vater seinem Söhnlein wünschte, war eine fette Pfründe. Und die war in dem gesegneten Lande Württemberg, wenn man es klug anfing, leicht zu erreichen. Wenigstens war die theologische Laufbahn nicht mit grossen Unkosten verbunden. Dies verhielt sich nämlich so:

Der Rheinbunds-Staat Württemberg hatte zu Napoleons Zeiten im Vollgefühl seiner neugebackenen Souverainetät das evangelische Kirchenvermögen eingezogen. Später war er darauf bedacht, wenigstens einen Theil der Einkünfte für kirchliche Zwecke zu verwenden; u. A. gründete er auch Staatsanstalten zur Ausbildung von evangelischen Geistlichen, nämlich erstens eine Reihe »niederer Seminarien« und zweitens das unter dem Namen »Stift« bekannte evangelisch-theologische Seminar an der Universität Tübingen. In das »niedere Seminar« kommt der zum Priester bestimmte Knabe schon mit vierzehn Jahren. Jedes Jahr wird ein sogenanntes »Landexamen« abgehalten, zu welchem die Aspiranten in den »Lateinschulen« eingepaukt werden. Wer es besteht, wird in das niedere Seminar, und wenn er dort vier Jahre zugebracht, in das höhere Seminar, das »Stift«, aufgenommen; und in beiden Anstalten bezahlt er nichts, sondern wird auf öffentliche Kosten unterrichtet, unterhalten, verpflegt und gekleidet. Hat er diesen Cursus beendigt, dann ist er reif zum geistlichen Amte. Er ist Candidat der Theologie und avancirt später zum Kaplan oder Vicarius. Das war die Carrière, zu welcher Reallehrer Schäffle sein Söhnlein bestimmte. Das letztere bestand das Concurrenz-Examen vortrefflich und wurde darauf in das »niedere Seminar« zu Schönthal aufgenommen. Sowohl auf den Seminarien, als auf dem Stift ging es sehr strenge zu. In den ersteren herrschte eine wahrhaft mönchische Zucht für die Zöglinge, welche eingesperrt gehalten wurden. Im Stift durften die Studenten, welche man »Stiftler« nennt, zwar bei Tage ausgehen; aber Abends Schlag Sieben mussten sie alle wieder in ihrem Internate, im Stift, sein. Diese Clausur trug nicht zur Verfeinerung der Sitten bei, welche um so wünschenswerther gewesen wäre, als die meisten der Zöglinge von Haus aus den minder gebildeten Ständen angehörten. Die »Stiftler« fühlten ebenso gut, wie andere Studenten, das Bedürfniss, das commentmässig vorgeschriebene Quantum Bier tagtäglich zu vertilgen. Die Anderen besorgten das Abends. Da aber die Stiftler schon um 7 Uhr Nachmittags sequestrirt wurden, so mussten sie das Trinken schon am hellen, lichten Tage besorgen, und das gereichte ihnen durchaus nicht zum Vortheil. Jetzt ist die Clausur viel weniger strenge. Hier aber handelt es sich um den Zustand, der von 1844 bis 1848 geherrscht hat, und der von einiger Bedeutung ist für die Entwickelungsgeschichte unseres Helden.

Schönthal, wo derselbe seine priesterliche Laufbahn begann, liegt im fränkischen Theile von Württemberg. Denn dieses Königreich ist keineswegs, wie die süddeutsche Volkspartei behauptet, identisch mit dem Stamme der Schwaben. Vielmehr hat es auch fränkische Bestandtheile, und die Mehrzahl der Schwaben wohnt gar nicht in Württemberg, sondern in einem Theile von Bayern, einem Theile von Baden, im Ober-Elsass und in der Schweiz. Doch das nur nebenbei. Schönthal ist weder eine Stadt, noch ein Städtchen, noch auch nur ein Dorf, sondern nichts als ein altes Kloster, gelegen in einer gottverlassenen

Wildniss, ringsum kein menschlicher Wohnsitz, oder wenigstens keine Stadt oder irgend ein sonstiger Anknüpfungspunkt für Culturbeziehungen. Hier brachte Schäffle vier Jahre (1844—1848) zu. Er scheint dieses Schönthal in üblem Andenken behalten zu haben; denn als er zu Macht und Ansehen gelangt war, schickte er, wie wir später sehen werden, hierher seinen Feind in die Verbannung.

Im Jahre des Sturmes und Dranges, im Jahre Acht-undvierzig,

»Da ging er nach Tübingen
Zu gelehrten Uebingen,«

wie es in dem gefeierten Liede unseres schwäbischen Dichters heisst. Dieser Dichter heisst jedoch nicht Schiller, sondern Schartenmeier.

Das Tübinger Stift zeichnete sich damals durch Pflege der Philosophie aus. Man muss anerkennen, es bildete geschickte Dialektiker, allein es betrieb die Sache doch etwas zu einseitig. Hegel hatte damals die Identität des Denkens und des Seins proclamirt. Er meinte in Wirklichkeit damit, dass das Seiende sich dem Gedanken unterordnen müsse, und zwar — das versteht sich von selbst — dem Gedanken Hegels und seiner Schüler. Die Philosophie prätendirte, die einzige wahre »Wissenschaft« zu sein, die übrigen Wissenschaften waren, ihrer Auffassung nach, nur untergeordnete Disciplinen, welche alle ihre Impulse pflichtschuldigst von der Philosophie zu empfangen hatten. Die letztere, weit entfernt, sich auf eine Kritik der menschlichen Erkenntnissquellen und Denkformen zu beschränken, vermass sich, alle Wissenschaften *a priori* zu construiren. Sie zeigte dabei eine etwas bedenkliche Verachtung des empirischen Stoffes. Der letztere entzog sich dafür immer mehr ihrer Herrschaft, und die Philosophie suchte diese stoffliche Lücke durch eine möglichst abstracte Redeweise zu verdecken, indem sie sich eine neue und eigenthümliche Schulsprache ausbildete, welche auch der Gebildetste nicht verstand, wenn er nicht in die eleusinischen Mysterien eingeweiht war. Soll ja doch Hegel, den selbst seine Gegner als einen grossen Geist von wahrhaft universeller Fassungskraft anerkennen müssen, am Ende seines Lebens und Lehrens gesagt haben, von seinen Schülern habe ihn nur Einer verstanden — und der falsch. Eine Zeit lang liessen sich die empirischen Wissenschaften, wie es schien, die Dictatur der Philosophie gefallen. Dann aber begann die Rebellion. An ihrer Spitze standen die Naturwissenschaften, an welchen man sich am stärksten versündigt hatte. Sie schrieben der Philosophie einen geharnischten Absagebrief, worin sie dieselbe für eine gemeinschädliche und confuse Duselei erklärten. Die übrigen Wissenschaften folgten mit mehr oder weniger Entschiedenheit. Man schüttete das Kind mit dem Bade aus. Man wollte die Philosophie abschaffen, weil sie, wie dies jeder Wissenschaft zuweilen begegnet, Fehler gemacht hatte. Weil sie Uebergriffe begangen, wollte man sie depossediren. Erst in neuerer Zeit beginnt sich ein richtiges Verhältniss wieder herzustellen, und es sind namentlich auch Koryphäen der Naturwissenschaften, welche darauf hin arbeiten. So namentlich Helmholtz in seiner vortrefflichen Abhandlung »Ueber das Verhältniss der Naturwissenschaften zur Gesammtheit der Wissenschaft«, (»Populäre wissenschaftliche Vorträge von G. Helmholtz«. Erstes Heft. Braunschweig. Vieweg 1865).

' Das soeben Gesagte soll natürlich keine Kritik des Hegel'schen Systems sein, sondern nur ein Versuch, uns die Culturzustände unserer jüngsten geistigen Entwickelungsperiode in das Gedächtniss zurückzurufen. Damals, zu Schäffle's Zeiten, florirte in Tübingen noch die Philosophie des grossen Schwaben Hegel; und Schäffle hat sich, wenigstens als Schriftsteller, nie losmachen können von jener Richtung, die er damals im Stifte empfangen, ich meine hier namentlich seinen Hang zum Ekklekticismus und zum Pseudo-Universalismus, zu inhaltslosen dialektischen Spielereien und zu einer eigenthümlich scholastischen Ausdrucksweise.

Machen wir hier Halt und blicken wir auf diesen Lebensabschnitt des nunmehr siebzehnjährigen Mannes zurück, so finden wir: Er war um seine Jugend betrogen,

— ein grosses Unglück und ein schweres Verhängniss. Es fehlte ihm ein trauliches Daheim, zu welchem man immer wieder zurückkehrt. Er fühlte sich in einem fast feindlichen Gegensatz zu dem besser situirten Theil der Gesellschaft. Statt sich auf freier Weide tummeln zu dürfen, war er verurtheilt zu seminaristischer Stallfütterung; und das Futter war reich an Formen, aber arm an nährenden Stoffen. Er ist sein Leben lang der grübelnde Tiftler, mit scheuem, missvergnügtem Blicke und fahlen Wangen geblieben. Den schäumenden Becher der Jugend hat er nie geleert. Das übermüthige Vollbewusstsein männlicher Kraft mit all seinen Ausschreitungen, die Freiheit und Offenheit eines bewusssen Auftretens, das auf sich selbst vertraut und daher gewisse kleine Künste verschmäht, sind ihm stets fremd geblieben. Das hat die Erziehung verschuldet.

II.

Ein Revolutionär, Redacteur und Regiminalist.

Alberd Eberhard Friedrich Schäffle — sein guter Vater gab ihm, in Ermangelung sonstiger Schätze, wenigstens einen ordentlichen Vorrath von Vornamen mit auf die Lebensreise — hat eine Autobiographie (welcher wir auch diese, mithin als vollkommen authentisch zu betrachtende Vornamen entnehmen) in Hirth's »Parlaments-Almanach« für 1868 geschrieben. Darin heisst es wörtlich:
— »Er besuchte 1848 und 1849 die Universität Tübingen. Später Reise durch verschiedene europäische Länder. 1850 Mitredacteur des »Schwäbischen Mercur«. —
Diese Stelle war mir etwas unklar. Denn wenn man das ganze Jahr 1849 im Tübinger Stift und das ganze Jahr 1850 beim »Schwäbischen Mercur« zubringt, so

dürfte die dazwischen liegende Zeit etwas zu kurz sein, um Europa zu bereisen. Als gewissenhafter Biograph hielt ich mich für verpflichtet, Aufklärung zu suchen, und ich habe dieselbe gefunden. Hier ist sie. Die Wahrheit ist, dass Schäffle mit mehreren anderen Studenten 1849 *vi, clam* oder *precario* das »Stift« verliess und sich kopfüber in die badische Revolution stürzte. Wir wollen ihm das Erstere nicht verübeln, und noch viel weniger das Letztere. Im deutschen Reichstag zu Berlin sitzt gegenwärtig manch' guter deutscher Patriot, der ähnlich gehandelt. Ja, Einer war darob sogar zum Tode verurtheilt. Die Revolutionäre und Flüchtlinge von Neunundvierzig haben die Einigung Deutschlands in der kritischen Zeit von 1865 bis 1870 am lebhaftesten begrüsst und nach Kräften gefördert. Ich nenne hier nur beispielsweise Arnold Ruge, Fritz Kapp, Fritz Hecker, die beiden Mainzer: Schütz und Zitz u. s. w. Ohne das Jahr Achtundvierzig hätte es kein Jahr Siebenzig gegeben: Alle diese Männer kämpften damals schon für die deutsche Einheit, und sie sind dieser Fahne bis heute treu geblieben. Schäffle nicht.

Obgleich der letztere von Tübingen als Combattant ausrückte, so meldet doch die Geschichte nichts von kriegerischen Thaten. Von Odysseus singt Homer:

>Viel auch trug er des Leides zur See, mit bekümmertem Herzen,
Um sein Leben bemüht und die Heimkehr seiner Genossen;
Gleichwohl rettet er nicht, obwohl er's erstrebte, die Freunde.«

Schäffle war glücklicher. »Gott gav, — dat Keener blav!« Eines Morgens fand man ihn und seine Freunde unversehrt auf schweizerischem Boden; und seine Gluth für Deutschlands Einheit scheint von da ab für immer erloschen zu sein. Er hat seitdem allen Parteien angehört und ist mit Allen gegangen, welche unsere nationale Wiedergeburt zu vereiteln trachteten. Ich begnüge mich, diese Thatsache festzustellen, ohne mir ein Urtheil über deren sittliche Bedeutung zu erlauben. Denn die Thatsachen, welche ihr unmittelbar vorausgingen, und namentlich

Schäffle's Erlebnisse und Thaten während der badischen Revolution zu ermitteln, ist mir nicht gelungen. Nun folgt die Zeit in Schäffle's Leben, welche ihm am meisten zur Ehre gereicht, die Zeit rüstiger, ausdauernder, zäher und erfolgreicher Arbeit. Er kehrt aus der Schweiz, oder, um mit dem »Parlaments-Almanach« zu reden, »aus europäischen Ländern« nach seiner württembergischen Heimath zurück. Man ist dort klug und anständig genug, ihn wegen seiner harmlosen Schwertfahrt nach Baden nicht zu molestiren. Er hängt die Theologie an den Nagel und tritt in die Redaction des »Schwäbischen Mercur« ein (sprich: »Mérrkur«, mit dem Accent auf der ersten Silbe!). Dieses Blatt nimmt eine dominirende Stellung ein in Württemberg und angrenzenden schwäbischen Landen. In Württemberg werden nämlich auswärtige, will sagen: nicht-württembergische Zeitungen nur wenig gehalten. Schon deshalb nicht, weil sie nach dortigen Begriffen zu theuer, d. h. weil die einheimischen Blätter weit billiger sind. Trotz der Billigkeit leistet der »Mérrkur« recht viel. Der schwierige Versuch, eine politische Zeitung anständigen Styles und zugleich doch ein Local-Nachrichten-»Blättle« zu sein, ist ihm, soweit dies überhaupt möglich, gelungen. In den letzten Jahren hat er unter der geschickten Redaction der Herren Doctoren Rommel und Lang zur Lösung der deutschen Frage im Sinne der Einheit das Seinige redlich beigetragen.

Letztere Aufgabe freilich war Herrn Schäffle ganz antipathisch. Dies schliesst jedoch nicht aus, dass er ein geschickter und fleissiger Redacteur war; und daneben bemühte er sich nach Kräften, die Lücken seines bis jetzt vorzugsweise theologisch-philosophischen Wissens zu ergänzen. In den wenigen Musestunden, welche ihm die harte und aufreibende Arbeit des Publicisten übrig liess, studirte er im Schweisse seines Angesichtes »Staatswissenschaften«.

Ich will sagen: Staatswissenschaften im specifisch württembergischen Sinne. Die königl. württembergische Universität Tübingen hat nämlich eine von Herrn Robert von Mohl, dem berühmteren Bruder des Reichstagsabgeordneten Moritz Mohl, gegründete und organisirte fünfte Facultät, die »staatswissenschaftliche«. Ueber deren Werth lässt sich streiten. Gewiss ist, dass der »Staat« Württemberg bis jetzt ausserordentliche Früchte von dieser Facultät, welche sich ausschliesslich mit dem »Staate« beschäftigt, an sich selbst nicht aufzuweisen hat. Bei dieser Facultät machten damals zwei Sorten von württembergischen Staatsdienstaspiranten ihre Studien, die »Kameralisten«, welche sich dem Finanz-, und die »Regiminalisten«, welche sich dem Verwaltungsfache widmeten. Die letzteren hörten neben den staatswissenschaftlichen auch einige juristische Collegia. Schäffle eignete sich in kurzer Zeit, unter Benutzung eines Urlaubs von zwei Monaten, welche ihm Mercurius bereitwillig ertheilte, so viel von der ihm bis dahin ganz fremden Wissenschaft an, dass er ein glänzendes Examen »in Regiminalibus« bestand, — ein Beweis für die Schnelligkeit seiner Auffassung und die Kraft seines Gedächtnisses. Mit der Verfügung, welche ihn zum »Candidatus in Regiminalibus« ernannte, erlangte er jene Weihe subalterner Regierungsbefähigung, welche schier unentbehrlich ist in Alt-Württemberg, das schon vor zwei Jahrhunderten ein Schriftsteller die »terra laudata scribarum« nannte, d. i. das Musterland der Bureaukraten.

Herr Schäffle hatte jedoch Geschmack genug, sich nicht sofort kopfüber in irgend ein subalternes Dienstchen zu stürzen, sondern in seiner bisherigen Beschäftigung fortzufahren, welche darin bestand, den Mercurium zu redigiren und Volkswirthschaft zu studiren. Schon der grössere Landsmann des Herrn Albert Schäffle, Friedrich Schiller, rügt den deutschen Fehler, dass wir, was wir heute gelesen, morgen schon schreiben, was wir heute gelernt, morgen schon lehren wollen, — ein Fehler, der dem nationalen Dichter, den vielleicht etwas unästhetischen Stossseufzer auspresst: »Ach, was haben die Herren doch für ein kurzes Gedärm!« Es thut mir leid, Herrn Schäffle von diesem Fehler nicht freisprechen zu können. Er schrieb schon während seiner mercurischen Zeiten ein »System«. Was bei Andern der Abschluss der Studien zu sein pflegt, das bildete bei ihm den Anfang. Die um Förderung öffentlicher Interessen hochverdiente Buchhandlung von Otto Spamer in Leipzig veranstaltete damals eine mercantile Encyclopädie. Unter dem Titel »Kaufmännische Bibliothek« gab sie eine Sammlung praktischer, populär-wissenschaftlicher Lehr- und Handbücher für den Handelsstand heraus. Diese Sammlung verfolgte den löblichen Zweck, dem deutschen Kaufmannsstand, der unter dem Drucke der früheren engen Verhältnisse unendlich gelitten, die Mittel wissenschaftlicher Aus- und Durchbildung an die Hand zu geben; und die jüngere Klasse kam diesem Zwecke mit anerkennenswerthem Eifer entgegen. Den zehnten Band dieser Sammlung bildet denn nun das Werk, betitelt: »Die National-Oekonomie oder Allgemeine Wirthschaftslehre. Für Gebildete aller Stände, insbesondere für den Kaufmann, sowie zum Gebrauche in Akademien, Handels- und Realschulen gemeinfasslich dargestellt von Albert Eberhard Friedrich Schäffle, Doctor der (württembergischen) Staatswissenschaften.« Der Titel ist vielleicht ein wenig altmodisch-geschmacklos, aber das Buch ist gut und weitaus das Beste, was Schäffle jemals geschrieben. Es ist aber nur deshalb das Beste, weil sich der Herr Verfasser Zwang anthun musste aus Rücksicht auf den Verleger, der ein »praktisches« Buch verlangte, und aus Rücksicht auf den Zweck der Sammlung, welche für Kaufleute bestimmt war. Der Verfasser bedauert überall auf das Schmerzlichste, dass ihm die »schulmässige Sprachweise verwehrt ist«, dass er sich »breiter Excurse« und des »oft so bequemen« (ja, ja, leider nur allzubequemen und daher von vielen deutschen Gelehrten systematisch missbrauchten) »Aus- und Unterkunftsmittels der Anmerkungen« enthalten müsse, dass er genöthigt sei, sich »mit der Entwickelung der Begriffe auf das Knappste einzuschränken« und sich einem »unwissenschaftlichen, dialektisch unscharfen Sprachgebrauch« zu accomodiren. Leider aber hat er doch hin und wieder seinen scholastischen Jargon über Gebühr die Zügel schiessen lassen. Hören wir z. B. nur seine Definition des Werthbegriffes. Sie lautet (Zweiter Theil. 11. Kapitel. »Werth im Allgemeinen« S. 91 u. ff.) wörtlich so: -

— » Es giebt also so viel Wertharten, als es Verhältnisse und Beziehungen des wirthschaftlichen Lebens giebt. Die Bedeutung eines Gutes für den Gebrauchszweck ist sein Gebrauchswerth; — der Werth ist Erzeugungswerth, wenn die Bedeutung des Gutes für den Erzeugungszweck —, Genusswerth, wenn sie für den Genusszweck —, Verkehrs- oder Tauschwerth, wenn die Bedeutung eines (nicht blos individuellen, sondern allgemeinen) Gutes für den Erwerb anderer Güter im Verkehr —, Reproductionswerth, wenn die Bedeutung für den Reproductivzweck —, idealer Werth, wenn die Bedeutung des Gutes für die wirkliche Erreichung des höchsten idealen Wirtchaftszieles (höchster sinnlich-sittlicher Menschenentfaltung) in Betracht kommt. Es giebt so viel Wertharten, als es verschiedene Verhältnisse und Beziehungen des wirthschaftlichen Zwecklebens giebt. Jede einzelne Werthart hat wieder oft zahllose Abstufungen: so der Erzeugungs- und Genusswerth, welche so mannigfaltig sind, dass es Arten und Seiten des Bedürfnisses giebt (Wärmewerth, Heizwerth, Farbewerth, Schönheitswerth, Kunstwerth, socialer Werth u. s. w.). Der Gebrauchswerth ist der sogenannte abstracte ader Gattungswerth, wenn die durchschnittliche Bedeutung jedes Gegenstandes einer Gattung, also abstract in Erwägung genommen wird, der sogenannte concrete Gebrauchswerth ist er, wenn die Bedeutung eines einzelnen Objects einer Gattung im besonderen wirklichen Fall seiner wirthschaftlichen Anwendung ins Auge gefasst wird.« —

— Ob Herr Schäffle wohl glaubt, dass ein Kaufmann dieses Kauderwelsch versteht? Ob er wohl Aehnliches in einem englischen oder französischen Werke gefunden? Ob er niemals daran gedacht hat, seinen Lesern die ohnedies schwierigen Denkoperationen dadurch zu erleichtern, dass er sich an die ihnen geläufigen Vorstellungen anschliesst? Und dann, sind nicht, offen gesagt, die Ausdrücke unsrer klaren und ehrlichen deutschen Sprache, welche in der Feuerprobe eines viele Jahrhunderte alten Verkehrs erprobt sind, auch abgesehen von der Gangbarkeit, logischer und besser als die neuen Wörter, welche sich ein von dem Geiste der Muttersprache im Stiche gelassener Professor bei seiner Studirlampe willkürlich ersinnt? Ist nicht Brauchbarkeit besser, als »Gebrauchs-Werth«? — Ist nicht Herstellungs-Kosten logischer als »Erzeugungs-Werth«? — Ist nicht Preis deutlicher, als »Verkehrs- oder Tauschwerth«?

Doch halten wir uns hierbei nicht länger auf: Begnügen wir uns zu sagen, es kostet den Journalisten Schäffle den äussersten Grad der Anstrengung, seiner stiftlerischen Neigung zur abstracten Dialektik und zum scholastischen Ausdrucke Widerstand zu leisten, und wo die Selbstbeherrschung besiegt wird von der unüberwindlichen Neigung, da hört sein Buch auf, gut zu sein, um steril und langweilig zu werden.

Im Uebrigen aber, ich wiederhole es, ist dieses Werk, trotzdem dass man ihm überall die Spuren der Eilfertigkeit ansieht, das beste, was Schäffle geschrieben. Allein, wie König Lear seine beste Tochter verstiess, so machte es auch Schäffle mit diesem Buch. In seiner Autobiographie schweigt er es todt und erwähnt statt dessen nur die spätere Umarbeitung desselben, welche unter dem prätensiösen Titel: »Das gesellschaftliche System der menschlichen Wirthschaft« erschienen ist. Das erstgenannte Werk ist Cordelia, das letztere Goneril und Regan, und der Graf Kent könnte zu jenem sagen:

— »Die ewigen Mächte schützen Dich, o Jungfrau,
Die Du so richtig denkst und wohl gesprochen!«

und zu diesen:

— »Doch Eure breiten Reden mag die That
Rechtfertigen und aus den vollen Worten
Auch gute Werke folgen lassen« — — —

Sicher ist: Der Verfasser irrte in Betreff seines Werkes. Es hielt das Gute für schlecht und das Schlechte für gut.

III.

Ein Professor aber kein Rector.

Mit dem Herbst 1860 tritt die entscheidende Wendung in Schäffle's Lebenslauf ein. Wie 1850 der Theologie, so wendet er 1860 der Journalistik den Rücken. Er wird Universitätsprofessor. Ich habe schon mehrmals die würtembergische Universität Tübingen genannt. Sie ist nach und nach specifisch würtembergisch geworden, d. h. man capricirt sich darauf, die Gelehrten auf specifisch würtembergischen Boden zu »züchten«, und man nimmt es missfällig wahr, wenn sie über die schwarz-rothen Grenzfähle hinaus mit der grossen allgemeinen deutschen Gelehrten-Republik verkehren. Bis 1860 bekleidete Professor Helferich das volkswirthschaftliche Lehramt in der staatswissenschaftlichen Facultät der Universität Tübingen. Er ging von da nach Göttingen und lehrt jetzt in München. Man kann Herrn Helferich den Charakter eines ernsthaften und gründlichen deutschen Gelehrten nicht absprechen, der sonst seiner politischen Ueberzeugung keinen Einfluss auf seine streng wissenschaftlichen Forschungen gestattet. Helferich empfahl Schäffle zu seinem Nachfolger in der Tübinger Professur, und hier scheint ihm doch seine Abneigung gegen Preussen einen Streich gespielt zu haben. Vielleicht dachte er auch, es sei schwer, einen »deutschen Ausländer« durchzubringen. Sei dem, wie ihm wolle, Herr Helferich hat seinen Lohn empfangen, Herr Schäffle hat sich ihm nicht minder dankbar bewiesen, wie dem »Bürgerministerium« Giskra-Herbst, das ihn später von Tübingen nach Wien berufen. Herr Schäffle liebte es, während er in Tübingen weilte, sich über Robert von Mohl, der diese Facultät gegründet, und über Helferich, der ihm den Sitz in derselben verschafft hatte, bei jeder Gelegenheit möglichst abfällig auszusprechen.

Heut zu Tage muss ein Redacteur, der seiner Aufgabe gerecht werden will, sehr viel lernen und Dr. Faucher hat kürzlich mit Recht bemerkt, dass gegenwärtig die Zeitungen in der Regel besser unterrichtet sind, als der gewöhnliche Schlag von Diplomaten. Es muss daher als ein veraltetes Vorurtheil der Zunft- und Zopfmenschen betrachtet werden, wenn es Erstaunen erregt, einen Zeitungsredacteur in ein wichtiges Amt berufen zu sehen. Hier nun handelte es sich um ein Lehramt, und man kann bekanntlich ein sehr tüchtiger Mann sein, ohne Lehrtalent zu besitzen. Savigny stand in der Wissenschaft ohne Zweifel viel höher als Thibaut und Vangerow. Gleichwohl übertrafen die beiden berühmten Heidelberger den Berliner Gelehrten an Lehrkraft. An letzterer fehlt es Herrn Schäffle. Er leidet an Kälte und Schwerfälligkeit. Zwischen ihm und seinen Zuhörern fehlt jenes magische Band, das zunächst die Herzen und dann auch die Geister verbindet. Ohne Zweifel fühlt er dies selber, und deswegen vermochte das Katheder seinem unruhigen und begehrlichen Geiste nicht zu genügen. Das Nächste wäre gewesen, sich desto eifriger auf die Wissenschaft selber zu werfen. Denn der deutsche Professor ist ja nicht nur Lehrer, sondern auch Akademiker; und man sieht bei seiner Berufung häufig mehr darauf, wie er denkt und schreibt, als wie er spricht. Die bescheidenste Stellung an der kleinsten Universität hindert ihren Inhaber nicht, sich in der Wissenschaft zu der höchsten Stellung emporzuschwingen. Allein Herr Schäffle verschmähte diesen Weg. Er hat während seiner Tübinger Professur, ausser der bereits erwähnten zweiten Auflage seines Lehrbuchs, nichts geschrieben, als die »Theorie der ausschliessenden Absatz-Verhältnisse« — ein Buch von höchst zweifelhaftem wissenschaftlichem Werthe — sowie einige langathmige und hyperscholastische Abhandlungen in der Cotta'schen »Vierteljahrschrift« und in der Tübinger »Zeitschrift für die gesammte Staatswissenschaft«, welche wenig gelesen und noch weniger besprochen wurden, und von welchen selbst Schäffle's Freunde nicht behaupten werden, dass sie Marksteine sind auf der Fortschrittsbahn der

national-ökonomischen Wissenschaft. Dafür schrieb er um
so mehr Zeitungsartikel, namentlich für die »Augsburger
Allgemeine Zeitung« und für den bekannten republikanisch-
kleinfürstlich-grossdeutschen österreichischen »Beobachter«
in Stuttgart. Der »Beobachter« stand in der lebhaftesten
Opposition gegen das damalige würtembergische Ministerium. Herr Schäffle selbst war streng gouvernemental.
Gleichwohl war er fleissiger Mitarbeiter des Oppositions-
blattes und erfreute sich zugleich seitens des letzteren wiederholten lebhaften Lobes. Wir werden noch öfters solche
Beweise seiner »Vielseitigkeit« finden.

Schäffle's Ehrgeiz, der weder in seiner Stellung als
Mann der Wissenschaft, noch in seiner Lehrthätigkeit seine
volle Befriedigung fand, warf sich auf mehr äussere Dinge.
Er hatte einem Manne, Namens Fricker, der ebenfalls
von Hause aus evangelischer Theologe war, dann aber
den nicht sehr hervorragenden Posten eines Actuarius an
einem würtembergischen Oberamte bekleidete, zu einer
ordentlichen Professur in Tübingen verholfen, zur Professur
für Staatsrecht, und zwar in der »staatswissenschaftlichen«
Facultät; denn die juristische hatte sich abwehrend gegen
denselben verhalten. Schäffle wollte Herrn Fricker zum
Decan der Facultät und sich selbst zum Rector der Universität machen. Beides gelang nicht. Denn Herr Schäffle
war bei der Mehrzahl seiner Collegen, in deren Händen die
Entscheidung lag, nicht beliebt. Den Rector ernennt zwar
der König; und dieser war für Schäffle. Allein der König
hat nur die Wahl zwischen drei Candidaten, welche die
Universität präsentirt; und es glückte Schäffle nie, auf die
Candidatenliste zu kommen. Seine Collegen mieden sogar
den Umgang mit ihm. Sie behaupteten, er sei kein Gentleman. Auf wessen Seite die Schuld war, wollen wir hier
nicht untersuchen. Gewiss ist es, dass solche Misser-
folge in dem reizbaren, hartnäckigen und ehrgeizigen Herzen Schäffle's schwere Wunden zurücklassen mussten. Er
suchte für jene Kränkungen, welche er der Böswilligkeit
seiner Collegen zuschrieb, Satisfaction zu erhalten in einer
Weise, welche nicht dazu beitrug, den Frieden und das

Zusammenwirken der Träger jener »*Universitas Literarum*«
zu fördern. Zunächst gab es erbitterte Zänkereien innerhalb der staatswissenschaftlichen Facultät. Schäffle und
Fricker bereiteten ihren Herren Collegen möglichst viel
Aerger. Namentlich war Herr Schäffle sehr stark in langen
Schriftsätzen voll von ebenso malitiösen als klug versteckten
Invectiven. Es gäbe eine wahre Batrachomyomachia, wollte
man das Alles erzählen. Dabei suchte sich jedoch Schäffle,
vorsichtig, wie er ist, Stützen auf allen möglichen Seiten zu
sichern. Bis 1862 war Rümelin Chef der würtembergischen
Cultus-Verwaltung. In Folge der Verwerfung des von ihm
abgeschlossenen Concordats stürzte er und an seine Stelle
kam Golther, mit welchem Schäffle sehr intim war. Golther, ein enragirter »Grossdeutscher«, ernannte seinen und
Schäffle's gemeinsamen Freund Gessler zum Kanzler der
Universität. Da man im übrigen deutschen Reiche wahrscheinlich auch von Herrn Gessler nichts weiss, so halte
ich es für nöthig, ein paar Worte über ihn zu sagen. Herr
Gessler war Stadtrichter in Tübingen, ein Acten-Genie
ersten Ranges, von eisernem Fleisse und vielfacher »bureau-
kratischer Verwendbarkeit.« Als er von dieser Stellung, die
er vollständig ausfüllte, zur Universität überging, um Straf-
recht zu lesen, begann er seinen Beruf zu verfehlen. Denn
es fehlte ihm jedes Lehrtalent und in der Wissenschaft hat
er nie was geleistet.

Golther, Gessler und Schäffle, verbunden durch gemeinsame Abneigung gegen Preussen und gegen den nationalen deutschen Gesammtstaat, bildeten ein Triumvirat,
das auf den Schultern der Professoren eine nicht gerade
leichte Bürde bildete, wenigstens auf denen der nationalgesinnten.

Neben diesen regiminalen Beziehungen, welche bei
Schäffle als wohlbestalltem und geprüftem »*Candidatus Re-
giminalium*« sehr begreiflich sind, fuhr derselbe fort, sein Verhältniss zu dem »Beobachter« und dessen Partei, genannt
»Süddeutsche Volkspartei«, nach Kräften zu pflegen. Dazu
kam dann noch drittens ein herzliches Einverständniss mit

den Tübinger Klerikalen, namentlich den katholischen Universitätsprofessoren Kuhn, welcher Dogmatik, und Aberle, welcher alttestamentliche Exegese liest. Schäffle bildete mit ihnen ein Kleeblatt, das im akademischen Senate immer zusammenhielt. So kam es, dass Herr Schäffle, gestützt auf die Regierung, sowie auf die radikale und die klerikale Partei, einen nicht unbeträchtlichen Einfluss genoss, wenn er ihn auch meist nur auf dem Wege der Hintertreppe übte. Dieser Einfluss richtete sich vorzugsweise wider die sogenannten »Bettel-Preussen«, d. h. wider die nationalgesinnten Collegen, welche zwischen Scylla und Charybdis geriethen, zwischen das schwarze und regiminale Kleeblatt.

Im Juli 1866 erschien in den »Preussischen Jahrbüchern« ein Aufsatz von Pauli, damals Professor der Geschichte in Tübingen, jetzt in Göttingen. Dieser Aufsatz besprach würtembergische Zustände, und zwar in einer gerade nicht allzu schonenden und höflichen Weise. Strafrechtlich war dem Verfasser nicht beizukommen; man griff daher zur Massregelung. Nach der Verfassung konnte der Professor nicht an eine geringere Stelle versetzt werden. Gleichwohl versetzte der Cultusminister Golther, der in dem Artikel direct und persönlich angegriffen und also in der Sache Partei war, auf Anrathen Schäffle's den Professor Pauli an das niedere evangelisch-theologische Seminar in Schönthal, auf welchem trostlosen Seminarium, wie ich bereits erzählt habe, Herr Schäffle selbst seine priesterliche Vorbereitungs-Carrière begonnen. Herr Pauli dankte natürlich für das Vergnügen und zog es vor, Würtemberg zu verlassen. So wurde ihn Schäffle los.

Herr Schäffle verstand es, seine von Haus aus nur gering dotirte Professur auch finanziell zu verbessern. Der alte Baron Cotta, welchen Schäffle von Stuttgart her kannte, bot ihm die Redaction der Augsburger »Allgemeinen Zeitung« an, deren fleissigster Mitarbeiter Schäffle war. Schäffle benutzte diese Offerte, um eine ansehnliche Erhöhung seines Gehaltes zu erwirken, und verblieb der Hochschule. Auch bezog er Extraordinaria aus dem akademischen Dispositionsfonds.

IV.

Ein Politiker in Kammer und Parlament.

Wir haben bisher Schäffle als Theologen, als Journalisten und als volkswirthschaftlichen Professor kennen gelernt. Folgen wir ihm nun auf das Gebiet der practischen Politik, das er im Jahre 1862 betrat. Herr Schäffle war Freihändler und Grossdeutscher, — zwei Dinge, welche sich damals sehr schwer mit einander vertrugen. Es war nämlich die Periode der westeuropäischen Handelsverträge, welche die Tarife in freihändlerischem Sinne reformirten und die Differentialzölle durch das gleiche Recht aller begünstigten Nationen ersetzten. Gegen die Tarifreform durfte Herr Schäffle, der sich bis dahin zu freihändlerischen Grundsätzen bekannt hatte, nichts erinnern. Anders war es mit Beseitigung der Differentialzölle. Als »Grossdeutscher« musste er verlangen, dass Frankreich hinter Oesterreich zurückstehe, während die wirklichen Freihändler mit allen Völkern und Ländern auf dem gleichen Fusse freien Verkehrs stehen wollten, mit Oesterreich so gut wie mit Frankreich, — eine Ansicht, welche schliesslich siegreich blieb, zu Gunsten von Deutschland sowohl, wie von Oesterreich-Ungarn und allen sonstigen Interessenten.

Im Oktober 1862 discutirte in München der deutsche Handelstag die Frage des Handelsvertrages zwischen dem Zollvereine und Frankreich. Auch Professor Schäffle erschien daselbst als Vertreter einer schwäbischen Handelskammer: Er konnte mit Faust von sich sagen: »Zwei Seelen wohnen, ach, in meiner Brust!«

Als Freihändler war er für, als Grossdeutscher gegen den Vertrag. Er deducirte, Oesterreich habe aus dem Vertrage vom Februar 1853 ein verbrieftes Recht auf den Eintritt in den Zollverein erworben, was bekanntlich nicht wahr ist und heutzutage auch kein Mensch mehr behaup-

tet. Dabei ritt ihn denn auch noch ein wenig die kathedrale Eitelkeit des neugebackenen Universitätsprofessors.
Er begann seine Rede mit den Worten: »Ich als Vertreter
der Wissenschaft« u. s. w.

Otto Michaelis, damals Redacteur des volkswirthschaftlichen Theiles der Berliner »Nationalzeitung«, jetzt
vortragender Rath im deutschen Reichskanzleramte, entgegnete darauf, wenn Herr Schäffle gesagt hätte: »Ich
als einer der Vertreter der zünftigen Universitäts-Gelahrt-
heit«, so habe man sich's zur Noth gefallen lassen können;
an der Wissenschaft dagegen hätten auch wir Andern, wie
z. B. Adam Smith, Prince-Smith u. Consorten, einigen Antheil, dieweil dieselbe sich keineswegs im Erbbestande der
kleinstaatlichen Winkeluniversitäten befände.

Der Handelstag, von welchem sich sein Präsident
David Hansemann das Gegentheil versprochen hatte, ent-
schied sich zu Gunsten des Handels-Vertrages mit Frankreich. Der »Vertreter der Wissenschaft« war unterlegen
und ist seitdem nicht wieder auf Handelstagen erschienen.
Auch auf dem volkswirthschaftlichen Congress erschien er
nur 1862 aus einem ähnlichen Anlass, um sich seitdem
nicht wieder sehen zu lassen. Er betrat eine andere
Bühne.

Um dieselbe Zeit liess er sich nämlich in die würtembergische zweite Kammer wählen, und zwar in dem Land-
bezirk Tübingen. Die Stadt Tübingen, welche jetzt durch
Professor Palmer vertreten ist, hat immer liberal, der Land-
bezirk stets gouvernemental gewählt. Hier liegt die Wahl
in der Hand des Oberamtmannes und seiner Untergebenen,
der auf Lebenszeit fungirenden Orts-Schultheissen. Schäffle
trat als Regierungscandidat auf und wurde natürlich gewählt. Sein Geist und seine Kenntnisse sicherten ihm eine
Stellung innerhalb der Regierungspartei des Abgeordneten-
hauses. Allein die ebenfalls gouvernementalen Abgeordneten zur zweiten Kammer, Herr von Varnbüler und Herr
von Mittnacht, welche später in der That Minister wurden
und sich schon damals die Fähigkeit dazu zutrauten, er-
blickten in ihm einen missliebigen Nebenbuhler. Und

schliesslich entwickelte sich dieser Antagonismus zu einer
Katastrophe, welche der parlamentarischen Carrière
Schäffle's bis auf Weiteres ein plötzliches Ende ge-
macht hat.

Es war im Jahre 1865, die würtembergische Regierung hatte eine hohe Summe — ich glaube es war eine
Million Gulden oder mehr — gefordert, um in Tübingen
ein grosses Irrenhaus für das ganze Land zu errichten.
Dasselbe sollte zugleich Zwecken des akademischen Unter-
richts dienen und die bisherigen kleinen Localanstalten,
welche schlecht waren, ersetzen. Es schien kein Zweifel
obzuwalten, dass die Majorität die Summe bewilligen werde.
Schäffle, als Berichterstatter der Commission, arbeitete
einen ausführlichen und wohl motivirten Bericht aus, der
dies empfahl. Unmittelbar vor der Abstimmung jedoch
berief Mittnacht die Regierungspartei, mit Uebergehung
von Schäffle, zusammen, und dieselbe beschloss gegen
die Anforderung zu stimmen. Alles war streng geheim gehalten; und Schäffle fiel zu seinem grössten Erstaunen bei
der Abstimmung durch. Unmittelbar danach legte Schäffle
sein Mandat nieder, indem er seinen Wählern erklärte, er
habe sich überzeugt, dasselbe sei absolut »unvereinbar mit
den Pflichten seines akademischen Lehramts.« Diese
Ueberzeugung scheint jedoch nur von kurzer Dauer gewesen zu sein. Denn nur wenige Tage danach erschien
Schäffle bei Herrn Kolb, damals Oberamtmann in Tübingen (jetzt ist er Abgeordneter des Oberamts Ulm), und
bat denselben, für seine Wiederwahl thätig zu sein. Kolb
wies ihn jedoch ab, und es wurde ein Anderer gewählt.

Dem Debüt auf dem Handelstag in München und in
der zweiten Kammer in Stuttgart folgte das im Zollparlament in Berlin. Herr Schäffle fand einen längeren Aufent-
halt in Berlin nunmehr keineswegs »unvereinbar mit den
Pflichten seines akademischen Lehramts.« Er trat als
Candidat erstens der Regierung, zweitens der Radikalen
(»Beobachter«) und drittens der Ultramontanen auf. Namentlich waren einige hierarchisch gesinnte katholische
Geistliche die eifrigsten Werber für den ehemaligen »Stift-

ler«. Von grossem Interesse ist auch heute noch sein da-
maliges Wahlprogramm, das in vielen Tausenden von
Exemplaren verbreitet wurde. Es charakterisirt das Land,
die Zeit und vor Allem den Mann. Ich theile daher
Einiges daraus mit, jedoch nur das Wesentlichste, denn es
ist unendlich lang.

Herr Schäffle giebt zunächst eine gedrängte Uebersicht der Verfassung des Norddeutschen Bundes, welche
jetzt Reichsverfassung für ganz Deutschland ist. Dass
diese Darstellung theils unvollständig, theils geradezu unrichtig ist, wollen wir hier nicht weiter urgiren. Dergleichen
kommt mehr vor.

Dann aber heisst es wörtlich:

— »Und nun frage ich (nämlich Albert Eberhard
Friedrich Schäffle, Doctor und Professor der würtembergischen Staatswissenschaften in Tübingen) ich frage: Ist
das noch ein Bundesstaat und nicht vielmehr das reinste,
die bundesgenössischen Völker und Regierungen zu Heloten herabsetzende, aussaugendste Vasallenverhältniss,
das man uns mit dem Eintritt in den norddeutschen Bund
ansinnt? Ich antworte: Lieber einfache Mediatisirung
und Eintritt in das preussische Abgeordnetenhaus, als solchen Eintritt. Ich will keins von beiden.

Ich frage: steht nicht in dieser Verfassung, vom
Scheitel bis zur Zehe gewappnet, alle Volksfreiheit mit
eiserner Hand zerdrückend, jeden parlamentarischen Einfluss auf die Militärwirthschaft ausschliessend — der reine
nackte Militärabsolutismus vor uns? Ist das etwa ein
»Vollparlament«, welches solchen Militärabsolutismus einfach zu bedienen, dem Volk seine wahre Lage, als Feigen-
blatt den Militärstaat, zu verhüllen hätte?

Und gehört nicht — gelinde ausgedrückt — eine
kühne Stirne dazu, dem Volk diejenigen als unfreisinnig
zu denunciren, welche sich beim Hereinbrechen dieses
Uebels — ungebeugt von dem vorübergehenden Kriegs-
taumel und dem Machtschwindel mitten in der gebildetsten
Periode der Geschichte — entgegenwerfen?

Ich frage, ob Jemand glauben kann, dass man durch

einige Aenderungen diesen Militärabsolutismus der Nord-
bundsverfassung annehmbar gestalten und dann den Eintritt vollziehen könne? Der Nordbund 'ist Militärstaat im
ganzen Wesen; man ändert ihn nicht, wenn man ihn nur
an der Oberhaut ritzt. Eher stimmt Christus mit Belial,
als dass sich auf diesen eisernen Stamm von Militärabsolutismus das Reis des Verfassungsstaates und »Vollparlamen-
tes« pflanzen liesse. Alle derartigen Versicherungen halte
ich entweder für Schwindel, oder für Gedankenlosigkeit.
Und unbegreiflich sind mir die Hoffnungen derjenigen,
welche glauben, aus der eisernen Umarmung wieder leicht
herauszukommen, wenn sie sich vorher kopfüber in dieselbe
gestürzt haben; wenn der Wechsel unterschrieben ist, muss
man zahlen; wenn die Milchkuh aus dem Stall ist, werden
sie Andere daraus melken. [Man beachte diese Bil-
dersprache, — halb mercantil und halb bukolisch!]
Den gewöhnlichsten Grundsätzen des kaufmännischen
und geschäftlichen Lebens wäre es zuwider gehandelt,
wollten wir die werthvollen Güter verfassungsmässiger
Freiheit und eines leistungsfähigen, wenig drückenden
Staatshaushaltes ohne vollwerthige freiheitliche und nationale Gegenleistung, als schlechte Waare an die Krone
Preussens wohlfeil wegwerfen, nur um die Lasten und den
Freiheitsmangel des preussischen Volkes selbst verlängern
zu helfen.

Andere Militärstaaten (Oesterreich) mit ihren Steuern
und Schulden geben zu erkennen, was der Militärstaat
kostet, was erst zu erwarten wäre, wenn Preussen der Erbe
auch der Kriege Oesterreichs würde. Und doch ist schon
an den bestehenden Steuern über und über genug, um
jeden Süddeutschen die ungeheueren Gefahren erkennen
zu lassen, welche dem Volkswohlstand drohen, wenn der
Süden, statt seinen vollen Beitritt zur Einheitsverfassung im
Interesse der nationalen Freiheit, des Nordens wie des
Südens, zu verwerthen, sich durch übereilten Eintritt in
den Nordbund in den Abgrund des Militärabsolutismus
stürzen würde. Zu den Leistungen an Geld würden noch
höhere persönliche, aber unproductive Leistungen der Ar-

beitskraft in den Kasernen und auf den Execierplätzen
[— diese Arbeit dürfte sich denn doch wohl 1870 als nicht
so ganz unproductiv und nichtsnutzig erwiesen haben —]
kommen; die Zuschüsse des Familienvaters an die lang
präsenten Söhne in der Kaserne sind selbst eine kolossale
Kopfsteuer. Eine stärkere Auswanderung der jugendlichen
männlichen Bevölkerung wird eintreten, was die Arbeits-
löhne vertheuern würde. Das schon jetzt im Lande tiefge-
störte Gleichgewicht der heirathsfähigen Individuen beider
Geschlechter würde mit der Folge tiefer socialer und sittlicher Verkümmerung des weiblichen Geschlechtes [bis jetzt
sind bei dem deutschen Reichstage Beschwerden des weiblichen Geschlechtes in Würtemberg wegen »Verkümmerung« und Ehelosigkeit noch nicht eingegangen], noch
ungünstiger verrückt werden. In Würtemberg giebt es jetzt
schon in Folge der Auswanderung 12,000 heirathsfähige
Personen weiblichen Geschlechts mehr, als männlichen Geschlechts.

Niemand täusche sich darüber: Der verblümt oder
unverblümt angesonnene Eintritt in den Nordbund (in die
Phrase: militärisch-diplomatische Führung gehüllt) fordert
mehr Soldaten auf längere Zeit in die Kaserne —, er bringt
neue Steuern, sogar über das Mass der bisherigen preussischen Besteuerung hinaus, sobald Bundeskriege kommen —,
er verkümmert alle Staatsausgaben für jene echt
menschlichen Culturinteressen, durch deren
reiche Entwickelung — Schule, Kirche, Eisenbahnen, Landstrassen u. s. w. — Würtemberg
glücklich wurde und ganz Deutschland vor der
Welt schmücken half.«

So lautete das damalige Programm des Professors der
Staatswissenschaften. Heute, drei Jahre später, kann man
es nicht lesen, ohne zu lachen. Würtemberg hat »sich in
den Abgrund gestürzt« und befindet sich sehr wohl dabei.

Glaubte Herr Schäffle damals, was er schrieb, so ist
das ein schlechtes Compliment für seinen Verstand; glaubte
er es nicht, dann ist es ein noch schlechteres für seinen
Charakter.

Es versteht sich von selbst, dass er gewählt wurde durch die »wahren Träger der echt menschlichen Culturinteressen« d. h. von Allen, welche von einem Anschluss an das deutsche Vaterland eine Gefährdung ihrer centrifugalen Sonderinteressen befürchteten. Das Jahr 1870 hat dieser traurigen Verblendung ein Ende gemacht, auch in Würtemberg. Es wird keinen Schäffle mehr nach Berlin schicken.

Uebrigens ist man Herrn Schäffle die Anerkennung schuldig, dass er sich im Zollparlament durchaus nicht so toll und ungeberdig aufführte, wie sein Ulmer Programm erwarten liess. Er sprach nur selten, und dann kurz und gut. Ja, er erhob sich sogar einmal zu der Kühnheit, sich ausdrücklich von den schutzzöllnerischen Marotten seines. würtembergischem Compatrioten Moritz Mohl loszusagen.

Die preussischen Alt-Conservativen glaubten sogar in Schäffle den ihrigen gefunden zu haben und erwiesen ihm viel Liebes und Gutes. Herr Schäffle lohnte es ihnen in ganz derselben Weise, wie früher Herrn Helferich und später den Wiener »Bürgerministern.« Er verfasste nämlich bei und nach dem Schluss des Zollparlaments im Auftrage der »süddeutschen Fraction« eine »geharnischte Erklärung« wider Preussen und den norddeutschen Bund. Es hiess darin, die Unterzeichner hätten nun auf's Neue so recht gründlich erkannt, wie verderblich für die Südstaaten jede Annäherung an den norddeutschen Bund sei; die überwiegende Ausbildung der Wehrkraft beeinträchtige die Pflege der materiellen und der geistigen Interessen; Preussen habe durch die Annexionen von 1866 gezeigt, dass es nach Uebermacht strebe und die Rechte der anderen Staaten nicht anerkenne u. s. w. Das war die Visiten-Karte, welche Schäffle und die Seinigen p. p. c. in Berlin hinterliessen. Die getäuschten Conservativen steckten sie nicht an den Spiegel. Einige Zeit danach erschien in der Cotta'schen Vierteljahrschrift ein langer Aufsatz Schäffle's über das Zollparlament, der theils langweilig, theils aggressiv war.

Das Wahlprogramm, »die Erklärung« und der Auf-

satz waren drei Sprossen der zur Grösse führenden
Leiter. Noch in demselben Jahre wurde Schäffle an die Hochschule Wien berufen. Wir eilen nun zum Schluss. »Schäffle
in Oesterreich«, so heisst das letzte Kapitel.

V.

Ein socialistischer Hexenmeister.

Wenn Preussenfresserisch und Oesterreichisch eins
und dasselbe wäre — glücklicherweise ist dies jedoch nicht
der Fall—, dann gäbe es in der Welt keinen besseren Oesterreicher als Schäffle. Das Bürgerministerium, welches Herrn
Schäffle nach Wien berief — weil oder obgleich er
Preussen so hasste? — hat seinen Lohn empfangen. Denn
es war vorzugsweise Schäffle, welcher in aller Stille den
Lebensfaden dieses Ministeriums abnagte.

Schäffle stand schon während seiner journalistischen
Laufbahn in den intimsten Beziehungen zu dem österreichischen Gesandten in Stuttgart. Auch behauptet man in
Tübingen, er habe für officielle und officiöse Wiener Blätter geschrieben. Seine grossdeutsche Gesinnung betonte
er stets mit Emphase. Diese Rolle setzte er in Wien fort.
Er hielt auf Studentencommersen antipreussische Reden
und schimpfte überhaupt in Wort und Schrift nach Kräften
auf den Fürsten Bismark, auf Preussen und auf Norddeutschland, vor welchem er die Süddeutschen eindringlichst ver-
warnte. Kurz er hatte sein berühmtes Ulmer Wahlprogramm, das er während des Zollparlamentes in der Tasche
behalten, mit nach Wien genommen und entrollte es dort
— es war dazu auch räumlich gross genug — bei jeder

Gelegenheit als seine Fahne. Auch von Wien aus fuhr er fort, in Würtemberg gegen die deutsche Einheit zu wühlen. Im Sommer 1869 hielt er sich zu diesem Zwecke Monate lang im Schwabenlande auf. Im Sommer 1870, vor Ausbruch des Krieges, kehrte er wieder dahin zurück. Bei Ausbruch der Krisis nahm er gegen Preussen Partei. Dann versuchte er, eine Verständigung zwischen den Nationalen und den Klerikalen zu Stande zu bringen und ein demgemäss gestaltetes Ministerium plausibel zu machen. Er scheiterte damit natürlich nach allen Seiten; und zuletzt soll er sogar aus höheren Kreisen zwar gerade keine polizeiliche Ausweisung, aber doch den Wink erhalten haben, man sehe ihn nur mit wachsendem Missvergnügen in Stuttgart. In Folge dessen kehrte er zurück dahin, wohin vor ihm schon Julius Frese, Adam Trabert und Moses Mai gegangen waren.

Als er zum ersten Male in Wien als akademischer Lehrer auftrat, empfing man ihn mit den grössten Erwartungen. Das Auditorium war überfüllt. Allein das Publikum wurde unangenehm enttäuscht, und der Zuhörer wurden später mit jedem Semester weniger. Es heisst mit Recht: *»Pectus est quod disertum facit«*; und das *Pectus* fehlte ihm gänzlich. Die Wiener Studenten erwarteten einen Vortrag voll Licht und Glanz, voll Formen und Farben, und statt dessen erhielten sie löschpapierne Abstractionen in Hegel'scher Schulsprache. Das schmeckte ihnen nicht.

Schäffle warf sich darauf wieder auf das Schriftstellern. Er schrieb ein dickes Buch von 732 enge gedruckten Seiten, betitelt: »Capitalismus und Socialismus«. Hier sagt sich Schäffle von der Schule der wirthschaftlichen Freiheit bis zu einem gewissen Grade los. Er donnert wider die »Bourgeoisie« und wider die »liberale Principienreiterei«, welche er einer »thörichten, doctrinären und geschichtlich unwahren Auffassung« beschuldigt. Er tadelt sowohl »den Liberalismus des Manchesterthums« als auch »die unklaren Forderungen des Socialismus« und sucht zwischen Beiden die nordwestliche Durchfahrt oder das *juste milieu* zu finden, auf dem Wege jenes pseudowissenschaftlichen, zahmen

Süsswasser-Socialismus, der heut zu Tage bei manchen Gelehrten Mode ist. Das Buch hat einige sehr gelungene und recht lehrreiche Kapitel, so z. B. das über die Formen der Vergesellschaftung. Hier geht der Verfasser alle die vielfachen und mannigfaltigen Formen der Vereinigung zu socialen, wirthschaftlichen und politischen Zwecken durch und prüft sie nach der ökonomischen Seite. Er untersucht, wo am besten die Staats- oder die Einzel-, wo die Gesellschafts- oder die Familien-Wirtschaft Platz greife. Die Charakteristik und Kritik der Einzel-Entreprise, der Genossenschaft und der Actiengesellschaft enthält neue und brillante Gedanken, ohne jedoch dieselben bis zur Anwendbarkeit fortzuführen. In seinem Hauptzwecke ist das Buch verfehlt. Es versteckt seine Schwäche hinter seiner scholastischen Sprache. Capitalismus und Socialismus! was ist das? Den »Socialismus« kennen wir schon; praktisch durch die Pariser Commune, theoretisch durch Karl Marx in London. Aber von »Capitalismus« hatten wir bis dahin noch nichts vernommen, und es ist auch Herrn Schäffle nicht gelungen, uns deutlich zu machen, was er darunter verstehe. Die häufigen Seitenhiebe auf den preussischen »Corporalismus«, »Militarismus«, »Cäsarismus«, und wie diese weiteren Worte beobachterlicher Mache heissen (sie nehmen sich in einem Buche, das sonst so sehr auf dem hochwissenschaftlichen Kothurne einherstolzirt, recht komisch aus), tragen auch nicht dazu bei, den an sich schwierigen Gegenstand klarer zu stellen. Die Differenz zwischen dem »Capitalismus« und dem »Socialismus« soll nun ausgeglichen werden durch den »Förderalismus«. Wenn wir armen Unwissenden nur eine Idee davon bekämen, was der »Föderalismus« ist, wollten wir es ja gerne schon glauben. Aber selbst an der Stelle, wo er sich am deutlichsten ausspricht, sagt uns Herr Schäffle nur, was er nicht ist.

— »Seitdem,« schreibt Schäffle Anfang Juni 1870 (und diese Stelle ist sowohl nach dem Datum als auch nach der späteren ministeriellen Thätigkeit Schäffle's nicht ohne Interesse), seitdem das Manuscript dieses Buches in den

Druck gegeben wurde, ist in Oesterreich eine politische
Krisis eingetreten, welche mich nöthigt, ausdrücklich zu
erklären, dass weder meine angelegentliche Vertretung der
Gleichheit des kapitalistischen Privat- und Verwaltungs-
rechtes mit dem österreichischen »Centralismus«, noch mein
»ökonomischer Förderalismus« mit der förderalistischen
Parteiagitation in Oesterreich — irgend welchen Zusammenhang hat, was übrigens jeder gründliche Leser sofort erkennen wird.«

Selbst auf die Gefahr hin, das Prädicat eines »gründlichen« Lesers zu verlieren, gestehe ich, den Verdacht
eines gewissen Zusammenhanges hinsichtlich der beiden
Sorten des Föderalismus zu hegen.

Ich habe schon früher angedeutet, dass in Schäffle,
vermöge seines ganzen Lebens- und Bildungsganges, die
Keime zu einer proletarischen Idiosynkrasie gegen die besitzenden Klassen schlummerten. Dieselben haben sich
hier weiter entwickelt, weil der Verfasser, wie er selbst sagt,
»unter grösseren Verhältnissen tiefe Einblicke in die Gegensätze und Disharmonien der bestehenden Gesellschaft gewonnen.«, Er meint damit ohne Zweifel das Treiben der
Wiener Börse, welchem einzelne hochgestellte Beamte nicht
ganz so fern geblieben, wie es zumeist in ihrem eigenen Interesse zu wünschen gewesen wäre.

Betrachten wir nun seine praktischen Vorschläge:

Herr Schäffle empfiehlt eine strenge Fabrikgesetzgebung und Ausbildung des genossenschaftlichen Lebens.
Beides ist nichts Neues. In den »Genossenschaften« hat
Schulze-Delitzsch freilich ohne alles gelahrte Primborium,
sondern durch die That, schon vor fünfzehn Jahren den richtigen Weg eröffnet; die eigentlichen Arbeiterklassen aber
haben bis jetzt uur einen geringen Gebrauch davon gemacht.
Dies beweist der neue Jahresbericht des Herrn Schulze,
welcher eine Statistik der Genossen nach Berufsständen
enthält. Das Vorbild der gewünschten Fabrikgesetzgebung
haben wir ja in England; und was den »Fabriksinspector«
anlangt, so ist auch diese Idee auf den von Herrn Schäffle
so sehr verachteten, geistig wie leiblich, seiner Meinung

nach, so wenig wahrhaftem preussischen Boden erwachsen. Der conservative preussische Geheimrath Wagener und der social-demokratische Agitator Dr. v. Schweitzer in Berlin haben schon vor Jahren im norddeutschen Reichstag, Jeder in seiner Art, die energischsten Anstrengungen gemacht, diese Einrichtung durch die Gesetzgebung praktisch in das Leben zu führen, lange bevor Herr Schäffle sie construirt hat.

Weiter bezeichnet Schäffle als die geeignetsten Mittel, die auf socialem Gebiete drohenden Gefahren zu beschwören:

1) Möglichste Beseitigung aller Staatsanlehen, weil durch sie das arbeitslose Rentierthum und die blosse Börsenspeculation genährt werde; 2) Beseitigung aller stehenden Heere; 3) Abschaffung aller indirecten Steuern und bessère Ausbildung des Systems der directen Steuern.

Das ist ewig die alte Geschichte. Der Dorf-Chirurg, welcher seinen Patienten nicht zu helfen wusste, tröstete sie mit der Redensart: »Nur Geduld, sobald nur die Dolores cessiren, werden ja auch die Schmerzen aufhören« und in dem unsterblichen Werke von Fritz Reuter »Ut mine Stromtid« macht der Entspecktor Bräsig die grosse Entdeckung, »die alleinige und wahre Ursache der Massenarmuth bestehe in der allgemeinen Pauvreté«. Schäffle's Vorschlag lässt sich viel erschöpfender so formuliren: »Man entferne alle Armuth und alles Elend aus der Welt und mache sofort alle Menschen reich und klug, glücklich und zufrieden. Dann hat man von dem Socialismus nichts zu befürchten.«

Zum Schluss erklärt sich dann Schäffle für eine »grosse, über die Gesellschaftsklassen sich erhebende Monarchie, welche die Fahne wahrer socialer Reformen ergreift.« Gegenwärtig dürfte ihn auch in dieser Beziehung die Geschichte belehrt haben. Niemand hat mehr mit dem Socialismus kokettirt, als Napoleon III. Er hat mit dem Feuer gespielt und sich daran die Finger verbrannt. Doch kehren wir von dem Werk zurück zum Verfasser.

VI.

Ein Minister.

Neben Schäffle liest noch Herr Lorenz von Stein, der auch sich vielfach mit dem Communismus und seiner Geschichte beschäftigt hat, ein Collegium über Volkswirthschaft auf der Hochschule Wien. Eines Morgens erhielt Stein ein Billet von Schäffle, welches ungefähr so lautete: — »Werthester Herr College! Soeben haben Seine Apostolische Majestät, der Kaiser, mein allergnädigster Herr, mich zu Allerhöchst Seinem Handelsminister allergnädigst zu ernennen befunden. Haben Sie die Güte, meine dreizehn Hörer der Volkswirthschaft in Ihr Collegium zu übernehmen« etc.

Herr Stein schrieb folgende Zeilen darunter: — »Hochverehrteste Frau Collegin! So eben erhalte ich vorstehendes Billet von Ihrem verehrten Herrn Gemahl. Es bestätigt die Befürchtungen, welche ich schon seit einiger Zeit in Betreff seiner hege. Haben Sie ein wachsames Auge auf ihn. Ich bin zu jedem Beistande bereit und habe die Ehre« etc., — und schickte es dann an Frau Schäffle.

Herr Stein hatte sich gründlich geirrt. Herr Schäffle war wirklich Minister geworden. Durch die Herren Hohenwart und Habietinek (letzterem hatte er »Capitalismus und Socialismus« gewidmet) hatte er schon lange geheimen Zutritt zum Kabinete des Kaisers. Er hatte dort seine Ideen über die Monarchie, »welche sich über alle Gesellschaftsklassen erhebt und die Fahne des Socialismus ergreift«, in den Worten einer mystisch klingenden Schulphilosophie und mit dem Unfehlbarkeits-Bewusstsein des Doctrinarismus vorgetragen. Das klang wie eine Geheimlehre, welche Rettung aus allen politischen und finanziellen Nöthen verheisst. Daneben soll er auch Enthüllungen gemacht haben in Betreff der eigenthümlichen »finanziellen Gebahrungen« einiger Leute.

Er hatte ferner sich den Ultramontanen schon lange ,
empfohlen, und auch der Kaiser empfindet noch immer
Bedenken in Betreff der Aufhebung des Concordats mit
dem Papste. Darin lag noch ein zweiter sympathischer
Punkt. Er predigte weiter eine Verbrüderung der Aristokratie
und des Proletariats wider die ausgeartete Bourgeoisie; und
dieses Satyr-Drama sollte ja gerade in Scene gesetzt werden in dem Königreich der Libussa, wo der stolze Feudal-
herr und der verbummelte Czeche einander die Bruderhand
reichten zum Bunde wider den besitzenden, sparsamen und
fleissigen Deutschen.

Endlich hatte Schäffle, abgesehen von seinem jugendlichen Feldzuge für die Reichsverfassung (1849), auch in
seinem eigenen Vaterlande, in Deutschland, sich stets als
fanatischen Gegner der Einheit und Anhänger der Zerrissenheit erwiesen. In Oesterreich hatte er sich schon in seinem
»Capitalismus«, wenngleich mit einer kleinen Verwahrung,
zum »Förderalismus« bekannt. Die Neigung zur particularistischen Zersplitterung und Theilung, die ihn immer be-
seelte, liess ihm das cisleithanische Kaiserreich Oesterreich
viel zu gross erscheinen. Es musste dismembrirt werden,
und die Eifrigsten zu diesem Werke waren die Czechen.
Alles das ergab sich von selbst, und man thut Herrn
Schäffle sehr unrecht, wenn man ihn des Gesinnungs-
wechsels beschuldigt. Seine centrifugale Neigung musste
ihn eben so gut, wie die Herren Mai, Frese und Trabert,
dem Czechenthum in die Arme führen. Das war nur die
letzte Consequenz seiner eigenthümlichen Weltanschauung.
Seine politische Wirksamkeit als Minister ist bekannt. Er
war es, der stets von Neuem den Grafen Hohenwart vorwärts trieb auf seinen verderblichen Bahnen.

VII.

S l a v a.

Als Fachminister hat Schäffle nichts geleistet, obgleich es nicht fehlte an Aufgaben, welche ihrer Lösung harrten, — Aufgaben, die Schäffle vor seinem Eintritt in das Amt selbst auf das Allerentschiedendste betont hatte. Dass er nicht, wie er in seinem dicken Buche vorgeschlagen, das stehende Heer und sämmtliche indirecten Steuern abgeschafft hat, wollen wir ihm nicht zum Vorwurfe machen. Schreiben ist leichter als Handeln. Seine Rolle als Minister ist zu Ende. Die als eines Wiener Hochschullehrers kann er nicht wieder aufnehmen. Er ist unmöglich in Wien, und namentlich bei den deutschen Studenten. Er soll nach Prag gehen, und man wird ihn dort mit »Slava« begrüssen.

Druck von Metzger & Wittig in Leipzig.